KB034613

# 고양이 대학살

THE GREAT CAT MASSACRE
**Robert Darnton**

Copyright © 1984 by Robert Darnton
Korean Translation Copyright © 1996 by Moonji Publishing Co., Ltd.
All rights reserved.

This Korean edition is published by arrangement with Basic Books, an imprint of Perseus Books, LLC, a subsidiary of Hachette Book Group, Inc., New York, NY, USA through Duran Kim Agency.

이 책의 한국어판 저작권은 듀란킴 에이전시를 통해 저작권자와 독점 계약한 ㈜문학과지성사에 있습니다.
저작권법에 의해 보호받는 저작물이므로 무단 전재 및 복제를 금합니다.

현대의 지성 94

# 고양이 대학살

## 프랑스 문화사 속의 다른 이야기들

로버트 단턴 지음 | 조한욱 옮김

T
H
E
REAT
AT
MASSACRE

문학과지성사

현대의 지성 94

고양이 대학살

프랑스 문화사 속의 다른 이야기들

제1판 제1쇄 1996년 10월 10일
제1판 제24쇄 2020년 4월 21일
제2판 제1쇄 2023년 6월 19일

지은이 로버트 단턴
옮긴이 조한욱
펴낸이 이광호
주간 이근혜
편집 최대연 김현주 홍근철
마케팅 이가은 허황 최지애 남미리 맹정현
제작 강병석
펴낸곳 ㈜문학과지성사
등록번호 제1993-000098호
주소 04034 서울 마포구 잔다리로7길 18(서교동 377-20)
전화 02)338-7224
팩스 02)323-4180(편집) 02)338-7221(영업)
대표메일 moonji@moonji.com
저작권 문의 copyright@moonji.com
홈페이지 www.moonji.com

ISBN 978-89-320-4164-3 03920

니컬러스에게

# 차례

# 옮긴이 서문

이 책은 로버트 단턴의 *The Great Cat Massacre: And Other Episodes in French Cultural History*를 완역한 것이다. 책이 나오기까지 도움을 주신 분들께 드리는 감사의 말은 서문의 끄트머리에 붙이는 것이 상례이지만 이 책의 경우에는 굳이 그것을 앞에 해야만 한다. 먼저, 군산대학교의 천형균 교수는 옮긴이와 거의 동시에 이 책의 번역 작업에 착수했었다. 양측 모두 번역이 거의 반가량 진행된 상황에서 이를 알게 되었고, 천형균 교수는 후배를 독려한다는 의미에서 그 번역 작업을 내게 양보해주셨다. 흔쾌히 양보하셨지만 쉽지 않은 결정이었음을 알기에 이 자리를 빌려 마음 깊은 곳으로부터 감사를 드린다. 다음으로 이 책의 저자인 프린스턴 대학교의 단턴 교수는 이 책을 출판하는 데 있어 한국 출판계의 어려운 상황을 배려해주었으며 옮긴이에게 격려를 아끼지 않았다. 두 분의 배려는 곧 이 책의 번역에 정성을 다하라는 질책이기에 책임감을 갖고 최선의 노력을 다하려 했지만, 혹 그분들의 뜻에 미치지 못할까 두려운 마음이 든다.

로버트 단턴은 프린스턴 대학교 사학과 교수로서 이 책이 나오기 전에 이미 『구체제의 지하 문필 세계*The Literary Underground of the Old Regime*』라는 저서로 1983년 미국 최우수 도서상 후보에 올랐었고, 당시까지 인문 계열의 학자로서는 유일하게 맥아더 재단에서 수여하는 학술상을 받았던 인물이다. 『고양이 대학살』 이후에 나온 그의 저서는 『라무레트의 키스*The Kiss of Lamourette*』(1990), 『출판과 선동: 18세기 비밀 문학의 세계*Edition et sédition: L'univers de la littérature clandestine au XVIIIe siècle*』(1991), 『혁명 이전 프랑스의 금서 베스트셀러*The Forbidden Best-Sellers of Pre-Revolutionary France*』(1995), 『프랑스의 비밀 문학 대계, 1769~1789*The Corpus of Clandestine Literature in France, 1769~1789*』(1995) 등이 있다. 이런 여러 저서들을 관통해 일관되게 흐르고 있는 주제가 있는데 그것은 '관념의 사회사'라고 말할 수 있다. 관념 자체만을 다루는 역사학의 분야는 사상사나 지성사라는 이름으로 불린다. 그 전달의 주요 매개체는 책이다. 그런데 단턴은 책의 내용이라기보다는 특히 대량 인쇄 문화와 서적 유통의 역사가 대중의 여론 형성에 끼친 영향을 논증하는 데 주력한다. 그런 이유에서 단턴은 관념의 사회사에 초점을 맞춘 역사가인 것이다. 그는 주도적인 지식인들에 의해 만들어진 계몽사상의 '고급' 문화가 **밑으로** 전달한 영향력보다는 **밑으로부터** 만들어진 영향력이 프랑스혁명 이전의 사회에서 작용하던 방식을 주로 연구하고 있다. 이런 주제는 『고양이 대학살』에 실린 여섯 편의 논문에서도 확연하게 드러난다.

이 책은 1984년 발간된 이래 극찬을 받았던 것은 물론 역사 서술에 있어서 방법론적인 논쟁까지 야기시켰다. 책에 실린 여섯 편의 논문은 18세기 프랑스라는 역사적, 지리적 공통점 이외에는 각기 동떨어진 주제를 다루고 있는 것처럼 보인다. 농민들의 민담, 파리의 한 인쇄소에서 벌어졌던 고양이 죽이기 소동, 몽펠리에 주민의 도시 설명서, 경찰 수사관의 조서, 『백과전서』의 서문, 한 시민의 서적 주문서 등을 소재로 쓴 여섯 편의 논문들 사이에는 어떤 연관성도 없어 보인다. 그러나 그 내면을 조금 더 깊이 들여다본다면 그 논문들은 여러 가지 방식으로 서로를 보충하거나 혹은 한 사물에 대해 다른 관점에서 바라본 전망을 제시하고 있다는 것을 알 수 있다. 그 전망들은 하나의 책으로 엮어내기에 충분히 일관적이다.

예컨대, 제1장의 농민들의 민담과 제2장의 직공들의 이야기는 도시와 농촌 모두에서 밑바닥층의 삶이 얼마나 고달팠던가를 말해준다. 민담이나 '복사'는 어떻게 혁명까지 이르지는 않으면서도 '작은 사람들'이 '큰 사람들'에 대해 저항할 수 있는 방편을 제공했는지 보여준다는 공통점이 있다. 한편 제3장의 부르주아는 노동자들의 저항을 다른 관점에서 바라보고 있다. 부르주아는 귀족층에 편입하려는 자신의 욕망에는 관대하면서 노동자들이 자신들의 영역으로 침투하려는 것에 대해서는 위협을 느끼고 경계했다. 그 평범한 부르주아의 모습에서 우리는 제2장의 노동자들이 부르주아에 대해 느꼈을 반감을 다시 한번 확인한다. 만족스럽게 자신의 도시에 애착을 느끼며 몽펠리에 안내서를 서술했던 한 부르주아의 여망은 현상 유지에 있었을 것이다. 제4장의 주인공인 서적과 저자들을 감시하던 경찰 수사관의 목표도 종교와 왕정에 해가 되는 요소들을 제거함으로써 왕국을 지탱시킨다는 현상 유지에 있었다. 그러나 그가 봤던 세계는 제3장의 부르주아와 달리 모호한 정신의 세계, 명확한 정체를 파악할 수 없는 지식인의 세계였다. 그 경찰 수사관은 '지식인'이라는 단어에 대한 개념도 정의도 지니지 않고 있었다. 그럼에도 불구하고 그는 감시할 필요가 있는 한 계층으로서 그들이 서서히 등장하는 것을 감지하고 있었다. 이것이 지식인들에 대한 외부의 관점이라면, 제5장에서는 지식인들 스스로가 인식했던 자신들의 사명감과 역할에 대해 『백과전서』의 서문과 '지식의 나무'에 대한 분석을 통해 설명한다. 경찰 수사관에게 지식인들의 정체가 아무리 모호한 것이었다 할지라도, 달랑베르와 디드로와 같은 계몽사상가들에게 지식인의 역할이란 기존의 종교와 군주제의 악폐를 일소하는 진보적인 추진력으로 작용해야 한다는 것이 명백한 당위였고 그들은 그 목적을 위해 때로는 모순적으로 보이는 모든 논리를 동원했다. 제6장에서는 한 시민이 남겼던 서적 주문서의 분석을 통해 독자들이 루소에 대해 반응하던 방식을 설명한다. 전반적으로는 책을 통해 저자와 지식인들의 영향력이 사회 전체에 점차 크게 자리 잡던 과정을 이야기한다. 그런 점에서 제5장과 제6장은 맥락을 같이하고 있지만 그 접근 방식은 상반된다. 즉 제5장이 이른바 텍스트 분석을 통해 텍스트의 저자가 생산하고자 하는 의미의 통일성을 찾으려고 시도했다면, 제6장은 그 텍스트를 독자들이 읽었던 방식을 추적해 그 의미가 어떤 방식으로 다양하게 소비되었는지 보이려 한다. 이렇듯 여섯 편의 논문들은 독립적이면서도 서로 유기적인 관련을 맺으며 18세기 프랑스에 대한 구체적인 상을 제시한다.

이렇듯 새로운 서술 방식에 힘입어 농민에서 계몽사상가에 이르기까지 18세기 프랑스 사회의 거의 모든 계층에 대해 단턴이 논할 수 있었던 것은 확실하지만, 그것만으로 이 책이 역사학도들의 필독서로 꼽히며 일반 독서 대중들에게까지 베스트셀러로 자리 잡게 된 사실을 설명할 수는 없다. 이 책이 갖는 중요한 의미를 몇 가지로 나누어 살펴보자. 먼저 이 책은 '밑으로부터의 역사'를 실행했다. 이 말은 근래에 역사학의 구호로 바뀔 만큼 호응을 받고 있는 것이 사실이지만, 그에 못지않게 확실한 사실은 그것의 실행이 어렵다는 점이다. 즉 무명 인사들이 남겼거나 그들에 대해 서술한 사료가 거의 없다는 이유로 그들에 대해 서술하기를 체념하듯이 포기한 채 그늘 속에 방치한 경우가 흔히 있었다. 단턴은 새로운 사료를 발굴함으로써 구체제 농민들의 삶을 재현한 것이 아니라, 「신데렐라」나 「장화 신은 고양이」처럼 사람들이 흔히 접해왔지만 지나쳤던 농민들의 이야기에 역사적 차원을 부여함으로써 그들의 삶을 복원시켰다. 오늘날 민담을 읽으면서 문학적 비유나 과장이라고 생각했던 부분들이 사실은 농민들의 실제 삶에 뿌리를 두고 있다는 사실을 밝힘으로써 단턴은 민담에 숨어 있던 역사적 차원을 되살린 것이다.

그 과업을 이룬 방법의 문제는 이 책이 갖는 두번째 중요성과 연결된다. 단턴은 민속학과 인류학을 이용했다. 민속학과 인류학을 이용하고 거기에 담론 분석에서 사용되는 방법을 적용시킴으로써 그는 농민들의 민담, 인쇄공들에게 전승되던 이야기, 도시 안내서, 경찰 보고서, 『백과전서』의 서문, 서적 주문서 등 많은 사람들이 읽기는 했지만 사료로서의 가치에 대해서는 의심을 품었던 자료 속에 숨어 있던 의미를 캐낸 것이다. 현재의 우리가 보기에 "가장 불투명한 곳에서 문서에 손을 대어봄으로써 우리는 낯선 의미 체계의 실타래를 풀 수 있을 것"이다. 그리고 그것이 가능한 것은 아무리 개별적이고 특이한 글이라 할지라도 사람들이 공유하고 있는 상징과 담론의 체계 속에서 표출된 것이기 때문이다. 어떤 개별적인 표현이든 그것은 사회가 함께 받아들이는 관용적 발화 행위의 틀 속에서 이루어지고 있다. 이런 관점에서 단턴이 실행했던 것은 우리에게 가장 낯설게 보이는 텍스트를 우리와는 다른 세계로 들어가는 창구로 삼아, 그것이 지니는 상징적이고, 따라서 사회적인 의미를 사회사가들이 복원시켰던 콘텍스트에 견주어 끄집어내는 일이었다. 현재 가장 활동적인 역사가 중의 한 명으로 단턴이 꼽히고 있다는 사실 자체가 그의 방법이 성공을 거두었다는 확실한 증거다. 하지만 그의 방법의 성공 여부는 이곳에서는 논외의 일이고, 단지 그 중요성을 한 가지만 지적한다면 그 방법을 통해 역사가들이 이용할 수 있고 이용해야만 하는 사료의 범위가 방대하게 확대되었다는 사실이다.

다음으로 이 책이 지니는 중요성은 문화 해석에 새로운 방향을 제시했다는 점에서 나온다. 종래 문화사의 편견 중 하나는 문화란 궁정이나 사상가의 서재와 같이 '높은' 곳에서 만들어져 '낮은' 곳으로 하달되거나 전달된다는 것이었다. 그러나 단턴은 "밑바닥 수준에서 일을 하는 사람들도 철학자들만큼이나 지성적일 수 있다"는 견지에서 문화가 반드시 '높은' 곳에서만 생산되는 것이 아님을 논증했다. 물론 단턴 혼자만 그런 작업의 중요성을 느꼈던 것은 아니고 아날학파 및 다양한 종류의 사회사가들 역시 그런 관점을 만드는 데 기여했던 것은 엄연한 사실이다. 그중에서도 단턴은 여러 가지 방식으로 그런 관점을 때로는 실증적으로, 때로는 논리적으로, 때로는 상징적으로 추구했다. 즉 단턴은 귀족 어린이들의 유모였던 농촌 아낙네들을 매개로 해 농민들의 민담이 살롱의 귀부인들에게 애호되던 장르로 변모했던 과정을 추적함으로써 문화가 위에서 아래로 흐를 뿐만 아니라 아래에서 위로 영향을 미치기도 한다는 것을 논증했다. 동시에 그는 농민이나 직공의 이야기와 『백과전서』에 대한 논의를 한 책 안에서 다룸으로써 '고급' 문화와 '하급' 문화라는 범주적 구분의 의미를 희석시켰다. 더불어 루소에 대한 장에서는 독자들의 반응이 초래했던 결과를 예증해, 사상가들의 생각이 단순히 그들이 원하던 대로 독자들에게 주입되었던 것이 아니라 창조적인 독서를 통해 저자들의 저술 활동에도 영향을 미칠 수 있음을 보임으로써 문화의 흐름은 일방적인 것이 아니라 쌍방적임을 예시했다.

이 모든 중요성에도 불구하고 읽기가 난해하다면 어떤 의미가 있겠는가? 이 책이 지닌 또 다른 가치는 흥미진진하게 읽을 수 있다는 사실에서 나온다. 거의 모든 학문 분야가 그렇지만 역사학의 경우도 예외 없이 전공 논문은 물론 학술서는 점차 학자들에게만 통용되는 전문용어로 가득 차게 되었다. 그 결과 이제 역사학자들에 의한 학술 서적은 일반 대중들과 유리되어, 오히려 역사를 전문으로 수업하지 않은 사람들이 쓴 역사책들이 학문적 검증도 받지 않은 채 독서 대중의 관심을 모으는 상황이 도래한 지 오래되었다. 『고양이 대학살』은 새로운 이론을 도입하고 엄정한 사료 고증의 과정을 거쳐 학문적으로 중요한 쟁점을 제기하면서도 동시에 재미있는 역사책이 쓰일 수 있다는 고무적인 사실을 확인시켜주었다는 점에서 의미가 깊다. 그 흥미로운 세계 속으로 감히 독자 여러분들을 초대한다.

1996년 9월

## 추기

『고양이 대학살』이 처음으로 번역되어 출간된 것이 1996년이었으니 벌써 27년이 훌쩍 지났다. 그사이에 20쇄가 넘게 꾸준히 판매되고 있으니 서양사의 학술서로서는 보기 드물게 독서 대중의 애호를 받고 있는 것이 확실하다. 더구나 로버트 단턴의 학문 세계에 대한 이해도 높아져 그의 저서 중 최소한 다섯 권이 우리말로 빛을 보았다. 나름 우리의 학계에 조그마한 기여라도 한 것 같아 뿌듯한 마음이 있기도 하지만 다른 한편으로는 개운치 못한 구석이 있는 것도 사실이다. 번역본이 독자에게 친절하지 못하다는 비난이 있어왔던 것을 알고 있기 때문이다.

한 번은 새롭게 개정판을 내야 하지 않을까 생각하고 있던 차에 출판사에서 개정판을 내고 싶다는 의사를 전해왔다. 나로서는 조금도 마다할 일이 아니다. 그사이에 대학원과 학부의 수업을 통해 많이 다루어왔기에 이 책에 대해 빠삭하게 알고 있다고 생각해서 그 작업은 그다지 까다롭지 않을 것이라고 짐작했다. 전보다는 옮긴이의 주도 많이 달고 어색하다고 여겼던 문장을 수정하여 이 정도면 훌륭한 개정판이 될 것이라 확신하면서 나의 새로운 판본을 출판사로 보냈다. 그리고 돌아온 교정쇄를 받았다. 거의 모든 페이지 정도가 아니라 거의 모든 줄에 수정을 하고 지적을 하고 문의를 한 내용이 여러 종류의 색깔로 구분되어 표시되어 있었다. 게다가 그러한 작업에 전반적으로 수긍할 수밖에 없었으므로, 이번에 나오게 될 개정판이 독자들 보기에 더 읽기 편해졌다면 그것은 전적으로 편집부에 돌아가야 할 공이라는 점을 밝힌다.

그사이 많은 세월이 흘렀으니 많은 것이 바뀌었다. 로버트 단턴은 프린스턴을 떠나 2007년부터 2016년까지 하버드 대학교 도서관장을 역임했고, 이후에도 계속하여 새로운 저작을 산출하고 있다. 그의 저작 거의 모두가 책과 검열에 관한 주제에 집중되어 있으니, 그는 실질적으로 '책의 역사'라는 방면을 개척한 선구자라고 말할 수 있다. 그의 많은 저서 중에서도 『고양이 대학살』은 단턴 스스로 꼽는 자신의 대표작이라고 단언할 수 있을 것이다. 노턴 출판사에서 문고본으로 이 책을 다시 내면서 쓴 서문에서 이 책에 대한 단턴의 애정이나 자부심을 확인할 수 있다.

처음에 이 책의 번역을 내게 양보해주셨던 천형균 선생님은 돌아가셨다. 전화나 편지로 안부를 계속 전했을 뿐 찾아가 뵌다 하면서도 결국은 뵙지 못해 죄송한 마음은 결코 가시지 않을 것이다. 단턴의 영향으로 처음에는 저작권료를 지불하지 않았지만, 이제는 먼 과거의 일이 되었다. 그럼에도 당시 단턴이 편의를 봐주고 호의를 베풀어준 것에 대한 고마움도 결코 잊을 수 없다. 이제 새로운 판본이 나왔으니, 독자 여러분 역시 다시 한번 새로운 여정을 함께 즐겨주시기를 마음 깊이 바랄 뿐이다.

2023년 6월

조한욱

# 개정판 서문

『고양이 대학살』의 새로운 판본이 나오게 되면서 새로운 독자들에게 말을 걸 기회가 주어졌으니 나는 기꺼이 이 기회를 이용하고자 한다. 책을 출판한다는 것은 깊은 우물 속으로 돌을 던지는 것과 비슷하다. 당신은 첨벙 하는 소리를 기다리고 또 기다리지만 때로는 아무 소리도 듣지 못한다. 내가 썼던 모든 책 중에서 『고양이 대학살』은 가장 큰 소리를 냈다. 어떤 사람들이 말했듯 어쩌면 그것은 현혹적인 제목 때문인지도 모른다. 독자들은 제목을 보고 흥미를 느낀 것이 확실하다. 그들은 물었다. 왜 진지한 역사가가 18세기 파리의 침침한 구석에서 일어난 의식적인 고양이 살해와 같이 이상한 사건에 관심을 두어야 했던가? 나는 그 대답이 독자들을 텍스트로, 그리고 더 중요하게는 새로운 종류의 역사학으로 끌어들이리라고 희망했다.

모든 새로운 것은 파리 좌안에서 출현했던 것처럼 보였던 1960년대에 이런 역사학은 '망탈리테의 역사'로 알려져 있었다. 이른바 평범한 사람들의 정신세계를 연구하는 역사학이었다. 그 이전에 역사가들은 엘리트층의 지적 생활에 집중했지만, 농부와 노동자도 관념을 갖고 있다는 사실을 부인할 수는 없었다. 만약 대중의 세계관 속으로 침투해 들어가 사회의 최하층에 포진한 사람들의 가치관과 태도를 연구할 수 있다면 완전히 새로운 역사의 차원이 열리게 될 것이었다. 그러나 이런 종류의 연구가 제기하는 문제점은 극복할 수 없는 것처럼 보였다. 19세기 이전 대부분의 유럽 사람들은 글을 읽을 줄 몰랐다는 것이다. 어떻게 역사가는 글로 된 아무런 기록도 남기지 않은 사람들의 정신 활동에 대한 흔적을 찾을 수 있을 것인가?

이 문제에 대한 해결책을 찾으려는 최초의 시도는 몇 가지 추론을 생산해내기는 했지만 엄정한 논리가 뒷받침된 것은 거의 없었다. 역사가들은 누군가가 농부들에게 목청을 높여 읽어주었던 싸구려 책들을 연구했다. 가난한 사람들이 내세에 대해 어떻게 상상했는지를 암시해주는 유언으로부터 통계를 만들기도 했다. 그들은 주술, 마법, 도적질, 민간요법과 같은 이색적인 주제를 연구했다. 그러나 인접 학문인 인류학으로부터 개념과 방법을 차용할 때까지는 이 연구 분야에서 체계적인 진전을 이루지 못했다.

인류학자들은 20세기 초부터 글을 읽지 못하는 사람들의 세계관과 가치 체계를 연구 주제로 삼았다. 그들도 역사가들과 마찬가지로 경쟁적인 진영으로 구분되어 있었고 진심으로 조화를 이루지 못했기 때문에 그들의 개념을 역사학에 전면 도입하기는 어려웠다. 그러나 1990년대에 이르면 역사가들은 인류학의 다양한 분야를 효과적으로 이용할 수 있게 되었고, 프랑스 역사가들까지도 그들의 트레이드마크였던 망탈리테의 역사라는 개념을 포기하고 인류학적 역사를 채택했다.

1984년에 처음 출판되었던 『고양이 대학살』은 그러한 맥락에서 역사를 서술하려는 초기의 시도 중 하나였다. 나는 학자들뿐만 아니라 일반적인 독서 대중을 위한 책을 의도했기 때문에 이론적 담론과 관련된 내용은 많이 포함시키지 않았다. 나는 인류학적 역사책을 어떻게 써야 하는가에 대한 논문을 쓰는 대신에 그런 책을 씀으로써 인류학적 역사가 어떻게 작동할 수 있는지를 보여주고 싶었다. 또한 나는 설명 양식에 있어서 특정 전략을 채택했다. 18세기 프랑스에 번성했던 많은 방언을 통해 농부들은 물론 엘리트층까지 누구나 접근할 수 있었고 모든 곳에 존재했던 일반적인 민담의 보고로부터 시작했다. 그리고 19세기에 민속학자들이 기록했던 판본들을 체계적으로 연구하고 비교함으로써, 세계 속에서 일반적인 지향성을 표현했던 구전 전통을 규정할 수 있으리라고 생각했다. 그것은 나에 대한 일부 비판자들이 주장했던 것과 같은 국민정신이 아니라, 지역적 차이는 있을지 몰라도 국가적인 규모로 존재했던 문화의 유형을 말하는 것이었다. 일반적인 배경으로서 이런 유형을 확립시킨 뒤 나는 이어지는 장들에서 일련의 사례 연구를 생산해냈는데, 그것은 다양한 사회 집단을 포괄하면서 궁극적으로는 작가와 독자 사이의 지적 엘리트층에 도달하는 것이었다. 이런 방식으로 나아감으로써 나는 이전에 역사가들이 사회경제사를 다뤘던 것처럼 '밑으로부터의' 문화사 쓰기를 시도했다. 바꾸어 말해 나는 농부와 수공업자들의 세계로부터 출발하여 계몽사상의 세계로 올라갔던 것이다. 그렇지만 나는 18세기 프랑스 문화에 대해 하나의 천의무봉한 설명 속으로 모든 것을 통합시키려고 시도하지는 않았다. 왜냐하면 나는 그런 것이 존재했다고 믿지 않기 때문이다. 많은 모더니즘과 포스트모더니즘의 저자들과 마찬가지로 나는 나의 저작을 파편화되고 비非총체적인 방식으로 제시하는 일에 대해 걱정하지 않는다. 그렇지만 나는 엄밀할 필요성에 대해서는 노심초사하고 있다. 그것은 설득력 있는 해석을 뒷받침해줄 수 있는 방식으로 증거를 배치하는 일을 가리킨다.

나는 해석이라는 말을 강조한다. 모든 인문학과 마찬가지로 역사학도 본질적으로 해석적이라고 이해하기 때문이다. 다른 사람들이 인간의 조건을 이해하는 방식을 이해하려 하는 것이다. 고양이 학살과 같은 문화적 에피소드를 연구하는 일은 연극을 보러 가는 일과 비슷하다. 당신은 배우들이 무엇을 표현하는지 이해하기 위해 그들의 연기를 읽는다. 당신은 은행 잔고의 마지막 줄이나 재판 판결문에 비견될 만한 결론에 도달하지 못한다. 해석적 역사학은 필연적으로 제한이 없으며, 많은 미세한 뉘앙스를 허용할 수 있을 정도로 수용력이 크기 때문이다. 그러나 제한이 없다는 말은 아무 해석이나 통용될 수 있다거나 해석은 틀릴 수 없다는 의미가 결코 아니다. 예를 들어 『햄릿』을 정치체의 권력에 관한 연극으로 보는 대신 심리적 위력에 대한 연극으로 보는 것처럼 서로 다르지만 타당한 여러 가지 해석이 가능하지만, 그렇다고 그것을 슬랩스틱 코미디로 보는 것은 잘못일 수 있다는 것이다.

나는 20년에 걸쳐 역사학과 인류학에 대한 세미나를 함께 가르쳤던 인류학의 대가 클리퍼드 기어츠로부터 그런 생각을 차용했다. 한편 나의 생각은 빅터 터너, 메리 더글러스, E. E. 에번스-프리처드는 물론 키스 바소와 제임스 클리퍼드와 같은 소장 학자들의 견해에도 들어맞는다. 그들 사이의 차이에도 불구하고 이 인류학자들은 상징이 갖는 다성적 성격을 강조하며, 민중 의식에 대해 다중적 의미를 표현하는 복합적인 행동의 유형이라고 이해하고 있다.

나는 상징적 표현에 내재하는 복합성과 다중성을 강조한다. 나의 비판자들 중 일부가 그 기본적인 논점을 밝히는 데 실패했기 때문이다. 예를 들어 로제 샤르티에는 상징이 기표와 기의를 명확하게 직선적인 방식으로 연결해준다고 논한다. 그 예로서 18세기 사전에서 택하기를, 사자는 용맹의 상징이라는 것이다. 나는 사자가 용맹을 암시하는 존재라는 데 동의한다. 그렇지만 사자는 힘과 난폭성과 위엄 등 다른 성격도 전달할 수 있으며 동시에 그런 성격들의 다양한 조합을 보여줄 수도 있다. 인류학자들은 평범한 사람들이 상징을 이런 방식으로 조작해왔음을 재차 증명해왔다. 따라서 고양이가 주술과 성욕과 가정을 상징했다는 생각에는 넘칠 것이 없으며, 의식적인 고양이 살해는 재판이자 집단 강간이자 주인에 대한 노동자들의 반란이자 일종의 거리 무대로 펼쳐진 무언극으로서 노동자들은 후에 그것을 팬터마임의 형태로 반복했던 것이다. 학살을 연출했던 사람들 모두가 그 사건을 동일한 방식으로 이해하지는 않았다. 그것은 해석의 여지가 넓으며 여러 가지 방식으로 결합될 수도 있다. '범인이 누구야' 식의 추리소설처럼 그 모든 것을 하나의 결론으로 환원시키는 것은 인간의 일반적인 이해 방식에 대해 오해하는 것이며 18세기 노동자들이 어떻게 그들의 주인을 조롱할 수 있었는지를 이해하지 못하는 것이다.

이렇게 추상적으로 이야기하자니 이 문제가 학자들의 문제라고 말하는 것으로 들릴 수도 있다. 학자들에게는 큰 관심사이지만 일상세계에 사는 평범한 사람들에게는 별 관련이 없는 문제로 보일지도 모른다. 그러나 나는 고양이 학살과 그 의미를 해독하려는 시도는 인간의 조건에 대해 호기심을 품고 있고 인간이 인간 조건을 해석하는 방식에 관심을 두고 있는 사람이라면 학계 밖의 그 누구에게든 흥미로울 수 있다고 믿는다. 한 가지 방식은 농담을 통하는 것이다.

고양이 학살은 우리에게 이상해 보이고 고양이를 사랑하는 사람들에게는 극히 혐오스러운 것이겠지만 생세브랭가의 노동자들로서는 겪었던 모든 일 중에서 가장 재미있는 일이었다. 만일 우리가 그 농담을 이해할 수 있다면 우리는 오늘날의 세계관의 일부를 탈피하고 두 세기 전에 살았던 평범한 사람들의 낯선 정신세계로 들어갈 수 있을 것이다. 그런 종류의 접촉이 이런 종류의 역사가 보상을 받을 수 있는 경험이다. 독자들이 이러한 인류학적 역사의 실험을 즐겨준다면, 이런 실험이 더 확장되어갈 수 있을 것으로 기대된다. 역사학과 인류학은 서로를 강화시켜왔고 『고양이 대학살』이 처음 나온 지 사반세기가 지난 지금, 두 학문은 서로 결합하여 그 어느 때보다 전도 유망해 보이는 비옥한 연구 분야를 만들어내고 있으니 말이다.

# 서론

이 책은 18세기 프랑스의 사고방식을 연구한다. 사람들이 무엇을 생각했는지뿐만 아니라 어떻게 생각했는지, 즉 어떻게 세계를 해석했고 세계에 의미를 부여했으며 감정을 불어넣었는지 보여주려 한다. 이 연구는 지성사라는 순탄대로를 따르지 않고 프랑스에서 '망탈리테의 역사'[1]라고 알려져 있는 아직 지도에 오르지 않은 영역으로 들어간다. 이 분야는 아직 영어 이름을 받지 못하고 있지만 아마도 단순하게 문화사라고 부를 수 있을 것이다. 왜냐하면 이것은 인류학자들이 이방의 문화를 연구하는 것과 같은 방식으로 우리의 문명을 다루기 때문이다. 이것은 인종지학적[2] 성향의 역사다.

1 (옮긴이) 망탈리테의 역사란 오랜 기간에 걸쳐 형성된 생활의 태도나 습관이나 사고방식을 가리키는 것으로서 무의식의 영역까지 포함한다는 점에서 종래의 지성사와는 다르다고 할 수 있다.

2 (옮긴이) 인종지학ethnography이란 개별적인 문화를 체계적으로 연구하는 인류학의 한 분야로서 어떤 사회적 현상에 참여한 사람들의 관점에서 그들의 해석을 바탕으로 그 문화를 이해하려고 하는 것이다.

대부분의 사람들은 문화사가 대문자 C로 시작하는 고급문화에 관심을 둔다고 생각하는 경향이 있다. 소문자 c로 시작하는 문화의 역사는 헤로도토스까지는 아닐지라도 부르크하르트까지는 거슬러 올라가지만 이것은 여전히 낯설고 경이로 가득 차 있다. 따라서 독자들에게는 약간의 설명이 필요할 것이다. 관념의 역사가는 철학자에서 철학자로 이어지는 형식적 사고의 계보를 추적하는 반면, 인종지학적 역사가는 평범한 사람들이 세계를 이해하는 방식을 연구한다. 그는 평범한 사람들의 세계관을 캐내어 그들이 마음속에서 실재를 어떻게 구성했고 그것을 행동으로 어떻게 표현했는지 보이려고 시도한다. 그는 길을 지나는 사람을 철학자로 만들려고 하는 것이 아니라 길거리의 생활도 전략을 필요로 한다는 것을 보이려고 한다. 밑바닥의 수준에서 일을 하는 평범한 사람들은 "세상 물정에 밝아지는" 법을 배운다. 그들은 자신의 방식대로 철학자만큼이나 지성적일 수 있다. 그러나 그들은 논리적 명제를 추론하는 대신 구체적 사물, 혹은 이야기나 종교의식처럼 그들의 문화가 제공하는 확실한 것을 대상으로 생각한다.

어떤 사물이 생각하기 좋은 것일까? 클로드 레비-스트로스는 25년 전에 그런 질문을 아마존 지역의 토템과 터부에 적용시켰다.[3] 왜 그것을 18세기 프랑스에 시도해볼 수는 없는 것인가? 18세기 프랑스 사람들과는 면담을 할 수 없기 때문이라고 회의론자는 대답할 것이다. 게다가 그런 대답을 납득시키기 위해 그는 문서보관소가 결코 현장 작업을 대체할 수는 없다고 덧붙일 것이다. 옳은 말이다. 그러

3 (옮긴이) 1962년에 출간된 레비-스트로스의 『오늘날의 토테미즘*Le Totémisme aujourd'hui*』을 가리킨다.

나 구체제[4]의 문서보관소는 특히나 풍요롭고, 또한 옛 자료에도 언제나 새로운 질문을 던질 수 있는 법이다. 더구나 인류학자라고 해서 그에게 정보를 제공하는 원주민들과 쉽게 시간을 보낼 것이라고 생각할 수도 없는 일이다. 그 역시 불투명한 영역이나 침묵의 영역으로 빠져들기도 하며, 다른 원주민들이 생각하고 있는 것에 대한 원주민의 해석을 해석해야만 한다. 정신의 길은 도서관에서만큼이나 자연의 덤불에서도 침투하기 어려운 것일 수 있다.

그러나 현장 작업에서 돌아온 모든 사람에게 명확한 한 가지 사실이 있다. 다른 사람들은 다르다는 것이다. 그들은 우리가 생각하는 방식대로 생각하지 않는다. 만일 우리가 그들의 사고방식을 이해하기를 원한다면 우리는 상이성을 포착할 수 있는 관념에서부터 출발해야 한다. 역사가의 용어로 바꾸어 말하면 그것은 단지 시대착오적 해석anachronism[5]에 대한 해묵은 경고로 들릴 수도 있다. 그렇지만 그것은 반복할 만한 가치가 있다. 왜냐하면 가발을 쓰고 나막신을 신는다는 것 말고는 두 세기 전의 유럽 사람들이 오늘날의 우리와 똑같이 생각하고 똑같이 느꼈다는 편안한 가설로 미끄러져 들어가는 것보다 더 쉬운 일이 없기 때문이다. 우리는 문화 충격이라는 처방을 받음으로써 과거에 친숙하다는 그릇된 느낌으로부터 빠져나와야 한다.

나는 문서보관소 속에서 헤매는 것보다 더 좋은 방법은 없다고 믿는다. 구체제로부터 온 편지를 읽으며 놀라움을 마주치지 않기는 어렵다. 그 놀라움이란 어디에나 존재하는 치통에 대한 끊임없는 두려

4 (옮긴이) 프랑스혁명 이전의 전반적인 프랑스 사회를 가리킨다.
5 (옮긴이) 과거를 연구자 시대의 관점에서 보는 오류를 말한다.

움에서부터 일부 마을에서만 보였던 현상으로서 거름 더미 위에 분뇨로 새끼를 꼬아 남들에게 과시하려던 사실에 이르기까지 다양하다. 우리의 선조들에게는 속담의 지혜였던 것이 우리에게는 완전히 불투명하게 남아 있기도 하다. 18세기 속담집 어떤 것을 열어봐도 다음과 같은 구절을 볼 수 있다: "콧물이 찬 사람은 코를 풀게 하라." 그렇지만 속담뿐 아니라 농담이나 의식儀式, 시를 이해하지 못할 때라도 무엇인가를 알아챌 수 있다는 것을 우리는 알고 있다. 가장 불투명한 곳에서 문서에 손을 대어봄으로써 우리는 낯선 의미 체계의 실타래를 풀 수 있을 것이며, 그 실마리는 이상하고 놀라운 세계관으로 연결될 수도 있을 것이다.

이 책은 그렇듯 낯선 세계관을 탐색하려는 시도다. 이 책의 이야기는 함께 모아놓기 어려워 보이는 텍스트들이 제공하는 놀라움을 추적하며 펼쳐진다. 예컨대 「빨간 모자」의 원본, 고양이 학살 이야기, 도시에 대한 기묘한 묘사, 경찰 수사관이 보관한 신기한 서류철 등은 18세기 사고의 전형을 제시한다고 취급할 수는 없지만 그것에 침투할 방법을 제공하는 문서들이다. 이 책의 논의는 세계관에 대해 가장 모호하고 일반적인 표현으로부터 시작해 점차 명확해져간다. 제1장은 프랑스 국민 거의 모두에게 친숙하지만 특히 농민들과 관련된 민담에 대한 설명을 제시한다. 제2장은 일부 도시 장인들에게 전승되던 이야기를 해석한다. 제3장에서는 사회적 계층을 높여 도시 생활이 지방의 부르주아에게 의미하던 바를 살펴본다. 그리고 다음 장면은 파리와 지식인들의 세계로 바뀐다. 먼저 제4장에서는 실재의 틀을 잡는 나름대로의 방식을 지니고 있었던 경찰의 눈에 비친 세계를 다룬다. 제5장에서는 그것이 계몽사상의 주요 텍스트인 『백과전서』의 서론에서 어떻게 인식론적으로 분류되었는지 살핀다. 마지막 제6장은 루소가 백과전서파와 결별한 것이 어떻게 새로운 방식의 사고와 감정을 열게 되었는가를 보여주는데, 이는 독자의 관점에서 루소를 다시 읽음으로써 음미할 수 있다.

민담이나 철학 서적을 읽는 것과 똑같이 의식이나 도시 또한 읽을 수 있기 때문에 책 전반에 걸쳐 독서 관념이 흐르고 있다고 하겠다. 해석의 방식은 다를지 모르지만 각 경우마다 우리는 의미를 찾기 위해 읽는다. 그것은 옛사람들이 새겨 넣은 세계관 중에서 여전히 우리에게 전달될 수 있는 의미를 말한다. 따라서 나는 18세기를 관통하며 나의 방식으로 읽어가려 했고, 내가 해석한 텍스트를 부록으로 붙여 독자들이 각자 나름대로 해석해 나와 견해를 달리할 수 있도록 했다. 나는 내가 최종 평결을 내릴 수 있다고 기대하지도 않고 나의 해석이 완벽한 것이라고 자처하지도 않는다. 이 책은 구체제의 모든 사회 집단과 지리적 지역에 걸친 사상과 태도의 재고 조사표를 제공하지 않는다. 이 책은 전형적인 사례 연구를 제시하지도 않는다. 나는 '전형적인 농민'이나 '대표적인 부르주아' 같은 것이 있다고 믿지 않기 때문이다. 그런 것을 좇아가는 대신 나는 가장 의미가 풍부해 보이는 일련의 문서를 추적해 그것이 향하는 곳으로 따라가다가 놀라운 것에 마주치게 되면 속도를 높였다. 길에서 벗어나 헤매는 것은 대단한 방법론이라고 말할 수 없지만 그것은 색다른 광경을 즐길 가능성을 열어주며 그런 광경이 가장 큰 의미를 드러낼 수도 있다. 나는 문화사가가 왜 이상한 것을 회피하고 평균적인 것을 받아들여야 하는지 모르겠다. 의미의 평균치를 계산한다거나 여러 상징을 최소공약수로 환원시킬 수는 없기 때문이다.

이렇듯 체계가 없음을 고백한다고 해서, 모든 것이 인류학으로 통용될 수 있으니 문화사에서는 모든 것이 가능하다고 말하려는 것은 아니다. 인류학적 방식의 역사는 경직된 사회과학자들에게는 문학인 것처럼 의심스럽게 보일지라도 그 자체의 엄정성을 지니고 있다. 이것은 개별적인 표현은 일반적인 관용어 내부에서 발생하며 우리는 우리의 문화가 제공하는 틀 내부에서 사고함으로써 지각을 분류하고 사물을 이해한다는 전제에서 출발한다. 따라서 역사가는 낯선 정신세계로의 통로를 닦을 때까지 텍스트로부터 콘텍스트로, 그리고 그 역으로 왕래하면서 사고의 사회적 차원을 발견하고 문서를 주변 세계의 중요성에 관련시킴으로써 그것으로부터 의미를 조르다시피 이끌어낼 수 있다.

이런 종류의 문화사는 해석 과학에 속한다. 이것은 영어 사용권의 '과학science'이라는 규정된 명칭으로 분류되기에는 너무도 문학적으로 보일지 모르지만 프랑스의 '인문과학sciences humaines'과는 잘 어울린다. 이것은 쉬운 장르가 아니고 불완전할 수밖에 없지만 영어권에서라고 불가능하지는 않다. 프랑스 사람이건 '앵글로색슨' 사람이건, 유식자건 농부건 모두가 언어의 규약을 공유하고 있듯이 문화적 제약 속에서 활동한다. 따라서 역사가는 가장 위대한 사상가의 경우조차 문화가 어떻게 사고방식을 형성하는지를 알 수 있어야 한다. 시인이나 철학자는 언어를 그 한계까지 밀고 나갈지도 모르지만 어느 지점에선가 의미의 외벽에 맞부딪칠 것이다. 그 너머는 광기의 세계다. 그것이 횔덜린과 니체의 운명이었다. 그러나 그 내부에서는 위대한 사람들이 의미의 경계를 시험하고 변동시킬 수 있다. 그러므로 18세기 프랑스의 망탈리테를 다루는 책 속에는 디드로와 루소를 위한 공간이 있어야 하는 것이다. 농촌의 이야기꾼들이나 고양이를 살해한 서민들과 함께 그들을 포함시킴으로써 나는 고급문화와 대중문화 사이의 통상적인 구분을 포기했고 지식인들과 평범한 사람들이 어떻게 동일한 종류의 문제에 대처했는지를 보이려고 했다.

나는 기존의 역사 서술 방식에서 벗어나는 것은 위험하다는 것을 알고 있다. 어떤 사람들은 두 세기 이전에 사라진 농민들의 정신 속으로 침투하기에는 사료가 너무 모호하다고 반박할지 모른다. 어떤 사람들은 고양이 학살을 『백과전서』의 서론과 같은 방식으로 해석한다는 생각에, 혹은 더 나아가 그것을 해석한다는 생각 자체에 모욕을 느낄지도 모른다. 그리고 더 많은 독자들은 고전적 텍스트의 전범을 좇아 체계적인 방식으로 나아가지 않고 몇 개의 진기한 문서를 임의적으로 선택해 18세기의 사고로 들어가는 입구로 삼은 것에 반발할 것이다. 내게는 이런 반론에 대한 정당한 반박이 있지만 이 서론이 방법에 관한 논쟁으로 비화되는 것을 바라지 않는다. 대신 나는 독자들을 나의 텍스트 속으로 초대하고자 한다. 독자들이 확신을 얻지 못할지라도 그 여정을 즐기리라고 생각한다.

페로의 『마더 구스 이야기』의 원 삽화.

# 1
# 농민들은 이야기한다: 마더 구스 이야기의 의미

계몽사상의 시대에 계몽되지 못했던 사람들의 정신세계는 되찾을 수 없이 사라진 것처럼 보인다. 18세기의 평범한 사람들을 포착하기는 불가능하지 않더라도 대단히 어려워서 그들의 우주관을 추적하는 일은 어리석어 보인다. 그러나 그런 시도를 포기하기에 앞서 의문을 유보하고 하나의 이야기를 생각해본다면 도움이 될 것이다. 그 이야기는 누구나 알고 있지만 다음에 인용할 판본으로 알고 있지는 않을 것이다. 이 판본은 18세기 프랑스의 긴 겨울밤에 농부의 오두막 난롯가에서 이야기되었을 것과 아주 비슷하다.[1]

1　이 텍스트를 비롯해 본문에서 논의하는 다른 프랑스의 민담들은 다음에서 인용한 것이다. Paul Delarue & Marie-Louise Tenèze, *Le Conte populaire français*(Paris, 1976), 3 vols. 들라뤼와 트네즈의 이 선집은 최고의 프랑스 민담 선집이다. 이 선집은 각 이야기마다 기록된 모든 판본뿐만 아니라 그것이 구전 자료로부터 어떻게 수집되었는지 배경 지식까지 제공한다. 또한 들라뤼와 트네즈는 그 이야기들을 표준적인 아르네-톰슨 분류법에 맞추어 배열했기 때문에 다른 구전 전통의 동일한 '이야기 유형'과 비교할 수 있게 했다. 아르네-톰슨 분류법에 대해서는 Antti Aarne & Stith Thompson, *The Types of the Folktale: A Classification and Bibliography*(제2판: Helsinki, 1973) 참조. 이후의 인용

옛날에 한 어린 소녀가 어머니의 심부름으로 할머니에게 빵과 우유를 가져가고 있었다. 숲속을 걷는 소녀 앞에 늑대 한 마리가 나타나 어디 가느냐고 물었다.

"할머니 집에 가요."

소녀가 대답했다.

"어떤 길로 가느냐? 핀의 길이냐, 바늘의 길이냐?"

"바늘의 길이요."

그러자 늑대는 핀의 길을 따라 할머니의 집에 먼저 도착했다. 늑대는 할머니를 죽인 뒤 피는 병에 담고 살은 썰어서 접시 위에 놓은 뒤 할머니의 잠옷을 입고 침대 속에서 기다렸다.

"똑똑."

"들어오렴, 얘야."

"안녕, 할머니. 빵하고 우유 좀 가져왔어요."

"너도 뭘 좀 먹으렴. 찬장에 고기와 포도주가 있단다."

그래서 작은 소녀는 그것을 먹었다. 그걸 먹자 작은 고양이가 말했다.

"더러운 년! 할머니의 살을 먹고 피를 마시다니!"

문은 아르네-톰슨 분류법에 따른다. 이 분류법을 이용해 들라뤼-트네즈 선집의 텍스트를 찾을 수 있다. 예를 들어 본문에 인용한 이야기는 이야기 유형 333번의 '대식가'에 속하며, 여기에 속하는 35개의 판본은 Delarue & Tenèze, *Le Conte populaire français*, I, pp. 373~81에 나타난다. 나는 영어로 번역할 때 가장 평범한 판본을 이용했다. 역사적 자료로서 민담에 대해 더 알고 싶은 사람은 제1장의 주 7과 주 9의 문헌들을 비롯해 다음의 책도 참고할 것. Stith Thompson, *The Folktale*(Berkeley & Los Angeles, 1977; 초판은 1946).

늑대가 말했다.

"옷을 벗고 내 옆으로 들어와 누우렴."

"앞치마는 어디에다 둘까요?"

"불 속에 넣어라. 더 이상 필요하지 않으니까."

코르셋, 치마, 속치마, 스타킹 등 옷마다 소녀는 똑같은 질문을 했고, 늑대는 매번 똑같은 대답을 했다.

"불 속에 넣어라. 더 이상 필요하지 않을 테니까."

소녀가 침대에 들어가서 말했다.

"오, 할머니! 왜 이렇게 털이 많아요?"

"따뜻해지려고, 얘야."

"오, 할머니! 왜 이렇게 어깨가 넓어요?"

"나무를 잘 옮기려고, 얘야."

"오, 할머니! 왜 이렇게 손톱이 길어요?"

"가려운 데를 잘 긁으려고, 얘야."

"오, 할머니! 왜 이렇게 이빨이 커요?"

"너를 잘 먹으려고, 얘야."

그리고 늑대는 소녀를 먹었다.

이 이야기의 교훈은 무엇인가? 어린 소녀들에게는 명백하게 늑대를 멀리하라는 것이다. 역사가들에게는 이것이 근대 초 농민들의 정신세계에 대해 무엇인가를 말해주는 것처럼 보인다. 하지만 그것이 무엇일까? 이런 텍스트의 해석을 어떻게 시작할 수 있을까? 하나의 방법은 정신분석을 통하는 것이다. 정신분석가들은 철저한 조사를 통해 숨겨진 상징과 무의식적 모티프와 심리적 메커니즘을 추출했다. 예를 들어 가장 잘 알려진 두 명의 정신분석가인 에리히 프롬과

브루노 베텔하임의 「빨간 모자」 해석을 생각해보자.

프롬은 그 이야기를 원시 사회의 집단적 무의식에 대한 수수께끼로 해석했으며, '상징적 언어'를 해독함으로써 '어려움 없이' 그 수수께끼를 풀었다. 그의 설명에 따르면 그 이야기는 성인의 성에 대면한 사춘기 아동에 관한 것이다. 그 숨겨진 의미는 상징을 통해 나타난다. 그러나 그가 읽은 텍스트에 나타나는 상징은 17세기와 18세기의 농민들에게 알려진 판본에는 존재하지 않는 세부적 사실에 근거한다. 따라서 프롬은 (존재하지 않는) 빨간 모자를 초경의 상징으로, 소녀가 들고 갔다는 (존재하지 않는) 병을 처녀성의 상징으로 부각시켰던 것이고 그러므로 길에서 벗어나 병을 깰지도 모르는 험한 곳에 들어가지 말라는 어머니의 (존재하지 않는) 훈계도 있는 것이다. 늑대는 강탈적인 남성이다. (존재하지 않는) 사냥꾼이 소녀와 할머니를 꺼낸 뒤 늑대의 배 속에 집어넣은 (존재하지 않는) 두 개의 돌은 불임을 뜻하는 것으로서 성적 금기를 깬 것에 대한 처벌이다. 그리하여 원래의 민담에 나타나지 않는 세부 사실에 대한 신비로운 감수성을 갖고 정신분석가는 결코 존재하지 않았던, 최소한 정신분석이 도래하기 전까지는 존재하지 않았던 정신의 세계로 우리를 인도하고 있는 것이다.[2]

하나의 텍스트를 어쩌면 그렇게도 왜곡할 수 있을까? 상징을 다루는 데 있어 정신분석가가 시인보다 엄정해야 할 필요는 없는 것처럼 그런 난점은 전문가의 독단이라기보다는 민담의 역사적 차원에 대한 맹목에 기인한다.

2 Erich Fromm, *The Forgotten Language: An Introduction to the Understanding of Dreams, Fairy Tales and Myths*(New York, 1951), pp. 235~41. 인용문은 p. 240.

프롬은 출처를 언급하는 번거로움을 회피했지만 그가 그림 형제로부터 텍스트를 취한 것은 명백해 보인다. 그림 형제는 그 이야기는 물론 「장화 신은 고양이」 「푸른 수염」 등등의 다른 이야기를 카셀에 살던 친한 이웃인 자네트 하센플루크에게서 들었다. 자네트는 그것을 어머니에게서 들었는데 어머니는 프랑스의 위그노[신교도] 가정 출신이었다. 신교도들은 루이 14세의 박해를 피해 피신하면서 그들의 민담의 보고를 독일로 가져왔다. 그러나 그것을 대중의 구전 전승에서 직접 끌어낸 것은 아니었다. 그들은 17세기 말 파리의 화려한 사교계에서 동화가 유행하던 당시 샤를 페로, 마리 카테린 돌누아 등이 쓴 책에서 그 이야기들을 읽었다. 이 장르의 대가인 페로는 평범한 사람들의 구전 전승에서 자료를 채택했던 것이 확실하다. 주요 출처는 아마도 아들의 유모였을 것이다. 그는 이것을 살롱의 세련가들, 귀부인들, 궁정신하들의 취향에 맞도록 각색해 1697년 『마더 구스 이야기』의 초판본을 그들 앞에 내어놓았다. 그러므로 하센플루크 집안을 통해 그림 형제에 도달한 이야기들은 대단히 독일적인 것도, 민간전승을 대표하는 것도 아니었다. 실지로 그림 형제는 그렇게 말에서 글로 바뀌고 프랑스풍으로 바뀐 성격을 알아챘기에 『그림 동화집』의 재판본에서는 「빨간 모자」만 빼고 모든 것을 삭제했다. 그 이야기만 남은 이유는 명백하다. 즉 자네트 하센플루크는 당시 독일에서 가장 인기 있던 이야기의 하나인 「늑대와 어린이」(안티 아르네와 스티스 톰슨의 표준적인 분류법에 따르면 이야기 유형 123)에서 따온 해피엔딩을 접목시켰기 때문이다. 그렇게 「빨간 모자」는 그 프랑스의 기원이 가려진 채 독일 그리고 영국의 문학 전통 속으로 미끄러져 들어갔다. 프랑스의 농민에서 페로의 유모에게로, 책 속으로, 라인강을 건너 독일에서 이번에는 위그노 피신자들의 일부로서 다시 구전 전승으로, 그 뒤 프랑스 구체제 마을의 난롯가가 아니라 게르만 숲의 산물로서 다시 책의 형태로 전전하면서 소녀의 성격은 크게 변했다.[3]

프롬을 위시하여 정신분석을 사용한 그 밖의 여러 해석자들은 그 이야기에서 자신들이 원하던 것을 얻었기 때문에 텍스트의 변형 과정에 신경 쓰지 않았고 실지로 그들은 그런 변형에 대해 알지도 못했다. 그것은 사춘기의 성(프랑스의 구전 전승에는 존재하지 않는 빨간 모자)으로 시작해 이드(전통적 판본에 의하면 결코 죽지 않은 늑대)에 대한 에고(프랑스의 이야기에서는 보통 먹힌 것으로 끝나지만 구조되었다는 소녀)의 승리로 끝난다. 끝이 좋으면 만사가 좋은 법이다.

그 끝은 「빨간 모자」에 대해 논할 것이 있었던 정신분석학자의 계보에서 최후의 인물이었던 브루노 베텔하임에게 특별히 중요하다.

3 「빨간 모자」의 사료와 전파 과정에 대해서는 다음을 참고할 것. Johannes Bolte & Georg Polívka, *Anmerkungen zu den Kinder- und Hausmärchen der Brüder Grimm*, 5 vols. (Leipzig, 1913~32), I, pp. 234~37, 그리고 IV, pp. 431~34. 더 최근의 저작으로는 Wilhelm Schoof, *Zur Entstehungsgeschichte der Grimmschen Märchen*(Hamburg, 1959), pp. 59~61, 74~77. 빌헬름 쇼프의 이 사료에 대한 나의 읽기 방식은 다음의 해석에 동조한다. H. V. Velten, "The Influence of Charles Perrault's *Contes de ma mère l'Oie*," *The Germanic Review*, V(1930), pp. 4~18; Paul Delarue, "Les Contes merveilleux de Perrault et la tradition populaire," *Bulletin folklorique d'Ile-de-France*, new series(July-Oct., 1951), pp. 221~28, 251~60. 그림 형제는 영어로 「세 마리 새끼 돼지」(이야기 유형 124)로 알려진 이야기와 비슷한 방식으로 끝나는 「빨간 모자」 이야기의 재판도 출간했다. 그들은 그 이야기를 후에 빌헬름 그림의 부인이 된 도로테아 빌트에게서 들었다. 그녀는 '늙은 마리'라고 하는 하녀에게서 그 이야기를 들었는데 빌헬름 쇼프는 그녀가 미국 독립전쟁에서 사망한 대장장이의 아내였던 마리 뮐러라고 확인했다. Schoof, *Zur Entstehungsgeschichte*, pp. 59~61. 그림 형제는 그들이 들은 이야기를 정확하게 옮기려고 애썼지만 판본이 바뀌어감에 따라 텍스트를 상당 부분 개작했다. 그림 형제의 「빨간 모자」 개작에 대해서는 Bolte & Polívka, *Anmerkungen*, IV, p. 455 참조.

그에게 그 이야기뿐만 아니라 그와 비슷한 모든 이야기의 요체는 그 대단원이 갖는 긍정적인 교훈에 있다. 그의 주장에 따르면 민담은 행복하게 끝남으로써 어린이가 자신의 무의식적인 욕망과 공포를 직시하게 해 이드가 제압되고 에고가 승리를 거두어 상처를 입지 않고 탈출할 수 있도록 만들어준다는 것이다. 베텔하임의 해석에 의하면 「빨간 모자」에서 악역은 이드다. (「헨젤과 그레텔」로 대표되는 단계인) 구강 집착기로 보기에는 나이가 많고 성인의 성을 기준으로 하면 너무도 어린 그 소녀가 길을 벗어나게 만든 것은 '쾌락 원리'다. 이드는 늑대인데, 그 늑대는 아버지이기도 하고, 그 아버지는 사냥꾼이기도 하고, 그 사냥꾼은 또한 에고이면서 슈퍼에고[초자아]이기까지 하다. 늑대에게 할머니의 집을 가르쳐줌으로써 빨간 모자 소녀는 오이디푸스의 방식으로 어머니를 해치웠다. 왜냐하면 영혼의 도덕 경제에 있어서 어머니는 언제나 할머니일 수 있으며 「헨젤과 그레텔」의 경우처럼 숲의 양쪽에 있는 집은 실지로 같은 집이고 그것은 또한 어머니의 신체이기 때문이다. 이렇듯 교묘하게 상징을 혼합시켰기 때문에 빨간 모자 소녀는 아버지인 늑대와 같이 침대에 들어가 오이디푸스적인 환상을 발산시킬 기회를 갖게 된다. 궁극적으로 소녀는 살아난다. 왜냐하면 그녀의 아버지가 에고-슈퍼에고-사냥꾼으로 다시 나타나 늑대-이드로서의 아버지의 배를 갈라 꺼내줌으로써 그녀는 더 높은 차원에서 다시 태어나기 때문이며 그 이후로 모든 사람들은 행복하게 살았다.[4]

4 Bruno Bettelheim, *The Uses of Enchantment: The Meaning and Importance of Fairy Tales*(New York, 1977), pp. 166~83. (옮긴이: 이 책은 『옛이야기의 매력』이라는 제목으로 번역, 출간되었다. 주 5에서 단턴도 설명하고 있지만 베텔하임의 주장을 더 간략하게 줄인다면 민담이나 동화는 어린아이들이 어른으로 자라는 과정에서 배워야 할 교훈

상징에 대해 한결 관대한 베텔하임의 관점이 비밀스러운 암호에 대한 프롬의 관념보다 기계론적 해석의 여지가 덜한 것은 사실이지만, 그의 관점 역시 텍스트에 대해 의문의 여지가 없는 가설로부터 출발한다. 베텔하임은 민담을 학문적 분야로 인식하고 있다는 것을 보여주듯 그림과 페로에 대한 많은 논평자들을 인용하고 있지만, 「빨간 모자」를 위시한 이야기들에 자체의 역사가 없는 것처럼 읽고 있다. 말하자면 그는 병상 위의 환자처럼 그 이야기들을 무시간의 동시대성 속에 눕혀놓고 취급한다. 그는 그것의 기원을 묻지도 않거니와 그것이 다른 상황 속에서 가졌을지도 모르는 다른 의미에 대해 우려하지도 않는다. 영혼이 어떻게 작용하며 지금까지 항상 어떻게 작용해왔는지를 알고 있다는 이유에서다. 그러나 사실상 민담은 역사적 문서다. 민담은 수 세기에 걸쳐 진화해왔고 각기 다른 문화적 전통 속에서 다른 변화를 겪었다. 민담은 인간 내적 존재의 불변하는 작용을 표현한 것과는 거리가 멀다. 그것은 망탈리테 자체도 변화해왔다는 사실을 제기하고 있다. 만일 원래의 농민 판본으로 「빨간 모자」를 들려주며 아이를 재우는 상상을 해본다면 선조와 우리 사이의 거리를 인식할 수 있을 것이다. 그럴 경우에 아마도 그 이야기의 교훈은 '정신분석가를 조심하고 사료의 사용에 주의를 기울여라'가 되어야 할 것이다. 우리는 역사주의로 되돌아와 있는 듯하다.[5]

을 담고 있다는 것이다. 그것이 33쪽에서 단턴이 이 이야기의 '교훈'은 무엇인지 물은 이유다.)

5 민담에 대한 베텔하임의 해석은 네 가지의 그릇된 명제로 압축될 수 있다. 즉 민담은 어린이를 위해 의도된 것이며(같은 책, p. 15), 언제나 해피엔딩이어야 하고(같은 책, p. 37), 여기에는 "시간의 차원이 없으며"(같은 책, p. 97), 현대의 미국인들에게 친숙한 판본처럼 "어떤 사회"에도 적용될 수 있으리라는 것이다(같은 책, p. 5). 민담에 대한 정신분석학적 해석을 비판한다고 해서 그 이야기들에 잠재의식적 혹은 비이성적 요인이 없

귀스타브 도레, 「빨간 모자」.

그러나 완전히 돌아온 것은 아니다. 왜냐하면 「빨간 모자」에는 이성의 시대에 어울리지 않아 보이는 끔찍한 비합리성이 있기 때문이다. 실지로 농민들의 판본은 폭력과 성이라는 측면에 있어서 정신분석가들의 판본을 능가한다. (그림 형제와 페로의 선례를 따라 프롬과 베텔하임은 할머니를 먹는 것과 소녀 삼키기의 전주곡이었던 옷 벗기

다고 말하려는 것은 아니다. 나는 프로이트의 관념을 시대착오적으로, 환원주의적으로 이용하는 것을 문제 삼으려는 것이다. 다른 예로는 「개구리 왕」(남근 환상), 「알라딘」(자위행위의 환상), 「잭과 콩나무」(오이디푸스적인 환상, 잭이 콩나무를 잘라 넘겼을 때 아버지와 아들 중 누가 거세된 것인가에 대해서는 약간의 혼란이 있다)를 비롯한 이야기들에 대한 다음의 해석을 참고할 것. Ernest Jones, "Psychoanalysis and Folklore" and William H. Desmonde, "Jack and the Beanstalk" in *The Study of Folklore*, ed. Alan Dundes(Englewood Cliffs, 1965), pp. 88~102, 107~109; Sigmund Freud & D. E. Oppenheim, *Dreams in Folklore*(New York, 1958).

는 희롱을 언급하지 않는다.) 터부를 이야기하기 위해 농민들이 비밀의 암호를 필요로 하지 않았다는 것은 명백하다.

프랑스 농민들의 다른 마더 구스 이야기도 마찬가지로 악몽 같은 성격을 보인다. 예컨대 「잠자는 미녀」(이야기 유형 410)의 초기 판본 중의 하나에서 기혼자인 차밍 왕자는 공주를 강간하며, 공주는 깨어나지 않은 채 몇 명의 아이를 낳는다. 그 아이들이 젖을 빨다가 깨무는 바람에 공주는 주문에서 깨어나고 이야기는 왕자의 장모인 식인 마녀가 왕자의 사생아들을 잡아먹으려고 시도하는 두번째 주제로 넘어간다. 원래의 「푸른 수염」(이야기 유형 312)은 이미 여섯 명의 아내를 맞이했던 이상한 사람인 남편의 집에서 금지된 문을 열고 싶은 유혹을 참지 못하는 신부의 이야기다. 그녀는 어두운 방에 들어가서 벽에 걸린 전처들의 시체를 발견한다. 놀란 그녀는 금지된 방의 열쇠를 손에서 놓쳐 피로 흥건한 바닥에 떨어뜨린다. 그녀가 열쇠를 깨끗이 닦지 못했기에 푸른 수염은 그 열쇠를 보고 그녀가 복종하지 않았음을 알아챈다. 그가 그녀를 일곱번째 희생자로 만들려고 칼을 가는 동안 그녀는 침실로 물러나 결혼 예복을 입는다. 그녀는 몸단장에 긴 시간을 들여서 그녀가 보낸 전서구로부터 위험 신호를 받고 달려온 오빠들에 의해 구조된다. 신데렐라 전설(이야기 유형 510B)의 초기에 속하는 한 이야기에서는 여주인공이 자신과의 결혼을 강요하는 아버지를 피하기 위해 하녀가 된다. 다른 판본에서는 사악한 계모가 그녀를 화덕 속에 밀어 넣으려고 하지만 실수로 심술궂은 자신의 딸 하나를 재로 만든다. 프랑스 농민의 「헨젤과 그레텔」(이야기 유형 327)에서는 주인공이 속임수를 써서 식인귀로 하여금 자기 자식들의 목을 가르게 한다. 마더 구스 이야기의 인쇄된 판본에는 전혀 끼지 못한 수백 가지 이야기 중 하나인 「미녀와 야수」(이야기 유형 433)에서는 남편이 신방에서 신부들을 연속으로 먹는다. 한층 더 불쾌한 이야기인 「세 마리의 개」(이야기 유형 315)에서는 여동생이 오빠 신방의 침대에 대못을 숨겨놓아 오빠를 죽인다. 그 무엇보다 불쾌한 이야기인 「엄마는 나를 죽였고 아빠는 나를 먹었다」(이야기 유형 720)에서는 어머니가 아들을 썰어 리옹식의 냄비 요리로 만들고 딸이 아버지를 위해 상을 차린다. 이야기는 강간과 수간에서 근친상간과 식인으로 이어진다. 상징으로 그들의 교훈을 가리기는커녕 18세기 프랑스의 이야기꾼들은 원색적이고 날것 그대로의 야만성의 세계를 그렸던 것이다.

역사가는 이런 세계를 어떻게 이해할 수 있을까? 역사가로서 초기의 마더 구스 이야기가 주는 심리적 역류 속에서 발판을 확보하는 한 가지 방법은 인류학과 민속학이라는 두 학문에 굳게 매달리는 것이다. 인류학자들은 이론을 논할 때 그들 학문의 본질에 대해 견해를 달리한다. 그러나 그들이 구전 전승을 이해하기 위해 덤불 속으로 들어가 사용하는 기법을 서양의 민속에 신중하게 적용해볼 수 있다. 몇몇 구조주의자들을 제외한다면 그들은 이야기를 구연의 기술과 관련시켜 그 이야기가 발생한 맥락 속에 위치시킨다. 그들은 재담가가 전해 내려온 주제를 자신의 청중에게 맞추어 조절함으로써 그 주제의 보편성 속에서도 시간과 장소의 특정성이 드러나게 되는 방법을 추적한다. 그들은 직접적인 사회적 논평이나 형이상학적 알레고리라기보다는 특수한 기풍이나 세계관을 전달하는 이야기의 어조나 문화의 유형을 찾기를 기대한다.[6] 프랑스 사람들이 말

6 언어학, 설화 양식, 문화적 콘텍스트에 대한 감수성을 관련시킨 저작의 예로는

하는 '과학적' 민속학(미국의 전문가들은 민속학folklore과 가짜 민속학fakelore으로 구분하곤 한다)은 안티 아르네와 스티스 톰슨에 의해 개발된 이야기 유형의 표준화된 도식에 따라 이야기를 편집하고 비교하는 작업을 포함한다. 이것이 블라디미르 프로프의 경우와 같은 형식론적 분석을 배제할 필요는 없지만, 이야기의 계기, 화자의 배경, 기록된 사료의 오염 정도와 같은 엄정한 사료 비판을 강조한다.[7]

Melville Herskovits & Frances Herskovits, *Dahomean Narrative: A Cross-cultural Analysis*(Evanston, Ill., 1958); Linda Dégh, *Folktales and Society: Story-telling in a Hungarian Peasant Community*(Bloomington, Ind., 1969); *The Social Use of Metaphor: Essays on the Anthropology of Rhetoric*, eds. J. David Sapir & J. Christopher Crocker(Philadelphia, 1977); Keith H. Basso, *Portraits of "the Whiteman": Linguistic Play and Cultural Symbols among the Western Apache*(New York, 1979) 참조. 사멸한 구전 전승 속의 설화에 대한 모범적인 연구로는 Dell H. Hymes, "The 'Wife' Who 'Goes Out' Like a Man: Reinterpretation of a Clackamas Chinook Myth," in *Structural Analysis of Oral Tradition*, eds. Pierre Maranda & Elli Köngäs Maranda(Philadelphia, 1971) 참조.

7 Aarne & Thompson, *Types of the Folktale*; Thompson, *Folktale*; Vladimir Propp, *Morphology of the Folktale*, trans. Laurence Scott(Austin, 1968) 참조. 아르네와 톰슨은 전 세계적인 조사와 민담의 분류를 위해 카를 크론이 개발한 '역사지리학적' 혹은 '핀란드식' 방법을 사용한다. 같은 방식으로 작업하는 다른 학자들도 개별 민담이나 민담군에 대한 논문을 남겼다. Marian R. Cox, *Cinderella: Three Hundred and Forty-five Variants*(London, 1893); Kurt Ranke, *Die Zwei Brüder: eine Studie zur Vergleichenden Märchenforschung*, FF(Folklore Fellows) Communications No. 114(Helsinki, 1934) 참조. 유럽의 민담에 대한 가장 중요한 개괄적 연구는 아직도 Bolte & Polívka, *Anmerkungen*이다. 특히 미국에서 최근의 업적은 민담의 언어학적·인종학적 측면을 강조하고, 그것을 다른 형태의 민속과 연결하며, 글로 된 텍스트라기보다는 실연實演으로서 민담을 해석한다. Dundes, *The Study of Folklore*; Alan Dundes, *Interpreting Folklore*(Bloomington, Ind., 1980); Richard M. Dorson, *Folklore: Selected Essays*(Bloomington, Ind., 1972); *Toward New Perspectives in Folklore*, eds. Américo Paredes & Richard Bauman(Austin, 1972) 참조. (옮긴이: 러시아의 민속학자 블라디미르 프로프는 러시아 민담에서 가장 기본적인 구조적 단위를 추출해내려 했고, 민담의 구연 방식에서도 구조적인 틀을 찾으려고 시도했다.)

프랑스의 민속학자들은 프랑스와 프랑스어권 구석구석에 퍼진 수많은 방언으로 이루어진 대략 1만 가지의 이야기를 기록해왔다. 예를 들면 1945년 예술민속박물관을 위해 베리 지역으로 떠난 답사에서 아리안 드 펠리스는 1862년 에귀종이라는 마을에서 태어난 외프라시 피숑이라는 농촌 여성에게서 들은「엄지 소년」(이야기 유형 327)의 한 판본을 기록했다. 1879년 장 드루이예는 어머니인 외제니에게서 들은 그 이야기의 다른 판본을 적어놓았는데 그의 어머니는 할머니인 텔레 마을 출신의 옥타비 리페에게서 그 이야기를 들었다고 한다. 두 이야기는 거의 동일하지만 1697년 샤를 페로가 출간한 최초의 인쇄본과는 완전히 무관하다. 이 둘을 비롯해 민속학자들이 수집해 주제별로 비교한 80여 개의 다른「엄지 소년」이야기들은 놀랍게도 19세기 말에 이르기까지 인쇄 문화에 거의 오염되지 않은 구전 전통에 속한다. 대부분의 프랑스 이야기들은 '프랑스에서 민담 연구의 황금시대'였던 1870년과 1914년 사이에 기록되었고, 그것은 지방 전역까지 문자 해독자가 생겨나기 훨씬 이전에 어린이로서 그 이야기를 들었던 농민들이 구술했던 것이다. 예컨대 1794년에 태어난 문맹 농촌 여성인 난네트 레베크는 18세기의 판본으로 거슬러 올라가는「빨간 모자」를 1874년에 구술했고, 1803년에 태어난 하인이었던 루이 그롤로는 제국 시대에 처음 들었던「이」(이야기 유형 621)의 한 판본을 1865년에 구술했다. 모든 재담가들과 마찬가지로 농촌의 이야기꾼들은 그들 이야기의 무대를 자신들의 환경에 맞췄다. 그러나 그들은 반복, 각운 및 다른 기억술의 장치를 통해 중요한 요소들은 손상시키지 않았다. 비록 현대의 민속 연구에 중심적인 '구연口演'의 측면은 옛 텍스트를 통해 드러나지 않지만, 민속학자들은 제3공화국 시대[8]의 기록은 두 세기 이전에 존재했던 구전 전통의 대체

적인 윤곽을 재구성하기에 충분한 사료를 제공한다고 논한다.[9]

그런 주장은 터무니없는 것처럼 들릴지 모르지만 비교 연구에 의하면 서로 동떨어져 있고 책의 유통과도 거리가 먼 여러 외진 마을에서 채록한 같은 이야기의 다른 기록들 사이에는 놀랄 만한 유사성이 있다. 예를 들면 폴 들라뤼는 「빨간 모자」를 연구하면서 랑그도일[10]을 사용하는 방대한 지역에서 기록한 35개의 판본을 비교했다. (때로는 소녀가 먹히고 때로는 핑계를 대고 탈출하는 등의) 몇몇 세부적 사실을 제외하고는 20개가 앞에 인용한 원래의 「마더 구스 이야기」와 정확하게 일치한다. 두 개의 판본은 빨간 모자를 최초로 언급한 페로의 이야기를 따르고 있다. 그 밖의 판본들에는 구전과 인쇄된 기록이 혼합되어 있는데 그 요소들은 프랑스 샐러드 소스의 마늘과 겨자처럼 특징적으로 두드러진다.[11]

기록된 사료는 19세기에 '민속'이라는 단어가 만들어지기 훨씬 전부터 이야기가 존재하고 있었다는 사실을 증명해준다.[12] 중세의 설

8 (옮긴이) 프랑스에서 1870년부터 1940년까지 존속했던 공화국.

9 이와 같은 정보는 프랑스의 민속학 연구에 대한 최고의 개론이자 완전한 참고 도서 목록을 포함하고 있는 Delarue & Tenèze, *Le Conte populaire français*, I, pp. 7~99에 실린 폴 들라뤼의 서론에서 얻은 것이다. 들라뤼와 트네즈가 공동으로 집필한 이 책 이외에 프랑스의 민담을 모아놓은 중요한 저작으로는 다음이 있다. Emmanuel Cosquin, *Contes populaires de Lorraine*(Paris, 1886), 2 vols.; Paul Sébillot, *Contes populaires de la Haute Bretagne*(Paris, 1880~82), 3 vols.; J. F. Bladé, *Contes populaires de la Gascogne*(Paris, 1886), 3 vols. 민담의 텍스트와 그에 대한 연구는 프랑스의 민속을 다루는 학술지에도 나타나며 그중에서도 특히 『민속예술과 전통*Arts et traditions populaires*』 『멜뤼진*Mélusine*』 『일드프랑스 민속회보*Bulletin folklorique d'ile-de-France*』의 세 가지를 들 수 있다. 나는 그 모든 자료를 참고했지만 특히 들라뤼와 트네즈의 책에 의존했다.

10 (옮긴이) 중세 프랑스 북부의 언어.

11 Delarue, "Les Contes merveilleux de Perrault."

교자들은 도덕적 논의를 예시하기 위해 구전 전통을 이용했다. 12세기부터 15세기까지의 '훈화exempla' 모음집에 수록되어 있는 그들의 설교는 19세기에 민속학자들이 농촌의 오두막에서 채록한 것과 동일한 이야기를 언급하고 있다. 기사도 이야기나 무훈시나 우화의 기원이 불명확함에도 불구하고 중세 문학의 상당 부분이 대중의 구전 전통에 의존하는 것이지 그 역은 아닌 것처럼 보인다. 「잠자는 미녀」는 14세기의 아서 왕 전설에 나타났으며 「신데렐라」는 1547년 노엘 뒤펠의 『농촌 이야기』에서 수면 위로 드러났다. 『농촌 이야기』는 농민들에게 전해지던 이야기를 추적해 그것이 어떻게 전파되었는지를 보여주었다. 뒤펠은 프랑스의 중요한 관례였던 '야회veillée'에 대해 처음으로 기록했던 사람인데, '야회'란 저녁에 난롯가에 모여서 남자들은 연장을 수선하고 여자들은 뜨개질을 하면서 이미 수백 년이나 된 이야기를 듣던 모임으로서, 그 이야기는 300년 후에 민속학자들에 의해 기록될 것이었다.[13] 어른을 즐겁게 하려는 것이었든 「빨간 모자」의 경고성 이야기처럼 어린이를 놀라게 하려는 것이었든 그 이야기들은 농민들이 수 세기에 걸쳐 놀랄 정도로 손실 없이 축적해온 대중문화의 일부였다.

그러므로 19세기 말에서 20세기 초에 만들어진 민담의 방대한 모음집은 자취를 남기지 않고 과거 속으로 사라진 문맹의 대중과 접

12 윌리엄 톰스는 1846년에 '민속folklore'이라는 용어를 쓰기 시작했다. 그것은 에드워드 타일러가 비슷한 용어인 '문화culture'를 영어권의 인류학자들 사이에 도입했던 것보다 약 20년 앞선 일이었다. Thoms, "Folklore"; William R. Bascom, "Folklore and Anthropology," in Dundes, *The Study of Folklore*, pp. 4~6, 25~33 참조.

13 Noël du Fail, *Propos rustiques de Maistre Leon Ladulfi Champenois*, chap. 5, in *Conteurs français du XVIe siècle*, ed. Pierre Jourda(Paris, 1956), pp. 620~21.

촉할 수 있는 진귀한 기회를 제공한다. 다른 역사적 문서처럼 시대와 장소를 특정할 수 없다는 이유로 민담을 거부한다면 그것은 구체제 농민들의 정신세계로 진입할 수 있는 몇 안 되는 입구에 등을 돌리는 것이다. 그러나 그 세계로 침투하려는 시도는 무뚝뚝한 장(이야기 유형 301)이 지하 세계로부터 세 명의 스페인 공주를 구하려고 할 때나 작은 팔(이야기 유형 328)이 식인귀의 보물을 손에 넣으려고 시도할 때 마주쳤던 것만큼이나 가공할 만한 여러 장애물을 만나게 된다.

최대의 장애물은 이야기꾼으로부터 직접 들을 가능성이 없다는 점이다. 이야기의 기록된 판본은 아무리 정확하다 할지라도 18세기에 그 이야기들에 확실하게 생명을 불어넣었을 여러 가지 효과를 전달할 수 없다. 예를 들면 극적으로 이야기를 멈추거나, 음흉한 눈길을 보내거나, 물레 앞의 백설공주나 이복자매의 이를 잡는 신데렐라처럼 몸동작으로 장면을 설정하는 것, 또는 문에 노크를 하거나(때로는 청중의 이마를 두드리는 것으로 대신했다) 몽둥이를 쓰거나 방귀를 뀌는 것처럼 동작을 강조하기 위해 소리를 이용하는 것 등이 있다. 이런 모든 장치들이 이야기의 의미를 형성했지만 그 모두가 역사가에게서 벗어나 있다. 역사가는 그가 잡고 있는 책 속의 무기력하고 생기 없는 텍스트가 18세기에 있었던 구연을 정확하게 설명하리라고 확신할 수 없다. 그는 텍스트가 한 세기 전에 존재했던 기록되지 않은 판본과 일치하는지조차 확신할 수 없다. 이야기 자체는 존재했음을 증언하는 많은 사료를 만나게 될지도 모르지만 그것이 제3공화국의 민속학자들에게 도달하기 이전에 크게 변화했을지도 모른다는 의혹을 역사가는 잠재울 수 없는 것이다.

이런 불확실성이 불가피하다면 단일한 이야기의 단일한 판본이라는 기초공사 위에 해석이라는 건물을 세운다는 것은 현명치 못해 보인다. 더구나 농민들의 판본에는 있지 않았을 빨간 모자와 사냥꾼 같은 세부 사실에 대해 상징적으로 분석을 한다는 것은 더욱 위험하다. 반면 구전 전통 속에서 존재했던 대로 이야기의 일반적 윤곽을 상정하기에 충분한 판본 기록들이 녹취되어 남아 있다. 「빨간 모자」 35개, 「엄지 소년」 90개, 「신데렐라」 105개의 판본이다. 그 덕분에 우리는 세부 사실의 멋진 점에 집중하는 대신에 이야기의 틀이 정해지고 모티프가 결합되는 방식에 주목하면서 구조적 차원에서 민담을 연구할 수 있으며 그것을 다른 이야기들과도 비교할 수 있는 것이다. 마지막으로 프랑스 민담 전체를 관통하는 작업을 함으로써 우리는 일반적 성격, 통괄적 주제, 그리고 문체와 어조에 널리 퍼져 있던 요인 등을 구분해낼 수 있을 것이다.[14]

역사가는 구전 문학 연구의 전문가로부터 도움과 위안을 얻을 수도 있다. 밀맨 패리와 앨버트 로드는 『일리아스』처럼 긴 민속 서사시가 유고슬라비아의 문맹 농민들 사이에서 음유 시인에서 음유 시인을 거쳐 충실하게 전달되고 있음을 입증한 바 있다. 이런 '이야기를 노래하는 사람들'은 때로 '원시인'들에게 있다고 추정되는 놀라운 기억력을 갖고 있지 않다. 그들은 결코 많이 기억하지 못한다. 대신 그들은 청중의 반응에 따라 즉흥적인 방식으로 진부한 표현과 관용적 문구와 단편적인 이야기들을 결합시켰다. 동일한 가수가 부르는

14 프랑스의 민속은 클로드 레비-스트로스와 블라디미르 프로프가 사용한 것과 비슷한 구조주의적 혹은 형식론적 분석의 대상이 될 수도 있다. 나는 몇몇 경우에 그런 방법을 시도했지만 이 글의 마지막 부분에 제시한 느슨한 종류의 구조 연구에서는 그것을 포기했다. 기록된 텍스트를 통해서만 알 수 있는 이야기에 구조주의적 분석을 성공적으로 적용시킨 사례로는 Hymes, "The 'Wife' Who 'Goes Out' Like a Man" 참조.

동일한 서사시를 녹음해도 각 공연마다 독특한 차이가 있다. 그러나 1950년에 만들어진 녹음은 1934년의 녹음과 본질적으로는 차이가 없다. 매번 가수는 잘 알고 있는 길을 걷고 있는 것처럼 나아간다. 지름길로 가기 위해 이곳에서 옆길로 새기도 하고 광경을 감상하기 위해 저곳에서 쉬기도 하지만 그는 언제나 친숙한 땅 위에 남아 있다. 사실상 너무도 친숙해서 그는 모든 발걸음까지도 전에 했던 것과 똑같이 반복했다고 말할 것이다. 그는 단어나 행이나 연에 대한 관념이 없기 때문에 글을 아는 사람과 같은 방식으로 반복이라는 것에 대해 생각하지 않는다. 그에게 텍스트는 인쇄된 책의 독자가 보듯 엄격하게 고정되어 있지 않다. 그는 낡은 주제를 관통하는 새로운 길을 찾으며 그 과정에서 자신의 텍스트를 창조한다. 그는 인쇄된 자료에서 얻은 것을 끼워 넣을 수도 있다. 전체 서사시는 부분의 종합보다 훨씬 크기 때문에 세부적인 수정이 전체적인 윤곽을 혼란시키는 일은 거의 없다.[15]

로드의 연구는 블라디미르 프로프가 다른 분석 방법을 통해 도달한 결론을 확인시켜준다. 그것은 러시아 민담의 세부적인 변화가 어떻게 안정된 구조를 따르는지를 보여준다.[16] 폴리네시아, 아프리카, 북아메리카, 남아메리카 등지의 문맹자들 사이에서 현장 작업을 한 사람들도 구전 전통이 엄청난 지속력을 갖고 있음을 발견했다. 구전 자료가 과거의 사건에 대해 신뢰할 만한 설명을 제공할 수 있는가 하는 별개의 문제에 대해서는 견해가 나뉜다. 20세기 초에 원주민 크로우족의 설화를 수집한 로버트 로위는 극단적인 회의론의 입

**15** Albert B. Lord, *The Singer of Tales*(Cambridge, Mass., 1960).

**16** Propp, *Morphology of the Folktale.*

장을 취한다: "나는 구전 전통에 어떤 조건에서건 어떤 종류의 역사적 가치도 부여할 수 없다."[17] 그러나 역사적 가치라는 말로 로위가 뜻한 바는 사실적 정확성이었다. (1910년에 그는 다코타족과 전쟁을 벌인 크로우족 원주민의 설명을 기록했다. 1931년에 같은 사람이 그에게 다시 그 전쟁을 설명했는데 이번에는 샤이엔족과의 전쟁이었다고 주장했다.) 로위는 구연의 관점에서 그 이야기가 상당히 일관적이라는 것 정도는 인정했다. 그 이야기는 크로우 설화의 표준적인 유형 속에서 갈래를 쳐나갔던 것이다. 따라서 사실상 그의 발견은 유고슬라비아의 농민들뿐만 아니라 북아메리카의 원주민들에게서도 전통적인 구연의 형식과 방법상의 연속성은 세부 사실의 변화보다 비중이 크다는 견해를 뒷받침한다.[18] 프랭크 해밀턴 쿠싱은 약 한 세기 전에 주니족 원주민들 사이에서 이런 경향의 놀라운 예를 기록한 바 있다. 1886년 그는 미국 동부에서 주니족 대표단의 통역자로 종사하고 있었다. 어느 날 저녁 돌아가면서 이야기를 하나씩 하는 자리에서 쿠싱은 자신의 차례에 이탈리아 민담집에서 고른 「수탉과 생쥐」 이야기를 했다. 약 1년 뒤 그는 주니족 마을을 다시 찾았는데 원주민 중 한 명이 똑같은 이야기를 하는 것을 듣고 놀랐다. 이탈리아의 모

17 로위의 언급은 Richard Dorson, "The Debate over the Trustworthiness of Oral Traditional History," in *Folklore: Selected Essays*, p. 202에서 재인용.
18 구전 설화의 역사성과 연속성이라는 별개의 주제에 대해서는 다음을 참고할 것. Dorson, "The Debate over the Trustworthiness of Oral Traditional History"; Robert Lowie, "Some Cases of Repeated Reproduction," in Dundes, *The Study of Folklore*, pp. 259~64; Jan Vansina, *Oral Tradition: A Study in Historical Methodology*(Chicago, 1965); Herbert T. Hoover, "Oral History in the United States," in *The Past Before Us: Contemporary Historical Writing in the United States*, ed. Michael Kammen(Ithaca & London, 1980), pp. 391~407.

티프가 뚜렷하게 남아 있어서 아르네-톰슨의 도식에 맞추어 분류할 수 있을 정도였다(이야기 유형 2032였다). 그러나 그 이야기의 틀, 화술, 비유, 어조, 일반적 느낌 등 다른 모든 것은 강하게 주니식으로 바뀌어 있었다. 토착 민담이 이탈리아화된 것이 아니라 그 이야기가 주니화되었던 것이다.[19]

문화권에 따라 전파의 과정이 이야기에 서로 다른 영향을 미친다는 것에는 의심의 여지가 없다. 어떤 민속은 다른 것보다 새로운 자료를 효과적으로 받아들이면서도 '오염'에 잘 저항한다. 그러나 구전의 전통은 문맹 사이에서는 거의 어느 곳에서나 집요하게 오래 살아남는 것처럼 보인다. 그것은 인쇄된 언어에 최초로 노출될 때에도 붕괴되지 않는다. 구전 문화와 '기록된' 혹은 '인쇄된' 문화를 가르는 문맹과 문명의 경계선이 모든 역사를 나누어놓고 있다는 잭 구디의 주장에도 불구하고 전통적인 구연의 방식은 교육이 도래하고 오랜 세월이 지난 후에도 성행할 수 있는 것으로 보인다. 덤불 속에서 이야기를 추적해온 인류학자나 민속학자들에게 19세기 말 프랑스의 농민 재담가가 100년 전이나 그보다 더 이전에 선조들이 했던 것과 거의 같은 방식으로 이야기를 해주었으리라는 생각은 터무니없지 않다.[20]

19 Frank Hamilton Cushing, *Zuni Folk Tales*(New York & London, 1901), pp. 411~22. 쿠싱은 주니 언어를 통달하고 그 이야기를 기록한 최초의 연구자이지만 정확성에 관한 한 그의 번역은 조심스럽게 읽어야 한다. 그의 번역은 빅토리아 시대의 종교적 관념과 혼합되어 있다. Dennis Tedlock, "On the Translation of Style in Oral Narrative," in *Toward New Perspectives in Folklore*, eds. Américo Paredes & Richard Bauman, pp. 115~18 참조.

20 Jack Goody, *The Domestication of the Savage Mind*(Cambridge, 1977). 또한 다음 책에 실린 구디의 연구도 참고할 것. Jack Goody, *Literacy in Traditional Societies*(Cam-

전문가의 이런 증언이 위안이 되기는 하지만 그렇다고 프랑스의 이야기를 해석하는 길을 가로막는 모든 어려움이 해소된 것은 아니다. 텍스트는 충분히 구할 수 있다. 파리의 예술민속박물관과 같은 보물 창고와 폴 들라뤼와 마리-루이스 트네즈 공저의 『프랑스 대중의 이야기』와 같은 학문적 모음집에 그대로 놓여 있으니 말이다. 그러나 이제는 소멸한 농민들의 순진한 눈으로 찍은 구체제의 사진인 것처럼 그런 출처에서 텍스트를 꺼내 들고 조사할 수는 없다. 그것은 이야기이기 때문이다.

대부분의 구연과 마찬가지로 그 이야기들은 이곳저곳 도처에서 얻은 인습적 모티프에서 표준화된 줄거리를 전개한다. 시간과 장소를 정확하게 지정하고 싶어 하는 사람들로서는 괴로울 정도로 그 이야기들에는 특정성이 없다. 레이먼드 제임슨은 9세기의 중국판 신데렐라를 연구했다. 중국의 신데렐라는 대모 요정이 아니라 마법의 물고기에게서 신발을 얻고 궁정의 무도회가 아니라 마을의 축제에서 그것을 잃는다. 그러나 그녀는 페로의 여주인공과 확실한 유사성을 갖고 있다.[21] 민속학자들은 그들의 이야기가 헤로도토스와 호메로스에서도, 고대 이집트의 파피루스와 칼데아의 석판에서도 나타난다는 것을 알고 있다. 그들은 세계 도처에서, 즉 스칸디나비아와 아프리

bridge, 1968). 비록 구디는 역사를 "거대하게 구분"하는 견해를 주장하지는 않지만 문자를 획득한 사회와 그러지 못한 사회를 구분한다. 대부분의 민속학자와 인류학자는 '이것 아니면 저것'이나 '이전과 이후'식의 양분법을 거부하며, 문자 해독이 이루어진 후에도 구전 전통에는 상당한 안정성이 있다고 논한다. 그 예로는 Thompson, *The Folktale*, p. 437; Francis Lee Utley, "Folk Literature: An Operational Definition," in Dundes, *The Study of Folklore*, p. 15; Alan Dundes, "The Transmission of Folklore," in *The Study of Folklore*, p. 217 참조.

**21** Raymond D. Jameson, *Three Lectures on Chinese Folklore*(Peking, 1932).

카에서, 그리고 벵골만의 인도 사람들과 미주리의 원주민들 사이에서 그런 이야기들을 기록했다. 이렇듯 널리 퍼져 있기 때문에 어떤 사람들은 신화, 전설, 이야기 등의 원형적 이야기나 인도-유럽어군의 기본 레퍼토리가 있다고 믿게 되었다. 이런 경향은 프레이저, 융, 레비-스트로스 등의 방대한 이론과 연결되지만 근대 초 프랑스 농민들의 정신세계로 침투하려는 사람들에게는 도움이 되지 않는다.

다행스럽게도 민속학에는 한결 현실적인 경향이 존재해 전통적인 프랑스 이야기의 특징적인 성격을 가려낼 수 있게 해준다. 아르네-톰슨의 분류법에 따라 이야기를 배열한 『프랑스 대중의 이야기』는 모든 종류의 인도-유럽어군의 민담을 포괄하고 있다. 따라서 이것은 비교 연구를 위한 근거를 제공하며 그런 비교는 일반적인 주제가 프랑스에서 뿌리를 내려 성장한 방식을 시사해준다. 예컨대 「엄지 소년」(이야기 유형 327)은 그 독일판이라 할 수 있는 「헨젤과 그레텔」과 비교할 때 농민들의 판본뿐만 아니라 페로의 판본까지도 강한 프랑스적 풍미를 담고 있다. 그림 형제의 이야기는 신비로운 숲, 불가사의한 악에 대면한 어린이들의 순진함을 강조하며, 빵과 과자로 만든 집이나 마법의 새와 같은 세부에서 보이듯 한결 공상적이고 시적인 필치를 보인다. 프랑스의 아이들도 식인귀를 만나지만 대단히 현실적인 집에서 마주친다. 식인귀 부부는 결혼한 여느 부부나 다름없이 저녁 만찬을 위한 계획을 상의하고 엄지 소년의 부모와 마찬가지로 서로 간에 험담을 늘어놓기도 한다. 사실상 두 부부를 구분하기 어려울 정도다. 순진한 아내들은 둘 다 가정의 재산을 허비하고, 그 남편들은 똑같은 식으로 아내들을 꾸짖는다. 단지 식인귀가 자기 아내에게 잡아먹혀도 싸다고 하면서 그렇게 맛없는 늙은 짐승이 아니었다면 자신이 그 일을 했을 것이라고 말하는 것이 다를 뿐이다.[22] 독일판의 친족과는 달리 프랑스의 식인귀는 마치 지방의 부유한 지주처럼 부르주아 가장le bourgeois de la maison의 역할을 하면서 등장한다.[23] 그들은 바이올린을 켜고 친구들을 방문하며 살찐 식인귀 부인 옆에서 만족스럽게 코를 골며 잔다.[24] 그 모든 야비함에도 불구하고 그들은 가정적이며 좋은 부양자다. 예컨대「피친-피초트」에서는 식인귀가 집 안으로 들어올 때 등에 메고 온 자루를 내어놓으며 유쾌하게 말한다: "카트린, 냄비를 올려놔. 피친-피초트를 잡아 왔어."[25]

독일의 이야기가 공포와 환상의 음조를 유지하고 있는 반면 프랑스의 이야기는 해학과 가정성이라는 건반을 두드린다. 불새는 닭장으로 내려와 정착한다. 꼬마 요정, 수호신, 숲의 정령 등 인도-유럽어군의 모든 멋진 주술적 존재들이 프랑스에서는 식인귀와 요정 두 가지로 압축된다. 그리고 그렇게 퇴화된 존재들은 인간적인 흠을 갖고 있고 전반적으로 인간들로 하여금 자신의 재간을 사용해 문제를 해결하게 한다. 그 재간이란 간계와 '데카르트 방식Cartesianism'이라는 것으로서 이 말은 프랑스 사람들이 교활함과 음모를 향한 스스로의 기질에 대해 통속적으로 적용시키는 용어다. 페로는 1697년 자신이 프랑스에 정착시킨 마더 구스 이야기에서 많은 경우 이미 프랑스적인 분위기가 명백해서 개작을 할 필요가 없었다. 예를 들자면 전통적인 프랑스 일주에서 거인을 죽인「작은 대장장이」(이야기 유형

22 이 말은 농민 판본에서의 대화를 한층 세련되게 개작한 페로의 판본에서 나타난다. Delarue & Tenèze, *Le Conte populaire français*, I, pp. 306~24.

23 「무뚝뚝한 장」(이야기 유형 301B).

24 「팔 이야기」(이야기 유형 328),「아름다운 윌랄리」(이야기 유형 313) 참조.

25 「피친-피초트」(이야기 유형 327C).

317)의 허세, 「야수 장」(이야기 유형 675)에서 소원을 빌면 이루어질 것이라고 하자 막포도주와 우유에 넣은 감자 한 사발을 원한 브르타뉴 농민의 촌티, 「백선에 걸린 장」(이야기 유형 314)에서 자신의 제자보다 가지를 잘 치지 못하는 정원사의 직업적 질투, 「아름다운 욀랄리」(이야기 유형 313)에서 침대에 두 개의 말하는 파이를 남겨두고 자신의 연인과 도주하는 악마의 딸의 총명함 등이 있다. 프랑스의 이야기들은 특정한 사건에 연관시킬 수 없지만 그렇다고 그것을 무시간의 보편적 신화라고 희석시키는 것도 안 될 일이다. 실지로 그것은 중간 지대에 속한다. 그 이야기들은 근대 프랑스, 즉 15세기부터 19세기까지 존재했던 프랑스에 속한다.

이런 시간대는 역사가 정확해야 한다고 기대하는 사람에게는 실망스러울 정도로 모호하게 보일지 모른다. 그러나 정치사와 같은 인습적인 장르에서 사용되는 것과는 다른 방법을 요구하는 망탈리테의 역사에서 정확성이란 불가능할 뿐만 아니라 부적합한 것일 수도 있다. 세계관은 정치적 사건과 같은 방식으로 연도를 매길 수 없지만 그렇다고 덜 '사실적'인 것은 아니다. 실제의 세계를 상식적으로 이해하게 만들어주는 예비 단계의 정신적 작용이 없다면 정치학은 존재할 수 없다. 상식은 그 자체로서 실재를 사회적으로 구성하며 그것은 문화마다 다르다. 상식은 어떤 집단적 상상력을 임의적으로 꾸며낸 것이 아니라 기존의 사회 질서 속에서 경험의 공통적 근거를 표현한다. 그러므로 구체제에서 농민들이 세계를 보았던 방식을 재구성하려면 그들이 공통적으로 지녔던 것은 무엇인가, 그들 마을의 일상생활 속에서 함께 나누었던 경험은 무엇이었는가를 묻는 것으로 시작해야 한다.[26]

몇 세대에 걸친 사회사가들의 연구에 힘입어 그 질문의 해답은 찾을 수 있다. 다만 그 해답은 유보 조건으로서 울타리를 치고 높은 수준의 일반화로 제한되어야만 한다. 왜냐하면 프랑스 왕국의 상황은 지역마다 대단히 달라서 프랑스혁명 이전은 물론 19세기에 들어선 뒤에도 통일된 국가라기보다는 각 지역을 기워놓은 정도로 남아 있었기 때문이다. 피에르 구베르, 에마뉘엘 르루아 라뒤리, 피에르 생-자콥, 폴 부아 외에도 많은 사람들이 지역마다 다른 농민 생활의 특수성을 밝혀왔고 많은 논문을 통해 그것을 설명해왔다. 그런 논문들이 양산되었다는 사실은 프랑스의 사회사가 규칙을 반증하려고 하는 예외들의 음모인 것처럼 보이게 만든다. 그러나 여기에도 잘못된 전문주의의 위험이 존재하고 있다. 왜냐하면 세부 사실로부터 충분히 거리를 두고 본다면 전체적인 그림이 눈에 들어오기 시작할 것이기 때문이다. 사실상 『프랑스 경제사회사』(Paris, 1970)와 같은 교과서나 『프랑스 농촌의 역사』(Paris, 1975/76)와 같은 종합적 연구서는 이미 그런 단계에 도달해 있다. 그것은 대체로 다음과 같다.[27]

전쟁, 흑사병, 기근에도 불구하고 마을 단위로 존재했던 사회적 질서는 근대 초 프랑스에서 대단히 안정되어 있었다. 농민들은 비교적 자유로운 편이었다. 영국에서 토지를 소유하지 못한 노동자인 자

26 (옮긴이) 단턴이 서론에서 말했던 것처럼 그의 방법 중 하나는 텍스트와 콘텍스트 사이를 왕래하는 것이다. 지금까지 텍스트의 문제를 다뤘다면 이제 그 콘텍스트로 농촌의 사회사를 말한다고 볼 수 있다.

27 르네상스와 혁명 사이의 프랑스에 존재했던 특징적인 사회적 질서로서 구체제를 다루고 있는 다른 개설서로는 다음이 있다. Pierre Goubert, *L'Ancien Régime*(Paris, 1969; 1973), 2 vols.; Roland Mousnier, *Les Institutions de la France sous la monarchie absolue, 1598~1789*(Paris, 1974). 이 책들은 이 기간 동안의 프랑스 사회사에 관한 방대한 문헌의 적절한 서지 목록을 포함하고 있다.

작농yeoman보다는 덜 자유로웠고 엘베강 동쪽에서 일종의 노예로 전락한 농노보다는 더 자유로웠다. 그렇지만 그들은 경제적 독립을 이루기에 충분한 토지는 주지 않은 채 그들이 생산하는 어떤 잉여물이든 짜내 가는 영주 제도로부터 벗어날 수 없었다. 남자들은 로마 시대에 쓰던 것과 같은 쟁기를 들고 여기저기 흩어져 있는 좁고 긴 농지의 땅을 갈고 공동 목초지를 위한 충분한 그루터기를 남기기 위해 원시적인 낫으로 곡식을 베며 새벽부터 땅거미가 질 때까지 노동했다. 여자들은 25세에서 27세 사이의 늦은 나이에 결혼해 대여섯 명의 아이만을 낳았고 그중 두세 명만이 살아남아 성년이 되었다. 대다수의 사람들은 만성적인 영양실조 상태로 살았는데 주로 빵과 물로 죽을 쑤어 먹었고 가끔 집에서 기른 야채를 넣어 먹기도 했다. 그들은 1년에 단 몇 번, 축제일이나 겨울 동안 가축을 먹일 건초를 충분히 장만하지 못한 가을의 도살 철에 고기를 먹었다. 그들은 건강을 유지하기 위해 필요한 2파운드의 빵(2천 칼로리)을 구하지 못하는 경우가 많았고 따라서 곡물 부족과 질병의 합병 효과 앞에서 속수무책이었다. 인구는 1,500만 명에서 2천만 명 사이에서 변동했는데 평균 인구 밀도는 1평방킬로미터당 40명, 평균 출생률은 1천명당 1년에 40명이라는 생산 능력의 한계까지 확대되었다가, 인구변동의 위기를 맞으면 격감하곤 했다. 1347년 흑사병이 최초로 창궐한 시점부터 1730년대에 인구와 생산성이 비약적으로 늘어날 때까지 4세기에 걸쳐 프랑스 사회는 엄격한 제도와 맬서스적인 조건의 덫에 걸려 있었다. 프랑스는 정체의 시기를 겪었고 그것을 페르낭 브로델과 에마뉘엘 르루아 라뒤리는 움직이지 않는 역사l'histoire immobile라고 기술했다.[28]

이제 그런 표현은 과장된 것처럼 보인다. 왜냐하면 그것은 중세 말기 촌락 생활의 유형을 혼란에 빠뜨린 종교적 갈등, 곡물 폭동, 국가 권력 확장에 대한 반역 등을 제대로 다루지 않았기 때문이다. 그러나 1950년대에 최초로 사용되었을 때 움직이지 않는 역사라는 개념, 즉 오랜 기간에 걸친 구조적 연속성의 역사인 '장기 지속longue durée'은 역사를 정치적 사건의 연속으로 보려는 경향을 바로잡는 역할을 했다. 사건사histoire événementielle[29]는 대체적으로 농민들의 머리 위에서, 그들로부터 멀리 떨어진 파리와 베르사유의 세계에서 벌어지고 있었다. 각료가 들어섰다가는 물러나고 전쟁이 벌어지는 동안에도 촌락의 생활은 기억의 한계를 넘어선 시간부터 쭉 그래온 것처럼 동요되지 않았다.

마을의 차원에서 역사는 '움직이지 않는' 것처럼 보였다. 왜냐하면 영주 제도와 생존을 위한 경제 활동 때문에 마을 사람들은 흙에 몸을 굽히고 살아야 했고 원시적인 농사 기술 때문에 몸을 펼 기회를

**28** Le Roy Ladurie, "L'Histoire immobile," *Annales: Economies, sociétés, civilizations,* XXIX(1974), pp. 673~92. 다음 책의 서문에 쓴 페르낭 브로델의 "거의 움직이지 않는 역사"라는 언급도 참고할 것. Fernand Braudel, *La Méditerranée et le monde méditerranéen à l'époque de Philippe II.* 이 책은 다음에 재수록되었다. Braudel, *Ecrits sur l'histoire*(Paris, 1969), p. 11. '움직이지 않는' 근대 초 프랑스라는 관념은 1940년대와 1950년대에 장 뫼브레에 의해 발전된 사회사에 대한 맬서스적 해석에 힘입은 바 크다. 그의 영향력 있는 다음 논문을 참고할 것. Jean Meuvret, "Les Crises de subsistances et la démographie de la France d'Ancien Régime," *Population,* II(1947), pp. 643~47. 역사 인구 통계학자는 이제 그런 관점의 중요성을 격하시키기 시작했다. 이에 대해서는 Jacques Dupâquier, "Révolution française et révolution démographique," in *Vom Ancien Régime zur Französischen Revolution: Forschungen und Perspektiven,* eds. Ernst Hinrichs, Eberhard Schmitt & Rudolf Vierhaus(Göttingen, 1978), pp. 233~60 참조.

**29** (옮긴이) 기후나 지리나 풍토처럼 장기적으로 변하지 않는 요인이 역사에 더 큰 영향을 미친다는 것이 프랑스 역사학의 아날학파의 주장이다. 그와 비교할 때 전쟁과 같은 정치적 사건은 바다 위의 물거품처럼 큰 영향을 미치지 못한다는 것이다.

가질 수 없었기 때문이다. 곡물의 산출 비율은 대체로 5 대 1 정도였고, 그것은 파종한 씨앗의 15배 내지 30배까지 산출하는 현대의 농경에 비교한다면 원시적인 수확에 불과했다. 농부들은 많은 가축을 먹이기에 충분한 곡물을 기를 수도 없었고 소출을 높이기 위해 밭에 뿌릴 거름을 만들기에 충분한 가축을 지니지도 못했다. 이런 악순환 때문에 그들은 2년이나 3년을 주기로 경작물을 바꾸며 상당 부분의 토지를 휴한지로 방치하는 제도에 갇혀 있었다. 그들은 질소를 토양에 돌려주는 클로버와 같은 작물을 휴한지에 기르지도 않았다. 질소에 대한 어떤 개념도 없었을 뿐 아니라 실험을 감행하기에는 그들이 너무도 궁핍했기 때문이다. 집단 경작 방식 역시 실험을 해볼 만한 여지를 감소시켰다. 서부의 관목 숲이 있는 지역처럼 울타리가 쳐진 몇몇 지방을 제외하면 농부들은 공동 경작지에 흩어져 있는 좁고 긴 농지에서 농사를 했다. 그들은 집단으로 파종하고 추수했으며 따라서 공동의 이삭줍기와 방목이 이루어졌다. 그들은 목초, 땔나무, 밤, 산딸기 등을 밭 너머의 공동 토지와 숲에서 구했다. 개인적인 주도권을 발휘해 남들보다 앞서갈 시도를 할 수 있는 유일한 곳은 집에 붙어 있는 가축 사육장basse-cour이나 뒤뜰이었다. 여기에서 그들은 거름 더미를 쌓거나 천을 짜기 위해 아마를 기르거나 가정용 양조를 하거나 지역 시장에 내다 팔 야채나 닭을 생산하려고 노력했다.

뒤뜰의 텃밭은 경제적 독립을 위해 필요한 20~40에이커[약 8~16만 제곱미터]의 땅이 없는 가정에게 종종 생존을 위한 최후의 보루를 제공하곤 했다. 농민들 추곡의 대부분은 영주에게 바치는 공물, 십일조, 토지 임대료, 그 밖의 각종 세금으로 나갔기 때문에 그렇게도 많은 땅이 필요했다. 프랑스의 중부와 북부 대부분 지역에서 부유한 농민들은 왕에게 내는 주요 세금인 타이유taille를 납부할 때 오랜 프랑스의 원칙에 따라 농간을 부렸다. 그 원칙이란 가난한 사람들에게 덮어씌우라는 것이었다. 그렇게 세금 징수는 마을 내부에 균열의 틈바구니를 열었고 부채는 피해를 가중시켰다. 가난한 사람들은 더 부유한 사람들('마을의 장닭coqs du village'이라고 불리던 몇 안 되는 비교적 부유한 자들로서 시장에 잉여 곡물을 팔고 가축을 키우고 가난한 사람들을 노동자로 고용할 수 있을 정도의 토지를 소유했다)에게 손을 벌리는 일이 빈번했다. 빚에 의한 노역 때문에 부유한 농민들은 영주나 교회의 십일조 징수인décimateur만큼이나 증오의 대상이었다. 증오, 질투, 이해관계의 상충은 농민의 사회를 관통하고 있었다. 마을은 결코 행복하고 조화로운 공동사회Gemeinschaft가 아니었다.[30]

대부분의 농민들에게 마을의 생활은 생존을 위한 투쟁이었고 생존이란 빈자와 극빈자를 나누는 경계선 위에 있다는 것을 뜻했다. 그 경계선은 세금, 십일조, 영주에 바치는 공물을 내고 다음 해에 종자로 뿌릴 곡식을 남기고 가족을 먹여 살리는 데 필요한 토지의 크기에 따라, 지역마다 달랐다. 기근의 시기에 가난한 가정은 식량을 구입해야 했다. 가격이 앙등해 그들은 소비자로서 고통을 겪었고 부유한 농민들은 큰 벌이를 했다. 그리하여 흉작이 계속되면 마을이 양극화되어 최저한도로 꾸려가던 가정은 극빈층이 되고 부유한 자들은 더욱 부유해졌다. 이런 어려움에 대면해 '작은 사람들petites gens'은 기지를 발휘해 살아갔다. 그들은 농가의 일손으로 고용되기

**30** (옮긴이) 독일의 사회학자 페르디난트 퇴니스는 『공동사회와 이익사회*Gemeinschaft und Gesellschaft*』라는 저서를 통해 산업화 이전의 사회가 공동체의 가치를 우선하는 '공동사회'였다면 그 이후는 개인의 이익을 중시하는 '이익사회'가 되었다고 주장했다. 단턴의 이 글은 퇴니스에 대한 반박이라고 말할 수 있다.

도 하고 오두막에서 옷을 짜기도 하고 궂은일도 하며 길을 떠나 어디건 일이 있는 곳을 찾아갔다.

그들 대다수가 실패했다. 그러면 그들은 영원히 길을 떠나 프랑스의 부유 인구population flottante가 되어 부랑자처럼 떠돌아다녔는데, 1780년대에는 이런 절박한 영혼이 수백만에 달했다. 기능공들의 프랑스 일주나 가끔 있는 배우들의 순회 공연단, 돌팔이 약장수와 같은 행복한 몇몇을 제외한다면 길바닥 생활이란 끊임없이 먹을 것을 찾아 헤매는 것을 뜻했다. 부랑자들은 닭장을 습격하고, 돌보는 사람 없는 소에서 우유를 짜고, 담장의 빨래를 훔치고, 말총을 자르기도 하고(가구업자에게 잘 팔렸다), 자선이 베풀어질 때면 병약자로 보이기 위해 자신의 신체에 상처를 낸 뒤 불구자로 가장하기도 했다. 그들은 군대에 들어갔다가 도망치기를 되풀이했고 가짜 신병으로 복무하기도 했다. 그들은 밀수업자, 노상강도, 소매치기, 매춘부가 되었다. 그리고 종국에는 행려병자가 되어 구빈원에 들어가거나 덤불이나 건초 더미 밑으로 기어들어 가 죽었다. 보잘것없는 놈이 보잘것없이 죽었던 것이다.[31]

죽음은 자기 마을에 남아 궁핍의 경계선 위에서 지탱했던 가정에도 마찬가지로 비정하게 찾아왔다. 피에르 구베르, 루이 앙리, 자크 뒤파키에 그리고 그 밖의 역사 인구 통계학자들이 입증하듯 근대 초 프랑스의 모든 곳에서 삶은 죽음과의 비정한 투쟁이었다. 17세기에 노르망디 크륄레에서는 1천 명의 아기 중 236명이 돌을 맞이하기 전

31 농민, 도시와 농촌의 빈자들에 대한 방대한 연구의 예로는 Pierre Goubert, *Beauvais et le Beauvaisis de 1600 à 1730: Contribution à l'histoire sociale de la France du XVIIe siècle*(Paris, 1960); Olwen H. Hufton, *The Poor of Eighteenth-Century France, 1750~1789*(Oxford, 1974) 참조.

에 죽었으며 그것은 오늘날 20명 정도인 것과 대비된다. 18세기에 태어난 프랑스 사람들의 약 45퍼센트는 열 살이 되기 전에 죽었다. 양친 중 한 명 이상이 죽기 이전에 성년에 도달한 사람은 거의 없었다. 죽음이 방해했기 때문에 생식력이 끝날 때까지 유지된 부부도 거의 없었다. 이혼이 아닌 죽음 때문에 결혼은 평균 15년 정도 지속되었고 이것은 오늘날 프랑스 평균의 절반 정도다. 크륄레에서 다섯 명의 남편 중 한 명은 아내와 사별한 뒤 재혼했다. 계모는 모든 곳에서 급증했다. 과부의 재혼 비율은 열 명 중 한 명꼴이었기에 계부보다 계모가 많았다. 의붓자식이라고 모두 신데렐라처럼 박대받지는 않았을 테지만 이복형제들 사이의 관계는 아마도 거칠었을 것이다. 새로 태어난 아이는 때때로 가난을 극빈으로 만들었다. 신생아가 가정의 식량 창고를 심하게 축내지는 않았다 할지라도 부모의 유산이 분배될 때 상속자의 숫자가 늘어남으로써 다음 세대에 궁핍을 초래할 수 있었다.[32]

인구가 팽창할 때마다 토지 보유가 파편화되고 궁핍이 침투했다. 어떤 지역에서는 장자 상속이 그 과정을 지연시켰지만 모든 곳에서 최선의 방비책은 늦게 결혼을 하는 것으로서 이것은 가정의 정서적 삶에 대가를 치르게 했음이 확실하다. 현대의 인도와는 달리 구체제의 농민들은 대체로 오두막이나마 장만한 뒤 결혼했고, 사생아를 낳거나 40세 이후에 애를 갖는 일은 드물었다. 예컨대 포르앙베생에서 여성들은 평균적으로 27세에 결혼해 40세에 단산했다. 인구

32 인구 통계사의 개괄로는 Dupâquier, "Révolution française et révolution démographique"; Pierre Guillaume & Jean-Pierre Poussou, *Démographie historique*(Paris, 1970); Pierre Goubert, "Le Poids du monde rural," in *Histoire économique et sociale de la France*, eds. Ernest Labrousse & Fernand Braudel(Paris, 1970), pp. 3~158 참조.

통계학자들은 18세기 말 이전에 산아 제한이나 널리 퍼진 혼외 출산의 증거를 발견하지 못했다. 근대 초의 남성은 삶을 자신이 통제할 수 있다는 식으로 생각하지 않았다. 근대 초의 여성은 자연을 정복한다는 생각을 가질 수 없었고 따라서 그녀는—엄지 소년의 어머니처럼—신의 뜻대로 아이를 가졌다. 그러나 만혼, 짧은 가임기, 임신의 가능성을 낮추는 모유 수유 기간의 연장과 같은 것들이 가족의 규모를 제한시켰다. 가장 가혹하나 가장 효과적인 가족 규모의 제한 방법은 산모가 출산할 때나 영아가 어렸을 때 사망하는 것이었다. 크리송chrissons이라고 불렸던 사산아는 때로 무명의 공동묘지에 무심하게 매장되었다. 영아들은 때로 침대에서 부모에 의해 질식해 죽었다. 돌이 되기 전 아기와 부모가 함께 잠을 자는 것을 금지시켰던 교회의 칙령으로 판단하건대 그것은 아주 흔하게 일어난 일이었다. 가족 전체가 추위를 막기 위해 가축들에 둘러싸인 채 침대 하나나 두 개에 끼어 들어가 잠을 잤다. 따라서 아이들은 부모의 성행위를 구경하게 되었다. 어느 누구도 어린이가 순수한 피조물이라고 생각하거나 어린 시절이 특별한 종류의 옷이나 태도에 의해 사춘기, 청년기, 성인과 구분되는 삶의 단계라고 생각하지 않았다. 어린이들은 걸을 수 있을 때부터 부모 옆에서 일을 했고 십대에 도달하자마자 농가의 일손이나 하인이나 도제로서 성인의 노동력에 합세했다.

근대 초 프랑스의 농민들은 계모와 고아의 세계, 비정하고 끝없는 노동의 세계, 거칠지만 동시에 제어된 잔인한 감정의 세계에 살고 있었다. 그 이후에 인간의 조건이 너무도 변화했기 때문에 우리는 자신들의 삶이 야비하고 잔인하고 짧았던[33] 사람들에게 당대의 세계

33 (옮긴이) 이 표현은 토머스 홉스가 자연 상태 속의 인간 조건을 예시하는 형용사들

가 어떻게 보였는지를 상상하기가 어렵다. 그것이 우리가 마더 구스 이야기를 다시 읽어야 하는 이유다.[34]

페로의 마더 구스 이야기에서 가장 잘 알려진 네 개의 이야기인 「장화 신은 고양이」「엄지 소년」「신데렐라」「어리석은 소원」을 같은 주제를 다루는 농민들의 이야기와 비교해 생각해보자.

「장화 신은 고양이」에서 가난한 방앗간 주인이 죽으면서 방앗간은 장남에게, 당나귀는 차남에게 주고, 막내에게는 단지 고양이 한 마리를 물려준다. "공증인도 변호사도 부르지 않았다"라고 페로는 적고 있다. "그들은 그 빈곤한 유산을 삼켜버렸을 것이다." 우리는 프랑스에 있는 것이 확실하다. 비록 이 주제의 다른 판본들이 아시아, 아프리카, 남아메리카에도 존재하고 있지만 말이다. 프랑스의 귀족뿐만 아니라 농민들에게도 상속의 관습은 장남을 우대함으로써 유산의 분할을 방지하는 것이었다. 방앗간 주인의 막내아들은 내적 술수에 뛰어난 재능을 지닌 고양이를 물려받았을 뿐이다. 이 데카르트적인 고양이는 주변 모든 곳에서 허영심과 우둔함, 그리고 만족을 모르는 욕심을 본다. 그 고양이는 일련의 술책으로 그것들을 이용하며, 결국 주인인 막내아들이 부잣집 딸과 결혼하여 훌륭한 장원을 갖게 만들어준다. 페로 이전의 어떤 판본에서는 주인이 궁극적으로 고양이를 속이는데 그 고양이는 실지로 여우이며 장화도 신지 않았다.

중 일부다.

34 (옮긴이) 이렇게 콘텍스트를 말한 뒤 단턴은 다시 텍스트를 읽어야 할 필요성을 강조한다. 왜냐하면 콘텍스트를 알고 난 뒤의 텍스트는 다른 의미를 전달하기 때문이다. 이 책의 거의 모든 장에서 이런 과정이 반복된다.

귀스타브 도레, 「장화 신은 고양이」.

구전 전통의 이야기인 「여우」(이야기 유형 460)는 비슷한 방식으로 시작한다. "옛날에 두 형제가 살았는데 그들은 아버지가 물려준 유산을 받았다. 형인 조제프는 농장을 가졌다. 동생인 바티스트는 한 줌의 동전만을 받았다. 동생에게는 자식이 다섯이었는데 먹을 것이 별로 없어서 곤궁에 빠졌다."[35] 절박한 바티스트는 형에게 곡식을 구걸한다. 조제프는 그에게 누더기 옷을 벗고 빗속에 벌거벗은 채서 있은 뒤 곡식 창고에서 구르라고 한다. 그렇게 하여 몸에 달라붙은 곡식은 가져가도 된다는 것이었다. 바티스트는 동생을 사랑하는 형의 마음이라 여기며 이 일을 하지만 식구를 살리기에 충분한 식량을 구하지는 못했으며, 그리하여 길을 떠난다. 마침내 그는 착한 요정인 여우를 만나, 연속되는 수수께끼를 푸는 법을 배운다. 그 결과 땅속에 묻은 금 단지를 찾게 되어 그는 집, 밭, 목초지와 숲이라는 농부의 꿈을 이루게 되며, "그의 자식들은 매일같이 케이크를 먹었다."[36]

「엄지 소년」(이야기 유형 327)은 「헨젤과 그레텔」의 프랑스판이지만 페로는 이야기 유형 700에 속하는 이야기에서 제목을 따왔다. 이것은 페로의 희석된 판본에 있어서조차 맬서스식의 세계를 엿볼 수 있게 해준다: "옛날에 나무꾼이 부인과 살았는데 그들의 일곱 자식은 모두 아들이었다. […] 그들은 대단히 가난했고 일곱 자식들도 앞가림할 만큼 크지 않아 큰 골칫거리였다. […] 흉년이 왔고 기근이 심해지자 그 불쌍한 부부는 아이들을 내다 버리기로 결심했다." 이런 사실적인 어조는 어린이의 죽음이 근대 초 프랑스에서 얼마나

35 Delarue & Tenèze, *Le Conte populaire français*, II, p. 143.
36 같은 책, II, p. 145.

통상적이었는지 시사한다. 페로가 이 이야기를 쓴 것은 1690년 중반, 17세기 인구 위기가 최악에 달했을 때였다. 그 시기는 흑사병과 기근으로 북부 프랑스의 인구가 격감했고, 무두장이가 길에 버린 썩은 고기 찌꺼기를 가난한 사람들이 먹었으며, 입 속에 풀이 가득 찬 시체가 발견되고, 아기에게 젖을 먹일 수 없자 그저 병에 걸려 죽도록 어머니가 아기를 한데 '내놓았던' 시기였다. 아이들을 숲속에 버림으로써 엄지 소년의 부모는 17세기와 18세기에 수차례 농민들을 압도했던 문제, 즉 인구상 재앙의 시기에 살아남기 위한 문제에 대처하려고 했던 것이다.

이와 동일한 모티프는 다른 형태의 영아 살해와 아동 학대와 함께 농민 판본이나 다른 이야기에도 존재한다. 때때로 부모들은 구걸과 도둑질을 하라고 아이들을 길거리로 내보낸다. 때로는 아이들을 집에 남겨둔 채 부모들이 도주하기도 한다. 그리고 때로는 아이들을 악마에게 팔기도 한다. 프랑스판의 「마법사의 제자」(이야기 유형 325)에서는 아버지가 "체에 뚫린 구멍만큼이나 많은 아이들"[37] 때문에 당혹해하는데, 그 표현을 당대 가족 규모에 대한 증거로 보기보다는 맬서스식의 압박감에 대한 과장이라고 받아들여야 할 것이다. 아기가 새로 태어나자 그 아버지는 12년 동안 먹을 분량의 식품 창고를 받는 대가로 악마에게 (어떤 판본에서는 마법사에게) 아기를 판다. 그 기간이 끝날 때쯤 아버지는 아이가 고안해낸 책략 덕분에 아이를 되찾는다. 그 작은 악당이 동물로 변신하는 능력을 포함해 수련 기간 동안 많은 재간을 배운 덕분이다. 머지않아 찬장은 비고 가족은 다시 굶주리게 된다. 그러자 소년은 사냥개로 변신해 아버지가

37 같은 책, I, p. 279.

사냥꾼 모습으로 다시 나타난 악마에게 그를 한 번 더 팔게 한다. 아버지가 돈을 받은 후 그 개는 도주해 다시 소년으로 바뀌어 집으로 돌아온다. 그들은 말로 변신한 아이로 같은 계략을 한 번 더 꾸민다. 이번에는 악마가 마법의 고삐를 달아 말이 소년으로 다시 변하는 것을 방지한다. 그러나 한 농장 일꾼이 그 말을 어떤 연못으로 끌고 가 물을 먹이자 개구리로 변신해 도주할 기회를 갖게 된다. 악마가 물고기로 변해 개구리를 집어삼키려는 순간 개구리는 새로 바뀐다. 악마는 매가 되어 새를 쫓고, 새는 죽어가는 왕의 침실로 날아 들어가 오렌지 모습으로 변신한다. 그러자 악마는 의사로 바뀌어 왕을 치료해주는 대가로 오렌지를 요구한다. 그 오렌지는 바닥으로 떨어져 수수 낟알로 바뀐다. 악마는 닭으로 변신해 낟알을 쪼아 먹으려 한다. 그러나 그 낟알은 여우로 바뀌어 닭을 삼켜버림으로써 둔갑술 경쟁의 마지막 승리자가 된다. 이 이야기는 단순히 재미만을 제공하는 것이 아니다. 이것은 가난한 사람들이 부자와, '작은 사람들menu peuple, petites gens'이 '큰 사람들les gros, les grands'과 대립하는 부족한 물자에 대한 투쟁을 극화한 것이었다. 어떤 판본은 악마에게 '영주'의 배역을 맡겨 다음과 같이 결론지음으로써 사회적 비판을 명백하게 하고 있다: "그리하여 하인이 주인을 먹었다."[38]

먹는가 못 먹는가, 이는 일상생활에서뿐만 아니라 민담에서도 농민들이 당면한 문제였다. 이것은 대단히 많은 이야기에서, 때로는 사악한 계모라는 주제와 관련하여 나타나는데, 구체제의 난롯가에서 특수한 반향을 불러일으켰을 것임이 확실하다. 왜냐하면 구체제의 인구 통계상 계모는 촌락 사회에서 비중 있는 인물이었기 때문

38 같은 책, I, p. 289.

이다. 페로는 「신데렐라」에서 이 주제를 정당하게 다루었지만 그와 관련하여 농민 판본에서 두드러지게 나타나는 영양실조라는 주제는 간과했다. 통상적인 판본인 「작은 아네트」(이야기 유형 511)에 따르면 사악한 계모는 불쌍한 아네트에게 매일같이 빵 껍질만 주고 양을 치게 하는데 살찌고 게으른 이복 자매들은 집 주위에서 빈둥거리며 양고기를 먹고는 아네트가 들에서 돌아오자마자 자신들이 먹은 그릇을 설거지시킨다. 아네트는 굶어 죽을 지경에 이르나 이때 동정녀 마리아가 나타나 요술 막대기를 준다. 아네트가 그것을 검은 양에 대기만 하면 훌륭한 정찬이 차려진다. 곧 그 소녀는 이복 자매들보다 더 통통해진다. 많은 원시 사회에서와 마찬가지로 구체제에서도 살찐 것은 아름다운 것으로 통용되었는데 그녀의 새로운 아름다움은 계모의 의심을 일으킨다. 계모는 흉계를 꾸며 마법의 양을 발견하고는 그것을 죽이고 그 간을 아네트에게 먹이려 한다. 아네트는 가까스로 그 간을 몰래 묻어주는데 거기서 나무가 자라난다. 그 나무는 너무도 높아서 아네트 외에는 누구도 그 열매를 따지 못한다. 왜냐하면 그녀가 다가갈 때마다 나무는 가지를 굽혀 내려놓기 때문이다. (나라 안의 모든 이들과 마찬가지로 식탐이 있던) 지나가던 왕자가 그 열매를 너무도 원해서 그는 그 열매를 따 오는 사람과 결혼할 것이라고 약속한다. 딸들 중 하나와 짝을 지어주려는 소망에서 계모는 높은 사다리를 만든다. 그러나 사다리를 타다가 계모는 떨어져 목이 부러진다. 그 뒤 아네트는 열매를 따서 왕자와 결혼해 행복하게 살았다.

영양실조와 부모의 무관심이라는 주제는 특히 「사이렌과 새매」(이야기 유형 316), 「브리지트, 나를 낳지는 않았지만 먹여준 엄마」(이야기 유형 713)와 같은 여러 이야기에서도 나타나고 있다. 음식에 대한 욕심은 거의 모든 이야기에서 찾을 수 있으며 페로에게서조차 「어리석은 소원」에서 익살스러운 형태로 나타난다. 가난한 나무꾼이 착한 일의 대가로 세 가지 소원을 이루어주겠다는 약속을 받는다. 생각에 잠겨 있는 사이에 식욕이 그를 압도해 그는 소시지가 먹고 싶다고 말한다. 소시지가 접시 위에 나타나자 하나의 소원을 그렇게 낭비했다는 데 화가 난 그의 아내가 격하게 불평한다. 그렇게 싸우는 도중에 그는 홧김에 소시지가 아내의 코 위에서 자라라고 빌게 된다. 그리하여 얼굴이 흉해진 배우자를 보고 그는 그녀를 정상으로 되돌려달라고 마지막 소원을 빈다. 그리고 그들은 이전의 비참한 현실로 되돌아갔다.

농민들의 이야기에서 소원은 보통 음식의 형태로 나타나며 그것은 결코 웃을 일이 아니었다. 「악마와 대장장이」(이야기 유형 330)에서 학대받는 전실 딸과 마찬가지로 자주 등장하는 인물인 제대하여 영락한 군인 라메는 구걸을 해야 할 지경에 이른다. 그는 수중의 마지막 푼돈을 다른 거지들과 함께 쓰는데 그중의 한 명은 변장한 성 베드로였고 그 보상으로 그는 어떤 소원이든 들어주겠다는 약속을 받는다. 낙원을 바라는 대신에 그는 "그럴듯한 식사"를, 다른 판본에서는 "흰 빵과 닭고기" "빵과 소시지와 마실 수 있는 만큼의 포도주" "담배와 여인숙에서 보았던 음식," 또는 "언제나 빵 껍질을 먹을 수 있기를" 소원으로 빈다.[39] 요술 막대기, 반지, 혹은 초자연적인 은인이 생겼을 때 농민 주인공에게 처음으로 떠오르는 생각은 언제나 음식이었다. 그는 음식을 주문하면서 어떤 상상력도 발휘하지 못한다. 그는 단지 일상적인 음식을 먹을 뿐이고 그것은 언제나 똑같은 평범

**39** 인용문들은 같은 책, I, pp. 353, 357~58, 360.

한 농민들의 식사다. 물론 코르시카의 축제에서 제공되는 "케이크, 튀긴 빵, 치즈 조각"처럼 지역에 따라 약간의 차이는 있을 수 있다.[40] 보통 농민 재담가는 음식을 세세하게 설명하지 않는다. 식도락에 대한 어떤 개념도 있을 수 없는 그는 단순히 주인공의 접시를 가득 채워놓을 뿐이다. 만일 그가 약간의 멋을 부리려고 한다면 그저 이렇게 덧붙였다: "그리고 냅킨까지 있었다."[41]

한 가지 사치가 명확하게 드러나는데 그것은 고기다. 어쩔 수 없이 채식주의자가 될 수밖에 없는 사회에서 사치 중의 사치는 양고기, 돼지고기, 쇠고기에 이빨을 박아보는 것이다. 「발다르 왕국」(이야기 유형 400)의 결혼 피로연에는 하객들이 한 입에 쉽게 베어 먹을 수 있도록 옆구리에 포크를 꽂아놓은 통돼지구이가 돌아다닌다. 평범한 귀신 이야기의 프랑스판인 「식충」(이야기 유형 366)은 매일 고기를 먹겠다고 고집하는 농촌 소녀에 대한 이야기다. 이런 유별난 식욕을 만족시켜줄 수 없었던 그녀의 부모는 새로 매장한 시체에서 잘라낸 다리를 그녀에게 먹인다. 다음 날 그 시체가 부엌에 있는 소녀 앞에 나타난다. 시체는 자기 오른쪽 다리를 씻겨달라고 말한다. 다음은 왼쪽 다리 차례다. 시체에게 왼쪽 다리가 없는 것을 본 소녀에게 시체가 소리친다: "네가 먹었어." 그런 뒤 소녀를 끌고 묘지로 가서 삼켜버렸다. 마크 트웨인에 의해 유명해진 「황금의 팔」로 대표되는 이후의 그 이야기의 영국판은 식인만 제외하고 동일한 줄거리를 갖고 있다. 그러나 구체제의 농민들에게 가장 매혹적인 부분은 바로 그 식인이라는 요소였을 것이다. 고기로 채우건 죽으로 채우건

**40** 같은 책, II, p. 398.

**41** 같은 책, II, p. 394.

어쨌든 배를 채운다는 것이 프랑스 농민 이야기의 주인공이 바라는 첫번째 소원이었다. 농민 신데렐라가 비록 왕자를 얻기는 했지만 배를 채우는 것이 그녀가 바라던 전부였다. "그녀는 요술 막대기로 검은 양을 건드렸다. 곧 그녀 앞에 한 상 가득히 음식이 차려졌다. 그녀는 바라던 것을 먹을 수 있었고 배가 터지도록 먹었다."[42] 양껏 먹는 것, 식욕이 고갈될 때까지 먹는 것manger à sa faim[43]이 농민들의 상상 속에 어른거리던 일차적인 즐거움이었고, 그것은 그들이 일생 동안 쉽게 실현시키지 못하던 것이었다.

그들은 성과 공주라는 통상적인 인기 품목을 포함해 다른 꿈이 실현되는 것을 상상하기도 했다. 그러나 그들의 소원은 보통 일상 세계의 공통적인 대상에 고정되어 있었다. 한 주인공은 "암소 한 마리와 닭 몇 마리"를 얻었다. 다른 주인공은 무명으로 가득 찬 옷장을 얻었다. 또 다른 주인공은 가벼운 일과 규칙적인 식사 그리고 담배로 가득 찬 곰방대 정도로 타협했다. 그리고 또 다른 주인공의 벽난로에 황금의 비가 쏟아지자 그는 그것으로 "음식, 옷, 말, 그리고 땅"을 샀다.[44] 대부분의 이야기에서 소원의 충족은 도피의 환상이 아니라 생존을 위한 계획으로 바뀌었던 것이다.

그렇다면 간혹 보이는 환상의 흔적에도 불구하고 그 이야기들은 실재의 세계에 뿌리를 두고 있는 것이다. 그 이야기들은 거의 언제나 구체제하 농민들의 두 가지 환경과 일치하는 두 개의 기본 틀 안

**42** 같은 책, II, p. 269.

**43** 같은 책, I, p. 275.

**44** 같은 책, II, p. 480; II, p. 53; II, p. 182; I, p. 270.

에서 진행된다. 하나는 가정과 마을이며 다른 하나는 열려 있는 길이다. 마을과 길 사이의 대립이 18세기 프랑스 도처의 농민 생활을 관통하고 있듯 그 이야기들을 관통하고 있다.[45]

구체제하에서 농민 가정은 모든 구성원이 하나의 경제적 단위로 함께 일하지 않는 한 생존할 수 없었다. 민담은 부모들이 밭에서 일하는 동안 아이들이 나무를 주워 오거나 양을 기르거나 물을 길어 오거나 털실을 잣거나 구걸하는 모습을 끊임없이 보여준다. 아동 노동의 착취를 비난하는 것은 고사하고 그런 일이 없으면 오히려 분노하는 듯하다. 「실 잣는 세 여자」(이야기 유형 501)에서 아버지는 딸이 "일은 하지 않고 먹기만 한다"며 없애버리기로 결심한다.[46] 그는 왕에게 딸이 하룻밤에 7퀴제(10만 800야드[대략 92킬로미터])의 아마를 짠다고 설득하지만 사실은 크레이프 일곱 개를 먹을 뿐이었다(이 이야기가 앙구무아에서 일어나고 있음을 감안하라). 왕은 그녀에게 엄청난 양의 물레 일을 하라고 명령하고 만일 성공하면 결혼하겠다고 약속한다. 막상막하로 흉측한 모습을 한 마법의 실 잣는 여자 세 명이 나타나 소녀 대신 일을 해주고는 그 대가로 단지 결혼식에 초대해달라고 청한다. 그들이 나타나자 왕은 그렇게 흉측해진 이유가 무엇이냐고 묻는다. 그들은 과로 때문이라고 대답하면서, 만일 신부가 계속 실을 자으면 그때마다 보기 흉해질 것이라고 경고한다. 그리하여 그 소녀는 노예 상태에서 벗어나고 아버지는 식충을 처리함으

45 이런 두 개의 틀이 모든 가능성을 충족시킨다는 주장에는 반론이 있을 수 있다. 그러나 그 이야기들은 도시와 마을, 북쪽과 남쪽, 육지와 바다, 현재와 과거와 같은 다른 이중성을 중심으로 구성될 수 있다. 구체제 농민들의 이야기를 위해서는 마을과 열린 길의 대립이 가장 적절해 보인다.

46 Delarue & Tenèze, *Le Conte populaire français*, II, p. 216.

로써, 가난한 사람들이 부자에 대해 반격을 가하는 모습을 보여준다(어떤 판본에서는 왕 대신 지역의 영주가 등장한다).

「룸펠슈틸첸」(이야기 유형 500으로, 관련된 어떤 판본은 이야기 유형 425)의 프랑스판은 똑같은 시나리오를 따른다. 어머니가 일을 하지 않는다고 딸을 때린다. 지나가던 왕 혹은 지역의 영주가 무슨 일이냐고 묻자 어머니는 비생산적인 식솔 하나를 줄이기 위해 계략을 꾸민다. 그녀는 딸이 무엇에 사로잡힌 듯이 일을 너무 많이 해서 매트리스의 지푸라기까지 짜려고 한다고 대답한다. 좋은 일이라고 느낀 왕은 그 소녀를 데리고 가 초인적인 일을 주고는 끝내놓으라고 명령한다. 그녀는 건초 더미를 짜서 무명으로 만들어 방을 가득 채워야 하고 마차 50대 분량의 거름을 하루에 싣고 내려야 하며 산더미 같은 밀에서 기울을 걸러내야 한다. 비록 초자연적인 존재가 개입함으로써 그 일은 마침내 끝나지만 이것은 농촌 생활의 기본적인 사실들의 과장된 표현이었다. 모든 사람들은 아주 어릴 때부터 죽는 날까지 끝도 없고 한도 없는 일을 직면했던 것이다.

결혼이 도피처를 제공하는 것도 아니었다. 오히려 그것은 가사와 농사뿐만 아니라 선대제先貸制[47]의 내부에서 작업하도록 만들었기 때문에 여성들에게 추가 부담을 가했다. 이야기에서 여성들은 가축을 돌보고 땔나무를 그러모으고 잡초를 뽑은 뒤 어김없이 물레 앞에 앉는 것으로 나타난다. 어떤 이야기는 그들의 일을 과장해 멍에를 메고 쟁기를 끌거나 머리카락으로 우물에서 물을 길어 올리거나 맨가슴으로 화덕을 청소하는 것으로 묘사한다.[48] 그리고 비록 결혼

47 (옮긴이) 재료를 받고 집에서 일한 뒤 성과에 따라 임금을 받는 초기 자본주의 형태의 생산 체제.

이라는 것이 추가분의 노동과 출산이라는 새로운 위험을 받아들인다는 것을 뜻했지만 가난한 소녀는 개구리, 까마귀, 혹은 다른 기괴한 짐승에 만족하지 않으려면 결혼을 하기 위해 지참금을 필요로 했다. 그 짐승들이 언제나 왕자로 바뀌는 것은 아니었지만 왕자로 바뀐 짐승이라는 주제는 보편적인 형태의 도피주의였다. 농민들의 결혼 전략을 해학적으로 이야기하는 한 판본(「짐승에게 시집간 딸들」, 이야기 유형 552)에서 부모는 딸들을 늑대, 여우, 토끼, 돼지와 결혼시킨다. 이 이야기의 아일랜드와 북유럽 판본에 의하면 그렇게 결혼한 부부들은 동물을 사람으로 다시 바꾸기에 필요한 일련의 모험을 겪는다. 프랑스 판본은 단지 어머니가 방문했을 때 그 부부들이 무엇을 대접했는지를 말할 뿐이다. 즉 늑대가 구한 양고기, 여우가 잡은 칠면조, 토끼가 훔친 양배추, 그리고 돼지의 오물을 늘어놓을 뿐이다. 각기 자신의 방식대로 좋은 부양자를 얻은 딸들은 그들의 운명을 받아들여야만 한다. 그리고 모두는 생계를 위해 먹을 것을 찾아 헤매는 일에 매달린다.

이야기에서 아들에게는 술책을 위한 여유가 더 많이 있다. 그는 농촌 경험의 두번째 차원인 길의 생활을 탐험한다. 소년들은 행운을 찾아 나서고, 때로는 빵 한 조각을 구걸하다가 변장을 한 자애로운 요정인 것으로 드러나는 노파의 도움으로 그것을 찾는다. 초자연적인 힘의 개입에도 불구하고 주인공들은 보통 집에서의 궁핍을 면하고 푸른 초원에서 일을 찾기 위해 현실 세계로 걸어 들어간다. 그들이 언제나 공주를 얻는 것은 아니다. 「짐승들의 말」(이야기 유형 670)

48 「보르도의 장」(이야기 유형 506A), 「세 개 오렌지의 사랑」(이야기 유형 408), 「작은 까마귀」(이야기 유형 425A).

에서는 양치기 일자리를 얻은 한 가난한 젊은이가 마법의 뱀을 도와준다. 그 보답으로 그는 숨겨진 금을 발견한다. "그는 금으로 주머니를 가득 채우고는 다음 날 아침 양 떼를 몰고 농장으로 돌아가 주인의 딸에게 결혼하고 싶다고 청한다. 그녀는 마을에서 가장 예쁜 소녀였으며 그는 그녀를 오랫동안 사랑해왔다. 양치기가 부자인 것을 알자 주인은 그에게 딸을 주었다. 8일 후 그들은 결혼했다. 농장의 주인 부부가 늙게 되자 그들은 사위에게 농장을 완전히 맡겼다."[49] 이런 것이 농민들의 이야기에서 꿈의 재료다.

다른 소년들은 집에는 땅도 일도 음식도 없기 때문에 길을 떠난다.[50] 그들은 농가의 일손이 되거나 가내 하인이 되거나 최선의 경우에는 대장장이, 재단사, 목수, 마법사, 악마 등의 도제가 된다. 「무뚝뚝한 장」(이야기 유형 301B)의 주인공은 대장장이 밑에서 5년간 일하다가 임금으로 받은 쇠막대기를 들고 길을 떠난다. 길에서 그는 ('꼬인 참나무'와 '산자락'이라는) 이상한 동료 여행자들을 만난 뒤 유령의 집에 용감히 들어가 거인을 쓰러뜨리고 괴물을 죽인 뒤 스페인 공주와 결혼한다. 표준적인 모험으로서 이것은 전형적인 프랑스 일주라는 틀에 맞아 들어간다. 「겁 없는 장」(이야기 유형 326)과 프랑스 이야기에서 사랑받는 다른 많은 주인공들은 동일한 시나리오를 따르고 있다.[51] 그들의 쾌거는 청년기를 길에서 보낸 장인들이나 여

49 Delarue & Tenèze, *Le Conte populaire français*, II, p. 569.

50 「재주 있는 세 아들」(이야기 유형 654)은 다음과 같이 시작한다. "한 가난한 사람에게 세 아들이 있었다. 그들이 자라자 아버지는 그들에게 줄 일이 없으니 일을 배워 먹고 살 수 있도록 길을 떠나야 한다고 말했다." 같은 책, II, p. 562.

51 「꼬인 참나무」(이야기 유형 650), 「늙은 군인」(이야기 유형 475), 「교활한 도둑」(이야기 유형 653), 「병 속의 죽음」(이야기 유형 331) 참조.

름 추수가 끝난 뒤 양치기, 행상, 철새 노동자로 수백 마일을 돌아다니며 정기적으로 가족과 떨어져 지내던 농민 청중들에게 친숙한 배경에서 벌어지고 있다.

프랑스에는 효과적인 경찰력이 없었고 마시프 상트랄, 쥐라, 보주, 랑드 등의 산맥과 관목 숲이 방대하게 펼쳐져 있는 마을과 마을을 나눠놓는 황야에는 산적과 늑대가 여전히 배회하고 있었으므로 그들은 여행길 도처에서 위험에 노출되었다. 사람들은 이런 위험한 지역을 걸어서 통과해야 했고, 밤에는 농가에서 잠잘 곳을 구걸하지 못하거나 여인숙 침실의 숙박료를 지불할 능력이 없으면 건초나 덤불 아래로 들어가 잠을 잤다. 농가나 여인숙에서 잔다 해도 도둑을 맞거나 목이 잘릴 위험성은 여전히 컸다. 프랑스 판본의 엄지 소년이나 헨젤과 그레텔이 깊은 숲속의 신비로운 집의 문을 두드릴 때 그들 등 뒤에서 짖어대는 늑대는 환상이 아니라 사실적인 풍미를 더해주는 것이었다. 사실 문을 연 것은 식인귀와 마녀였다. 그러나 「나무꾼 집의 소년」(이야기 유형 461)과 같은 여러 이야기에 나오는 그런 집에는 실제로 18세기에 여행을 위험하게 만들었던 망드랭[52]과 카르투슈[53]와 같은 산적 떼가 있었다. 집단으로 여행을 하면 보호가 되기는 했지만 동료 여행자라 하여 반드시 믿을 수 있는 것도 아니었다. 그들은 「반쪽의 병아리」(이야기 유형 563)나 「둘도 없는 배」(이야기 유형 283)에서 보이듯 재앙에서 구해줄지도 모르고, 「무뚝뚝한 장」(이야기 유형 301B)에서 보이듯 노획물의 냄새를 맡으면 덤벼들

52 (옮긴이) 루이 망드랭은 18세기 프랑스의 밀수업자로서 프랑스의 로빈 후드라고 불렸던 인물이다.

53 (옮긴이) 카르투슈는 18세기 중엽 파리 근교에서 부자에게서 돈을 빼앗아 가난한 사람들에게 주었다고 하는 노상강도 루이 도미니크 부르귀뇽의 별명이다.

지도 모른다. 꼽추나 절름발이나 카쿠cacous(부랑자와 같은 밧줄 제작자)를 결코 믿으면 안 된다고 충고하는 작은 루이의 아버지는 옳았다(이야기 유형 531). 평범함을 벗어난 것은 무엇이든 위험했다. 그러나 길의 위험을 탐지하는 일에 적절한 공식은 없었다.

프랑스의 길에 넘쳐나던 대부분의 사람들에게 행운을 찾는다는 것은 구걸을 좋게 말한 것일 뿐이다. 이야기에 한가득 나오는 거지들은 변장한 요정이 아니라 정말 거지다. 「팔찌」(이야기 유형 590)에서 곤궁이 닥쳐오자 한 과부는 아들과 함께 마을 변두리에 있는 오두막을 포기하고 모든 재산을 자루 하나에 넣어 들고는 길을 떠난다. 그들의 여정은 무시무시한 숲과 도둑 떼와 빈민 수용소를 거치게 되며 마침내 그들은 요술 팔찌에 의해 구조된다. 「두 여행자」(이야기 유형 613)에서는 두 명의 퇴역 군인이 제비를 뽑아 둘 중 누가 눈을 뽑을지 결정한다. 먹을 것이 절박한 그들은 맹인과 그 보호자로 한 조를 이루어 구걸하는 것밖에는 다른 방도를 생각할 수 없었다. 「노루아」(이야기 유형 563)에서는 작은 땅뙈기에서 살아가는 농민 가족에게 아마를 수확하는 것이 빈한과 극빈의 차이를 뜻했다. 수확은 좋았지만 나쁜 바람인 노루아가 들에서 말리고 있는 아마를 날려 보낸다. 농부는 노루아를 때려죽이려고 몽둥이를 들고 나선다. 그러나 그는 먹을 것이 떨어져서 곧 여느 부랑자나 다름없이 빵 조각과 마구간 한구석을 내달라고 구걸하는 처지가 된다. 마침내 그는 산꼭대기에서 노루아를 만난다. "내 아마를 돌려줘! 아마를 돌려줘!"라고 그는 소리 지른다. 바람은 동정심을 발휘해 요술 식탁보를 그에게 주는데 그것은 펼치기만 하면 식사를 내어놓는다. 농부는 "배가 차도록 먹고" 그날 밤을 여인숙에서 보내지만 여주인에게 그것을 도둑맞는다. 노루아와 이런 일을 두 차례 겪은 뒤 그는 요술 막대기를 얻는데 그것이 여주인을 두드려 패서 그 식탁보를 내어놓게 한다. 이후 농부는 행복하게 살았다(바꾸어 말하면 마음껏 먹었다). 이 이야기는 마을의 곤궁과 길 위의 결핍 사이에서 비틀거리는 사람들의 절박감을 보여주고 있다.[54]

그러므로 페로의 배후에 있는 농민 판본의 마더 구스 이야기를 볼 때마다 우리는 사실주의의 요소를 발견하게 된다. (농민들이 실제로 체 구멍만큼 많은 아이를 갖지도 않았고 아이들을 먹지도 않았듯이) 농가의 앞마당을 사진처럼 묘사한 것은 아니라 할지라도 그것은 사회사가들이 문서보관소에서 짜 맞출 수 있었던 모든 것과 일치하는 그림이다. 그 그림은 꼭 맞으며 그 맞는다는 것이 중요한 문제다. 마을에서건 길에서건 곳곳에서 어떻게 삶을 살아갔는지를 보임으로써 이야기는 농민들의 방향 설정에 도움을 주었다. 이야기는 세상 살아가는 길의 지도를 그렸던 것이자 잔인한 사회 질서 속에서 잔인한 것 이상을 기대한다는 것의 어리석음을 증명했던 것이다.

그러나 사회적 사실주의가 민담의 환상과 도피주의적 즐거움의 기저에 깔려 있음을 증명하려는 것은 논리를 대단히 멀리 몰고 가려는 것이 아니다.[55] 농민은 「빨간 모자」의 도움이 없더라도 삶이 잔인하다는 것을 알고 있다. 잔인성은 인도에서 아일랜드까지, 아프리카

54 인용문의 출처는 Delarue & Tenèze, *Le Conte populaire français*, II, p. 415.

55 이것이 민담과 사회사를 합쳐놓으려는 몇 안 되는 시도의 논리가 현재 와 있는 곳이다. Lutz Röhrich, *Märchen und Wirklichkeit: Eine Volkskundliche Untersuchung*(Wiesbaden, 1956); Charles Phythian-Adams, *Local History and Folklore: A New Framework*(London, 1975); Eugen Weber, "The Reality of Folktales," *Journal of the History of Ideas*, XLII(1981), pp. 93~113; Peter Taylor & Hermann Rebel, "Hessian Peasant Women, Their Families, and the Draft: A Social-Historical Interpretation of Four Tales from the Grimm Collection," *Journal of Family History*, VI(1981), pp. 347~78 참조.

에서 알래스카까지 사회사뿐만 아니라 민담에서도 찾을 수 있다. 만일 우리가 프랑스 이야기를 해석하면서 막연한 일반화를 넘어서려면 그것이 다른 나라의 판본들과 구분되는 점이 있는지 알아야 한다. 최소한 간략하게나마 비교 분석을 시도해볼 필요가 있다.

먼저 영어 사용자들에게 가장 친숙한 마더 구스 이야기를 생각해보자. 18세기 영국에서 자장가와 각운을 맞춘 시구와 음란한 노래를 별 관련성 없이 모아놓고 마더 구스 이야기라고 이름을 붙인 것과 17세기 프랑스에서 페로가 『마더 구스 이야기』의 재료로 삼은 이야기들 사이에 별 유사성이 없는 것은 명백하다. 그러나 영국의 마더 구스 이야기는 나름대로 프랑스의 이야기만큼이나 많은 것을 드러낸다. 게다가 이것은 어떤 시대의 작품이라는 사실을 내세우고 있기 때문에 다행히도 그중 많은 것의 연대를 추정할 수 있다. 「벨 섬 포위 작전에서」는 7년 전쟁에, 「양키 두들」은 미국혁명에, 「요크 대공」은 프랑스혁명 전쟁에 속한다. 대부분의 동요는 훨씬 먼 과거의 이름이나 사건과 연관시키려는 지속적인 시도에도 불구하고 1700년 이후로 비교적 근대에 속한다. 이오나 오피와 피터 오피 같은 전문가들은 험티 덤티는 리처드 3세, 컬리 록스는 찰스 2세, 위 윌리 윙키는 윌리엄 3세, 머핏 아가씨는 스코틀랜드의 메리 여왕, 거미는 존 녹스라는 주장에 대한 증거를 거의 찾지 못하고 있다.[56]

어쨌든 이 동요들의 역사적 중요성은 그것이 비유하는 사람이나

56 이오나 오피와 피터 오피는 모든 텍스트에 대한 그들의 권위 있는 연구에서 영국 동요의 기원과 역사성을 검토한다. Iona Opie & Peter Opie, *The Oxford Dictionary of Nursery Rhymes*(London, 1975). 이 책은 이어지는 논의의 근거를 제공한다.

사건이 아니라 그 어조에 있다. 영국의 동요는 프랑스와 독일의 이야기보다 쾌활하면서 변덕이 심한데 그 이유는 아마도 영국이 맬서스주의의 손아귀에서 벗어난 17세기 이후에 만들어진 것이 많기 때문일 것이다. 그러나 그중 일부 오래된 시구는 인구 문제로 괴로워한 흔적을 보여준다. 다음과 같은 시구는 엄지 소년의 어머니에 상응하는 영국 판본이다.

신발 속에 사는 늙은 여자가 있었네.
아이가 너무 많아 어찌할지 몰랐네.

모든 곳의 농민들과 마찬가지로 그녀는 아이들에게 빵을 먹이지는 못했어도 묽은 죽은 먹였다. 그리고 아이들을 때리면서 절망감을 풀었다. 마더 구스 이야기의 다른 아이들의 식사도 더 나을 것이 없었다.

뜨거운 완두콩 죽,
차가운 완두콩 죽,
냄비 속의 완두콩 죽,
아흐레나 되었네.

입을 것도 마찬가지였다.

내가 어린 소녀 적에,
일곱 살쯤 되었을 때,
나는 속옷도 못 입어,

추위에 떨었지.

그리고 튜더-스튜어트 시대의 동요에서 보이듯 그들은 때때로 길에서 사라졌다.

세 아들을 둔 늙은 여자가 있었네.
제리와 제임스와 존.
제리는 교수형, 제임스는 익사,
존은 사라져 다시 찾지 못했다네.
그것이 세 아들의 종말이었네.
제리와 제임스와 존.

옛 마더 구스 이야기에서 삶은 고달팠다. 많은 등장인물들이 곤궁에 빠졌다.

시-소, 마저리 도,
침대를 팔고 짚단 위에 누웠네.

조지 왕조 시대의 술집 여급 엘시 말리(다른 이름은 낸시 도슨)처럼 게으른 생활을 즐긴 사람들이 있었던 것도 사실이다.

그녀는 일어나 돼지를 먹이지도 않고,
여덟, 아홉 시까지 침대에 누워 있다네.

컬리 록스는 딸기, 사탕, 크림 등 호화로운 식사를 즐겼다. 그러나 그녀는 18세기 말의 소녀인 것으로 보인다. 엘리자베스 시대의 인물인 늙은 엄마 허바드는 빈 찬장으로 꾸려가야 했고 같은 시대의 작은 토미 터커는 저녁 끼니를 위해 노래를 불러야 했다. 17세기에 속하는 것으로 보이는 심플 사이먼에게는 돈이 한 푼도 없었다. 그는 악의 없는 마을의 바보였지만 더 오래된 동요에 나오는 가난한 떠돌이와 불량한 사람들은 위협이 되었다.

들어라, 들어라.
개들이 짖는다.
거지들이 마을에 온다.
어떤 놈은 누더기를 입고,
어떤 놈은 취한 채로,
어떤 놈은 벨벳 가운을 입고 온다.

가난은 마더 구스 이야기의 많은 등장인물을 구걸과 도둑질로 몰고 갔다.

크리스마스가 오는데
거위는 살이 찌네.
늙은이의 모자에
한 푼만 넣어줍쇼.

그들은 무방비 상태의 어린이를 괴롭히기도 한다.

그리고 거만한 거지가 와서

자기가 갖겠다고 말하고는,
내 인형을 뺏어 갔네.

다른 가난한 사람을 괴롭히기도 한다.

아무것도 갖지 못한 한 사람에게
도둑들이 강탈하러 왔다네.
그는 굴뚝 꼭대기로 기어 올라갔고,
그들은 그를 죽였다고 생각했네.

옛 동요에는 우스꽝스럽고 명랑한 많은 환상이 포함되어 있는데, 때로는 명랑함 속에서 절망의 음조가 들리기도 한다. 그것은 솔로몬 그런디[57]의 경우처럼 냉혹하리만치 짧은 삶이나 다른 무명의 늙은 여자의 경우처럼 비참함에 찌든 삶을 상기시킨다.

늙은 여자가 있었네.
아무것도 가지지 않아,
이 늙은 여자는
미쳤다고 말들 했네.
먹을 것도 없었고,
입을 것도 없었고,
잃을 것도 없었고,

57 (옮긴이) 솔로몬 그런디는 옛 동요의 주인공 중 하나다. 월요일에 태어난 뒤 요일마다 상황이 악화되어 토요일에 죽고 일요일에 매장되는 사람으로 그려진다.

두려울 것도 없었고,
달라는 것도 없었고,
줄 것도 없었고,
그렇게 죽어서
남긴 것도 없었네.

마더 구스 이야기에서 모든 것이 명랑하지만은 않았던 것이다. 그 중 더 오래된 동요들은 가난, 절망, 죽음이라는 오래된 세계에 속한다.

그렇다면 대체적으로 영국의 동요는 프랑스의 이야기와 어떤 유사성을 갖고 있는 것이다. 그러나 그 둘은 서로 다른 장르에 속하기 때문에 실지로는 비교가 불가능하다. 프랑스 사람들도 아이들에게 동시나 자장가를 불러주었지만 영국의 동요와 같은 것을 발전시키지는 못했다. 반면 영국 사람들은 프랑스 사람들처럼 풍요로운 이야기의 보고를 결코 발전시키지 못했다. 그러나 영국에도 몇 가지 비교 연구를 수행할 만큼의 민담은 존재하며, 이탈리아와 독일과의 비교로 확장함으로써 더욱 체계적으로 연구할 수 있었다.

영국의 민담에는 동요에서 나타나는 변덕과 해학과 상상에 바탕을 둔 세부적 요소들이 많이 들어 있다. 동일한 등장인물도 많다. 즉 심플 사이먼, 펠 박사, 고담의 현인들, 「잭이 지은 집」의 잭뿐만 아니라 엄지 소년인 톰 섬Tom Thumb도 있는데 민담의 주인공인 그의 이름은 영국에서 발간된 최초의 중요한 동요집인 『토미 섬의 예쁜 노래책』(1744)의 제목에도 나타난다.[58] 그러나 톰 섬은 프랑스 사촌이

58 『토미 섬의 예쁜 노래책』의 제1권은 단 하나만이 존재하고 있는 대영 도서관British Library의 장서에도 결본이다. 속편인 『유명한 토미 섬의 작은 이야기책』은 톰 섬의 이

라 할 수 있는 엄지 소년과 유사성이 거의 없다. 영국의 이야기는 톰 섬의 짓궂은 장난이나 소인국에 있는 것 같은 그의 기이한 옷에 의존한다: "요정들은 그에게 참나무 잎으로 만든 모자, 거미줄로 만든 셔츠, 엉겅퀴 털로 만든 재킷, 깃털로 만든 바지를 입혔다. 그의 양말은 사과 껍질로 만들어 엄마의 한쪽 속눈썹으로 묶었으며 그의 구두는 쥐 가죽으로 만들고 그 털을 안감으로 썼다."[59] 프랑스판 엄지 소년의 삶에는 그런 세부 사실이 없다. 프랑스의 이야기(이야기 유형 700)는 그의 옷을 언급하지 않으며, 요정이나 다른 초자연적 존재의 도움도 없다. 그 대신 프랑스의 이야기는 그를 거친 농민의 세계에 위치시키며, 큰 사람들의 탐욕에 대해 '작은 사람들'의 유일한 방어책인 재치를 사용해 그가 어떻게 산적, 늑대, 마을의 성직자에게서 벗어나는지 보여준다.

유령과 고블린이 상당히 많이 나오기는 하지만 영국 이야기의 세계는 훨씬 더 쾌적하게 보인다. 거인의 살해도 졸음의 세계에서 발생한다. 구전되는 한 판본에 따르면 「거인을 죽인 잭」은 다음과 같이 시작한다.

야기로 시작해 다른 동요들로 끝난다. 다른 책에서는 대체로 톰 섬을 직접 언급하지 않고 간접적으로 "나의 남편은 작았다"라든가 "춤춰라, 엄지야, 춤춰"라는 식으로 말한다. 마더 구스라는 이름은 1760년대에 초판되고 그 후 여러 번에 걸쳐 중쇄되었던 『엄마 거위의 멜로디, 혹은 요람의 노래』에 나오는 동시에 붙여졌다. Opie & Opie, *Oxford Dictionary of Nursery Rhymes*, pp. 32~35 참조.

**59** Katharine M. Briggs, *A Dictionary of British Folk-Tales in the English Language*, 4 vols.(London, 1970~71), I, p. 531. 들라뤼와 트네즈의 대표적인 프랑스 민담 모음집에 비견될 만한 이 책이 본문에서 계속되는 논의의 주요 전거다. 나는 다음에도 크게 의존했다. Bolte & Polívka, *Anmerkungen*.

옛날 좋은 시절의 일이다. 그때 돼지는 멧돼지였고 개는 라임을 먹었고 원숭이가 담배를 피웠다. 집은 팬케이크로 지붕을 엮었고 길은 자두 푸딩으로 포장했으며 구운 통돼지가 등 위에 칼과 포크를 꽂고 "이리 와서 나를 드세요"라고 소리치며 길거리를 돌아다녔다. 그때는 여행자들의 호시절이었다.[60]

멍텅구리처럼 잭은 집안의 암소를 콩알 몇 개와 교환하고 환상적인 콩나무, 황금알을 낳는 닭, 말하는 하프 등 요술의 도움을 받아 부귀를 누리게 된다. 그는 일종의 심플 사이먼으로서 많은 영국의 이야기에 나오는 장삼이사다. 용감하나 게으르고 본성이 착하나 머리가 둔한 그는 낙천적인 세계에 살다가 어찌어찌하여 해피엔딩을 맞이한다. 처음에 가난했다거나 콩나무 위에서 불길한 합창 소리가 들린다고 하여 분위기가 바뀌지는 않는다. 역경을 극복한 잭은 보상을 받고 마지막에는 '리틀 잭 호너'[61] 같은 모습으로 나타난다: "와, 나는 참 좋은 아이야!"

프랑스의 거인 살해자는 다른 종류에 속한다. 같은 이야기(이야기 유형 328)의 다른 판본에서 그는 작은 장, 팔, 혹은 작은 퓌퇴라는 이름으로 불린다. "비범하게 날카로운 재치가 있고 언제나 활기 있고 기민한" 꼬마 막내아들이 못된 형들과 군대에 들어간다. 형들은 왕을 설득해 거인에게서 보물을 훔쳐 오라는 죽음을 무릅쓴 임무를 동생에게 시키도록 만든다. 대부분의 다른 프랑스의 거인과 마찬가지로 이 '호인'은 콩나무 위 어딘가 공상 속의 장소에 살고 있지 않다.

**60** Briggs, *Dictionary of British Folk-Tales*, I, p. 331.

**61** (옮긴이) 리틀 잭 호너는 또 다른 영국 동요의 주인공이다.

그는 바이올린을 켜고 아내와 말다툼을 하고 구운 아이 잔치에 이웃을 초대하는 지역의 영주다. 작은 장은 보물을 갖고 도망만 치지 않는다. 그는 거인을 속여 넘겨 자는 동안 괴롭히고 수프에 소금을 부어 넣고 거인의 아내와 딸을 속여 화덕 속에서 구워져 죽게 만든다. 마지막으로 왕은 작은 장에게 거인 본인을 잡아 오라는 불가능해 보이는 임무를 맡긴다. 이 작은 영웅은 왕으로 변장해 거대한 쇠 우리를 실은 마차를 몰고 떠난다.

> "왕이시여, 그 쇠 우리로 무엇을 하시려는 것입니까?"라고 거인이 물었다. "작은 장을 잡으려고 해. 나한테 골탕을 많이 먹였거든" 하고 작은 장이 대답했다. "나한테 훨씬 더 못되게 굴었을 거예요. 나도 그놈을 찾고 있어요." "그렇지만 거인아. 네가 혼자서 그놈을 잡을 수 있겠느냐? 그놈은 힘이 굉장히 세다는데. 나는 그놈을 이 우리 속에 가둬 둘 수나 있을지 모르겠다." "걱정 마세요, 폐하. 쇠 우리가 없어도 나는 그놈을 처리할 수 있어요. 원하신다면 폐하의 쇠 우리를 시험해보죠."

그리하여 거인은 쇠 우리로 들어간다. 작은 장이 우리를 잠근다. 거인이 쇠창살을 부수려다가 탈진한 뒤 작은 장은 자신의 정체를 밝히고는 분노로 어쩔 줄 모르는 거인을 왕에게 인도한다. 왕은 공주로 그에게 보상한다.[62]

62 인용문 출처는 Delarue & Tenèze, *Le Conte populaire français*, I, pp. 330~34. 대화를 인용한 이유는 프랑스 이야기의 성격을 규정짓는 종류의 대화를 보여주기 위해서다. 18세기의 이야기꾼이 실지로 어떤 말을 사용했는지 정확하게 알 수 없음은 물론이다.

같은 이야기 유형의 다른 판본에 이탈리아판까지 섞어놓으면 영국의 환상으로부터 프랑스의 기지와 이탈리아의 광대극으로 풍치가 바뀌는 것을 알 수 있다. 마법에 걸린 지하 세계에서 공주를 구출하는 이야기 유형 301의 경우에 영국판의 주인공은 또 다른 잭이고 프랑스판의 주인공은 또 다른 장이다. 잭은 난쟁이의 지시를 따름으로써 공주를 구한다. 그는 구멍으로 들어가서 요술 공을 따라 달려가 구리와 금과 은으로 된 성에 있는 거인들을 차례로 해치운다. 프랑스의 장은 한층 위험한 상황에 만족해야만 한다. 그의 동료 여행자들은 그를 귀신 들린 집의 악마에게 버리기도 하고 그가 공주를 구출한 뒤 구멍에서 나오려고 할 때 밧줄을 끊기도 한다. 이탈리아판의 주인공은 왕의 딸과 농탕질을 벌였다는 이유로 마을에서 쫓겨난 왕궁의 제빵사인데 그도 똑같은 위험이 놓인 똑같은 길을 가지만 익살과 용맹의 정신 속에서 그리한다. 악마는 요술 공 속에 들어간 채 굴뚝을 타고 귀신 들린 집으로 내려와 제빵사의 다리 사이에서 튀어 올라 그를 넘어뜨리려 한다. 평정을 잃지 않은 제빵사는 의자 위에 올라갔다가 탁자 위로 올라가고 마지막으로는 탁자 위에 올려놓은 의자 위로 올라간다. 그의 둘레에서 마법의 공이 무력하게 튀어 오르내리는 동안에도 그는 닭의 털을 뽑고 있다. 이렇게 곡예하듯 움직이는 그를 잡지 못하자 악마는 공 밖으로 나와 그에게 식사 준비를 돕겠다고 청한다. 제빵사는 장작을 들고 있으라고 하고는 악마의 목을 능숙하게 날려버린다. 그는 그사이에 공주를 납치해 간 마법사에게도 비슷한 술책을 부려 지하의 동굴에서 그의 목을 자른다. 이렇게 술책에 술책을 거듭해 그는 마침내 진정한 사랑을 얻는다. 영국판이나 프랑스판과 동일한 이 이야기의 줄거리는 일종의 요

정의 나라로 들어가는 것이 아니라 콤메디아 델라르테[63]를 통해 흐르는 것처럼 보인다.[64]

이탈리아 이야기의 늠름한 마키아벨리주의는 독일의 이야기와 비교할 때 더욱 강하게 나타난다. 이탈리아판의 「두려움이 무엇인지 알려 한 청년」(그림 판본 4)은 알퐁스-가스통[65]이라는 상투적인 틀을 따르고 있는데 여기에서 주인공은 악마로 하여금 연속된 함정을 먼저 지나가게 함으로써 악마와의 술책 싸움에서 이긴다.[66] 이탈

63 (옮긴이) 콤메디아 델라르테는 16세기부터 18세기 사이에 유행했던 이탈리아의 즉흥극을 가리킨다.

64 이 이야기의 영국판은 다음에 있다. Briggs, *Dictionary of British Folk-Tales*, I, pp. 391~93. 프랑스판은 다음에 있다. Delarue & Tenèze, *Le Conte populaire français*, I, pp. 110~12. 이것들에 비견될 만한 이탈리아 민담의 선집은 없지만 다음과 같이 이탈리아의 특정 지역에 관한 좋은 책은 존재한다. Giuseppe Pitrè, *Novelle popolare toscane* (Florence, 1885). 가장 잘 알려진 이탈리아 민담집은 Italo Calvino, *Fiabe italiane* (Turin, 1956)이며 이것은 다음과 같이 영어로 번역되었다. Italo Calvino, *Italian Folktales*, trans. George Martin(New York, 1980). 칼비노는 학문적인 민담 연구에 무지하다고 말하면 오해겠지만 때로 그는 문학적인 목적을 위해 이야기를 수정했다. 그래도 그는 주에서 그런 수정을 했다고 밝히고 있으며 그림 형제도 그들의 텍스트에 가필을 했다는 사실 역시 인정되어야만 한다. 가능할 때마다 나는 17세기에 잠바티스타 바실레에 의해 만들어진 방대한 모음집을 참고했다. 그러나 나는 바실레의 화려한 나폴리 방언을 읽지 못하므로 다음의 두 번역본에 의존했다. Benedetto Croce, *Il pentamerone ossia la fiaba delle fiabe*, 2 vols.(Bari, 1925); N. M. Penzer, *The Pentamerone of Giambattista Basile*, 2 vols.(London, 1932). 영역본은 사실상 크로체의 이탈리아어 번역본을 중역한 것이지만 여기에는 탁월한 「민담 부록본」이 실려 있다. 이 부록본의 텍스트는 다음에서 발췌했다. Calvino, *Italian Folktales*, pp. 284~88.

65 (옮긴이) 알퐁스-가스통이란 상대방에게 서로 먼저 하라고 양보하는 방식을 말한다. 키 작은 알퐁스와 키 큰 가스통이 서로 정중하게 상대방에게 양보함으로써 결국 아무 일도 하지 못하는 우스꽝스러운 상황을 가리킨다.

66 그림 판본의 이야기는 표준적인 순서에 따라 번호가 매겨졌고 따라서 어떤 판본이든 그것에 맞추어 이야기를 찾아볼 수 있다. 나는 변형에 대한 정보와 배경 지식을 얻기 위해 Bolte & Polivka, *Anmerkungen*을 사용했지만 편의를 위해 가장 입수하기 쉬운

리아의 빨간 모자 소녀는 비록 뒤에는 프랑스 이야기처럼 늑대에게 속아 할머니를 먹고 그녀는 늑대에게 먹히지만, 늑대에게 못을 넣은 케이크를 던져 줌으로써 늑대를 속인다.[67] 이탈리아판 「장화 신은 고양이」(이야기 유형 545, 그림 판본 106)는 프랑스와는 유사하나 독일과는 다르게, 고양이가 아닌 여우가 등장하며 주변 모든 사람의 허영과 탐욕을 이용해 주인이 성과 공주를 얻게 해준다. 이탈리아의 「푸른 수염」은 하나의 이야기가 어떻게 그 구조는 동일하게 유지한 채 어조는 완전하게 달라질 수 있는지 보여준다.

이탈리아에서 푸른 수염은 악마로서 그는 농촌의 소녀들에게 빨랫감을 준다는 미끼로 고용하고서는 금지된 문의 열쇠라는 통상적인 술책으로 시험해 차례로 지옥으로 유인한다. 그 문은 지옥으로 통한다. 그래서 소녀들이 열쇠를 시험해볼 때마다 불길이 솟아올라 그가 소녀들의 머리에 꽂아준 꽃이 그을린다. 그을린 꽃은 여행에서 돌아온 악마에게 그 소녀들이 금기를 깼다는 것을 보여주는 증거가 된다. 그렇게 그는 소녀들을 하나씩 불길 속에 던져 넣는다. 그러다가 악마는 루치아를 만나게 된다. 루치아는 언니들이 사라진 뒤 악마를 위해 일하기로 동의한다. 그녀도 금지된 문을 열지만 단지 불길 속에 있는 언니들을 흘끗 볼 수 있을 정도로만 살짝 연다. 그녀는 예지를 발휘해 꽃을 안전한 장소에 놓아 두었기 때문에 악마는 복종하지 않았다는 이유로 그녀를 비난하지 못한다. 오히려 그녀는 최소한 한 가지 소원을 허용받을 수 있을 정도로 악마의 신임을 받는

다음의 영역본을 인용했다. Margaret Hunt & James Stern, *The Complete Grimms' Fairy Tales*(New York, 1972). 이 이야기 유형의 이탈리아 판본은 Calvino, *Italian Folktales*, pp. 3~4 참조.

**67** Calvino, *Italian Folktales*, pp. 75~76.

다. 그녀는 그가 쌓아놓은 거대한 빨래 더미를 처리하려면 어머니의 도움을 받아야 하니 세탁 가방 몇 개를 집까지 들어다 달라고 부탁한다. 악마는 그 부탁을 받아들이면서 자신은 힘이 세기 때문에 가방을 한 번도 내려놓지 않고 그 일을 할 수 있다고 뽐낸다. 루치아는 멀리 볼 수 있는 능력이 있으니까 악마의 말을 그대로 믿겠다고 말한다. 그리고 그녀는 언니들을 지옥 불에서 구출해 세탁 가방 속에 몰래 숨겨 넣는다. 곧 악마는 그들을 안전한 곳으로 들고 간다. 악마가 멈춰서 쉬려고 할 때마다 가방 속의 언니들은 "내가 보고 있다! 내가 보고 있다!"라고 외친다. 마지막으로 루치아도 같은 계략을 사용해 자유롭게 된다. 그리하여 모든 소녀들은 악마 스스로 자신들을 풀어주도록 이용함으로써 악마의 면전에서 그를 바보로 만들고 안전한 곳에 도달한다.[68]

이 이야기의 독일판(그림 판본 46)은 똑같은 줄거리를 따르고 있지만 이탈리아판이 해학을 사용한 부분에서 독일판은 섬뜩한 느낌을 가미했다. 이 이야기에서 악역은 신비로운 마법사가 맡고 있는데 그는 음침한 숲속의 성으로 소녀들을 데리고 간다. 금지된 방은 공포의 방이며 이야기는 살해 행위 그 자체에 의존한다. "그는 그녀를 던져놓은 뒤 머리채를 끌고 가 머리를 잘라서 도마 위에 놓았다. 다음엔 살을 잘라 도막 내어 피가 바닥에 흥건했다. 그런 뒤 그는 그녀를 나머지 조각들과 함께 물동이에 던져 넣었다."[69] 여주인공은 이런 운명을 피하고 그녀의 열쇠를 잘 지킴으로써 마법사에 대항할 마법의 힘을 약간 얻게 된다. 그녀는 언니들의 잘린 시체를 재조립해 소

**68** 같은 책, pp. 26~30.

**69** Hunt & Stern, *Complete Grimms' Fairy Tales*, p. 217.

생시킨다. 그녀는 언니들을 바구니 속에 숨기고 금으로 덮은 다음 마법사에게 그 바구니를 그녀의 부모에게 갖다달라고 말하면서 그 동안 자신은 마법사와 그녀를 결합시킬 결혼식을 준비하고 있겠다고 한다. 그녀는 해골을 신부의 장신구와 꽃으로 치장한 뒤 창가에 놓는다. 그런 뒤 그녀 스스로는 꿀과 깃털 위로 굴러서 거대한 새로 변장한다. 그렇게 변장한 채 되돌아가는 그녀와 마주친 마법사는 결혼식 준비가 어떻게 되고 있는지 묻는다. 그녀는 신부가 집을 청소하고 창가에서 그를 기다리고 있다고 시를 읊듯 대답한다. 마법사는 서둘러 집으로 향한다. 그와 공범들이 결혼식에 참여하려고 모였을 때 소녀의 친척들이 몰래 나타나서 문을 잠그고는 그 안에 있는 모든 것과 함께 집을 불태운다.

이미 언급한 바 있듯 페로를 포함한 프랑스 판본(이야기 유형 311, 312)은 약간의 섬뜩한 세부 사실들을 포함하고 있지만 그림 형제의 공포에는 근접하지도 못한다. 어떤 판본은 도주의 계략을 강조하지만 대부분은 여주인공의 지연 작전이 갖는 극적인 효과에 의존할 뿐이다. 여주인공은 악당(악마, 거인, 파란색 혹은 녹색의 수염을 기른 '남자')이 칼을 갈고 있고 그녀의 형제들은 구해주러 달려오는 동안 결혼 예복을 천천히 입고 있다. 영국 판본은 이에 비교하면 거의 명랑하기까지 하다. '피어리풀'은 피터 래빗[70]식으로 양배추 밭의 작물을 훔치면서 시작한다. 그 이야기는 수수께끼와 요정은 포함하지만 잘린 시체는 없는 에피소드 사이를 굽이쳐 가며, (끓는 물로) 아주 깔끔하게 거인을 죽이는 것으로 끝난다.[71] 비록 각 이야기들은 동일한

**70** (옮긴이) 포터B. Potter의 동화 속 주인공인 토끼.

**71** Briggs, *Dictionary of British Folk-Tales*, I, pp. 446~47.

구조를 따르기는 하지만 각기 다른 전통 속의 판본들은 완전히 다른 효과를 만든다. 이탈리아판은 희극적이고 독일판은 괴기스럽고 프랑스판은 극적이며 영국판은 희화적이다.

물론 이야기꾼이 어떻게 이야기를 하는가에 따라 한 가지의 이야기에서 어떤 종류의 효과든 만들어낼 수 있었다. 두 세기 이전 유럽의 다른 지역에서 다른 판본의 「푸른 수염」이 듣는 사람들에게 실지로 어떤 효과를 발했는지 알 수는 없다. 알 수 있다 할지라도 한 이야기의 변주들을 비교함으로써 국가적 특성에 관한 결론을 도출한다는 것은 합리적이 아니다. 그러나 몇 가지 이야기를 체계적으로 비교한다면 프랑스 구전 전통의 특유한 성격을 부여했던 특징들을 추출하는 데 도움이 될 것이다. 비교 작업은 이야기가 가장 대비되는 곳에서, 즉 프랑스와 독일의 판본에서 가장 잘 이루어질 수 있을 것이다. 철저한 비교가 이루어진다면 그것은 통계와 일람표로 가득 찬 여러 권의 책으로 확대될 수도 있을 것이다. 그러나 몇 가지 일반적인 명제를 제기하는 정도는 한 편의 논문이라는 제약 안에서도 충분히 가능하다.

「대부, 죽음」(이야기 유형 332)을 생각해보자. 프랑스와 독일의 판본은 정확하게 동일한 구조를 갖고 있다. a) 한 가난한 사람이 아들의 대부로 '죽음'을 택한다. b) 죽음은 그 아들이 의사로 성공하게 만든다. c) 아들은 '죽음'을 속이려고 하다가 죽는다. 양국의 판본에서 아버지는 신을 대부로 받아들이기를 거부한다. 왜냐하면 그의 판단에 신은 부유하고 권세가 높은 사람을 애호하는 반면 '죽음'은 모든 사람을 동등하게 대하기 때문이다. 이야기를 독일로 옮겨놓으면서 그림 형제는 이런 불경죄를 받아들일 수 없었다: "그 사람은 신이 부와 곤궁을 얼마나 현명하게 배분하는지 모르기 때문에 그렇게 말했다."[72] 프랑스 판본은 그 문제를 해결하지 않고 남겨둔 채 속임수는 삶의 방식으로 대단히 잘 작용한다고 제시한다. 의사가 된 아들은 '죽음'이 그에게 틀릴 수 없는 진단의 기술을 제공한 덕분에 성공을 거둔다. '죽음'이 환자 침대의 다리 쪽에 서 있으면 그는 그 환자가 죽을 것임을 안다. '죽음'이 침대의 머리 쪽에 나타나면 그 환자는 회복할 것이며 따라서 어떤 종류의 가짜 약을 제공해도 상관없다. 한 경우에 그는 어떤 영주의 죽음을 정확하게 예견했고 그 대가로 기뻐하는 상속자에게서 두 개의 농장을 받았다. 다른 경우에 그는 '죽음'이 공주 침대의 다리 쪽에 서 있는 것을 보고 그녀의 몸을 돌려놓아 죽음을 속인다. 공주는 회복해 그와 결혼하고 그들은 충실하고 행복하게 노년까지 산다. 독일판에서는 의사가 똑같은 계략을 쓰려고 하자 '죽음'이 그의 목을 잡고 촛불로 가득한 동굴로 끌고 간다. 각 초는 한 사람의 여생을 뜻한다. 자신의 촛불이 거의 꺼지게 되었음을 보게 된 의사는 그 초를 길게 만들어달라고 애걸한다. 그러나 '죽음'은 코웃음 치고 의사는 그의 발아래 쓰러져 죽는다. 프랑스판의 의사도 궁극적으로는 똑같은 종말에 처하게 되지만 그는 성공적으로 죽음을 연기시킨다. 한 판본에서 의사는 촛불이 꺼지기 전에 「주기도문」을 한 번 암송하게 해달라고 부탁한 뒤 그 기도를 끝내지 않음으로써 '죽음'을 속여 더 긴 여생을 누린다. '죽음'은 길가에 누워 있는 시체로 가장함으로써 마침내 그의 목숨을 거둔다. 길거리에 널려 있는 시체는 근대 초의 유럽에서 흔히 볼 수 있는 광경으로서 흔한 반응을 사람들에게 불러일으킨다. 그 반응이란 「주기도문」을 외우는 것으로서 그것은 그 이야기를 비교훈적인 결말로 이끈다. 그 이

72 Hunt & Stern, *Complete Grimms' Fairy Tales*, p. 209.

야기는 최소한 어느 누구도 오랜 기간에 걸쳐 '죽음'을 속일 수 없다는 것을 입증하고 있는 게 사실이다. 그러나 속임수는 프랑스 사람들에게 짧은 기간에 큰돈을 만들어준다.

「악마의 화부火夫」(이야기 유형 475, 그림 판본 100)도 유사한 교훈을 전달한다. 이 역시 프랑스와 독일 판본이 동일한 구조를 갖고 있다. a) 가난한 제대 군인이 악마를 위해 지옥의 가마솥 밑에서 불을 때기로 동의한다. b) 가마솥 안을 보지 말라는 악마의 명령을 어긴 그는 자신의 예전 상관(들)이 그 안에 있는 것을 발견한다. c) 그는 마법의 물건을 갖고 지옥에서 도주하는데 그 물건은 보기에는 흉하지만 행복한 여생을 살기에 충분한 금을 만들어낸다. 독일의 이야기에서 줄거리는 직설적인 방식으로 펼쳐지지만 프랑스의 이야기에는 없는 환상적인 세부 사실을 포함한다. 군인을 고용하는 조건으로 악마는 7년 동안 손톱과 머리를 깎지도 목욕을 하지도 말라고 요구한다. 예전 상관이 가마솥 안에 있는 것을 발견한 군인은 불길을 더 높이 땐다. 그리하여 악마는 군인이 말을 듣지 않고 솥 안을 본 것을 용서한다. 다른 사고 없이 7년의 기간을 보내는 사이에 그의 몰골은 더욱 흉악해진다. 그는 봉두난발을 하고 지옥에서 나오며 악마가 명령한 대로 자신을 '악마의 그을린 동생'이라고 부른다. 그의 복종은 보상받는다. 왜냐하면 악마가 그에게 임금으로 준 한 자루의 쓰레기가 금으로 변했기 때문이다. 여관 주인이 그것을 훔치자 악마가 개입해 되찾아준다. 마지막으로 부유하고 잘 차려입은 군인은 공주와 결혼해 왕국을 물려받는다.

프랑스 판본은 속임수에 의존한다. 악마는 주방 일을 돌볼 하인을 구하는 신사로 가장해 군인을 지옥으로 꾀어 들인다. 예전 상관이 가마솥 속에서 익고 있는 것을 본 군인에게 든 최초의 충동은 불 위에 새로운 장작을 쌓아놓는 것이다. 그러나 그 상관은 그들이 지옥 속에 있음을 밝히고 도주할 방도에 대해 충고함으로써 그를 멈춘다. 그의 충고는 실제 상황을 모르는 체하고 하는 일이 마음에 들지 않는다는 핑계로 그만두겠다고 요구하라는 것이었다. 그러면 악마는 금을 주겠다고 유혹하겠지만 실상 그것은 장롱 속에 몸을 집어넣게 하려는 술책으로 덮개가 떨어지는 순간 목이 잘린다는 것이다. 그러니 군인은 금 대신에 악마의 낡은 바지를 임금으로 요구해야 한다는 것이다. 이런 전략이 통해 다음 날 저녁 그가 여인숙에 도착했을 때 군인은 바지 주머니가 금으로 가득 찬 것을 발견한다. 그러나 자고 있는 동안 여인숙 주인의 아내가 요술 바지를 붙잡고는 그가 그녀를 강간하고 살해하려 한다고 소리 지른다. 이번에는 금을 강탈하고 군인을 교수대로 보내려는 또 다른 계략인 것이다. 그러나 악마가 때마침 나타나 그를 구하고 바지를 찾아간다. 그러는 사이에 군인은 행복하게 은퇴해 살기에 (혹은 판본에 따라서는 공주와 결혼하기에) 충분한 금을 주머니에서 꺼낸다. 속이는 사람에게 더 큰 속임수를 씀으로써 그는 독일판의 주인공이 고된 노동과 복종과 자기 비하를 통해 도달한 바로 그 지점에 도착한 것이다.

「무화과 바구니」(이야기 유형 570, 그림 판본 165)도 동일한 구조로부터 어떻게 다른 교훈이 생겨날 수 있는지를 보이는 또 다른 예다. 그 구조는 다음과 같다. a) 왕이 가장 훌륭한 과일을 생산하는 사람에게 딸을 주겠다고 약속한다. b) 한 촌뜨기 소년이 형들이 무례하게 대한 마술사에게 친절하게 대해준 뒤 그 경쟁에서 승리한다. c) 왕은 공주 주기를 거부하고 주인공에게 불가능한 여러 임무를 맡긴다. d) 마술사의 도움을 받아 주인공은 임무를 수행하고 왕과 최종 담판을 한 뒤에 공주와 결혼한다. 독일판의 주인공은 마음 착한 멍텅구리 한스 둠이다. 그는 땅 위에서 날아가는 배, 요술 호루라기, 흉측한 괴수, 난쟁이, 성, 고난에 처한 소녀 등 초자연적인 힘과 환상적인 장치로 가득 차 있는 무대 위에서 그 임무를 수행한다. 한스는 때때로 반짝이는 지성을 보여주기도 하지만 그는 마술사의 명령을 받고 그의 지시를 따름으로써 재앙을 극복하고 공주를 얻는다.

프랑스판의 주인공인 베누아는 속이지 않으면 속는다는 거칠고 약빠른 세계에서 자신의 기지로 살아간다. 왕은 앞마당을 지키기 위해 투쟁하는 농민처럼 한 계책이 실패하면 다른 계책을 이용해 딸을 지키려고 한다. 독일의 이야기와 마찬가지로 왕은 주인공에게 토끼 떼를 지키도록 시키면서 단 한 마리라도 잃어버리는 한 공주를 주지 않겠다고 하지만, 베누아는 토끼들이 아무런 가망 없이 멀리 퍼져 있다 할지라도 부르기만 하면 모이게 만드는 요술 호루라기의 도움으로 그 임무에 성공한다. 그러나 독일의 이야기에서 왕이 한스로 하여금 인육을 먹는 괴수를 쫓게 하는 것과 달리 프랑스의 이야기에서 왕은 여러 가지 계책을 부려 토끼들을 멀리 떼어놓으려고 한다. 농부로 변장한 왕은 토끼 한 마리를 비싼 값에 사겠다고 한다. 베누아는 그 계책을 간파하고 그것을 왕에게 앙갚음할 기회로 이용한다. 베누아는 시련을 견딜 수 있는 사람에게만 토끼를 줄 수 있다고 말한다. 왕은 바지를 내리고 매질을 받아야만 한다. 왕은 매질을 당하고 토끼를 얻지만 요술 호루라기 소리를 듣는 순간 그 토끼를 잃는다. 여왕도 똑같은 계책을 쓰다가 똑같은 처우를 받는데, 어떤 판본에서는 옆으로 재주를 넘다가 궁둥이를 보인다. 그러고는 공주가 주인공에게 입을 맞추어야 하거나 판본에 따라서는 당나귀의 꼬리를 들고 그 항문에 입을 맞춰야 한다. 그러나 그 누구도 토끼를 무리에서 떼어놓지 못한다. 그럼에도 왕은 버틴다. 왕은 베누아가 세 가지의 진실을 내놓기 전에는 딸을 내줄 수 없다고 말한다. 신하들이 모이자 베누아가 낮은 목소리로 첫번째 진실을 말한다. "폐하, 제가 폐하의 벗은 엉덩이를 때린 것이 진실이 아닌가요?" 왕은 함정에 빠졌다. 그는 나머지 두 진실을 차마 들을 수 없어 공주를 포기한다. 마법적인 장치는 뒷전으로 밀렸다. 전투는 힘과 자존심과 속임수가 난무하는 실재의 세계 곳곳에서 벌어진다. 그리고 약자들은 그들이 가진 유일한 무기인 교활함으로 승리한다. 이 이야기는 똑똑한 사람들을 한 배 반 더 똑똑한 사람들과 경쟁시킨다. 농민 재담가 중 한 사람이 "술책에는 한 배 반의 술책으로"라고 말했듯이.[73]

그런 공식은 프랑스와 독일의 이야기들을 한층 철저하게 비교할 때 나타나는 다양한 주제를 공정하게 평가한 것이라고 말할 수 없다. 그림 형제 판본에서도 똑똑한 약자를 찾을 수 있고, 『프랑스 대중의 이야기』에서도 특히 브르타뉴와 알자스-로렌 지역의 이야기에서도 마법을 찾을 수 있음이 확실하다. 몇몇 프랑스의 이야기는 그림 판본에 나오는 이야기와 조금도 다르지 않다.[74] 그러나 예외와 복합성을 감안한다 하더라도 두 전통 사이의 차이는 일관적인 유형으로 정리된다. 농민 이야기꾼은 똑같은 주제를 가지고 프랑스에서는 이 방식으로 독일에서는 저 방식으로 특징적인 변화를 주었다. 프랑스의 이야기가 사실적이고 현세적이며 음란하고 희극적인 반면, 독일의 이야기는 초자연적, 시적, 이국적, 폭력적인 방향을 향한다. 물론 문화적 차이를 프랑스의 기지 대 독일의 잔인함과 같은 공

73 Delarue & Tenèze, *Le Conte populaire français*, II, p. 456.

74 예컨대 「콩 줄기」(이야기 유형 555)와 「어부와 그의 아내」(그림 판본 19)를 비교해 볼 것.

식으로 단순화할 수는 없지만, 비교 연구는 프랑스 사람들이 그들의 이야기에 부여한 특징적인 변주를 식별할 수 있도록 해주며, 그들이 이야기하는 방식은 그들이 세계를 보는 방식에 대한 실마리를 제공해준다.

마지막으로 다음의 비교를 살펴보자. 이미 언급한 바 있듯 「아름다운 욀랄리」(이야기 유형 313)에서 악마의 딸은 악마의 집에 피난처를 얻으려던 해직 군인인 연인과 도주하는 것을 은폐하기 위해, 말하는 파이를 만들어서 그와 자신의 베개 밑에 숨겨둔다. 음모의 낌새를 눈치 챈 악마의 아내가 아이들을 살펴보라고 악마에게 잔소리를 한다. 그러나 그는 단지 침대에서 소리쳐 부를 뿐이고 파이가 대답을 하면 다시 코를 곤다. 그사이에 연인들은 안전한 곳으로 달려간다. 그림 판본에서 이에 상응하는 이야기는 「사랑하는 롤란트」(그림 판본 56)로서 마녀가 어느 날 밤 의붓딸을 처치하려고 하다가 실수로 자기 딸의 목을 자른다. 의붓딸은 잘린 목에서 나온 피를 계단에 흘려놓고는 그 피가 마녀의 물음에 대답하는 동안 연인과 도주한다.

「요정」(이야기 유형 480)에서 착한 딸은 우물가에서 낯선 여자의 이를 기꺼이 잡아주다가 머리카락 속에서 금화를 발견하고 아름다워지는 반면 못된 딸은 단지 이만 발견하고 추악해진다. 「홀레 할머니」(그림 판본 24)에서는 착한 딸이 우물 밑의 마법의 나라로 내려가 낯선 여자의 집에서 하녀로 일한다. 그녀가 깃털로 된 이불을 흔들면 지상에는 눈이 내린다. 그리고 그녀가 일을 잘한 보상을 받을 때 황금 비가 떨어져 그녀를 아름답게 만든다. 못된 딸은 마지못해 일을 하고 검은 송진으로 된 소나기를 맞는다.

프랑스판의 라푼첼인 페르시네트(이야기 유형 310)는 왕자와 사랑을 나눌 수 있도록 탑에서 머리칼을 내려뜨린다. 그녀는 자신을 포로로 잡고 있는 요정들에게 왕자를 숨기고, 그들을 계속 배반하는 애완 앵무새의 증언을 반박할 광대극과 비슷한 여러 가지 술책을 마련한다. (한 판본에 따르면 페르시네트와 왕자는 앵무새의 뒷구멍을 꿰매어 앵무새가 "엉덩이를 꿰맸다. 엉덩이를 꿰맸다"라고밖에 소리 지르지 못하게 만든다.)[75] 연인들은 마침내 도주하지만, 요정은 페르시네트의 코를 당나귀의 코로 바꾸어놓아 궁중에서 그들의 지위를 망쳐놓는다. 그러나 결국에는 요정이 화를 풀고 그녀의 아름다움을 되돌려준다. 그림 형제의 「라푼첼」(그림 판본 12)에서는 마녀가 두 연인을 갈라놓는다. 마녀는 라푼첼의 머리를 짧게 자르고 사막으로 추방하며 왕자는 탑에서 가시덤불로 뛰어내리도록 강요해 눈을 멀게 만든다. 그는 몇 년 동안 황야에서 헤매다가 마침내 라푼첼에 걸려 넘어지고 그의 눈에 떨어진 라푼첼의 눈물이 시력을 복구시킨다.

「세 가지 선물」(이야기 유형 592)에서는 가난한 양치기 소년이 거지로 변장한 요정과 음식을 나누어 먹은 뒤 세 가지 소원을 얻는다. 첫번째는 그의 활로 어떤 새라도 맞히는 것, 두번째는 그의 피리로 누구라도 춤을 추게 만드는 것, 세번째는 그가 '에취' 하고 소리를 낼 때마다 사악한 계모가 방귀를 뀌게 하는 것이었다. 곧 그는 늙은 계모가 집에서, 야회에서, 일요일의 미사에서 방귀를 뀌게 만든다. 신부는 설교를 끝내기 위해 그녀를 성당 밖으로 쫓아낸다. 얼마 뒤 그녀가 자신의 문제를 설명하자 신부는 소년으로 하여금 비밀을 밝히도록 술수를 쓴다. 그러나 술수에 관해서는 한 수 위인 양치기 소년

75 Delarue & Tenèze, *Le Conte populaire français*, I, p. 181.

은 새를 쏴 맞추어 신부에게 주워다 달라고 청한다. 신부가 새를 가지러 가시덤불로 들어가자 소년은 피리를 불어 신부가 옷이 걸레가 되어 쓰러질 지경에 이를 때까지 춤을 추게 만든다. 회복된 뒤에 신부는 소년이 주술을 부렸다며 고소함으로써 복수하려 하지만, 소년은 피리를 불어 법정 전체가 저항도 못 하고 춤을 추게 만들어 결국 풀려난다. 「가시덤불 속의 유대인」(그림 판본 110)에서 주인공은 낮은 임금을 받는 하인인데 그는 자신이 받은 쥐꼬리만 한 임금을 난쟁이에게 준 보답으로 무엇이든 맞히는 총, 누구든 춤추게 만드는 바이올린에 더해 누구도 거부할 수 없는 요구를 한 가지 할 수 있는 능력을 받는다. 그는 나무 위에서 새가 노래하는 것을 듣고 있는 유대인을 만난다. 그는 새를 쏜 뒤 유대인에게 그것을 가시덤불 속에서 꺼내 오라고 말한다. 그 뒤 가차 없이 바이올린을 켜 유대인은 덤불 속에서 거의 죽을 지경에 이르렀다가 금이 든 지갑을 주고 풀려난다. 유대인은 그 하인이 노상강도라고 고소함으로써 복수한다. 그러나 교수형을 당하려는 순간 하인은 바이올린을 켜게 해달라는 마지막 소원을 말한다. 곧 모든 사람은 교수대 주위에서 미친 듯이 춤을 춘다. 탈진한 재판관은 하인을 풀어주고 그 대신 유대인의 목을 매단다.

이 이야기를 프랑스에서 반종교주의가 독일의 반유대주의에 상응하는 역할을 했다는 증거로 받아들인다는 것은 사료의 남용과 다를 바 없을 것이다.[76] 민담의 비교는 그런 구체적인 결론을 산출하지

**76** 프랑스에서 채록된 이 이야기의 39개 판본 중에서 20개가 가시덤불 속의 춤을 언급한다. 악역을 신부가 맡은 경우는 13개다. 로렌 지역의 한 이야기에서만 유대인이 악역이다.

않는다. 그러나 이것은 프랑스 이야기의 특징적인 향취를 식별하는 데 도움을 준다. 독일의 이야기와 달리 프랑스의 이야기는 소금 맛이 난다. 그것은 땅의 냄새가 난다. 그것은 강렬한 인간 세계에서 일어나고 있으며 그곳에서는 방귀 뀌기, 이 잡기, 건초 위에서 구르기, 거름 더미 위에 던지기 등 이제는 소멸한 농민 사회의 감정과 가치와 관심사와 태도를 표현하고 있다. 그렇다면 그 이야기들이 그것을 말하던 사람들과 듣던 사람들에게 무엇을 뜻했을지 한결 정확하게 해석할 수는 없을까? 나는 두 개의 명제를 제기하고 싶다. 첫째로 이야기는 농민들에게 세상이 어떻게 구성되었는지 말해주었으며 둘째로 이야기는 세상에 대처하는 전략을 제공했다는 것이다.

설교를 하거나 교훈을 이끌어내지 않고도 프랑스의 민담은 세상이 모질고 험하다는 것을 입증한다. 대부분의 이야기가 어린이들을 겨냥한 것은 아니지만 그것은 경고하는 성향이 있다. 그것은 "위험!" "길이 끝남!" "서행!" "정지!"와 같은 경고 푯말을 행운을 찾는 길 위에 세워놓는다. 긍정적인 취지를 담고 있는 이야기도 있기는 하다. 즉 자선, 정직, 용기는 보상을 받는다는 것을 보여주기도 한다. 그러나 그 이야기들은 원수를 사랑하고 다른 뺨을 내놓는다는 것의 효능에 대해 큰 확신을 가지라고 고무하지는 않는다. 오히려 그것은 빵을 거지와 나누어 먹는 것이 칭찬할 만한 일이기는 하지만 길에서 만난 모든 사람을 믿으면 안 된다는 사실을 증명한다. 어떤 낯선 사람은 왕자나 착한 요정으로 변할지 모른다. 그러나 다른 낯선 사람들은 늑대나 마녀일지도 모른다. 더구나 그것을 구분할 확실한 방법도 없다. 무뚝뚝한 장(이야기 유형 301)이 행운을 찾으면서 만난 마법의 은인은 「세 개의 허리띠를 한 마법사」(이야기 유형 329)나 「둘도 없는 배」(이야기 유형 513)의 경우와 마찬가지로 엄청난 힘을 갖고 있다. 그러나 그 은인들은 플롯에서 다른 사람들이 주인공을 살린 바로 그 시점에 주인공을 살해하려 든다.

민담의 몇몇 등장인물의 행동이 아무리 교훈적이라 할지라도 그들은 임의적이고 도덕과는 관련 없는 세계에 살고 있다. 「두 명의 꼽추」(이야기 유형 503)에서는 한 꼽추가 "월요일, 화요일, 수요일. 월요일, 화요일, 수요일"이라고 노래하며 춤추는 마녀 집단을 만난다. 그는 마녀들 사이로 끼어 들어가 그들의 노래에 "그리고 목요일"이라고 덧붙인다. 새로운 것에 기뻐하며 마녀들은 보답으로 혹을 떼어준다. 두번째 꼽추가 똑같은 수법을 시도해 "그리고 금요일"이라고 덧붙인다. "그것은 어울리지 않아"라고 한 마녀가 말한다. "전혀"라고 다른 마녀가 맞장구친다. 그들은 첫번째 꼽추의 혹을 더해줌으로써 그를 벌한다. 두 배로 심한 기형이 된 그는 마을의 조롱을 견디지 못해 그해를 넘기지 못하고 죽는다. 이런 세계 속에는 운율도 이성도 없다. 재앙은 우연하게 닥친다. 흑사병과 마찬가지로 예견할 수도 설명할 수도 없다. 그저 견뎌야 할 뿐이다. 「빨간 모자」의 채록된 35개의 판본 중 반 이상이 앞에 인용한 판본처럼 늑대가 소녀를 잡아먹는 것으로 끝난다. 그 소녀는 그런 운명을 겪어야 할 일을 한 적이 없다. 왜냐하면 페로나 그림 형제의 판본과는 달리 농민들의 이야기에서 그 소녀는 어머니의 말을 듣지 않은 것도, 주위의 세계에 널려 있는 함축적인 도덕적 질서의 흔적을 읽지 못한 것도 아니기 때문이다. 그녀는 단지 죽음의 아가리 속으로 걸어 들어갔을 뿐이다. 그 이야기가 심금을 울리는 것은 18세기 이후에 그 이야기가 흔히 얻게 되었던 해피엔딩 때문이 아니라, 불가해하고 비정한 재난의 특성에 의거한다.

어떤 확실한 도덕률이 세계를 보편적으로 지배하지 않듯, 독일 이야기에서 경건심이 있을 자리를 교활함이 대체하고 있는 프랑스 이야기의 경우에는 최소한 착한 행동이 마을이나 길 위에서의 성공을 결정하지 않는다. 주인공이 때로는 선행을 함으로써 마법의 은인을 얻게 되지만 그는 자신의 기지를 발휘해 공주를 얻는다. 때로 비도덕적인 행동을 하지 않으면 공주를 얻을 수 없다. 「충직한 하인」(이야기 유형 516)의 주인공은 호수에 빠져 죽어가는 거지를 돕기를 거부했다는 이유만으로 공주와 도주한다. 이와 달리 「죽기 원치 않던 사람」(이야기 유형 470B)의 주인공은 진흙탕에 빠진 불쌍한 마차꾼을 도와주려고 멈추었다가 마침내 '죽음'에게 잡힌다. 「악마의 화부」(이야기 유형 475)의 몇몇 판본에 따르면 주인공 혹은 여주인공(주인공은 퇴역 군인이거나 하녀인 경우도 있다)은 계속해서 거짓말을 꾸며댈 때만 위험을 모면한다. 진실을 말하는 순간이 그의 끝장이다. 이 이야기들은 부도덕을 옹호하는 것이 아니라, 선행은 보상을 받을 것이라든가 삶은 근본적인 불신 이외의 다른 원칙에 따라 영위될 수 있다는 관념을 불식시킨다.

이런 가설은 이야기 속에 나타나는 마을의 삶의 야비함을 뒷받침한다. 이웃은 적대적으로 여겨지며(이야기 유형 162), 마녀일 수도 있다(이야기 유형 709). 그들은 당신을 염탐하며 당신이 아무리 가난할지라도 당신의 텃밭을 턴다(이야기 유형 330). 당신은 그들 앞에서 당신의 일을 논의해서도, 마법의 힘으로 당신이 갑자기 부자가 되었을 경우 그들에게 알려주어서도 안 된다. 왜냐하면 당신의 재산을 훔치지 못하는 한 그들은 당신이 도둑이라고 몰아댈 것이기 때문이다(이야기 유형 563). 「인형」(이야기 유형 571C)에서 순박한 고아 소녀가 "싸라, 싸라, 나의 작은 헝겊 인형"이라고 말할 때마다 금을 배설하는 요술 인형을 얻게 되는데 그 기본적인 규칙을 지키지 못한다. 곧 소녀는 닭 몇 마리와 암소를 사고는 이웃을 초청한다. 그중 한 명이 불가에서 잠에 빠진 체하다가 소녀가 침실에 들어간 사이에 인형을 갖고 도주한다. 그러나 그가 요술 주문을 외우자 인형은 그에게 진짜 똥을 싸댄다. 그리하여 그는 그것을 분뇨 더미 위에 던져 버린다. 그러던 어느 날 그 자신이 일을 보고 있는 사이에 인형이 올라와 그를 깨문다. 그는 마침내 그 소녀가 도착해 자신의 재산을 되찾아갈 때까지 인형을 뒷부분에서 떼어낼 수 없었고, 이후 소녀는 사람들을 믿지 않으며 살았다.

만일 세계는 냉혹하고 마을은 야비하고 인류는 악당으로 가득 차 있다면 무엇을 해야 한다는 말인가? 이야기들은 명확한 해답을 주지는 않지만 "늑대와 함께 울어야 한다"[77]라는 옛 프랑스 속담의 적절성을 예증하고 있다. 악행은 프랑스 이야기 전체를 관통한다. 비록 한결 완화되고 받아들일 수 있는 사기꾼[트릭스터]의 형태를 띠기는 하지만 말이다. 물론 사기꾼은 모든 곳의 민담에 존재하며, 특히 아메리카 대평원 원주민의 이야기나 미국 노예들의 토끼 형제 이야기에 나타나는 것은 주목할 만하다.[78] 그러나 그것은 특히 프랑스의 전통 속에 만연한 것으로 보인다. 앞서 살펴보았듯 프랑스와 독일의 이야기가 같은 구조일 때 독일 이야기는 신비적이고 초자연적이고 폭력적인 경향을 갖는 반면, 프랑스 이야기는 주인공이 술수를

77 원어는 "Il faut hurler avec les loups"이다. A. J. Panckoucke, *Dictionnaire des proverbes françois, et des façons de parler comiques, burlesques et familières*(Paris, 1749), p. 194.
78 Paul Radin, *The Trickster: A Study in American Indian Mythology*(New York, 1956); Lawrence Levine, *Black Culture and Black Consciousness: Afro-American Folk Thought from Slavery to Freedom*(New York, 1977) 참조.

위한 재능을 충분히 발휘할 수 있는 마을로 직진한다. 주인공이 유럽의 모든 민담에서 마주치는 약자의 부류에 속한다는 것은 사실이다. 여자든 남자든 주인공은 막내아들, 의붓딸, 버려진 고아, 가난한 양치기, 임금을 받지 못한 농촌의 일꾼, 억압받는 노예, 마법사의 제자 혹은 엄지 소년이다. 그러나 이런 공동의 옷감에도 프랑스식 재단 방법이 따로 있다. 특히 프랑스의 이야기꾼이 교만한 대장장이의 도제인 작은 장, 기민한 재단사 카디우, 많은 이야기에서 허풍과 용기로 자신의 길을 개척하는 강인하지만 환멸에 차 있는 라 라메, 총명한 젊은 신병 피페트, 그 밖에도 작은 루이, 백선 걸린 장, 팡쉬 코즈, 아름다운 윌랄리, 피친-피초트, 팔, 착한 미제르 등 프랑스 사람들이 애호하는 많은 인물들에게 그 옷감을 입힐 때는 프랑스 느낌이 더 많이 난다. 작은 퓌퇴, 피농-피네트, 팔라핀, 도둑 뤼제 등[79] 때로는 이름 자체가 주인공으로 하여금 시련을 통과하게 만들어주는 기지와 사기성을 암시한다. 돌이켜보면 그들은 기지를 이용해 큰 사람들보다 한 수 앞서는 작은 사람들의 이상형인 듯하다.

사기꾼은 부정적 이상인 멍텅구리에 대비되어 두드러진다. 영국의 이야기에서 심플 사이먼은 순진무구한 즐거움을 많이 준다. 독일의 이야기에서 한스 둠은 호감이 가는 촌뜨기로서 악의 없는 실수와 마법적인 보조물의 도움으로 정상에 올라선다. 프랑스의 이야기는 마을의 천치나 어떤 형태의 우둔함에도 동정심을 보이지 않는다. 여기에는 그 자리에서 희생자를 잡아먹지 않은 늑대나 식인귀도 포함

79 (옮긴이) 각 이름들과 그에 포함된 단어들은 특정한 의미를 연상케 한다. '작은 퓌퇴'의 fut는 교활함을, '피농-피네트'의 fin은 섬세함, 교활함을 암시하며, '팔라핀'은 말을 잘한다는 뜻을, '뤼제'는 술책, 간계 등의 뜻을 지닌다.

된다(이야기 유형 112D, 162). 멍텅구리는 사기의 반대 명제를 뜻한다. 멍텅구리는 단순성이라는 죄악의 전형이며 그것은 치명적인 죄악이다. 왜냐하면 사기꾼의 세계에서 순진함이란 재앙으로 가는 초청장이기 때문이다. 그러므로 프랑스 이야기의 멍텅구리 주인공은 엄지 소년이나 크랑푸에(이야기 유형 327, 569)처럼 가짜 멍텅구리다. 그들은 냉혹하지만 남을 쉽게 믿는 세계에 속임수를 쓰는데, 더 쉽게 성공하기 위해 멍청한 것처럼 가장한다. 빨간 모자를 쓰지 않은 빨간 모자 소녀도 한 프랑스 판본에서 유사한 전략을 사용해 살아서 도피한다. 늑대가 움켜쥐자 "용변을 봐야 해요, 할머니"라고 소녀가 말한다. "여기 침대 속에서 싸거라, 얘야"라고 늑대가 대답한다. 그러나 소녀가 고집을 부리자 늑대는 소녀를 줄에 묶어서 밖에 내보낸다. 소녀는 줄을 나무에 묶어놓은 뒤 도주한다. 늑대는 기다리다가 참지 못해 줄을 잡아당기며 소리 지른다. "뭘 하고 있냐? 밧줄로 된 똥을 싸고 있냐?"[80] 진정한 프랑스 방식으로 이 이야기는 사기꾼 수련 과정을 말하고 있다. 순진한 상태를 졸업하고 가장된 순진함에 들어섬으로써 빨간 모자 소녀는 엄지 소년이나 장화 신은 고양이의 반열에 합세하는 것이다.

이런 등장인물들은 교활함뿐만 아니라 나약함도 공통적으로 지니고 있고 그들의 적은 우둔함과 힘을 특징으로 하고 있다. 사기술은 큰 사람들에 대해 작은 사람들을, 부자에 대해 빈자를, 세도가에 대해 권리를 박탈당한 사람을 대항시킨다. 명확한 사회적 발언을 하지 않고 이야기를 이런 방식으로 구성함으로써 구전 전통은 구체제하에서 농민들이 그들의 적에게 대처할 수 있는 전략을 제공했던 것

80 Delarue & Tenèze, *Le Conte populaire français*, I, p. 374.

이다. 물론 약자가 강자에게 기지를 발휘해 이긴다는 주제가 전혀 새롭거나 이상할 것이 없다는 사실은 재삼 강조되어야 한다. 이것은 키클롭스에 대한 오디세우스의 투쟁, 골리앗을 쓰러뜨린 다윗의 이야기로 거슬러 올라가며 독일 이야기의 '총명한 처녀'라는 모티프에서도 강하게 부각된다.[81] 여기에서 중요한 것은 주제의 신선함이 아니라 그것이 설화의 틀에 맞아 들어가는 방식이나 이야기를 말하는 과정에서 그 주제가 형성되는 방식과 같은 것이다. 프랑스의 약자들이 높고 센 사람들을 상대로 형세를 역전시킬 때 그들은 현세적인 방식으로 현실적인 배경 속에서 그 일을 한다. 그들은 콩나무를 타고 올라가야 닿을 수 있는 공상의 나라에서 거인을 죽이지 않는다. 「무뚝뚝한 장」(이야기 유형 301)에 나오는 거인은 여느 부유한 농부와 마찬가지로 평범한 집에 살고 있는 '부르주아 가장'이다.[82] 「팔 이야기」(이야기 유형 328)의 거인은 크게 자란 '마을의 장닭'으로 주인공이 그를 속이려고 도착했을 때 "아내와 딸과 함께 저녁을 먹고 있었다."[83] 「정숙하지 못한 수녀」(이야기 유형 315)의 거인은 야비한 방앗간 주인이다. 「능숙한 사냥꾼」(이야기 유형 304)의 거인은 평범한 산적이다. 「야만인」(이야기 유형 502)과 「작은 대장장이」(이야기 유형 317)에서는 폭압적인 영주로서 주인공은 방목에 대한 권리를 놓

81 Jan De Vries, *Die Märchen von klugen Rätsellösern und das kluge Mädchen*(Helsinki, 1928); Albert Wesselski, *Der Knabenkönig und das kluge Mädchen*(Prague, 1929) 참조.

82 Delarue & Tenèze, *Le Conte populaire français*, I, p. 110. 계급 간의 전쟁과 유사한 것을 제시해주는 방식으로 영주에 대해 농민을 대항시키는 이야기로는 다음 책에 수록된 「르네와 그의 영주」를 볼 것. Cosquin, *Contes populaires de Lorraine*, I, pp. 108~11. 이 이야기에는 마술이나 가식의 기미가 없다. 영주는 거인으로 위장해 나타나지 않는다. 영주는 기지와 사기술밖에 사용하지 않는 농민 주인공에게 털이 깎이고는 살해된다.

83 Delarue & Tenèze, *Le Conte populaire français*, I, p. 331.

고 논쟁을 벌이다가 그를 쓰러뜨린다. 산적, 방앗간 주인, 마름, 장원의 영주 등의 이 거인들이 마을 속에서 농민들의 삶을 비참하게 만드는 실제 폭군들이라고 이해하는 데 상상력의 비약이 크게 요구되지는 않는다.

어떤 이야기들은 그런 관련성을 명확히 하고 있다. 「카프리콘」(이야기 유형 571)은 그림 형제의 「황금 거위」(그림 판본 64)에 나타나는 주제를 채택해 그것을 마을의 부자와 권세가에 대한 광대극식의 비난으로 변형시킨다. 가난한 대장장이가 마을의 신부에 의해 오쟁이를 지고는 지역의 영주에게 혹사당한다. 신부가 부추겨서 영주는 대장장이에게 불가능한 임무를 수행하도록 명령하고, 그사이에 신부는 대장장이의 아내와 즐긴다. 대장장이는 요정의 도움을 얻어 임무를 두 번 완수한다. 그러나 세번째로 영주는 '카프리콘'을 가져오라고 명령하는데 대장장이는 그것이 무엇인지도 알지 못한다. 요정은 그에게 자신의 다락방에 올라가 바닥에 구멍을 뚫고 그가 무엇을 보건 "달라붙어라!"라고 말하라고 지시한다. 먼저 그는 잠옷을 입에 물고 음부에서 벼룩을 잡고 있는 하녀를 본다. "달라붙어라!"라는 소리에 그녀가 그 자세로 동결되었고 마침 그때 여주인이 신부가 용변을 볼 수 있도록 요강을 가져오라 이른다. 벗은 모습을 감추려 뒤로 걸어간 소녀는 여주인에게 요강을 건네고 그 둘이서 신부를 위해 요강을 들고 있을 때 또다시 "달라붙어라!" 소리에 셋이 함께 붙게 된다. 아침에 대장장이는 채찍으로 그 셋을 집 밖으로 몰고 나가고 적시에 "달라붙어라!"를 이용함으로써 마을 사람들 전체를 그들에 달라붙게 만든다. 이 행렬이 영주의 저택에 도착하자 대장장이는 "여기에 카프리콘이 있습니다, 주인님" 하고 소리친다. 영주는 그에게 급료를 지불하고 나서야 모든 사람이 풀려난다.

자코뱅 당원이라면 화약 냄새가 풍기는 방식으로 이 이야기를 할 수 있을 것이다. 그러나 이 이야기는 특권 계층에 대한 존경심을 조금도 보여주지 않는다 할지라도 약 올리거나 장난을 치는 것 이상으로 나아가지 않는다. 주인공은 모욕을 준 것으로 만족한다. 그는 혁명을 꿈꾸지 않는다. 지역의 권위자들을 조롱한 뒤 그는 그들이 원래의 자리로 되돌아가도록 하고 스스로도 아무리 불행할지라도 자신의 자리로 되돌아간다. 사회 비판에 근접한 다른 이야기에서도 주인공의 저항이 그 이상으로 나아가지 않는다. 백선 걸린 장(이야기 유형 314)이 왕과 거만한 두 왕자에게 승리를 거두었을 때도 그는 그들에게 삶은 감자와 검은 빵이라는 농부의 식사를 먹게 한다. 그리고 공주를 얻은 후 왕위의 후계자라는 정당한 자리를 차지한다. 라 라메는 공주 웃기기 시합에서 일종의 벼룩 곡예를 이용해 공주를 얻는다(이야기 유형 559). 거지를 사위로 맞아들인다는 생각을 견디지 못한 왕은 약속을 지키지 않고 공주를 한 대신과 결혼시키려고 한다. 마침내 공주가 두 청혼자와 같이 침대에 들어가 원하는 사람을 선택하기로 한다. 라 라메는 경쟁자의 항문에 벼룩을 파견함으로써 두번째 시합에서도 이긴다.

상스러움이 18세기의 난롯가에 둘러앉은 이들을 배가 아프도록 웃게 만들었을지라도 과연 사회 질서를 전도시킬 정도로 용기 있는 결심을 농민들의 뱃속에 넣어주었을까? 나는 그렇지 않다고 생각한다. 외설과 농민 폭동 사이에는 상당한 거리가 있다. 약자인 소년이 특권층의 소녀를 만난다는 영원한 주제의 또 다른 변형인 「키오-장은 어떻게 자클린과 결혼했는가?」(이야기 유형 593)에서 가난한 농부인 키오-장은 그의 참사랑의 아버지에게 결혼 승낙을 받으려다가 집에서 쫓겨난다. 그 아버지는 구체제의 마을 중에서도 특히 이 이야기가 채록된 1881년 피카르디에서 가난한 사람들 위에 군림했던 전형적인 마름 혹은 부유농이었다. 키오-장은 마을의 마녀를 찾아가 한 움큼의 요술 염소 똥을 얻어서 그것을 부유농의 화로의 재 속에 묻어둔다. 불을 소생시키려고 딸이 입김을 불자 '뽕' 하고 그녀는 엄청나게 큰 방귀를 뀐다. 같은 일이 어머니, 아버지에게 일어나고 마침내 신부에게도 일어나는데 그는 성수를 뿌리고 라틴어로 악령 추방 문구를 중얼거리는 순간에도 끊임없이 멋진 방귀를 뀐다. 방귀는 대단한 비율로 증가해 집안의 누구도 살기 힘들 정도에 이른다. (농민 이야기꾼이 일종의 비웃음을 섞어가면서 즉흥적인 몇 마디의 대화를 강조하며 이야기하는 모습을 상상해보라.) 키오-장은 딸을 내주면 구원해주겠다고 약속하고 몰래 염소 똥을 치운 뒤 자클린을 얻는다.

농민들이 일상생활 속에서 소송, 장원의 세금에 대한 속임수, 밀렵 등으로 부유하고 권세 있는 사람들을 속이려 했듯 환상 속에서도 그들을 이김으로써 만족감을 얻었다는 것은 의심할 여지가 없다. 약자가 「실 잣는 세 여자」(이야기 유형 501)에서 쓸모없는 딸을 왕에게 넘겼을 때나, 「무화과 바구니」(이야기 유형 570)에서 왕에게 채찍질을 했을 때나, 「나무꾼 집의 소년」(이야기 유형 461)에서 속임수를 써 왕이 악마의 하인으로 노를 젓게 만들었을 때나, 「거대한 이빨」(이야기 유형 562)에서 공주를 내어놓을 때까지 왕으로 하여금 성의 뾰족탑 위에 앉아 있게 했을 때 농민들은 아마도 만족하며 웃었을 것이다. 그러나 그런 환상 속에서 공화주의의 맹아를 찾는다는 것은 허황된 일일 것이다. 공주와 결혼함으로써 왕을 당황하게 만든다는 꿈은 구체제의 도덕적 기반에 도전한다는 것과는 거의 무관하다.

상황을 역전시킨다는 환상으로 받아들일 때 그 이야기들은 모욕을 준다는 주제에 집착하는 것처럼 보인다. 똑똑한 약자는 강한 압제자를 희생시켜 사람들이 웃게 만듦으로써 그를 바보로 만든다. 이때 상스러운 책략이 곁들여지면 더욱 좋다. 그는 왕으로 하여금 궁둥이를 까게 함으로써 체면을 잃게 만든다. 그러나 웃음은 라블레식 웃음[84]이라 할지라도 한계가 있다. 웃음이 가라앉으면 형세는 다시 되돌려진다. 그리고 교회력에서 사육제 뒤에 사순절이 오는 것처럼 옛 질서는 흥청거리던 사람들을 다시 붙들어 맨다. 사기술은 일종의 현상 유지책이다. 이것은 약자로 하여금 윗사람의 허영심이나 우둔함을 이용해 최소한의 이득을 얻을 수 있도록 허용한다. 그러나 사기꾼은 체제의 내부에서 일을 하면서 체제의 약점을 장점으로 전환시키고 궁극적으로는 그 약점을 인정하고 있다. 더구나 그는 부유하고 권세 있는 사람들 중에서도 자신보다 더 고단수인 사람을 언제 만날지 모른다. 속아 넘어간 사기꾼은 최종적인 승리를 기대한다는 것이 얼마나 허황된 일인지 입증하는 것이다.

그렇다면 궁극적으로 사기술은 과격주의의 잠재적 요소라기보다는 세상으로의 방향 설정을 표현한 것이다. 그것은 가혹한 사회를 전복시킬 공식이라기보다는 그것에 대처할 방법을 제공했다. 마지막으로 가장 고단수의 술책을 보여주는 「악마와 대장장이」(이야기 유형 330)를 살펴보자. 한 대장장이가 "개나 다름없이 종교를 믿지 않지만"[85] 문을 두드리는 모든 거지들에게 음식과 잠자리를 제공하지 않고는 견디질 못한다. 곧 그 자신도 구걸을 할 지경에 이르지만

84 (옮긴이) 러시아의 문학비평가 미하일 바흐친이 『라블레와 그의 세계』에서 제시했던 개념으로서 비꼬는 웃음이 아니라 모두가 모두에게 웃음이 되는 축제의 웃음을 가리킨다.

85 Delarue & Tenèze, *Le Conte populaire français*, I, p. 346.

그는 7년 동안 구걸할 처지는 모면한다는 조건으로 악마에게 영혼을 판 뒤 대장간으로 돌아가 그 기간을 보낸다. 그가 무절제한 적선이라는 옛 습관을 회복한 뒤 예수와 성 베드로가 거지로 변장해 그를 방문한다. 대장장이는 그들에게 훌륭한 식사와 깨끗한 옷과 정결한 잠자리를 제공한다. 보답으로 예수는 그에게 세 가지 소원을 들어주겠다고 약속한다. 성 베드로는 그에게 지상낙원을 소원하라고 충고하지만 대신 그는 비교훈적인 것을 소원하며 그것은 이야기의 판본마다 다르게 나타난다. 즉 좋은 식사(바꾸어 말하면 빵, 소시지, 충분한 포도주라는 평상적인 식사)를 할 수 있게 해달라, 그가 언제나 이기는 노름 패를 달라, 바이올린을 켜면 모든 사람이 춤추게 만들어달라, 그가 원하는 것이 가방에 가득 차게 해달라, 그리고 대부분의 판본에 나타나는 것으로서 그의 벤치에 앉는 사람은 거기에 붙어 있게 해달라는 소원이다. 7년이 끝날 무렵 악마의 심부름꾼이 대장장이를 데려가려 할 때 그는 평상시처럼 환대하고는 그가 벤치에 붙어 떨어지지 않도록 만들어 7년을 더 연장받는다. 다시 그 7년이 지나 두번째로 악마의 사자가 오자 그는 그 심부름꾼을 가방 속에 들어가게 해달라고 소원하고는 또다시 7년을 얻을 때까지 그를 모루 위에 올려놓고 두들겨 팬다. 마지막으로 그는 지옥에 가기로 동의하는데 겁에 질린 악마들이 그를 받아들이기를 거부하거나, 혹은 판본에 따라서는 악마와의 노름에서 이겨 지옥을 벗어난다. 악마와의 노름에서 이겨 얻어낸 저주받은 영혼의 무리를 이끌고 그는 천국의 문턱에 도달한다. 성 베드로는 그가 불경죄를 범했다 하여 받아들이지 않으려 한다. 그러나 대장장이는 바이올린을 꺼내 성 베드로가 지칠 때까지 춤을 추게 하거나 판본에 따라서는 가방을 천국의 대문 위로 던져 넣고는 그 자신이 가방 속에 들어가게 해달라고 소원한다. 그런 뒤에 어떤 판본에서 그는 천사들과 노름을 하여 천상의 위계질서에서 높은 자리까지 오른다. 한 모퉁이에서 불 옆의 장소로, 의자 위의 자리로, 그리고 마침내는 하느님과 근접한 지위까지 올라서는 것이다. 천국 역시 루이 14세의 궁정만큼이나 서열이 정해져 있고 속임수로 그곳에 침투할 수 있다는 것은 말할 필요조차 없다. 속임수는 삶을 위한 전략으로 대단히 유용하다. 실상 그것은 사물을 있는 그대로 받아들여 최대한으로 이용해야 하는 '작은 사람들'이 택할 수 있는 유일한 전략이다. 구원이나 사회적 질서의 형평성에 대해 고민하는 것보다 대장장이처럼 배를 채우며 사는 것이 훨씬 낫다. 경건함으로 가득 차 있고 사기술은 거의 보이지 않는 독일 판본(그림 판본 81)과는 달리 프랑스의 이야기는 사기꾼을 사회적 유형의 하나로 찬양하고, 사기술은 삶의 방식으로서 대단히 잘 작동할 것임을, 혹은 냉혹하고 변덕스러운 세상에서 다른 어떤 것만큼이나 잘 작동할 것임을 시사한다.

이런 이야기들의 교훈은 프랑스에서 속담의 지혜로 스며들어 갔다. 다음과 같은 여러 속담들은 앵글로색슨 사람들의 귀에는 대단히 프랑스풍으로 들릴 것이다.[86]

86 본문에서 인용한 속담들은 특히 프랑스식 풍미를 지닌 속담들이 지난 두 세기에 걸쳐 갖고 있던 연속성을 예증하기 위해 1749년의 *Dictionnaire des proverbes français*와 1968년의 *Nouveau petit Larousse*의 '속담' 항목에서 발췌했다. 물론 많은 속담들은 중세로 거슬러 올라가고 르네상스 이래로 전문가들에 의해 수집되었다. Natalie Z. Davis, "Proverbial Wisdom and Popular Errors," in Davis, *Society and Culture in Early Modern France*(Stanford, 1975) 참조.

술책에는 한 배 반의 술책으로.
좋은 고양이에게는 좋은 생쥐로.
가난한 사람에게는 동냥 주머니를.
계란을 깨지 않고는 오믈렛을 만들 수 없다.
굶주린 배는 귀가 없다.
염소는 매여 있는 곳에서 풀을 뜯어야 한다.
개구리에게 꼬리가 없는 것은 개구리 탓이 아니다.
도둑이건 누구건 모두가 살아야 한다.

농촌의 이야기꾼은 이런 방식으로 명확하게 교훈을 제시하지 않았다. 그들은 단지 이야기를 들려주었을 뿐이다. 그러나 그 이야기들은 프랑스다움Frenchness을 구성하는 일반적 종류의 그림, 속담, 취향 등으로 스며들었다. 이제 '프랑스다움'이라는 말은 참을 수 없을 정도로 모호한 개념처럼 보이며, 이것은 1930년대에 인종지학이 인종주의로 오염된 이후에 악취를 얻게 되었던 민족정신Volksgeist이라는 말과 연결된 것 같은 냄새를 풍긴다. 그렇지만 하나의 관념은 모호하거나 과거에 오용되었다 할지라도 여전히 유용할 수 있다. 프랑스다움은 존재한다. 위에 인용한 속담의 번역이 어색하게 보인다는 것이 암시하듯 그것은 독자적인 문화 양식이며 특수한 세계관을 전달한다. 그것은 세상은 고되며, 동료 이웃의 이타심에 대해 어떤 환상도 갖지 않는 것이 좋으며, 주위에서 얻어낼 수 있는 작은 것이나마 지키기 위해서는 명석한 두뇌와 재빠른 기지가 요구된다는 것이며, 도덕적인 고결함은 아무짝에도 쓸모가 없다는 것이다. 프랑스다움은 냉소적인 초연함을 조장한다. 그것은 부정적이고 미몽에서 깨어나게 하는 경향이 있다. 앵글로색슨의 대립적인 개념인 프로테스탄트 윤리와 달리 프랑스다움은 세계를 정복할 공식을 제공하지 않는다. 그것은 억압받는 농민이나 점령당한 땅에 잘 어울리는 방어 전략이다. 오늘날에도 이것은 일상적인 관용 표현에서 모습을 보인다: "어떻게 지내냐Comment vas-tu?" "잘 막아내고 있어Je me défends."

어떻게 이런 일상적 표현이 만들어졌을까? 이에 대해 누구도 말할 수 없지만 페로의 경우는 이것이 복합적인 과정이었음을 증명한다.[87] 겉으로 보기에 페로는 결코 민담에 관심을 둘 사람이 아닌 듯하다. 궁정신하이며, 의식적으로 '현대인'임을 자처했고, 콜베르[88]와 루이 14세의 권위주의적인 문화 정책의 입안자였던 페로는 농민이나 그들의 케케묵은 문화에 동정심을 보이지 않았다. 그럼에도 그는 구전되는 이야기들을 채록해 세련된 청중의 취향에 맞도록 어조를 바꾸어 살롱에 적응시켰다. 「빨간 모자」에서 핀의 길과 바늘의 길, 할머니를 먹는 것과 같은 뜻 모를 일들은 사라졌다. 그럼에도 그 이야기는 원래의 힘을 많이 간직했다. 루이 14세 치하에서 동화에 대한 유행을 일으킨 돌누아 부인이나 뮈라 부인 등[89]과는 달리 페로는 원래의 줄거리에서 많이 벗어나지 않았고 세부 사실을 예쁘게 치장해 구전 판본의 현세성과 단순성을 망쳐놓지도 않았다. 그는 마치 아마존 유역이나 뉴기니의 불가에 웅크리고 앉아 있는 이야기꾼의 루이 14세 시대판인 것처럼 자신의 환경에 맞는 천부의 이야기꾼

87 Marc Soriano, *Les Contes de Perrault: Culture savante et traditions populaires*(Paris, 1968); Soriano, *Le Dossier Perrault*(Paris, 1972) 참조.

88 (옮긴이) 장-바티스트 콜베르는 루이 14세의 재상이었다.

89 (옮긴이) 돌누아 백작 부인과 앙리에트-줄리 뮈라 부인은 17세기에 활동한 동화 작가다. 특히 '동화contes de fées'라는 표현은 돌누아 백작 부인이 만들었다고 알려져 있다.

으로서 활약했다. 아마도 2600여 년 전에는 호메로스도 비슷한 방식으로 자신의 자료를 개작했을 것이며 지드와 카뮈는 두 세기 후에 그렇게 할 것이었다.

그러나 표준적인 주제를 특정 청중에게 맞도록 변형시킨 모든 이야기꾼들과의 공통점이 아무리 많다 할지라도 페로는 프랑스 문학사에서의 고유한 무언가를 상징한다. 즉 고급문화와 대중문화라고 하는 외견상 분리된 것으로 보이는 두 세계의 접촉점을 드러내는 것이다. 그 접촉이 어떻게 발생했는지를 확증할 수는 없지만 아마 마더 구스 이야기의 초판본 표지 그림과 흡사한 광경 속에서 이루어졌을 것이다. 그것은 세 명의 잘 차려입은 어린이가, 일하고 있는 노파의 이야기를 골똘히 듣고 있는 그림으로 그 장소는 아마도 하인의 숙소로 추정된다. 위에 써 있는 글자는 '엄마 거위 이야기Contes de ma mère l'oye'라는 말인데 아마도 노파의 이야기에서 키득거리는 소리를 빗댄 것처럼 보인다. 마크 소리아노는 페로의 아들이 그 그림과 비슷한 장면 속에서 그 이야기들을 들었고 그것을 페로가 개작했다고 주장했다. 그러나 페로 스스로도 그와 비슷한 환경 속에서 그 이야기들을 들었을 것이며 그것은 그와 같은 계층에 속하는 대다수의 사람들이 마찬가지였을 것이다. 왜냐하면 귀족층의 모든 사람들은 유년기를 유모나 돌봐주는 할머니와 함께 보냈고, 그들은 대중에 널리 퍼진 노래로 아이들을 잠재웠을 것이며, 아이들이 말하기 시작하면서부터는 페로가 표제지에 덧붙인 것처럼 '이야기 혹은 옛이야기'로, 즉 노파의 이야기로 아이들을 즐겁게 해주었을 것이기 때문이다. 야회가 마을의 대중적인 전통을 지속시키는 동안 하인과 유모는 대중의 문화와 귀족의 문화 사이의 고리를 제공했던 것이다. 두 문화 사이에 공통점이 없어 보이는 루이 14세의 시대에 있어서조차 두 문화는 연결되어 있었다. 왜냐하면 라신과 륄리[90]의 청중들은 젖과 함께 민담도 빨아 먹었기 때문이다.

더구나 페로 판본의 이야기는 '청색 문고Bibliothèque bleue'를 통해 대중문화의 흐름 속에 다시 합류했다. 청색 문고란 초기의 문고본으로서 마을의 야회에서 글을 읽을 줄 아는 사람이 큰 소리로 낭독하곤 했다. 이 작은 청색 문고는 잠자는 미녀, 빨간 모자, 가르강튀아, 포르투나투스, 악마 로베르, 장 드 칼레, 에몽의 네 아들, 마법사 모지는 물론 페로가 구전 전통으로부터 채록하지 못한 인물들도 많이 다루었다. 페로의 빈약한 마더 구스 이야기를 근대 초 프랑스의 방대한 민담 전체와 동일시하는 것은 잘못된 일이다. 그러나 그 둘을 비교해본다면 문화적 변화를 직선적인 방식으로, 위대한 사상이 위에서 아래로 침투한다고 보는 것은 부당하다는 결론에 이르게 된다. 문화의 물줄기는 여러 매체를 통해 지나가면서 농민과 살롱의 세련가처럼 멀리 떨어져 있는 집단을 연결시키고, 아래로뿐만 아니라 위로도 흐르며 혼합된다.[91]

두 집단은 완전히 분리된 정신세계 속에 살지 않았다. 그들은 많은 것을 공통으로 나눴고, 그중 가장 중요한 것이 같은 이야기를 공

**90** (옮긴이) 장 라신은 17세기 프랑스를 대표하는 비극작가였고, 장-바티스트 륄리는 이탈리아에서 태어나 프랑스에서 활동한 작곡가였다. 루이 14세의 궁정에서 활동하면서 주로 오페라를 작곡했다. 따라서 라신과 륄리의 청중들은 귀족이었다고 볼 수 있다.

**91** 근대 초 프랑스 문화의 사회적 기반과 전파 과정을 해석하는 문제는 최근에 쏟아져 나오는 대중문화의 역사 연구서에서 광범위하게 논의되어왔다. 나의 관점은 로베르 뮈샹블레의 종합적 연구 결과보다는 피터 버크의 탁월한 분석에 더욱 가깝다. Peter Burke, *Popular Culture in Early Modern Europe*(London & New York, 1978); Robert Muchembled, *Culture populaire et culture des élites dans la France moderne, XVe-XVIIe siècles*(Paris, 1968) 참조.

유했다는 점이다. 구체제의 사회 속에 만연하던 사회적 계급과 지역적 특성의 차이에도 불구하고 이야기는 프랑스 고유의 특징, 가치, 태도, 그리고 세상을 해석하는 방식을 소통시켰던 것이다. 그 이야기들의 프랑스다움을 주장하는 것은 민족정신을 낭만적으로 그려내려는 시도에 빠지는 것이 아니라 오히려 프랑스 사람들, 혹은 그들 [모두가 아닌] 대부분을 (왜냐하면 브르타뉴, 바스크 등 인종적 소수의 특성을 고려해야 하므로) 그 당시 독일인, 이탈리아인, 영국인과 구분시키는 특징적인 문화 양식이 존재한다는 것을 인정하려는 것이다.[92]

이런 논점은 직업적 역사학의 인습적인 통념에 정면으로 위배된다는 사실만 제외한다면 당연한 것을 장황하게 설명한 것처럼 보인다. 직업적 역사학은 과거를 작은 파편으로 나누어 전공 논문이라는 한계 안에 가두고는 세부적 사실을 세세하게 분석해 합리적인 순서로 재배열한다. 그러나 구체제의 농민은 전공 논문의 방식으로 생각하지 않았다. 그들은 수중에 있는 자료를 갖고 요란하고 소란스러운 혼란 속의 세계를 이해하려 했다. 그런 자료에는 고래의 인도-유럽어군의 민속에서 파생된 이야기의 방대한 보고도 포함되었다. 농촌의 이야기꾼은 이야기들을 단지 재미있다거나 겁난다거나 기능적이라고 생각하지 않았다. 그들은 그 이야기들이 '생각하기 좋다'고 받아들였다. 그들은 이야기를 자신의 방식대로 개작해 실재의 그림을 짜 맞추고 그 그림이 사회적 질서의 밑바닥에 있는 사람들에게

92 이런 문화 양식 개념은 문화인류학의 해석적 경향에서 도출해낸 것이다. 예를 들어 Edward Sapir, "Culture, Genuine and Spurious," in *Culture, Language and Personality*(Berkeley, 1964) 참조.

무엇을 뜻하는지 보여주려고 했다. 그런 과정에서 그들은 이야기에 많은 의미를 불어넣었는데, 그 의미의 많은 부분은 다시 되찾을 수 없는 시대적 상황과 구연 속에 새겨져 있었기 때문에 이제는 잃은 것들이다. 그러나 일반적인 수준에서 그 의미의 일부는 여전히 텍스트를 통해 나타난다. 텍스트를 전체적으로 연구하고 그것을 다른 전통 속의 상응하는 이야기와 비교함으로써 이런 의미의 일반적인 차원이 특징적인 구연의 장치 속에서, 즉 이야기의 틀을 잡거나 어조를 정하거나 모티프를 결합시키거나 플롯을 변형시키는 방식 속에서 표현되고 있음을 볼 수 있다. 프랑스의 이야기는 공통적인 양식을 갖고 있으며 그것은 경험을 해석하는 공통적인 방식을 소통시킨다. 농민의 이야기는 페로의 이야기와 달리 교훈을 제공하지 않으며, 계몽사상과 달리 추상을 다루지 않는다. 그럼에도 그 이야기들은 세상이 어떻게 만들어졌고 그것에 어떻게 대처해야 하는지 보여준다. 그들은 세상이 바보와 악당으로 이루어졌다고 말한다. 그리고 바보보다는 악당이 되는 편이 낫다.

시간이 경과함에 따라 이런 교훈은 민담의 한계를 넘어섰고 농민의 경계를 넘어섰다. 그것은 가장 대중적인 것은 물론 가장 세련된 것에 있어서까지 전반적인 프랑스 문화의 큰 주제가 되었다. 아마도 이것은 '데카르트적인' 교활함이 구현된 페로의 장화 신은 고양이에서 가장 충실하게 표현되었을 것이다. 고양이는 오랜 계보를 가진 사기꾼에 속한다. 한편에는 민담 속의 재간 많은 막내아들, 의붓딸, 도제, 하인, 여우 등이 있고, 다른 한편에는 프랑스의 소설과 연극 속에 등장하는 기민한 사기꾼과 협잡꾼인 스카팽, 크리스팽, 스카라무슈, 질 블라, 피가로, 시라노 드베르주라크, 로베르 마케르 등이 있다. 그 주제는 여전히 〈게임의 법칙〉과 같은 영화나 『르 카나르 앙셰네*Le Canard enchaîné*』와 같은 잡지에서 지속된다. 이것은 프랑스 사람들이 다른 사람을 부를 때 '사악한méchant'이나 '교활한malin'이라는 형용사('사악한'과 '영리한'을 둘 다 의미하는 말로서 프랑스는 실로 나빠야 좋은 나라다)를 쓰는 데서 알 수 있듯 일상의 언어에도 존속하고 있다. 그것은 옛 농부들로부터 모든 사람의 일상생활에까지 전파되었다.

물론 일상생활은 더 이상 구체제하의 맬서스적인 비참함을 닮지 않았다. 현대의 사기꾼은 새로운 시나리오를 따르고 있다. 그는 지역의 영주를 속이려고 하는 대신 소득세를 속이고 막강한 국가를 피하려고 한다. 그러나 그의 모든 술수는 선각자인 장화 신은 고양이나 다른 술책가들에 대해 표하는 경의다. 오래된 이야기는 사회적 경계를 넘어 수 세기에 걸쳐 전파됨에 따라 엄청난 지속력을 갖게 되었다. 그것은 풍미를 잃지 않은 채 변화했다. 근대 문화의 주류에 흡수되고 오랜 시간이 지난 후에도 그것은 오래된 세계관이 얼마나 집요한지를 증언하고 있다. 속담식 지혜의 도움을 받아 프랑스 사람들은 여전히 제도를 속이려고 시도한다. 더 많이 변할수록 더 똑같다Plus ça change, plus c'est la même chose.

**부록**

# 이야기의 변형

같은 이야기 유형이 독일과 프랑스의 구전 전통 속에서 어떻게 다른 방식으로 변형될 수 있는지 독자들이 알 수 있도록 나는 그림 판본의 「가시덤불 속의 유대인」(이야기 유형 592, 그림 판본 110)과 그것의 프랑스판인 「세 가지 선물」을 옮겨놓는다.*

## 가시덤불 속의 유대인

옛날에 한 부자가 살았는데 그에게는 근면하고 충직한 하인이 있

* 이 두 이야기는 다음에서 인용한 것이다. 「가시덤불 속의 유대인」은 Jakob Ludwig Karl Grimm & Wilhelm Karl Grimm, *The Complete Grimm's Fairy Tales*, trans. Margaret Hunt & James Stern(Pantheon Books, 1944; 개정판: Random House, 1972). Reprinted by Permission of Pantheon Books, a Division of Random House, Inc., pp. 503~508 참조. 「세 가지 선물」은 Delarue & Tenèze, *Le Conte populaire français*, vol. 2(Paris, 1976), pp. 492~95 참조.

었다. 그는 아침이면 가장 먼저 일어나고 밤에는 가장 늦게 자리에 누웠다. 누구도 싫어하는 어려운 일이 있을 때마다 그는 언제나 제일 먼저 그 일에 손을 댔다. 더구나 그는 조금도 불평하지 않았고 모든 것에 만족하며 언제나 명랑했다.

한 해가 끝났을 때 주인은 그에게 임금을 주지 않고 이렇게 중얼거렸다. "이게 가장 현명한 길이야. 나는 돈을 더 벌고 그놈은 떠나지 않고 말없이 내 일을 할 테니까." 하인은 아무 말도 하지 않고 다음 해에도 마찬가지로 일했다. 그해가 끝나자 그는 또 아무것도 받지 못했지만 복종하고 여전히 남아 있었다.

세번째 해가 끝나자 주인은 생각하다가 손을 주머니에 넣었지만 아무것도 꺼내지 않았다. 그러자 마침내 하인이 말했다. "주인님, 3년 동안 저는 정직하게 일했습니다. 제가 응당 받아야 할 것을 주십시오. 저는 이제 떠나 주변 세상을 조금 더 둘러보려고 합니다."

"알겠네, 좋은 친구여" 하고 늙은 구두쇠가 대답했다. "너는 나를 위해 성실하게 일했다. 그러니 네게 후하게 보상을 하겠다." 그는 주머니에 손을 넣어 단 세 푼을 꺼내고는 말했다. "1년마다 한 푼씩이다. 큰돈이야. 많이 주는 거야. 이만큼 주는 주인도 없을 거야."

돈에 대해 잘 모르던 정직한 하인은 전 재산을 주머니에 넣고 생각했다. '아! 이제 주머니도 가득 찼으니 힘든 일을 더 할 필요가 있을까?' 그리하여 그는 산 넘고 강 건너 나아가면서 노래를 부르며 마음껏 뛰었다. 그런데 그가 덤불 숲 옆을 지나가려는데 조그만 사람이 걸어 나오더니 그를 불렀다. "어디로 가니, 명랑한 친구야? 너는 아무런 걱정도 없는 것 같구나." "슬플 일이 있나요?" 그가 대답했다. "3년의 품삯이 주머니 속에서 짤랑거리고 있는데요."

"얼마나 되는데?" 난쟁이가 물었다.

"얼마냐고요? 세 푼이나 돼요."

"날 봐라." 난쟁이가 말했다. "나는 가난하고 돈이 필요하단다. 네 돈 세 푼을 내게 주렴. 나는 일도 할 수 없지만 너는 젊으니 쉽게 벌어 먹을 수 있지 않느냐?"

하인은 착한 마음을 가졌고 그 작은 사람에게 동정심이 느껴져 세 푼을 내주며 말했다. "가지세요. 그게 없어도 난 상관없어요."

그러자 작은 사람이 말했다. "네가 착한 마음을 가졌으니 내가 한 푼마다 하나씩 세 가지 소원을 들어주마. 그 소원은 모두 이루어질 것이야."

"아하." 하인이 말했다. "당신은 기적을 행할 줄 아는 사람이군요! 그렇다면 먼저 겨냥하면 모두 맞힐 수 있는 총을 주시고요, 둘째로 내가 연주하는 걸 들으면 누구든 춤을 추게 만드는 바이올린을 주시고요, 셋째로 내가 누구한테 한 가지 부탁을 하면 거절하지 못하게 해주세요."

"그 모든 것을 가지리라." 난쟁이가 말했다. 그리고 덤불 속에 손을 넣었는데 마치 주문이라도 해놓은 것처럼 거기에 바이올린과 총이 있었다. 난쟁이는 바이올린과 총을 주면서 말했다. "언제라도 네가 어떤 부탁을 하면 세상 누구도 거절할 수 없을 것이다."

"놀랍네! 더 이상 바랄 게 없구먼?" 하인은 중얼거리며 쾌활하게 길을 걸어갔다. 곧 그는 긴 염소수염을 한 유대인을 만났다. 그는 나무 위에 앉아 노래하는 새의 소리를 들으며 서 있었다. "놀라워." 그가 감탄하고 있었다. "저 조그만 짐승이 그렇게 큰 소리를 내다니. 저 새가 내 것이라면. 저 꽁지에 소금을 좀 칠 수 있다면!"

"그게 원하는 거라면." 하인이 말했다. "저 새는 곧 바닥으로 떨어질 거야." 조준을 하고 쏘자 새가 가시덤불 속으로 떨어졌다. "가라,

못된 놈아." 하인이 유대인에게 말했다. "가서 새를 가져와라."

"오!" 유대인이 말했다. "못된 놈이란 말만 빼주시죠. 그럼 곧장 가져오리다. 당신이 쏴 맞히셨으니 제가 집어 오지요." 그리고 그는 땅위에 엎드려 덤불 속으로 기어 들어가기 시작했다.

그가 가시덤불 속에 깊이 들어가자 착한 하인의 장난기가 발동해 바이올린을 꺼내 들고 켜기 시작했다. 곧 유대인의 발이 움직이기 시작해 공중으로 뛰어올랐으며 하인이 바이올린을 켜면 켤수록 춤은 더 멋있어졌다. 그러나 가시가 그의 누더기 웃옷을 조각내고 수염에 걸렸으며 그의 몸 곳곳을 찔러댔다. "제발." 유대인이 소리쳤다. "원하는 게 뭔가요? 바이올린 좀 그만 놓아주세요. 춤추기 싫단 말이에요."

그러나 하인은 그의 말을 듣지 않고 생각했다. '네가 사람들을 많이 벗겨먹었으니 이제 가시덤불이 네 털가죽을 벗길 차례다.' 그리하여 그는 바이올린을 계속 연주해서 유대인은 더 높이 뛰어올랐고 그의 웃옷은 가시에 걸렸다. "가엾이 여기소서!" 유대인이 소리쳤다. "바이올린만 그만 켜면 뭐든지 드리지요. 금으로 가득한 지갑이 있어요." 하인이 말했다. "네가 그렇게 관대하다면 음악을 멈추지. 그렇지만 춤을 너무 잘 춰서 놀랄 정도라고 칭찬해주겠다." 하인은 지갑을 갖고 떠났다.

유대인은 하인이 멀리 떠나 눈에 보이지 않을 때까지 가만히 서서 바라보다가 온 힘을 다해 소리쳤다. "못된 풍각쟁이야. 술집 깽깽이 놈아! 내가 잡을 때까지 기다려라. 네 발바닥이 닳도록 쫓아갈 테니까. 부랑배 놈아. 네 아가리에 여섯 푼을 처넣으면 네 놈 가치는 겨우 세 푼 반짜리가 될 테지." 그는 계속해서 할 수 있는 만큼의 욕을 뿜어댔다. 그렇게 해서 속이 조금 후련해지자 그는 숨을 돌리고 마을의 재판관에게 달려갔다.

그가 말했다. "재판관님. 소청을 하러 왔습니다. 나쁜 놈이 큰길에서 돈을 강탈하고 저를 괴롭혔습니다. 길 위의 돌멩이도 저를 불쌍하게 여길 겁니다. 제 옷은 다 찢어지고 온몸이 찔리고 찢기고 제 모든 것이 들어 있는 지갑이 사라졌습니다. 제발 그놈을 감옥에 처넣어주세요."

"군인이었나?" 재판관이 물었다. "칼로 너를 이리도 벤 것이 군인이었냐는 말이다." "아닙니다." 유대인이 대답했다. "그놈이 가진 것은 칼이 아니라 등에 찬 총과 목에 건 바이올린입니다. 알아보기 쉬울 겁니다."

그리하여 재판관은 그 사람을 찾기 위해 사람을 풀었다. 그들은 착한 하인을 발견했는데 그는 상당히 천천히 걸어가고 있었고 그에게서 돈이 든 지갑도 발견되었다. 재판관 앞에 서자마자 그가 말했다. "나는 저 유대인에게 손을 대지도, 돈을 뺏지도 않았습니다. 내 음악을 참지 못하겠다고 해서, 바이올린을 멈추는 대가로 그가 자발적으로 내게 준 것입니다."

"하늘이여, 굽어 살피소서!" 유대인이 소리쳤다. "저놈의 거짓말은 벽에 붙은 파리처럼 두껍군요."

재판관도 하인의 말을 믿지 않고 말했다. "그것은 좋은 변론이 아니네. 돈을 그냥 줄 유대인은 없다네." 그리고 공공의 대로에서 강도질을 했기 때문에 재판관은 그에게 교수형의 판결을 내렸다. 그가 끌려 나가자 유대인이 다시 그의 뒤에 대고 소리 질렀다. "너, 이 불량배, 떠돌이 개 같은 놈아! 네가 받아 마땅한 상을 이제야 받게 될 거다." 하인은 사형 집행자와 함께 조용히 사다리를 걸어 올라갔다. 그러나 마지막 계단 위에 올라서자 돌아서서 재판관에게 말했다.

"죽기 전에 한 가지 소원이 있습니다."

"목숨을 구걸하는 것이 아니면 들어주마." 재판관이 말했다.

"목숨을 구걸하는 게 아닙니다." 하인이 대답했다. "마지막으로 바이올린을 한 번만 켜게 해주십시오."

유대인은 큰 소리로 외쳤다. "살인이다! 살인이다! 제발 허락하지 마십시오! 허락하지 마세요!" 그러나 재판관이 말했다. "왜 그 짧은 즐거움을 허락해선 안 된다는 것이냐? 그것은 이미 허락되었으니 바이올린을 주어라." 그러나 사실 하인에게 부여된 선물 덕분에 재판관이 그의 청을 거절하지 못했던 것이다.

그러자 유대인이 소리쳤다. "오! 슬프도다! 당장 나를 묶어주시오." 그사이에 착한 하인은 목에 바이올린을 대고 켤 준비를 했다. 그가 첫번째로 바이올린에 활을 긋자 재판관, 서기, 사형 집행자, 그의 조수 등 모두가 떨며 요동하기 시작했고 유대인을 묶으려고 하던 사람의 손에서는 밧줄이 떨어졌다. 두번째로 활을 긋자 모두가 다리를 들었고 사형 집행자는 착한 하인을 놓고는 춤을 출 준비를 했다. 세번째로 활을 긋자 그들은 모두 뛰어올라 춤을 추기 시작했다. 뛰어오르기로는 유대인과 재판관이 가장 뛰어났다. 곧 호기심에 장터에 모였던 모든 사람들이 함께 춤추기 시작했다. 노인과 젊은이, 뚱보와 홀쭉이 할 것 없이, 심지어 뛰어다니던 개들도 뒷다리로 서서 깡총거렸다. 시간이 갈수록 그들은 더 높이 춤추며 뛰어올랐고 그리하여 그들은 서로 머리를 부딪치며 끔찍한 비명을 지르기 시작했다.

마침내 재판관이 숨이 차서 소리 질렀다. "바이올린만 멈추면 목숨을 살려주겠다." 그러자 착한 하인은 동정심을 품어 바이올린을 목에 두르고는 사다리에서 내려왔다. 그러고는 바닥에 누워 숨을 몰아쉬고 있는 유대인에게 다가가 말했다. "나쁜 놈. 이제 어디서 그

돈이 생겼는지 고백해라. 아니면 바이올린을 또 켜겠다." 유대인이 소리쳤다. "내가 훔쳤어요! 훔쳤어요! 하지만 당신은 정직하게 얻은 것입니다." 그리하여 재판관은 유대인을 교수대로 끌고 가 도둑으로서 처형했다.

### 세 가지 선물

옛날에 한 소년이 있었는데 그의 어머니는 그를 낳자마자 죽었다. 아직 젊었던 그의 아버지는 곧 재혼했다. 그러나 계모는 그를 돌봐주는 대신 마음을 다해 혐오했고 그를 매몰차게 대했다.

계모는 길가의 양 떼를 돌보라고 소년을 내보냈다. 그는 온종일 누더기 기운 옷을 입고는 밖에 있어야 했다. 음식으로는 조그만 빵 한 조각을 주고는 버터는 더 적게 주어서 아무리 얇게 발라도 다 바르지 못할 정도였다.

어느 날 벤치에 앉아 양 떼를 보며 그 보잘것없는 식사를 하고 있을 때 그는 누더기를 입은 노파가 지팡이에 기댄 채 길을 따라 걸어오는 것을 보았다. 그녀는 거지처럼 보였지만 실제로는 그 옛날에 존재했던 변장한 요정이었다. 그녀는 작은 소년에게 다가가 말했다. "배가 많이 고프단다. 네 빵 좀 줄 수 있겠니?"

"아이고. 나 먹을 것도 충분치 않은데요. 계모가 구두쇠라 매일같이 점점 더 조금씩밖에 안 줘요. 내일은 더 작을 거예요."

"늙은 노인이 불쌍하지 않으냐? 애야, 네 저녁을 약간 나눠 주렴."

착한 마음씨의 소년은 거지에게 빵을 나누어 주었는데 그 거지는 다음 날에도 그가 먹으려고 할 때 찾아와 동정을 바랐다. 빵은 전날보다 더 작았지만 그는 그것을 그녀와 나누어 먹었다.

세번째 날에는 빵이 손바닥보다도 작았지만 여전히 노파는 자신의 몫을 받았다.

그녀가 먹고 나서 말했다. "너는 빵을 구걸하는 늙은 여자에게 친절하게 대해주었다. 나는 사실 요정이고 네게 상으로 세 가지 소원을 들어줄 힘이 있단다. 네가 가장 좋아하는 것을 세 가지 골라라."

어린 양치기는 손에 활을 들고 있었다. 그는 자신이 쏘는 모든 화살이 어김없이 작은 새를 맞힐 수 있게 해달라, 그가 피리를 불면 듣는 모든 사람들이 싫건 좋건 춤을 추게 만들어달라고 소원했다. 세번째 소원을 정하는 데는 문제가 있었다. 그러나 계모에게 당한 모든 가혹한 처사를 생각하자 복수심이 생겨나, 그는 자기가 재채기를 할 때마다 계모가 커다란 방귀를 뀌게 해달라고 소원했다.

"너의 소원은 이루어질 것이다, 아이야." 요정이 말했다. 그녀의 누더기는 아름다운 옷으로 바뀌었고 그녀의 얼굴은 젊고 생생하게 보였다.

저녁에 그 작은 소년은 양 떼를 몰고 집으로 갔다. 집에 들어서면서 그는 재채기를 했다. 아궁이에서 메밀 케이크를 만들고 있던 계모가 곧 크게 울려 퍼지는 방귀를 뀌었다. 그가 '에취' 할 때마다 늙은 여자는 폭발적인 소리로 화답했기 때문에 그녀는 수치심에 싸여 있었다. 그날 밤 이웃들이 야회에 모였을 때 그 소년은 자꾸만 재채기를 해 모든 사람들이 그녀의 불결함을 비난하게 만들었다.

다음 날은 일요일이었다. 계모는 소년을 미사에 데려갔고 그들은 설교단 밑에 앉았다. 예배의 첫 부분에서는 이상한 일이 벌어지지 않았다. 그러나 신부가 설교를 시작하자마자 소년은 재채기를 시작했고 계모는 참으려는 모든 노력에도 불구하고 방귀의 일제 사격을 즉각적으로 터뜨리고 얼굴이 빨개져서 모든 사람들이 바라보자 땅 속 깊이 들어가고 싶은 심정이 되었다. 좋지 못한 소음이 잦아들지 않고 계속되자 신부는 설교를 계속할 수 없어 청지기에게 신성한 장소에 대해 조금도 존경심을 보이지 않는 여자를 데리고 나가라고 명령했다.

다음 날 신부는 농장에 찾아가 교회에서 그렇게 무례하게 행동한 여자를 꾸짖었다. 그녀는 교구 전체를 소문거리로 만들었던 것이다. "제 잘못이 아닙니다." 그녀가 말했다. "남편의 아들이 재채기를 할 때마다 방귀가 나오는 것을 막을 수 없습니다. 저도 미치겠어요." 바로 그 순간에 그 작은 소년이 양 떼를 몰고 나가려다가 두세 번의 재채기를 했고 계모가 즉각적으로 반응했다.

신부는 소년과 함께 집을 나와 같이 걸으면서 비밀을 알아내려고 하면서 동시에 야단을 치려고 했다. 그러나 간교한 이 작은 악당은 아무것도 고백하지 않았다. 몇 마리 작은 새들이 앉아 있는 덤불 옆을 지날 때 그는 활로 한 마리를 쏘아 맞히고는 신부에게 주워다 달라고 했다. 신부가 알겠다고 하고는 새가 떨어진 곳에 이르렀는데 그곳은 들장미가 무성하게 자란 가시덤불이었다. 작은 소년이 피리를 꺼내 불자 신부는 어쩔 수 없이 빠르게 빙글빙글 돌며 춤을 추기 시작해 신부복은 가시에 걸렸고 곧 누더기가 되었다.

마침내 음악이 멈추자 신부도 멈출 수 있었다. 그러나 그는 완전히 숨이 가빴다. 그는 작은 소년을 법정에 데려가 그의 신부복을 망가뜨렸다고 고소했다. 신부가 말했다. "못된 마법사입니다. 그는 처벌되어야 합니다."

그 소년은 주머니 속에 조심스럽게 넣어둔 피리를 꺼냈고 그가 첫 음을 내자마자 서 있던 신부가 춤을 추기 시작했다. 서기는 의자 위에서 빙빙 돌기 시작했다. 치안판사는 의자 위에서 몸을 위아래로 흔들어젖혔다. 그리고 그곳에 있던 모든 사람은 다리를 심하게 떨어 법정이 마치 댄스홀 같았다.

곧 그들은 이런 강요된 체조에 지쳐 그 아이에게 피리를 불지 않으면 그냥 놓아주겠다고 약속했다.

윌리엄 호가스, 「잔인성의 첫 단계」.

# 2
# 노동자들은 폭동한다: 생세브랭가의 고양이 대학살

목격했던 노동자에 따르면 자크 뱅상의 인쇄소에서 일어났던 가장 재미있던 일은 폭동과 비슷하게 고양이를 학살한 일이었다. 노동자인 니콜라 콩타는 1730년대 파리 생세브랭가의 어느 인쇄소에서 한 견습공 생활에 대해 설명하면서 그 이야기를 했다.[1] 견습공의 삶은 고됐다고 그는 설명했다. 견습공은 두 명이었다. 제롬과 레베이예가 그들인데, 아마도 제롬은 콩타가 스스로를 어느 정도 허구화시킨 인물로 보인다. 그들은 더럽고 얼음장 같은 방에서 잤고 동이 트기 전에 일어나 하루 종일 직인journeyman[2]들에게 모욕을 당하고 주인에게 학대를 받으며 일을 했지만 먹을 것이라고는 찌꺼기밖에 받

1 Nicolas Contat, *Anecdotes typographiques où l'on voit la description des coutumes, moeurs et usages singuliers des compagnons imprimeurs,* ed. Giles Barber(Oxford, 1980). 원래의 필사본은 1762년으로 연대가 매겨져 있다. 바버는 그것의 배경과 콩타의 경력에 대해 서문에서 충실하게 설명한다. 고양이 학살에 대한 이야기는 pp. 48~56에 나온다.

2 (옮긴이) 이 인쇄소가 중세 시대에 만들어진 길드의 체제로 운영되고 있음을 알 수 있다. 견습공은 도제이고 그들 중에서 직인職人이 나오며 직인들 중 소수가 장인匠人이 될 수 있었다.

지 못했다. 특히 음식은 짜증이 날 정도였다. 그들은 주인의 식탁에서 식사하지 못하고 부엌에서 그릇에 남겨진 찌꺼기를 먹어야 했다. 더 나쁜 일은 주방장이 몰래 남은 음식을 팔고는 그 소년들에게 고양이 밥을 준 것이었다. 먹을 수도 없는 오래되고 썩은 고깃점이라 고양이도 거절한 쓰레기였다.

이런 최후의 모욕이 콩타로 하여금 고양이라는 주제에 집착하게 만들었다. 고양이는 그의 이야기와 생세브랭가의 생활에서 특별한 위치를 차지했다. 주인의 부인은 고양이에 열광했고 특히 그리스(회색둥이)[3]를 좋아했다. 고양이에 대한 정열은 인쇄업자들 사이에서, 최소한 노동자들이 '부르주아'라고 부르는 주인들의 차원에서는 널리 퍼져 있던 것처럼 보였다. 한 '부르주아'는 25마리의 고양이를 길렀다. 그는 고양이들의 초상화를 그리게 시켰고 구운 새고기를 먹일 정도였다. 그런 한편 견습공들은 그들과 마찬가지로 인쇄소 지역에 서식하면서 그들의 삶을 비참하게 만드는 수많은 도둑고양이들에 대처해야 했다. 고양이들은 견습공들의 더러운 침실 지붕 위에서 온 밤을 울어대 충분한 밤잠을 잘 수 없게 했다. 제롬과 레베이예는 가장 일찍 출근하는 직인을 위해 아침마다 네 시나 다섯 시면 일어나 대문을 열어주어야 했기 때문에 '부르주아'가 늦게까지 자는 동안 그들은 지친 상태로 하루를 시작했다. 주인은 그들과 식사도 같이 하지 않듯 일도 같이 하지 않았다. 그는 십장에게 가게를 맡기고는 거의 나타나지 않았으며 나타날 때는 보통 견습공들을 상대로 자신의 격한 성깔을 해소시킬 뿐이었다.

어느 날 밤 이 소년들은 그런 불공평한 상황을 바로잡기로 결심했

3 (옮긴이) 원어는 la grise. 회색 암컷 고양이임을 알 수 있다.

다. 흉내를 내는 데 탁월한 재능을 가졌던 레베이예는 지붕 위로 올라가 주인의 침실 근처까지 기어간 뒤 소름 끼치는 고양이 울음을 울어대 주인과 그 아내는 눈을 붙이지도 못할 지경이었다. 며칠 밤에 걸쳐 이런 처사를 당하자 그들은 마법에 걸렸다고 생각했다. 주인은 유별나게 독실했고 아내는 유별나게 고해신부에 집착했기에 그들은 교구 신부를 부르는 대신 견습공들에게 고양이들을 없애라고 명령했다. 명령은 여주인이 내렸는데 무슨 일이 있어도 그녀의 그리스는 놀라지 않게 하라고 당부했다.

제롬과 레베이예는 직인들의 도움을 받아 즐겁게 작업에 착수했다. 빗자루, 인쇄에 쓰는 철봉, 그 밖의 다른 연장으로 무장한 그들은 그리스부터 시작해 눈에 띄는 모든 고양이를 추격했다. 레베이예가 그리스의 등뼈를 내려친 뒤 제롬이 끝장을 냈다. 그러고는 직인들이 지붕 위에서 다른 고양이들을 쫓아 사정거리에 들어온 놈은 곤봉으로 때리고, 도망치려는 놈은 전략적으로 배치한 자루 속에 몰아넣는 동안 제롬과 레베이예는 죽은 그리스를 홈통 속에 숨겼다. 직인들은 반쯤 죽은 고양이로 가득 찬 자루를 마당으로 던졌다. 그런 뒤 인쇄소의 모든 사람들이 모여 근위대와 고해신부와 사형 집행인이 완비된 모의재판을 벌였다. 그 짐승들에게 유죄 판결을 내리고 최후의 의식을 거행한 뒤 그들은 즉석에서 만든 교수대에 고양이들을 매달았다. 떠들썩한 웃음소리에 여주인이 와보았다. 피범벅이 된 고양이가 올가미에 매달려 있는 것을 보자마자 그녀는 비명을 질렀다. 그녀는 올가미에 매달려 있는 게 그리스일지도 모른다고 생각했다. 절대로 아니라고 사람들이 그녀를 안심시켰다. 그들은 그 집에 대한 존경심이 너무 커서 그런 일을 하지 못한다고 말했다. 이 순간 주인이 나타났다. 그는 작업이 전부 중단되었다는 사실에 격노했다.

그러나 아내는 더 심각한 종류의 불복종에 위협받고 있는 것이라고 설명하려 했다. 주인과 아내는 안으로 물러났고 남은 사람들은 '환희' '무질서' '웃음'으로 미칠 지경이었다.[4]

웃음은 거기에서 끝나지 않았다. 그 뒤로 인쇄공들이 기분 전환을 위해 잠시 쉴 때마다 레베이예는 최소한 20회 이상 그 모든 장면을 무언극으로 재연했다. 인쇄공들의 속어로 '복사copie'라고 하는 것은 인쇄소 생활에서 일어나는 사건들을 광대극식으로 재연하는 것인데 그것은 그 사람들에게 중요한 오락이었다. 그것은 인쇄소 내 어떤 사람의 특징을 풍자함으로써 모욕을 주는 것이었다. 성공적인 '복사'는 그 대상이 된 사람을 격노에 떨게 만들었는데(인쇄소의 속어로는 염소를 잡는다prendre la chèvre라고 한다), 그러는 동안 동료들은 '거친 음악'으로 그를 조롱했다. 즉, 그들은 식자용 막대를 활자 상자 뚜껑 위에 굴린다든가, 망치로 벽을 친다든가, 찬장을 두드린다든가, 염소의 울음소리를 내는 식으로 야유를 보냈던 것이다. 염소 울음은 영어에서 누가 "당신의 염소를 잡다get your goats"[짜증나게 굴다]라는 표현처럼 희생자에게 가해진 모욕을 뜻했다. 콩타는 레베이예가 여태껏 알던 것 중 가장 재미있는 '복사'를 했으며 가장 시끄럽게 울려 퍼진 거친 음악의 합창을 불러일으켰다는 점을 강조했다. 고양이 학살과 '복사'가 결합된 전체 에피소드는 제롬의 전 생애에서 가장 즐거웠던 경험으로 남아 있었다.

그러나 이것은 현대의 독자가 보기에 노골적으로 혐오스럽다고 할 수는 없을지라도 재미있다고 할 수도 없다. 무방비의 짐승을 죽인 것을 한 소년이 의례처럼 만들어 재연하는 것을 보면서 한 떼의

4 Contat, *Anecdotes typographiques*, p. 53.

어른들이 염소 울음소리를 내고 연장으로 두드려대는 것의 어디에 유머가 있다는 말인가? 여기에서 우리가 웃지 못한다는 사실은 산업화 이전 유럽의 노동자와 우리를 갈라놓고 있는 거리에 대한 하나의 증거다. 그런 거리의 인식을 연구의 출발점으로 삼을 수도 있을 것이다. 왜냐하면 인류학자들은 낯선 문화에 침투하려는 시도에서 최고의 입구는 그것이 가장 불투명하게 보이는 지점이라는 것을 알아냈기 때문이다. 원주민들에게 특정한 의미를 가졌던 어떤 것, 예컨대 농담이나 속담이나 의례와 같은 것의 의미를 이해하지 못한다는 사실을 인식했을 때, 우리는 그것을 해독하기 위해 어디에서 낯선 의미 체계를 파악해야 하는지 알 수 있는 것이다. 고양이 대학살이 왜 웃긴 일이었는지 이해해봄으로써 구체제 직공들의 문화의 근본 요소를 '이해'할 수 있을 것이다.

가장 먼저 설명해야 할 것은 우리는 고양이 살해를 직접 관찰할 수 없다는 사실이다. 우리는 사건이 있은 지 약 20년 후에 기록된 콩타의 이야기를 통해 그것을 연구할 수 있을 뿐이다. 자일스 바버가 훌륭하게 편집한 해당 책에서 논증했듯 콩타의 준準허구적 자서전이 갖는 신빙성에 대해서는 의심의 여지가 없다. 그것은 토마스 플래터로부터 토머스 겐트, 벤저민 프랭클린, 니콜라 레티프 드 라 브르톤, 찰스 맨비 스미스에 이르기까지 인쇄업자들이 쓴 자전적 기록의 계보에 속한다. 인쇄공으로 일하려면, 최소한 식자공이라도 하려면, 어느 정도 글을 읽을 줄 알아야 했기 때문에 이들은 2~4세기 전 노동자 계급 중에서 자신들의 생활을 기록으로 남길 수 있었던 몇 안 되는 직종에 속했다. 틀린 철자법과 문법적인 결함에도 불구하고 콩타의 이야기는 아마도 그런 기록 중에서 가장 풍요로울 것이다.

하지만 이것이 실제 일어난 일을 거울처럼 반영한다고 간주할 수는 없다. 이것은 해당 사건의 콩타 판본으로, 이야기를 하려는 그의 시도로 읽혀야 한다. 모든 종류의 스토리텔링과 마찬가지로 그의 이야기도 행동을 상황적 틀 속에 위치시킨다. 이것은 청중의 입장에서 어떤 종류의 연상 작용이나 반응을 일으키는 레퍼토리가 있음을 전제한다. 그리고 그것은 경험이라는 원재료에 의미 있는 형상을 부여한다. 그러나 우리는 애초에 그 의미를 파악하려고 시도하는 것이기 때문에 이야기가 다소 조작되었다 할지라도 지체해서는 안 된다. 오히려 이야기를 허구 혹은 의미 있는 조작으로 취급함으로써 우리는 인종지학적인 텍스트 해석explication de texte을 펼치는 데 이용할 수 있다.

콩타의 이야기를 읽는 대다수의 독자들에게 떠오를 최초의 설명은 고양이 학살이 주인과 그 아내에 대한 우회적 공격으로 작용했다는 것이다. 콩타는 그 사건을 노동자와 '부르주아' 사이의 운명의 불균형—일·음식·잠이라는 삶의 기본 요소에 관련된 문제—에 대한 발언이라는 콘텍스트 속에 위치시켰다. 그런 부당한 처사는 견습공들의 경우에 특히 극악했다. 그들은 동물처럼 취급되었던 반면, 동물들은 그들의 머리 위로 올라가 소년들이 차지했어야 했던 자리인 주인의 식탁으로 승진되었던 것이다. 견습공들이 가장 혹사당했던 것으로 보이지만 텍스트는 고양이를 살해한 것이 노동자들 전체에 퍼져 있던 '부르주아'에 대한 증오를 표현했던 것임을 명확히 하고 있다: "주인들이 고양이를 사랑하므로 결과적으로 노동자들은 고양이를 증오한다." 학살을 주도한 뒤 레베이예는 가게의 영웅이 되었다. "모든 노동자들은 주인에 대항해 단결"하고 있었기 때문이며,

"인쇄공들의 모임에서 인정받으려면 그들[주인들]에 대해 험담을 하는 것 정도로 충분하다."[5]

역사가들은 산업화가 도래하기 이전 수공업 생산의 시대를 목가적인 시기로 취급하는 경향이 있었다. 어떤 사람들은 당대의 작업장이 마치 확대된 가정인 양 장인master과 직인이 같은 작업을 하고, 같은 식탁에서 식사하며, 같은 지붕 아래에서 잠을 자기도 했던 것처럼 묘사한다.[6] 1740년대의 파리에는 어떤 일이 일어나서 인쇄소의 분위기에 악풍을 불어넣었던 걸까?

17세기 후반에 이르면 정부의 후원을 받는 대형 인쇄소들로 인해 소규모 가게들 대부분이 사라지고 소수의 장인들이 인쇄업을 장악하게 되었다.[7] 동시에 직인들의 상황은 악화되었다. 추산마다 다르고 통계를 신뢰할 수도 없지만 직인들의 숫자는 큰 변동이 없었던 것으로 보인다. 대략 1666년에는 335명, 1701년에는 339명, 1721년에는 340명이었다. 한편 장인의 숫자는 반 이상이 줄어 83명에서 36명이 되었는데 그것은 1686년의 칙령에 의해 정해진 제한에 따른 것이었다. 이러한 상황이 의미하는 바는 더 적은 수의 작업장에 더 많은 노동력이 몰리게 되었다는 사실이었으며 그것은 인쇄기의 밀

5 같은 책, pp. 52, 53.

6 예를 들어 Albert Soboul, *La France à la veille de la Révolution*(Paris, 1966), p. 140; Edward Shorter, "The History of Work in the West: An Overview," in *Work and Community in the West*, ed. Edward Shorter(New York, 1973) 참조.

7 본문에서 이어지는 논의는 다음을 참고했다. Henri-Jean Martin, *Livre, pouvoirs et société à Paris au XVIIe siècle(1598~1701)*(Geneva, 1969); Paul Chauvet, *Les Ouvriers du livre en France, des origines à la Révolution de 1789*(Paris, 1959). 통계 숫자는 위의 책들에서 인용하고 있는 구체제 연구의 권위자들에게서 따온 것이다. Martin, II, pp. 699~700; Chauvet, pp. 126, 154.

도에 관한 통계에서도 알 수 있다. 즉 1644년 파리에는 75개의 인쇄소가 180대의 인쇄기를 보유했던 반면 1701년에는 51개의 인쇄소가 195대를 보유했다. 이런 추세는 직인들이 장인의 지위로 오르는 것을 거의 불가능하게 만들었다. 추정컨대 노동자가 장인이 될 수 있었던 유일한 방법은 장인이 죽은 뒤 남겨진 그의 아내와 결혼하는 것이었다. 장인직은 세습적인 특권이어서 남편에게서 아내로, 아버지에게서 아들로 물려졌기 때문이다.

직인들은 아래로부터의 위협도 느꼈다. 주인들이 임금 노동자들 alloués이나 자격 미달의 인쇄공들을 고용하는 경향이 커졌기 때문인데 이들은 원칙상이나마 직인을 장인직에 오를 수 있게 해주는 견습공의 기간을 거치지 않았던 사람들이었다. 임금 노동자는 단지 값싼 노동력의 원천이었을 뿐으로, 1723년의 칙령에 의해 직업 내에서 높은 자리에 오를 수 없게 되었고 그 열등한 지위에 묶여 있었다. 그들의 영락함은 이름에서부터 두드러졌다. 그들은 주인의 친구 compagnons[8]가 아니라 임시 고용자à louer[9]였다. 그들은 노동이란 동반자가 아니라 상품이 되는 경향이 있음을 몸으로 보여준다.[10] 그러므로 직인 인쇄공들이 힘들었던 시절에, 생세브랭가 인쇄소의 사람들이 위에서는 잘려 나가고 밑에서는 사람들이 득시글하던 그 시절에 콩타는 견습공 생활을 하면서 회고록을 남겼던 것이다.

이런 일반적 경향이 실제 작업장에서 얼마나 명확하게 드러났는지는 뇌샤텔 인쇄협회(Société typographique de Neuchâtel, STN)의 문

8 (옮긴이) 동시에 직인이라는 뜻도 지니고 있다.

9 (옮긴이) 이 단락의 앞에 등장하는 임금 노동자와 프랑스어 발음이 같다.

10 (옮긴이) "노동은 상품이 된다"는 개념은 카를 마르크스가 『1844년의 경제학 철학 수고』에서 주장한 것이다.

서에서 확인해볼 수 있다. 사실 뇌샤텔은 스위스에 있고 STN은 콩타가 회고록을 썼던 1762년보다 7년 늦게야 사업을 시작했다. 그러나 18세기 인쇄업의 관례는 어디에서나 근본적으로 같았다. STN의 문서보관소는 수십 가지 세부 사항에서 콩타의 경험에 대한 이야기가 사실임을 확인시켜준다. (심지어 루아얄 인쇄소에서 잠시 동안 제롬을 감독했던 십장 콜라스가 1779년 잠시 동안 STN의 인쇄소를 맡았던 사람과 동일인임을 보여주기까지 한다.) 그것은 장인들이 근대 초에 인쇄공들을 고용하고 감독하고 해고하던 방식을 기록한, 유일하게 남아 있는 문서다.

STN의 임금 장부는 노동자들이 보통 한 가게에서 단지 몇 개월만 머물렀음을 보여준다.[11] 그들은 주인과 다투거나, 싸움질을 하거나, 다른 가게에서 행운을 찾으려 하거나, 일거리가 떨어져서 가게를 떠났다. 식자공들은 일감에 따라, 즉 인쇄공들의 은어로는 노역labeur, 또는 작업ouvrage에 따라 고용되었다. 일감을 끝내면 식자공들은 해고되는 일이 빈번했고 인쇄소 내 두 부서의 균형을 유지하기 위해 몇 명의 인쇄공들도 해고되어야 했다. 두 부서란 (활자 상자를 뜻하는) 카스casse라고 불린 식자부와 (인쇄기를 뜻하는) 프레스presse라고 불린 인쇄부를 말하는데, 보통 두 명의 식자공과 두 명의 인쇄공이 조를 이뤄 일했다. 십장이 새로운 일을 맡으면 새로운 일손을 고용했다. 고용과 해고는 대단히 빠른 속도로 이루어져 일주일 후에도 같은 사람들이 남아 있는 경우가 드물었다. 생세브랭가에 있던

11 이 자료에 대한 한층 상세한 논의는 미국 의회도서관에서 했던 엥겔하드 강의록을 참고하라. Robert Darnton, "Work and Culture in an Eighteenth-Century Printing Shop," *The Quarterly Journal of the Library of Congress*, vol. 39, no. 1(winter 1982), pp. 34~47.

제롬의 동료 노동자들의 상황도 마찬가지로 불안정했던 것으로 보인다. 그들 역시 특정한 '노역'에 따라 고용되었으며 '부르주아'와 말다툼을 한 뒤 일을 그만두기도 했다. 그것은 너무도 흔한 일이어서 콩타가 자신의 이야기 뒤에 덧붙인 인쇄소 은어 목록에도 그것을 가리키는 표현이 들어 있다. 즉 '성 요한을 훔쳐간다emporter son Saint Jean'라는 말로서, 연장을 챙긴다거나 일을 그만둔다는 의미였다. 누가 한 가게에 1년만 있어도 고참ancien이라고 불릴 정도였다. 다른 은어들도 작업장의 분위기를 암시한다. '큰 염소une chèvre capitale'는 격노한 것을, '옴을 주고받는다se donner la gratte'는 싸운다는 것을, '수염을 잡는다prendre la barbe'는 취한다는 것을, '샛길로 빠진다faire la déroute'는 몰래 선술집에 간다는 것을, '외투를 걸친다promener sa chape'는 일을 중단한다는 것을, '늑대질을 한다faire des loups'는 빚더미가 쌓인다는 것을 뜻했다.[12]

폭력과 주정과 무단결근은 STN의 임금 장부에서 수집할 수 있는 수입과 지출의 통계에도 나타난다. 인쇄공들은 불규칙하게 몰아치기로 작업을 했다. 어떤 주에는 다른 주보다 두 배의 작업을 하기도 했고, 근무일은 일주일에 나흘이 되기도 엿새가 되기도 했으며, 일과의 시작은 새벽 네 시일 수도, 정오가 다 되어서일 수도 있었다. 이런 불규칙성을 통제하기 위해 주인들은 두 가지 뛰어난 성질을 지닌, 즉 근면과 절주를 할 수 있는 사람들을 찾았다. 그런 사람이 기술까지 좋다면 금상첨화였다. 제네바의 한 직업 소개인은 뇌샤텔로 향하려고 하던 식자공에게 다음과 같이 관례적인 추천서를 써 주었다: "이 사람은 어떤 일이 주어지건 잘 해내는 좋은 일꾼이고, 주정

12 Contat, *Anecdotes typographiques*, pp. 68~73.

뱅이가 결코 아니며 자신의 일에 근면합니다."[13]

STN은 뇌샤텔에 적합한 인력이 충분치 않고 프랑스 전국을 순회하는 인쇄공들의 물결도 때로는 고갈되었기 때문에 직업 소개인들에게 의존했다. 소개인들과 고용주들은 18세기의 직공들이 게으르고, 변덕스럽고, 방탕하고, 신뢰할 수 없다는 공통적인 전제를 보여주는 편지를 교환했다. 직공들은 신뢰할 수 없다. 그러므로 소개인들은 그들에게 여행 경비를 빌려주지 않았고, 고용주들은 직공들이 급료를 받은 뒤 도망갈 경우에 대비해 그들의 소지품을 일종의 신원보증금으로 보관할 수 있었다. 그 결과 직공들이 열심히 일했건 아니건, 부양 가족이 있건 없건, 혹은 병에 걸렸건 상관없이 그들은 아무런 거리낌 없이 해고될 수 있었다. STN은 종이나 활자를 주문하는 것처럼 직공들을 '물건'처럼 주문했다. STN은 리옹의 한 소개인에게 "상태가 나쁜 둘을 보냈기에 반송해야만 했다"[14]라고 불평하면서 상품 검수에 실패했음을 지적했다: "당신이 보낸 것 중 둘은 제대로 도착하긴 했지만 너무도 아파서 나머지 모두에게 전염시킬 것만 같습니다. 그래서 우리는 그들을 고용하지 않았습니다. 마을의 어느 누구도 그들에게 숙소를 제공하려 하지 않았습니다. 그래서 그들은 병자 수용소에 몸을 맡기기 위해 다시 길을 떠나 브장송 쪽으로 향했습니다."[15] 리옹의 한 서적상은 STN에게 인쇄업의 비수기 동안 직공들 대부분을 해고하라고 충고했다. 그리하여 프랑스 동부 지방에 노동력 공급이 넘쳐흘러 "우리가 통제할 수 없는 그 거칠고 기강

13 크리스트가 뇌샤텔 인쇄협회(STN)에 보낸 편지, 1773년 1월 8일. 스위스 뇌샤텔에 있는 마을 도서관 소장 STN의 문서.

14 STN이 조제프 뒤플랭에게 보낸 편지, 1777년 7월 2일.

15 STN이 루이 베르낭주에게 보낸 편지, 1777년 6월 26일.

이 없는 무리들에 대해 우리의 권력을 더욱 강하게 행사할 수 있도록 하자"는 것이었다.[16] 언젠가 유럽 어느 곳에선가 직인들과 주인들이 행복한 가족의 일원으로 함께 살았던 적이 있었을지는 모르지만 그것이 18세기 프랑스나 스위스의 인쇄소는 아니었던 것이다.

콩타 자신은 그런 상태가 한때 존재했다는 것을 믿고 있었다. 그는 인쇄술이 처음 발명되고, 인쇄공들이 '결속과 우정'이라는 우애 정신 속에서 자체의 법과 전통에 의해 지배되는 '공화국'의 자유롭고 평등한 일원으로 살았던 황금시대를 떠올림으로써 제롬의 견습 기간에 대한 기술을 시작했다.[17] 콩타는 그 공화국은 동지회chapelle, 즉 각 인쇄소에 있는 노동자들의 조합 속에서 여전히 지속되고 있다고 주장했다. 그러나 정부가 조합의 총회를 해산시켰다. 인쇄공의 계층은 임금 노동자들에 의해 약화되었다. 직인들에게는 장인직이 허용되지 않았고, 주인들은 고급 요리haute cuisine와 늦잠grasses matineés이라는 다른 세계로 사라졌다. 생세브랭가의 주인은 다른 음식을 먹었고 다른 시간대에 살았고 다른 언어를 말했다. 그의 부인과 딸들은 세속에 물든 성직자들과 희롱질을 했다. 그들은 애완동물을 길렀다. 확실히 '부르주아'는 다른 문화권에 속해 있었는데 그 문화권은 무엇보다도 일을 하지 않는다는 특징으로 규정되었다. 고양이 학살에 대한 이야기의 도입부에서 콩타는 이야기 전체에 흐르고 있는 노동자의 세계와 주인의 세계 사이의 대비를 명확하게 했다. "노동자와 견습공은 모두가 일한다. 주인과 그 부인만이 달콤한 잠을 즐긴다. 그것이 제롬과 레베이예의 화를 돋운다. 그들은 자신들만

16 조제프 뒤플랭이 STN에 보낸 편지, 1778년 12월 10일.

17 Contat, *Anecdotes typographiques*, pp. 30~31.

비참한 자가 되지 않기로 작심한다. 그들은 주인과 그 부인도 동료 associés이기를 원한다."[18] 말하자면 그 소년들은 주인과 일꾼들이 우정 어린 조합 속에서 일했던 전설 같은 과거를 복구시키기를 원했던 것이다. 그들은 또한 작은 인쇄소들이 최근에 소멸했던 것을 마음에 두고 있었을지도 모른다. 그리하여 그들은 고양이를 죽였다.

그런데 왜 하필 고양이였던가? 그리고 고양이를 죽이는 것이 왜 그렇게 재미있었을까? 이런 질문들은 근대 초의 노동관계에 대한 고찰을 넘어서서 대중들의 의례와 상징이라는 모호한 주제로 우리를 인도한다.

민속학자들은 역사가들로 하여금 근대 초의 사람들에게 역년曆年을 구획 지었던 종교의식의 주기에 친숙해지도록 만들었다.[19] 그중에서 가장 중요한 것은 사육제와 사순절의 주기로서 환락의 기간 뒤에 금욕의 기간이 이어진다. 사육제 동안 평민들은 정상적인 행위 규범을 유보하고 사회 질서를 전도시키는 의례를 거행하거나 폭동과도 같은 행진 속에서 사회 질서를 뒤집었다. 사육제는 청년들, 특히 견습공들이 떼를 지어 소란을 피우던 기간이었다. 그들은 모의 수도원장 또는 모의 왕에 의해 지배되는 '수도원'을 조직해 거친 음악의 소동 속에 샤리바리나 광대극으로 꾸려지는 행진을 연출하면

**18** 같은 책, p. 52.

**19** 민속과 프랑스 역사에 관한 방대한 저작이나 참고 도서 목록에 대한 최근의 개관으로는 Nicole Belmont, *Mythes et croyances dans l'ancienne France*(Paris, 1973) 참조. 본문에서 이어지는 논의는 주로 다음에 수록된 자료에 근거했다. Eugène Rolland, *Faune populaire de la France*(Paris, 1881), IV; Paul Sébillot, *Le Folk-lore de France*(Paris, 1904~1907), 4 vols., 특히 III, pp. 72~155와 IV, pp. 90~98. 다음에도 약간 의존했다. Arnold Van Gennep, *Manuel de folklore français contemporain*(Paris, 1937~58), 9 vols.

서 오쟁이 진 남편, 아내에게 맞은 남편, 연배가 낮은 남자와 결혼한 신부, 그 외에도 전통적 규범을 위배한 사람들에게 모욕을 주었다. 사육제는 환희와 성과 젊은이들이 주도하는 폭동의 성수기였다. 이 기간에 젊은이들은 제한적으로나마 규범에서 벗어나는 일탈 행위를 격렬하게 발산시켜 사회의 한계를 시험해보았고, 그 뒤 질서와 복종과 사순절의 엄숙한 세계로 다시 동화되었다. 사육제는 짚으로 만든 인형인 사육제의 왕Caramantran이 의례 속에서 재판을 받고 처형되는 참회의 화요일Mardi Gras에 끝났다. 어떤 샤리바리에서는 고양이들이 중요한 역할을 맡았다. 부르고뉴에서는 고양이를 고문하는 일을 거친 음악에 포함시켰다. 오쟁이를 진 남편이나 다른 희생자를 조롱하면서 젊은이들은 고양이를 한 사람씩 번갈아 건네주면서 털을 뽑아 울게 만들었다. 그들은 이것은 고양이질faire le chat이라고 불렀다. 독일 사람들은 샤리바리를 고양이 음악Katzenmusik이라고 불렀는데 그 이름은 고문받던 고양이의 울음소리에서 유래했을 것으로 추정된다.[20]

고양이는 6월 24일 하지에 거행되었던 성 세례 요한 축일에도 등장했다. 군중들은 모닥불을 피운 뒤 그 위를 뛰어넘고 주위에서 춤을 추며 그해의 남은 기간 동안 재앙을 피하고 복을 받으려는 희망에서 마법적인 힘을 지녔다는 물체를 불 속에 던져 넣었다. 이때 즐겨 던지던 것이 고양이였다. 그들은 고양이를 자루 속에 넣어

20 독일과 스위스에서 '고양이 음악'은 모의재판과 처형을 포함하는 경우가 있었다. 그 어원은 명확하지 않다. E. Hoffmann-Krayer & Hans Bächtold-Stäubli, *Handwörterbuch des deutschen Aberglaubens*(Berlin & Leipzig, 1931~32), IV, pp. 1125~32; Paul Grebe et al., *Duden Etymologie: Herkunftswörterbuch der deutschen Sprache*(Mannheim, 1963), p. 317 참조.

사육제 행진에서 거꾸로 된 세계.

묶거나 밧줄에 매달거나 말뚝에 묶어 태웠다. 파리 사람들은 고양이를 자루째로 태우는 것을 좋아했던 반면 생샤몽 지방의 쿠리모 Courimaud(고양이 추격자cour à miaud라는 뜻이다)들은 불을 붙인 고양이를 거리에서 쫓아다니기를 즐겼다. 부르고뉴나 로렌의 일부 지역에서는 오월의 기둥[21]에 고양이를 묶어놓고 그 주위에서 춤을 추었다. 메츠 지역에서는 모닥불 위에 얹은 바구니에 열두 마리의 고양이를 넣어 한꺼번에 태우기도 했다. 그런 의식은 1765년 폐지되기 전까지 메츠에서 화려하게 거행되었다. 시의 유지들이 행진해 그랑솔시 광장에 도착한 뒤 장작에 불을 붙였다. 고양이들이 비명을 지

21 (옮긴이) 5월 1일의 오월제를 기념하기 위해 세운 꽃이나 리본으로 장식한 기둥을 가리킨다.

르며 화염 속으로 사라지는 동안 군부대에서 온 소총수들이 둘러서서 일제 사격을 했다. 이런 관행은 장소에 따라 다르기는 했지만 모닥불, 고양이, 들뜬 마녀사냥의 분위기 등 그 기본 요소는 어느 곳에서나 동일했다.[22]

공동체 전체가 참여하는 이런 일반적인 의례에 더해 직공들은 그들의 직종에 특징적인 의례를 거행했다. 인쇄공들은 그들의 수호성인인 사도 성 요한을 기념해 그의 축일인 12월 27일과 그의 순교 기념일인 5월 6일의 성 요한 포르트 라틴 축일에 행진을 했고 만찬을 벌였다. 18세기에 이르면 장인들은 수호성인에게 봉헌하는 모임에서 직인들을 제외시켰지만 직인들은 자신들의 동지회에서 계속하여 의식을 거행했다.[23] 11월 11일 성 마르탱 축일에 그들은 모의재판을 한 뒤 만찬을 벌였다. 그 동지회는 자체의 행동 규약에 의거해 통치된 작은 '공화국'이라고 콩타는 설명했다. 어떤 노동자가 규약을 어기면 동지회의 우두머리지만 경영에는 관여하지 않는 십장이 장부에 벌금을 기입했다. 예컨대 촛불을 끄지 않고 놔두면 5수, 말다툼은 3리브르, 동지회의 이름에 모욕을 가하면 3리브르 등이었다. 성 마르탱 축일에 십장은 벌금 내역을 읽고 징수했다. 때로 노동자들은 동지회의 '고참'으로 구성된 광대극식의 법정에서 벌금에 대해 항의하기도 했지만 결국 그들은 더 큰 염소 울음소리와 연장 두드리는

22 생샤몽 지방의 고양이 태우기에 대한 정보는 콜로라도 대학교의 엘리너 아캄포가 내게 친절하게 보내준 편지에서 얻은 것이다. 메츠의 의례에 대해서는 A. Benoist, "Traditions et anciennes coutumes du pays messin," *Revue des traditions populaires*, XV(1900), p. 14 참조.

23 Contat, *Anecdotes typographiques*, pp. 30, 66~67; Chauvet, *Les ouvriers du livre*, pp. 7~12.

소리와 폭동적인 웃음소리 속에서 벌금을 물어야 했다. 벌금은 동지회가 애용하던 술집에서 음식과 술값으로 충당되었는데 여기서 밤늦게까지 광란이 계속되었다.[24]

징수와 회식은 동지회의 다른 모든 의식의 특징이었다. 한 사람이 인쇄소에 채용될 때는 환영비bienvenue, 떠날 때는 전송비conduite, 결혼할 때조차 침대권비droit de chevet와 같은 특별 회비를 냈고 잔치를 벌였다. 무엇보다도 이런 의식은 견습공에서 직인으로 오르는 젊은이의 성장을 강조했다. 콩타는 이와 같은 네 가지 의식을 기술했는데 가장 중요한 것은 '앞치마 수여la prise de tablier'라고 불리던 첫번째 의식과 제롬이 완전한 직인으로 진입하게 된 마지막 의식이었다.

'앞치마 수여'는 제롬이 인쇄소에 들어온 지 얼마 지나지 않아서 일어났다. 그는 (평범한 직인의 사흘치 임금에 해당하는) 6리브르를 내놓아야 했고 직인들은 그에 조금씩 갹출해 보충했다faire la reconnaissance. 그 뒤 동지회는 단골 술집인 위셰트가의 파니에르 플뢰리로 몰려갔다. 음식 장만을 위해 심부름꾼들이 파견되어, 인근 상점 주인들에게 어떤 고기 부위가 인쇄공들에게 썰어 줄 만하고, 어떤 부위가 구두공을 위해 남겨놓을 만한지 한바탕 설교를 한 뒤 빵과 고기를 가득 안고 돌아왔다. 직인들은 침묵 속에 술잔을 손에 들고 술집 이층 특실에 있는 제롬의 주위로 모였다. 십장보가 앞치마를 들고 다가왔고 그 뒤로는 인쇄소의 두 부서인 카스와 프레스를 대표하는 두 명의 '고참'이 따라왔다. 십장보가 올이 촘촘한 무명으로 새로 만든 앞치마를 십장에게 넘겨주면 십장은 제롬의 손을 잡고 방의 중앙으로 이끌었고 그 뒤를 십장보와 '고참'이 따랐다. 십장이

24 Contat, *Anecdotes typographiques*, pp. 65~67.

파리 외곽 랑포노의 술집에서 민중들의 여흥.

짧은 연설을 하고는 앞치마를 제롬의 머리에 씌운 뒤 끈을 등 뒤로 묶으면 모든 사람이 신참자의 건강을 기원하며 건배를 했다. 그런 뒤 제롬에게는 식탁 상석의 동지회 실력자들 옆에 자리가 주어졌다. 다른 사람들은 다투어 가장 좋은 자리를 찾고는 음식에 달려들었다. 그들은 부어라 삼켜라 한 뒤 곧장 더 달라고 외쳤다. 몇 차례 가르강튀아식의 순배[25]가 돌아간 뒤에 그들은 좌정해 인쇄소 이야기를 시작했다. 콩타 덕분에 우리는 그 대화를 엿들을 수 있다.

그들 중 한 사람이 말한다. "인쇄공들이 먹는 법을 안다는 것은

25 (옮긴이) 라블레의 소설 주인공인 가르강튀아는 거인이다. 가르강튀아식의 순배는 폭음과 폭식을 가리킨다.

맞는 말이야. 아무리 커다란 양구이를 갖다 줘도 우리는 뼈만 남길 거야." 그들은 신학이나 철학을 이야기하지 않고 정치는 더욱 말하지 않는다. 각자는 자기의 일에 대해 말한다. 어떤 사람은 식자에 대해 말할 것이며 다른 사람은 인쇄에 대해 말할 것이다. 이 사람이 압지에 대해 말하면 저 사람은 잉크 볼에 대해 이야기한다. 그들 모두가 누가 듣건 말건 동시에 말한다.

마침내 몇 시간에 걸친 통음과 고함 끝에 동이 트면 노동자들은 흩어졌다. 흠뻑 취하기는 했어도 끝까지 의식을 따랐다. "안녕히 가십시오, 십장님." "안녕히 가세요, 식자공들." "안녕히 가세요, 인쇄공들." "잘 가요, 제롬." 이 텍스트는 직인이 되기 전까지는 제롬이 이름으로 불릴 것임을 설명해준다.[26]

그 순간은 두 번의 중간 승진 의식('작업 승인admission à l'ouvrage'과 '급료 승인admission à la banque')과 상당한 양의 시달림 끝에 4년 뒤에 찾아왔다. 사람들은 제롬의 무지를 조롱하고 할 수 없는 심부름을 시키고 못된 장난을 걸어 웃음거리로 만들고 불결한 잔일로 지치게 만듦으로써 제롬에게 고통을 가했을 뿐만 아니라 그에게 아무것도 가르쳐주지 않았다. 그들은 이미 넘치는 노동 시장에 또 하나의 직인이 들어오는 것을 원치 않았기에 제롬은 직업 요령을 스스로 터득해야 했다. 고된 일, 음식, 숙소, 수면 부족은 한 소년을 미칠 지경으로 몰고 가기에, 혹은 최소한 인쇄소의 문밖으로 몰고 가기에 충분했다. 그러나 사실 그것은 평상적인 처우였기에 너무 심각하게 생각할 필요는 없다. 콩타는 제롬이 겪은 곤경의 목록을 가벼운 마음

**26** Contat, *Anecdotes typographiques*, pp. 37~41. 인용문은 pp. 39~40.

으로 이야기하고 있으며 그것은 진부한 희극 장르인 '견습공의 비참함misère des apprentis'을 시사해준다.[27] 이 비참함이라는 장르는 업계의 모든 사람들에게 친숙하고 재미있었던 삶의 단계를 졸렬한 운문이나 욕설로 우습게 풍자한 것이었다. 그것은 아동으로부터 성인으로 건너가는 과도기 단계였다. 젊은이가 직업 집단의 완전한 일원이 되어 책임을 다하기 위해서는 땀을 흘리며 이 단계를 거쳐야 했다. 그 책임에는 견습공으로서 조롱을 받는 것 외에도 환영비bienvenues, 간식비[28]로 불리던 현금 징수까지 포함되어 있었다. 그 단계를 거치는 동안 그는 유동적인 혹은 경계선상의 상태로 살면서 성인들의 규약을 자신의 무모한 생활에 적응시키기 위해 노력해야 했다. 연장자들은 인쇄업계에서 '복사' 또는 '흉내 내기joberies'라고 부르는 장난을 받아주었다. 그 장난이 안정되기 전에 젊어서 부릴 수 있는 객기라고 보았기 때문이다. 일단 안정이 되면 그는 직업의 규약을 내면화하면서 새로운 자아를 얻게 될 것이고 그것은 보통 이름의 변화로 상징되었다.[29]

27 이 장르의 좋은 예인 *La Misère des apprentis imprimeurs*(1710)는 다음 책에 부록으로 실려 있다. Contat, *Anecdotes typographiques*, pp. 101~10. 다른 예로는 A. C. Cailleau, *Les Misères de ce monde, ou complaintes facétieuses sur les apprentissages des différents arts et métiers de la ville et faubourgs de Paris*(Paris, 1783) 참조.

28 (옮긴이) 보통 오후 네 시에 간식을 먹기 때문에 '네 시 회비quatre heures'라고 불렸다.

29 이런 과정에 관한 고전적 연구로는 Arnold Van Gennep, *Les Rites de passage*(Paris, 1908)가 있다. 이 책의 논지는 뒤따른 인종지학적 연구에 의해 확장되었는데 그중 특히 주목할 만한 것은 다음과 같다. Victor Turner, *The Forest of Symbols: Aspects of Ndembu Ritual*(Ithaca, N.Y., 1967); *The Ritual Process*(Chicago, 1969). 제롬의 경험은 몇 가지 측면을 제외하고는 반 헤넵-터너의 모델에 매우 잘 맞는다. 동지회에서는 그와 술을 마실 경우 직인들에게 벌금을 물릴 수도 있었지만 그는 신성하거나 위험하다고 여겨

제롬은 마지막 의식인 '직인 입문식compagnonnage'을 통과함으로써 직인이 되었다. 이것은 신참자가 입회비를 지불하고 직인들이 '답례'를 갹출한 뒤 먹고 마시는, 다른 의식들과 다를 바 없는 의식이었다. 그러나 이번에 콩타는 십장의 연설을 요약해 들려주고 있다.[30]

> 신참자는 교화되고 있다. 결코 동료를 배신하지 말고 임금 기준을 유지할지어다. 한 노동자가 [일의] 대가를 받아들이지 못해 인쇄소를 떠난다면 어느 누구도 그것보다 낮은 임금으로 그 일을 맡지 말지어다. 이것이 노동자들 사이의 법이다. 신뢰와 성실을 명심하라. '마롱marron'이라고 불리는 금서 품목이 인쇄되고 있을 때 다

지지는 않았다. 그는 주인집의 모퉁이에서 임시방편의 거처를 구하려고 집을 떠났지만, 성인 사회의 외부에서 살지 않았다. 그는 비교秘敎적인 은어를 습득해야 했고 공동의 만찬으로 절정에 달하기까지 수많은 고난 끝에 직업적인 에토스에 동화되어야 했지만 비밀스러운 의식sacra에 접하지는 않았다. 조셉 목슨, 토머스 젠트, 벤저민 프랭클린은 이와 흡사한 영국의 관행을 언급한 바 있다. 독일의 성년식은 대단히 정교하고 아프리카, 뉴기니, 북아메리카 종족들의 성년식과 구조적 유사성을 갖고 있다. 견습공은 염소의 뿔과 여우의 꼬리로 장식된 더러운 모자를 썼는데 그것은 그가 동물의 상태로 되돌아갔음을 가리키는 것이다. 반은 인간이고 반은 짐승인 '뿔 달린 것Cornut' 또는 '중간물Mittelding'로서 그는 손톱 끝을 줄로 가는 것을 포함해 의식으로서의 고문을 겪었다. 마지막 의식에서 인쇄소의 수장이 모자를 쳐서 떨어뜨린 뒤 그의 얼굴을 때린다. 그러면 그는 완전한 직인으로서 새롭게 탄생하는 것이다(때로는 새 이름을 받고 세례를 받기까지 한다). 최소한 그런 것이 독일 인쇄공들의 교본에 기록된 관행이다. 특히 다음을 참고할 것. Christian Gottlob Täubel, *Praktisches Handbuch der Buchdruckerkunst für Anfänger*(Leipzig, 1791); Wilhelm Gottlieb Kircher, *Anweisung in der Buchdruckerkunst so viel davon das Drucken betrifft*(Brunswick, 1793); Johann Christoph Hildebrand, *Handbuch für Buchdrucker-Lehrlinge*(Eisenach, 1835). 의식은 고래의 대중극인 *Depositio Cornuti typographici*와 관련되어 있는데 이것은 다음에 수록되어 있다. Jacob Redinger, *Neu aufgesetztes Format Büchlein*(Frankfurt am Mein, 1679).

**30** Contat, *Anecdotes typographiques*, pp. 65~66.

른 사람들을 배신하는 노동자는 인쇄소에서 불명예스럽게 축출될 것이다. 그런 노동자는 파리와 지방의 모든 인쇄소에 사발통문을 돌려 감시 인물 명부에 올릴 것이다. […] 그 밖에는 모든 것이 허용된다. 과음은 미덕이요, 염사와 난봉은 젊은 날의 공적이요, 부채는 기지의 표시요, 무신앙은 성실성으로 간주될 것이다. 이곳은 모든 것이 허용되는 자유로운 공화주의의 영역이다. 원하는 대로 살라. 그렇지만 정직한 인간honnête homme이 되고 위선은 금물이라.

이야기의 나머지 부분을 보면 위선은 미신적인 종교에 사로잡혀 있는 '부르주아'의 주요 특성으로 판명된다. 그는 허례허식적인 부르주아의 도덕이라는 별개의 세계를 차지하고 있다. 노동자들은 그러한 부르주아의 세계뿐만 아니라 다른 직인 집단—더 나쁜 부위의 고기를 먹는 구두공이나, 식자부와 인쇄부의 두 '부서'로 나뉜 인쇄공들이 일요일마다 시골의 주막을 순회할 때면 꼭 싸움을 벌이던 석공이나 목수—에도 대립해 자신들만의 '공화국'을 설정했다. 하나의 '부서'에 들어감으로써 제롬은 하나의 기강에 동화되었다. 그는 자신을 하나의 기술과 동일시했고, 완전한 직인으로서 새로운 이름을 받았다. 완전하고도 인류학적 의미의 통과의례를 거침으로써 그는 '무슈'가 된 것이다.[31]

31 텍스트에서는 제롬의 성을 말하지 않았지만 이름이 바뀌었다는 사실과 '무슈'의 명칭을 획득했음을 강조하고 있다. "견습 기간이 끝난 다음에야 '무슈'라고 불릴 수 있고 이것은 직인에게만 적용되지 견습공에게는 쓰이지 않는다"(p. 41). STN의 임금 장부에서 직인들은 '무슈 본맹Monsieur Bonnemain'이라는 식으로 별명으로 불릴 때조차 '무슈'라는 명칭이 붙어 있다. (옮긴이: '무슈 본맹'은 '솜씨 좋은 손'이라는 뜻이다. 본문에서 유의해야 할 것은 이들이 노동 계급이 아니라 직종과 자신을 동일시했다는 점이다. 즉 이들은 여전히 중세 길드의 방식으로 사고하고 행동했다.)

에두아르 마네, 「고양이가 있는 누드」, '올랭피아'를 위한 습작.

의식에 대해서는 충분히 말했다. 그렇다면 고양이에 대해서는? 애초부터 말해야 할 것은 고양이에게는 일찍이 고대 이집트 시대부터 인류를 매료시켜온 신비로운 무엇인가가, 규정하기 어려운, 뭐라고 꼬집어 말할 수 없는 무엇인가 je ne sais quoi가 있다는 것이다. 혹자는 고양이의 눈 속에서 인간에 준하는 지성을 느낀다. 또 누군가는 밤중의 고양이 울음소리를 인간이 지닌 동물적 본성의 깊고 본능적인 부분에서 터져 나오는 인간의 비명으로 오해할 수 있다. 고양이는 보들레르와 같은 시인들이나 마네 같은 화가들의 마음을 사로잡았으며 그들은 인간, 특히 여성의 동물성과 함께 동물의 인간성을 표현하려고 했다.[32]

**32** 마네의 「올랭피아」 속 검은 고양이는 누드화에 '친숙하게' 등장하는 동물이라는 보편적인 모티프를 표현하고 있다. 보들레르의 고양이에 대해서는 다음을 참고할 것. Roman Jakobson & Claude Lévi-Strauss, "Les Chats de Charles Baudelaire," *L'Homme,*

개념적 범주에 있어서 [인간과 동물 양측에] 양다리를 걸치고 있다는 모호한 존재론적 지위 때문에 고양이뿐만 아니라 돼지, 개, 화식조와 같은 어떤 동물들은 특정 문화권에서 금기와 관련된 주술적 힘을 갖는다. 메리 더글러스에 의하면 이것이 유대인이 돼지를 먹지 않는 이유이며, 에드먼드 리치에 의하면 영국 사람들이 서로 욕할 때 '소새끼'가 아닌 '개새끼'라고 하는 이유다.[33] 레비-스트로스의 유명한 공식에 따르면 "생각하기에 좋은" 동물이 있듯 욕하기에 좋은 동물도 있는 것이다. 나는 여기에 의식을 연출하기에 좋은 다른 동물도 있으며 그것은 고양이라고 덧붙이고 싶다. 고양이는 의식에 있어서 가치가 있다. 암소로 샤리바리를 할 수는 없다. 고양이로 할 수 있을 뿐이다. '고양이질'이든 '고양이 음악'이든 말이다.

근대 초의 유럽 전역에 걸쳐 동물 학대는 대중적인 오락이었고 그 대상은 특히 고양이였다. 그 중요성을 알기 위해서는 호가스의 그림「잔인성의 단계」를 보는 것으로 충분하며, 일단 보려고 마음먹으면 사람들이 동물을 학대하는 것을 도처에서 보게 된다. 17세기 초 스페인의『돈키호테』에서 19세기 말 프랑스의『제르미날』에 이르기까지 고양이 죽이기는 문학의 공통적인 주제였다.[34] 문학에 등장하

II(1962), pp. 5~21; Michel Riffaterre, "Describing Poetic Structures: Two Approaches to Baudelaire's *Les Chats*," in *Structuralism*, ed. Jacques Ehrmann(New Haven, 1966).

33 Mary Douglas, *Purity and Danger: An Analysis of Concepts of Pollution and Taboo*(London, 1966); E. R. Leach, "Anthropological Aspects of Language: Animal Categories and Verbal Abuse," in *New Directions in the Study of Language*, ed. E. H. Lenneberg(Cambridge, Mass., 1964).

34 세르반테스와 에밀 졸라는 전통적인 고양이 민담을 그들 소설의 주제로 각색했다.『돈키호테』제2부 46장에서 한 자루 가득 든 고양이들이 울어대어 알티시도라를 향한 주인공의 세레나데를 방해한다. 그들이 악마라고 생각한 주인공은 칼로 베려 하지만 그중 한 마리에 패배당한다.『제르미날』의 제5부 6장에서는 상징이 반대 방향으로 나

는 동물에 대한 잔혹 행위는 몇몇 반쯤 미친 작가들의 가학적 환상이 결코 아니며 미하일 바흐친이 라블레에 대한 연구에서 입증했듯 대중문화의 깊은 조류를 표현하는 것이었다.[35] 모든 종류의 인종지학적 기록이 그런 관점을 뒷받침해준다. 예컨대 스뮈르 지방에서는 '횃불의 일요일dimanche des brandons'에 어린이들이 고양이를 장대에 잡아맨 뒤 모닥불 위에서 태우곤 했다. 엑상프로방스에서는 성체 축일에 고양이를 높이 던져 땅 위에서 박살을 내는 고양이 놀이jeu de chat를 했다. 그들은 "발톱 뽑히는 고양이처럼 참을성이 많다"라거나 "발이 구워지고 있는 고양이처럼 참을성이 많다"라는 표현도 사용했다. 영국인들도 그에 못지않게 잔인했다. 종교개혁 당시 런던에서는 신교도의 군중이 고양이의 털을 깎아 신부처럼 보이도록 만들고 모의 법복을 입힌 뒤 칩사이드가에 있는 교수대에서 목을 매달았다.[36] 다른 많은 예를 늘어놓을 수도 있지만 요점은 명확할 것이다.

아간다. 한 무리의 노동자들이 그들 계급의 적인 메그라가 지붕 위로 올라 도망치려 하자 고양이를 쫓듯 추적한다. "저 고양이를 잡아라! 고양이를 잡아라!"라고 고함치면서 그들은 메그라가 지붕에서 떨어진 뒤 '수컷 고양이'를 잡듯 그의 몸에 매질을 한다. 프랑스의 율법주의에 대한 풍자로서 고양이 죽이기를 사용한 예로는 라블레의 『가르강튀아』와 『팡타그뤼엘』 제5서 15장을 참고할 것.

35 Mikhail Bakhtin, *Rabelais and His World*, trans. Helene Iswolsky(Cambridge, Mass., 1968). 콩타의 시대에 나타났던 가장 중요한 고양이 민담에 대한 문학 작품은 François Augustin Paradis de Moncrif, *Les Chats*(Rotterdam, 1728)이다. 비록 이 책은 고급 독자를 겨냥해 가상의 논문 형태를 취하고 있지만 방대한 대중적 미신과 속담을 이용하고 있으며 그중 많은 것이 한 세기 반 이후 민속학자들의 모음집에 실렸다.

36 C. S. L. Davies, *Peace, Print and Protestantism*(St. Albans, Herts, 1977). 다른 참고 문헌들은 주 19에서 언급한 문헌들에 기초했다. 속담과 방언의 사전 중에서는 다음을 참고할 것. André-Joseph Panckoucke, *Dictionnaire des proverbes françois et des façons de parler comiques, burlesques, et familières*(Paris, 1748); Gaston Esnault, *Dictionnaire historique des argots français*(Paris, 1965).

가정생활의 일상사였던 동물들에 대한 잔혹 행위.

즉 고양이를 죽이는 의식이 특별한 일이 아니었다는 것이다. 오히려 제롬과 그의 동료 노동자들이 생세브랭가에서 발견한 모든 고양이를 재판하여 교수형에 처했을 때 그들은 그들 문화의 공통적인 요소를 이용했던 것이다. 그렇다면 그 문화는 고양이에게 어떤 의미를 부여했을까?

이런 문제를 파악하기 위해서는 민담, 미신, 속담, 민간요법 등에서 수집된 자료를 훑어보아야 한다. 자료는 풍요롭고 다양하고 방대하지만 다루기는 극히 어렵다. 그중 많은 것이 중세로 거슬러 올라가지만 연대를 특정할 수 있는 것은 거의 없다. 그것은 대부분 19세기 말과 20세기 초, 구전 민속의 강한 경향이 아직도 인쇄술의 영향을 거부하던 시기에 민속학자들에 의해 수집되었다. 그러나 그렇게 수집된 자료라 해서 18세기 중엽 파리의 인쇄소에서 이러저러한 관행이 지속되고 있었다고 주장하게 만들어주지는 못한다. 단지, 인쇄공들은 모든 곳에 침투해 있던 전통적 관습과 신앙의 분위기 속에서 살아 숨 쉬었다고 말할 수 있을 뿐이다. 19세기 말까지 프랑스는 통일된 국가라기보다는 여러 지역을 기워놓은 것에 불과했기 때문에 모든 곳의 분위기가 동일하지는 않았지만 모든 곳에서 어떤 공통적인 주제를 찾을 수는 있다. 그중 가장 공통적인 주제가 고양이와 관련되어 있었다. 근대 초의 프랑스 사람들은 다른 어떤 동물보다 고양이를 상징적으로 사용했던 듯하다. 프랑스 사람들은 고양이를 특징적인 방식으로 사용했기 때문에 지역적 특색이 있기는 하지만 논의를 위해 그 방식을 몇 가지로 분류해볼 수 있을 것이다.

먼저 가장 중요한 것으로서 고양이는 마법을 암시했다. 실로 프랑스의 어느 곳에서건 밤에 고양이와 마주친다는 것은 악마나 그의 하수인 또는 사악한 일로 밖에 나온 마녀와 마주칠 위험을 무릅쓰는 것이었다. 검은 고양이와 마찬가지로 흰 고양이는 밤뿐 아니라 낮에도 악마일 수 있었다. 그런 마주침의 전형적인 예를 살펴보자. 비고르 지방의 한 농촌 여성이 들에서 헤매던 하얗고 예쁜 집고양이 한 마리를 만났다. 그녀는 그 고양이를 앞치마에 넣어 마을로 돌아왔는데 마녀의 혐의를 받던 여자의 집 앞에 이르자 그 고양이가 "고마워, 잔"이라고 말하며 앞치마에서 뛰어나왔다.[37] 마녀들은 희생자들에게 주문을 걸기 위해 고양이로 변신했다. 그들은 때로, 특히 참회의 화요일이면 섬뜩한 사바트sabbath, 즉 마녀들의 향연을 위해 밤에 모였다. 그들은 거대한 수컷 고양이의 모습을 한 악마의 지휘에 따라 끔찍스럽게 울어대고 싸우고 교미했다. 고양이의 마법으로부터 자신을 보호하는 전래의 요법이 한 가지 있으니 그것은 고양이를 불구로 만드는 것이었다. 꼬리를 자르거나 귀를 오려내거나 다리를 하나 분지르거나 털을 뜯어내거나 태움으로써 그 사악한 마력을 분쇄시킬 수 있었다. 불구가 된 고양이는 사바트에 참석할 수도 주문을 걸기 위해 밖에서 배회할 수도 없었다. 농부들은 때때로 밤에 길을 가로지르는 고양이에게 곤봉질을 했는데 다음 날 아침에 마녀라고 여겨지던 여자에게서 멍을 발견했다(혹은 그랬다고 마을의 설화로 전해진다). 마을 사람들은 헛간에서 낯선 고양이를 발견한 농부가 가축을 보호하기 위해 고양이의 사지를 분질렀더니 다음 날 아침 평소 마녀로 의심받던 여자의 팔다리가 부러졌더라는 이야기를 하기도 했다.

고양이는 마법이나 악마와의 관련성과는 별개로 그 자체의 주술적인 힘을 가졌다. 앙주 지방에서는 고양이가 빵가게에 들어오면 빵이 부풀지 못한다고 여겼다. 브르타뉴 지방에서는 어부가 가는 길을 고양이가 가로지르면 잡은 고기가 상한다고 믿었다. 베아른 지방에서는 고양이를 생매장하면 들에서 잡초를 없앨 수 있다고 믿었다. 고양이는 마녀의 비약 외에도 모든 종류의 민간요법의 주성분이었다. 넘어져서 심하게 다쳤을 때 회복하려면 갓 자른 수컷 고양이

37 Rolland, *Faune populaire*, p. 118. 이런 이야기에 대한 다른 전거는 주 19 참조.

앙투안 비에츠, 「사바트를 기다리는 젊은 마녀」.

의 꼬리에서 피를 빨아 먹었다. 폐렴을 치료하려면 고양이의 귀에서 나온 피를 적포도주에 섞어 마셨다. 복통을 다스리려면 포도주에 고양이 배설물을 섞어 먹었다. 최소한 브르타뉴에서는 방금 잡아 아직 따뜻한 고양이의 뇌를 먹으면 투명 인간이 될 수 있다고 믿었다.

고양이의 힘이 발동되는 특정한 영역이 있는데, 그것은 가정이며 그중에서도 특히 그 집의 주인이나 여주인이라는 인간을 통해서였다. 「장화 신은 고양이」와 같은 민담은 주인과 고양이의 일체감을 강조했고, 그것은 여주인이 죽은 뒤 고양이 목에 검은 리본을 감아주는 관습 같은 미신에서도 마찬가지였다. 고양이를 죽이면 고양이의 주인이나 그 집에 불행을 가져온다고 했다. 만일 고양이가 집을 떠나거나 혹은 주인이나 여주인의 병상에 더는 뛰어오르지 않는다면 그 사람은 죽을 것이라고 여겨졌다. 그러나 죽어가는 사람의 침상에 누워 있는 고양이는 그의 영혼을 지옥으로 끌고 가려고 기다리는 악마일 수도 있었다. 16세기의 이야기에 의하면 캥탱 지방의 한 소녀는 예쁜 옷 몇 벌과 교환하는 조건으로 악마에게 영혼을 팔았다. 그녀가 죽자 운구하려는 사람들은 그녀의 관을 들어 올릴 수 없었다. 그래서 뚜껑을 열었더니 검은 고양이가 뛰어나왔다. 고양이는 가정에 해를 끼칠 수도 있었다. 때로 고양이는 아기를 질식시켰다. 고양이는 소문을 알아듣고 그것을 밖에 퍼뜨리기도 했다. 그러나 고양이가 집에 처음 왔을 때 그 발에 버터를 바르거나 상처를 낸다거나 하는 식으로 올바른 절차를 따르면 고양이의 주술적인 힘은 억제되거나 혹은 도움이 되는 방향으로 쓸 수도 있다고 여겨졌다. 새집을 수호하기 위해 프랑스 사람들은 고양이를 산 채로 벽 속에 넣고 발랐다. 중세 건물의 벽 속에서 발굴된 고양이의 뼈로 판단하건대 그것은 대단히 오래된 의식이었다.

마지막으로 고양이의 힘은 가정생활에서 가장 은밀한 부분, 즉 성에 집중되어 있다. 프랑스의 비속어에서 le chat[고양이], la chatte[암고양이], le minet[새끼고양이]와 같은 단어는 영어의 'pussy'라는 속어처럼 여성의 음부라는 의미를 가지며 그것은 수 세기에 걸쳐서 음란한 의미로 사용되었다.[38] 프랑스의 민속은 성적인 메타포나 환유로서 고양이에 특별한 중요성을 부여한다. 15세기에도 이미 여성에게 구애해 성공을 거두기 위해서는 고양이를 귀여워하라는 권유를 받았다. 속담의 지혜는 여성과 고양이를 동일시한다. "고양이를 잘 돌보는 사람은 예쁜 아내를 얻을 것이다." 고양이를 사랑하는 남자는 여자를 사랑한다. 그 역도 성립한다. 즉 또 다른 속담은 "고양이를 사랑하듯 아내를 사랑한다"라고 전한다. 만일 누가 아내를 사랑하지 않는다면 "그는 채찍질할 다른 고양이가 있다"라고 말할 수 있었다. 남자를 얻고 싶은 여자는 고양이 꼬리를 밟지 않도록 조심해야 한다. 밟으면 결혼이 1년 지연될 수 있었다(캥페르 지방에서는 7년 연기된다고 하고 루아르 계곡 일부 지역에서는 고양이가 비명을 지른 숫자만큼 햇수가 지연된다고 했다). 어느 곳에서든 고양이는 생식력과 여성의 성욕을 함의했다. 소녀들은 흔히 "고양이처럼 사랑에 빠졌다"라고 말했다. 만일 그들이 임신하면 "고양이에게 치즈를 맡겼다"라고 말했다. 고양이를 먹는 것만으로 임신할 수도 있었다. 고

38 Emile Chautard, *La Vie étrange de l'argot*(Paris, 1931), pp. 367~68. 본문에서 인용한 표현들은 다음에서 발췌한 것이다. Panckoucke, *Dictionnaire des proverbes françois*; Esnault, *Dictionnaire historique des argots français*; *Dictionnaire de l'Académie française*(Paris, 1762). 이들 중 마지막 사전은 놀랄 정도로 많은 예의 바른 고양이 민담을 담고 있다. 속된 민담은 대체로 아이들의 놀이나 동요를 통해 전파되었으며 그중 어떤 것은 16세기까지 거슬러 올라간다. Claude Gaignebet, *Le Folklore obscène des enfants*(Paris, 1980), p. 260 참조.

양이 스튜를 먹은 소녀들이 고양이 새끼를 낳았다는 민담도 여럿 있다. 북부 브르타뉴 지방에서는 고양이를 올바른 방식으로 묻기만 한다면 병든 사과나무에 열매가 열리게 할 수도 있다고 전해진다.

여성의 성욕으로부터 오쟁이 진 남편에 이르는 것은 어려운 비약이 아니었다. 발정 난 고양이의 울음소리는 악마의 향연에서 나오는 것일 수도 있지만 발정 난 짝을 놓고 서로 싸우는 수컷들의 울음소리일 수도 있었다. 그러나 그것은 고양이 자신의 소리가 아니었다. 그들은 주인의 이름으로 도전장을 던졌으며 여기에 여주인에 대한 성적인 희롱이 덧붙었다: "르노! 프랑수아!" "어디 가냐?—네 마누라 보러.—내 마누라 보러? 흥!" 그러고는 킬케니의 고양이들처럼 수컷들은 서로에게 몸을 날렸고 그들의 사바트는 학살로 끝나기 일쑤였다. 대화는 듣는 사람의 상상력에 따라, 그리고 그들 방언의 의성어적 어감에 따라 달랐지만 보통은 약탈적 성욕을 강조했다.[39] "밤에 모든 고양이는 회색이다"라는 속담이 있는데 18세기의 속담집에 딸린 설명은 다음과 같이 성적 암시를 분명하게 하고 있다: "말하자면 밤에는 모든 여성이 충분히 아름답다는 것이다."[40] 뭘 하기에 충분히 아름답다는 말인가? 근대 초 프랑스에서 고양이들이 울어대는 밤에는 유혹, 강간, 살인이 그에 화답했다. 고양이 울음은 '고양이 음악,' 즉 샤리바리를 연상시켰다. 왜냐하면 샤리바리는 고양이 사바트를 위한 적기인 참회의 화요일 저녁에 오쟁이를 진 사람의 창 아래에서 고양이 울음소리를 내는 형태가 흔했기 때문이다.

구체제의 사람들은 고양이의 울음 속에서 마법, 광란의 향연, 오

39 Sébillot, *Le Folk-lore de France*, III, pp. 93~94.

40 Panckoucke, *Dictionnaire des proverbes françois*, p. 66.

쟁이 지기, 샤리바리, 학살 등 많은 것을 들을 수 있었다. 생세브랭가의 사람들이 실제로 무엇을 들었는지 말하기는 불가능하다. 그러나 프랑스의 민속에서 고양이는 상징적 무게가 대단히 컸으며, 그 민속은 인쇄소에 침투하기에 충분할 정도로 풍요롭고 유서 깊고 널리 퍼져 있었다는 사실 정도는 단언할 수 있다. 그 인쇄공들이 그들이 알고 있던 의식적, 상징적 주제를 실지로 이용했는지 알아보기 위해 우리는 콩타의 텍스트를 다시 한번 읽어볼 필요가 있다.

텍스트는 처음부터 마법이라는 주제를 명확히 보여준다. 제롬과 레베이예는 "마귀 들린 고양이들이 밤새도록 사바트를 벌였기 때문에"[41] 잠을 잘 수 없었다. 고양이들의 울음소리에 레베이예가 흉내내는 고양이 소리를 더한 뒤 "이웃 모두가 불안해했다. 고양이들이 주문을 걸려는 누군가의 하수인임에 틀림없다"고 판단했다. 주인과 여주인은 악령을 쫓기 위해 교구 신부를 부를까 생각했다. 그러나 그 대신 고양이 사냥을 인가하기로 결정함으로써 고양이에 상처를 낸다는 고전적인 마녀사냥의 방법에 의존하기로 했다. 미신적이고 신부에게 속고 있는 바보인 '부르주아'는 이 일 전체를 심각하게 받아들였다. 견습공들에게 이것은 장난이었다. 특히 레베이예는 장난꾼 역할을 했고 콩타가 선택한 용어를 쓴다면 그는 모의 '마법사'로서 가짜 '사바트'를 연출했다. 견습공들은 주인의 미신을 이용해 소동을 벌였을 뿐만 아니라 그 분풀이 대상을 여주인에게 돌리기까지 했다. 여주인이 가장 아끼던 그리스를 때려잡음으로써 사실상 여주

41 이것과 이후의 인용은 고양이 학살에 대한 콩타의 설명에서 가져온 것이다. Contat, *Anecdotes typographiques*, pp. 48~56.

인이 마녀라고 비난했던 것이다. 이런 이중적인 장난은 전통적인 몸짓 언어를 읽을 줄 아는 사람에게는 의미가 명확한 것이었다.

샤리바리라는 주제는 이런 재미에 또 다른 차원을 부가했다. 명확하게 말하지는 않았지만 텍스트는 여주인이 신부와 불장난을 하고 있었음을 암시한다. 즉 그 신부는 '호색적인 젊은이'로서, 남편이 자신이 좋아하는 주제인 돈과 종교에 대해서 사설을 늘어놓는 동안 아내에게 아레티노나 『귀부인의 학교』[42]와 같은 고전적인 음란 서적에서 암기한 외설적인 구절을 들려주었다. 그 가족과 호화로운 저녁 식사를 하는 동안 신부는 "남편에게 오쟁이를 지우는 것은 재치의 공적이며 유부녀와의 사통은 죄악이 아니라는" 명제를 옹호했다. 뒤에 신부와 여주인은 어느 시골집에서 밤을 함께 보냈다. 그들은 인쇄소의 전형적인 삼각관계, 즉 비실거리는 늙은 남편, 중년의 아내, 그리고 그녀의 젊은 연인이라는 삼각관계에 완전히 맞아떨어진다.[43] 견습공들의 음모는 전형적인 웃음거리 인물인 놀아나는 아내의 남편 역할을 주인에게 맡긴다. 그리하여 노동자들의 소동은 샤리바리의 형태를 취했다. 견습공들은 신참자들이 관례적으로 상급자들을

42 (옮긴이) 피에트로 아레티노는 16세기 이탈리아의 극작가이자 시인으로서 포르노그래피 저자로 유명하다. 『귀부인의 학교*L'Académie des dames*』는 17세기 프랑스의 법률가이자 역사가 니콜라 쇼리에가 쓴 음란 서적이다.

43 자일스 바버에 의하면(Contat, *Anecdotes typographiques*, pp. 7, 60), 실제 콩타가 일하던 가게의 주인인 자크 뱅상은 1690년에 견습공으로서 일을 시작했다. 따라서 그는 1675년경에 태어났을 것으로 추정된다. 그의 아내는 1684년에 태어났다. 따라서 콩타가 인쇄소에 들어갔을 때 주인은 대략 62세이고 아내는 53세, 그리고 음탕한 젊은 신부는 20대였을 것이다. 이런 유형은 인쇄업에서 흔한 일이었다. 보통 늙은 주인은 더 젊은 아내에게 사업을 맡기고 아내는 더 젊은 직인과 관계를 맺는다. 오쟁이를 진 남편에게 모욕을 줄 뿐만 아니라 새로 맺어진 커플의 나이 차이를 조롱하기도 하는 것이 샤리바리의 고전적인 유형이었다.

놀려대던 경계지대 안에서 샤리바리를 꾸려나갔고, 직인들은 그들의 익살에 대해 관례적인 방식인 '거친 음악'으로 호응했다. 폭동적인 축제 분위기가 에피소드 전체에 흐르고 있으며 콩타는 그것을 축제fête라고 기술했다: "레베이예와 그의 동료 제롬이 축제를 주재한다"라고 적고 있는데 마치 그들이 사육제의 왕이나 된 것처럼, 그리고 고양이 패기는 참회의 화요일이나 성 요한 축일에 벌이는 고양이 고문의 일환인 것처럼 기술했던 것이다.

많은 참회의 화요일에서 그러하듯 사육제는 모의재판과 처형으로 끝났다. 이런 광대극식의 법치주의는 인쇄공들에게 자연스럽게 받아들여졌다. 왜냐하면 그들은 매년 성 마르탱 축일마다 모의재판을 열었고, 이때 동지회에서는 주인과 임금 정산을 했고 그의 '염소를 잡는 데'[열받게 하는 데] 놀라운 성공을 거두었기 때문이다. 동지회에서 주인을 명확하게 비난하면 그것은 공개적인 불복종이 되며 거기에는 해고의 위험이 따랐다. (STN의 문서를 포함해 모든 자료는 주인이 무례함과 불량한 행실을 이유로 노동자들을 해고하는 일이 빈번했음을 보여준다. 실지로 레베이예는 후에 '부르주아'를 더욱 노골적으로 공격하는 장난을 쳤다가 해고당했다.) 따라서 노동자들은 '부르주아'를 궐석 재판에 회부해, 그 의미가 통하기는 하지만 그렇다고 주인이 보복을 하기에는 부족한 정도의 상징을 이용했다. 그들은 고양이를 재판해 처형했다. 그리스를 보호하라는 명령을 받고도 주인의 코앞에서 그것의 목을 매다는 것은 지나친 행동이었을 것이다. 그렇지만 그들은 주인댁이 가장 아끼는 고양이를 첫 제물로 삼았고 그리함으로써 고양이 민속의 전통에 따라 주인집 자체를 공격했다는 것을 알고 있었다. 여주인이 그리스를 죽였다고 비난하자 그들은 "주인집에 대해 존경심이 너무 커서 어느 누구도 그런 무도한 짓을 할 수 없을 것"이라고 거짓 존경심을 보이면서 대답했다. 그렇듯 정교한 의식으로 고양이를 처형함으로써 그들은 주인집을 비난하고 '부르주아'가 유죄라고 선언한 것이다. 그 죄는 견습공들에게 혹사를 시키고 제대로 먹이지 않은 죄, 직인들이 모든 일을 하는 동안 사치하면서 살았던 죄, 한두 세대 전에 혹은 인쇄업 초창기에 존재했던 초기의 '공화국'에서는 주인들이 일꾼들과 같이 일하고 먹었다고 전해지는데 지금은 그러기는커녕 현장에서 물러나 임금 노동자로 인쇄소를 채우려고 했던 죄 등이다. 유죄 판결은 주인에서 주인집으로, 그리고 체제 전체로 확대되었다. 아마도 노동자들은 반쯤 죽은 고양이 한 무리를 재판하고 자백을 받고 목을 매달아 법과 사회 질서 전체를 조롱하려는 의도였을 것이다.

확실히 그들은 모멸감을 느꼈고 살육의 향연 속에 폭발시키기에 충분할 정도로 분노를 축적하고 있었다. 그로부터 반세기 후에 파리의 직공들도 같은 방식으로 폭동을 일으켜 무차별의 학살과 즉석 인민재판을 결합시켰다.[44] 고양이 학살을 프랑스혁명의 9월 학살[45]의 예행연습으로 보는 것은 어리석을지 모른다. 그러나 비록 고양이 학살이 상징의 수준으로 제한되어 있었을지라도 그 폭력성의 분출은 민중 봉기를 시사하고 있었다.

상징으로서 고양이는 폭력뿐만 아니라 성을 연상시키기도 하는데 그것은 여주인에 대한 공격에 완벽하게 맞아떨어지는 결합이었다. 콩타의 이야기는 여주인을 그녀가 가장 아끼던 고양이 그리스와

44 Pierre Caron, *Les Massacres de septembre*(Paris, 1935).

45 (옮긴이) 1792년 9월 2일부터 6일까지 프랑스혁명의 과정에서 파리 감옥에 수감되어 있던 죄수들이 학살된 사건.

동일시했다. 고양이를 죽임으로써 소년들은 여주인을 습격했던 것이다: "그것은 중대한 문제, 즉 살인이므로 숨겨야만 한다." 여주인은 마치 자신이 공격을 받은 듯 반응했다: "그들은 그녀에게서 대체 불가한 고양이, 미치도록 사랑하는 고양이를 빼앗아 갔다." 텍스트는 여주인이 마치 울부짖고 죽이고 강간하는 들고양이들의 사바트에서 발정 난 암고양이인 것처럼 음탕하고 "고양이에 열정적이다"라고 묘사했다. 강간을 명확하게 언급한다면 그것은 18세기의 저술에서 일반적으로 준수되고 있는 예의를 침해하는 것이다. 실지로 상징은 가려져 있을 때에만, 구체적으로 말하면 주인을 속여 넘길 수 있을 만큼 충분히 모호하면서도 여주인을 단숨에 공격할 만큼 충분히 날카로울 때 효력을 갖는다. 그러나 콩타는 강한 언어를 사용했다. 여주인은 고양이 처형을 보자마자 비명을 질렀다. 그녀는 곧 그리스를 잃었음을 깨닫고 말문이 막힌다. 노동자들은 거짓 성실성으로 위장해 그들의 존경심을 확신시켰고 주인이 도착했다. "'아! 악당들아' 하고 주인이 말한다. '일은 안 하고 고양이를 죽이다니.' 그러자 여주인이 주인에게 말한다. '이 나쁜 놈들이 주인을 죽일 수 없으니 내 고양이를 죽였다오.' […] 모든 노동자들의 피를 본다 해도 그녀의 모욕을 보상받을 수는 없을 것처럼 보인다."

이것은 환유적인 모욕이었다. 즉 오늘날 어린 학생들이 "너희 엄마 팬티 봤다!"라고 놀려대는 것의 18세기 형태였다는 것이다. 그러나 이것은 그보다 강하고 그보다 외설적인 모욕이었다. 여주인의 애완 고양이를 공격함으로써 노동자들은 그녀를 상징적으로 능욕했다. 동시에 그들은 주인에게도 최악의 모욕을 선사했다. 즉 그 고양이가 여주인의 가장 소중한 소유물이었듯 그녀는 주인의 가장 소중한 소유물이었던 것이다. 고양이를 죽임으로써 사람들은 '부르주아'

가정의 가장 내밀한 보물을 손상시키고도 피해를 받지 않았다. 그것이야말로 이 소동의 절묘한 대목이었다. 처벌을 받지 않고 넘어가기에 충분할 정도로 그들이 가한 실제적인 모욕을 상징이 가려주었던 것이다. '부르주아'는 작업의 손실에 화를 냈던 반면, 덜 둔감했던 아내는 사실상 노동자들이 자신을 성적으로 공격했고 그를 죽이려고 한 것이라고 말했다. 그런 후 부부는 모욕과 패배감 속에 그 자리를 떠났다. "무슈와 마담은 노동자들을 자유롭게 놔두고 물러난다. 무질서를 사랑하는 인쇄공들은 대단히 즐거운 상태가 된다. 여기에 그들의 웃음, 좋은 '복사'를 위한 풍성한 주제가 있으며 그것은 그들을 오랫동안 즐겁게 할 것이다."

이것은 라블레식의 웃음이다. 텍스트는 그 중요성을 강조하고 있다: "인쇄공들은 웃는 법을 알고 있다. 그것이 그들의 유일한 일이다." 미하일 바흐친은 소란스럽게 재미있는 것이 폭동으로 바뀔 수 있는 대중문화의 경향에 대해, 그리고 혁명적인 요소가 상징과 메타포 내부에 억제되어 있다가 1789년의 경우처럼 전반적인 봉기로 폭발할 수도 있는 성과 유혹의 카니발 문화에 대해 라블레의 웃음이 어떻게 표현했는지 보여준 바 있다. 그러나 고양이 학살에 있어서 정확하게 무엇이 그리도 재미있었던가 하는 문제는 여전히 남아있다. 농담을 망치는 가장 쉬운 방법은 농담을 분석하고 거기에 사회적 논평을 다는 것이다. 그러나 고양이 학살에 내포된 농담은 논평을 해달라고 목을 매고 기다리는 듯하다. 그것은 직공들이 주인을 증오했다는 것(이것은 노동사의 모든 시기에 적용될 수 있는 사실이지만 18세기를 다루는 역사가들에 의해서는 합당하게 인정되지 않고 있다)을 입증하는 데 그 이야기가 이용될 수 있기 때문만이 아니라, 노동자들이 그들 문화의 주제를 가지고 유희를 함으로써 자신들의 경험을 어떻게 의미 있게 만들었는지 이해하는 데 도움이 될 수 있기 때문이다.

우리가 이용할 수 있는 고양이 학살의 유일한 판본은 사건이 벌어지고 오랜 뒤에 니콜라 콩타가 기록한 것이다. 그는 자신에게 의미가 있었던 것을 끄집어내는 방식으로 세부 사실을 선택하고 사건의 순서를 정하고 이야기를 구성했다. 그런데 그의 의미의 관념은 주위의 대기에서 공기를 흡입하듯 자연스럽게 그의 문화에서 이끌어낸 것이었다. 그리고 그는 실행에 옮기는 데 그가 동료들에게 무엇을 도와주었는지 적어놓았다. 기록된 설명은 그것이 묘사하고 있는 행동에 비교하면 [의미의 층위가] 엷을 것임이 분명하지만 그 서술의 주관적인 성격은 집단적인 사고의 틀에서 벗어나지 않는다. 노동자들의 표현 양식은 일종의 민중극이었다. 그것은 작업장과 길거리와 지붕 위에서 즉흥적으로 만들어진 무언극, 거친 음악, 그리고 극적인 '폭력의 무대'를 포함했다. 그것은 극중극도 포함했다. 레베이예는 소동 전체를 '복사'로서 인쇄소에서 몇 번이고 재연했기 때문이다. 사실 원래의 학살도 재판과 샤리바리 같은 의식을 광대극 비슷하게 만든 것이었다. 따라서 콩타는 광대극에 대한 광대극에 대해 썼던 것이었고 그것을 읽을 때 우리는 그 글이 여러 장르와 오랜 시간을 거치며 굴절된 문화 형식임을 감안해야 한다.

그런 점들을 감안한다면 고양이 학살이 노동자들에게 재미있었던 이유는 명백해 보인다. 즉 고양이 죽이기는 노동자들이 '부르주아'에게 반격할 수 있는 수단을 제공했던 것이다. 고양이 울음소리로 괴롭힘으로써 그들은 '부르주아'로 하여금 고양이 학살을 인가하도록 부추겼고, 다음으로는 학살을 이용해 그를 상징적으로 재판에 회부해 불공정한 경영을 단죄했던 것이다. 그들은 또한 그것을 마녀 사냥으로 이용했다. 그것은 여주인이 가장 아끼던 고양이를 죽여 그녀 자신이 마녀였다고 암시할 구실을 제공했다. 마지막으로 그들은 고양이 학살을 샤리바리로 변형시켰다. 그것은 여주인에게 성적 모욕을 가함과 동시에 남편을 오쟁이 진 사람으로 조롱하는 수단으로 작용했다. '부르주아'는 장난을 걸기에 완벽한 대상이었다. 그는 스스로 불씨를 마련한 과정의 희생자가 되었을 뿐만 아니라 자신이 얼마나 심하게 놀림당한 것인지 알지 못했다. 사람들은 그의 아내를 가장 은밀한 종류의 상징적 공격 대상으로 만들었지만 그것도 알아채지 못했다. 그는 지나치게 우둔한, 오쟁이 진 남편의 전형이었다. 인쇄공들은 보카치오 스타일로 그를 멋지게 조롱하고도 처벌을 빠져나갔다.

그 장난이 그렇게 성공적으로 작동했던 것은 노동자들이 의식과 상징을 대단히 능란하게 연출했기 때문이다. 고양이는 그들의 목적에 완벽하게 부합했다. 그리스의 등뼈를 강타함으로써 그들은 주인의 아내를 마녀이자 문란한 여자라고 부른 것이었고 동시에 주인을 속고 있는 남편이자 바보로 만들었던 것이다. 이것은 말이 아니라 행동으로 전달된 환유식의 모욕이었고 그것이 성공한 이유는 부르주아가 고양이를 편애했기 때문이었다. 동물을 학대하는 것이 '부르주아'에게 낯선 것이었던 만큼 애완동물을 키운다는 것은 노동자들에게 낯선 일이었다. 이리하여 병존할 수 없는 감수성 사이에 갇힌 고양이는 양측 세계 모두에서 최악을 맛보았던 것이다.

노동자들은 의식으로 장난을 치기도 했다. 그들은 고양이로 마녀 사냥, 축제, 샤리바리, 모의재판, 음란한 농담을 모두 섭렵했다. 그리고 그들은 그 모든 것을 무언극으로 재연했다. 그들은 일에 싫증이

날 때마다 인쇄소를 무대로 바꾸어 '복사,' 즉 저자의 복사가 아니라 그들의 '복사'를 만들어냈다. 인쇄소라는 무대와 의식처럼 바뀐 장난은 그들의 직업 전통에 부합하는 것이었다. 인쇄공들은 책을 만들었지만 자신들의 뜻을 전달하기 위해 기록 문자를 사용하지 않았다. 그들은 허공 속에 자신들이 말하고자 하는 바를 새겨 넣기 위해 그들의 직업 문화에 의존하면서 몸짓을 사용했다.

오늘날에는 이런 장난이 대수롭지 않아 보일지 몰라도 18세기에는 위험을 무릅쓴 일이었다. 폭력의 언저리에서 억압된 감정을 희롱했던 많은 유머 형식들이 그러하듯 그런 위험 역시 장난의 일부였다. 노동자들은 상징적인 소동을 실체화의 직전까지 몰고 가 고양이 살해가 공개적인 폭동으로 바뀔 수도 있는 지점까지 나아갔다. 그러나 그들은 '부르주아'를 조롱하면서도 자신들을 해고할 구실을 주지 않을 만큼만 의미를 드러내고 전체 의미는 숨길 수 있는 상징을 이용함으로써 그러한 모호성으로 장난질을 쳤던 것이다. 그들은 그의 코를 비틀고도 그가 항의할 수 없게 만들었다. 그런 전과를 올리려면 대단한 솜씨가 요구되었다. 이것은 시인들이 글 속에서 상징을 다루는 것과 다름없이 인쇄공들도 그들의 표현 속에서 상징을 효과적으로 다룰 수 있었음을 입증한다.

이런 장난이 넘어서면 안 되었던 경계선은 구체제 노동자 계급의 전투성이 갖는 한계를 시사한다. 인쇄공들은 계급이라기보다는 직업과 자신들을 동일시했다. 그들은 동지회를 조직하고, 파업을 감행하고, 때로는 임금 인상을 강요했지만 '부르주아'에 복종하고 있었다. 주인은 종이를 주문하듯 무심하게 노동자들을 고용하고 해고했으며, 불복종의 냄새를 맡으면 그들을 길거리로 몰아냈다. 따라서 19세기 말 프롤레타리아화가 시작되기 전까지 그들은 대체적으로 자신들의 저항을 상징적인 수준에 국한시켰던 것이다. 사육제와 마찬가지로 '복사'는 울분을 발산하는 데 도움이 되었다. 그리고 이것은 웃음을 만들어내기도 했는데 그것은 초기 장인 문화의 활력소였으나 노동의 역사에서는 잊히고 만 것이었다. 두 세기 이전의 인쇄소에서 벌어진 소동에서 농담이 작용했던 방식을 살펴봄으로써 우리는 그렇게 사라진 요소—웃음, 우리에게 익숙한 볼테르식의 헛웃음이 아니라 무릎을 치고 배를 잡는 라블레식의 진정한 웃음—를 되찾을 수 있을지도 모른다.

부록

# 고양이 학살에 대한 콩타의 설명

다음 이야기의 출처는 Nicolas Contat, *Anecdotes typographiques où l'on voit la description des coutumes, moeurs et usages singuliers des compagnons imprimeurs*, ed. Giles Barber(Oxford, 1980), pp. 51~53이다. 진 빠지는 작업과 역겨운 식사로 하루가 끝난 뒤 두 견습공은 뜰 한구석에 있는 음습하고 바람이 새 들어오는 침실로 자러 간다. 이 에피소드는 제롬이라는 제삼자의 시점에서 서술된다.

그는 너무도 피곤해서 휴식이 간절했기 때문에 그 오두막조차 그에게는 궁궐처럼 보인다. 마침내 하루 종일 겪은 박해와 고난이 끝이 나고 그는 휴식할 수 있게 되었다. 그러나 이게 뭐람, 마귀 들린 고양이들이 밤새도록 마녀의 향연을 축하하면서 소리를 질러대 견습공들에게 할당된 짧은 휴식 시간을 빼앗아간다. 견습공들은 다음 날 아침 일찍 직인들이 도착해 지옥의 종소리를 끝없이 울리면서 문을 열라고 하기 때문에 얼마 쉬지도 못하는데 말이다. 직인들이 도착하면 소년들은 잠옷 바람으로 떨며 뜰을 건너가 문을 열어야 한다. 직인들은 지칠 줄을 모른다. 무슨 일을 하든 견습공들이 그들의 시간을 빼앗는다고 여기며 언제나 견습공들을 쓸모없는 게으름뱅이처럼 대한다. 그들이 레베이예를 부른다. 솥 밑에 불을 붙여라! 담금질 통에 물을 떠 와라! 사실 그런 일들은 집에서 출퇴근하는 초보 견습공들이 할 일이지만 그 아이들은 여섯 시나 일곱 시까지는 오지 않는다. 그리하여 곧 견습공과 직인 모두가, 주인과 안주인을 뺀 모두가 일에 들어간다. 주인과 안주인만이 달콤한 잠을 즐긴다. 그것이 제롬과 레베이예를 샘나게 만든다. 그들은 자신들만 고통받는 자가 되지 않기로 결심한다. 그들은 주인과 그 부인도 동료이기를 원한다. 그러나 어떻게 술책을 부릴 것인가?

레베이예는 주위 사람들의 목소리와 아주 작은 몸동작까지도 흉내 내는 뛰어난 재능을 갖고 있다. 그는 참된 연기자다. 그것이 그가 인쇄소에서 익힌 진정한 직업이다. 또한 그는 개와 고양이의 울음소리도 완벽하게 흉내 낼 수 있다. 그는 지붕에서 지붕으로 건너가 '부르주아'와 그 아내의 침실에 붙어 있는 홈통까지 기어가기로 작심한다. 거기에서 그는 고양이 울음소리를 연신 내면서 매복해 있을 수 있다. 그에게 이것은 쉬운 일이다. 그는 지붕 수리공의 아들이라 지붕 위에서 고양이처럼 기어다닐 수 있기 때문이다.

우리의 저격수는 큰 성공을 거두어서 이웃 모두가 불안해했다. 마법이 떠돌아다니고 있으며 고양이들이 주문을 걸려는 누군가의 하수인임에 틀림없다는 소문이 퍼진다. 이것은 주인집과 친하면서 안주인의 고해신부인 교구 신부의 일이다. 어느 누구도 더 이상 잠들지 못한다.

레베이예는 다음 날 밤과 그다음 날 밤에도 사바트를 연출한다. 그를 모른다면 그가 마법사라고 확신했을 것이다. 마침내 주인과 그 아내는 더 이상 견디지 못한다. “애들한테 말해서 저 사악한 짐승들을 없애라고 해야겠다”고 그들은 선언한다. 여주인이 명령을 내리면서 그리스를 놀라게 하지 말라고 당부한다. 그리스는 그녀가 아끼는 털고양이의 이름이다.

이 부인은 고양이에 열정적이다. 많은 인쇄소의 주인들이 그러하다. 그중 한 명은 25마리를 기르고 있다. 그는 고양이의 초상화를 그리게 하고 구운 새고기를 먹인다.

곧 사냥이 조직된다. 견습공들은 고양이의 씨를 말리기로 결심하고 직인들이 합세한다. 주인들이 고양이를 사랑하므로 결과적으로 그들은 고양이를 증오한다. 이 사람은 인쇄기의 철봉으로, 저 사람은 건조실의 막대기로, 다른 사람들은 빗자루 손잡이로 무장한다. 그들은 바깥으로 뛰어 도망치려는 고양이들을 잡기 위해 다락방과 창고의 창문에 자루를 매달아 둔다. 몰이꾼이 지명되고 모든 것이 조직된다. 인쇄소의 철봉으로 무장한 레베이예와 그의 동료 제롬이 축제를 주재한다. 그들이 제일 먼저 찾는 것은 안주인의 털고양이 그리스다. 레베이예가 옆구리를 갈겨 기절시키고 제롬이 끝장을 낸다. 그 뒤 레베이예가 그 시체를 홈통에 집어넣는다. 들키지 않기 위해서다. 그것은 중대한 문제, 즉 살인이므로 숨겨야만 한다. 사람들은 옥상에서 공포를 연출한다. 공포에 사로잡힌 고양이들이 자루 속으로 뛰어든다. 어떤 놈들은 그 자리에서 살해된다. 다른 놈들은 인쇄소 전체의 즐거움을 위해 교수형에 처해진다.

인쇄공들은 웃는 법을 알고 있다. 그것이 그들의 유일한 일이다.

처형이 시작되려고 한다. 그들은 사형 집행인과 근위대와 고해신부까지 지명한다. 그리고 그들은 선고를 내린다.

이러던 중 여주인이 도착한다. 피바람 부는 처형을 본 그녀의 놀라움이란! 그녀는 비명을 내지르다가 말문이 막힌다. 왜냐하면 그녀는 그리스를 보고 있다고 생각하면서 그런 운명이 그녀가 가장 사랑하는 고양이에게 가해졌을 것이라고 확신하기 때문이다. 노동자들은 주인집에 대해 존경심이 너무 커서 어느 누구도 그런 무도한 짓을 할 수 없을 것이라고 그녀에게 확신시킨다.

'부르주아'가 도착한다. "아! 악당들아" 하고 주인이 말한다. "일은 안 하고 고양이를 죽이다니." 그러자 여주인이 주인에게 말한다. "이 나쁜 놈들이 주인을 죽일 수 없으니 내 고양이를 죽였다오. 아무 데도 보이지 않아요. 어디서 불러봐도 나오지 않아요. 저들이 매달아 죽인 게 틀림없어요." 모든 노동자들의 피를 본다 해도 그녀의 모욕을 보상받을 수는 없을 것처럼 보인다. 불쌍한 그리스, 둘도 없는 고양이여!

무슈와 마담은 노동자들을 자유롭게 놔두고 물러난다. 무질서를 사랑하는 인쇄공들은 대단히 즐거운 상태가 된다. 그들은 즐거워서 미칠 지경이다.

그들의 웃음, 좋은 '복사'를 위해 이 얼마나 훌륭한 주제인가! 그것은 그들을 오랫동안 즐겁게 할 것이다. 레베이예는 주역을 맡아 최소한 스무 번 이상 그것을 무대에 올릴 것이다. 그는 주인, 여주인, 주인집 전체를 흉내 내며 조롱을 퍼부을 것이다. 어떤 것도 그의 풍자를 피할 수 없을 것이다. 인쇄공들 사이에서 이런 오락에 뛰어난 사람들은 '흉내꾼jobeur'이라고 불리며, '장난joberie'을 제공한다.

레베이예는 많은 박수갈채를 받는다.

모든 노동자들은 주인에 대항해 단결해 있다는 것에 주목해야 한다. 인쇄공들의 모임에서 인정받으려면 그들[주인들]에 대해 험담을 하는 것 정도로 충분하다. 레베이예는 우리 중의 한 사람이다. 그의 공적을 인정해 그가 노동자들을 대상으로 했던 이전의 풍자는 용서받을 것이다.

1722년 파리에서 스페인 황녀를 기리는 행렬.

# 3
# 한 부르주아는 자신의 세계에 질서를 부여한다: 텍스트로서의 도시

농민들의 암울한 민담과 직공들의 폭력적 의식은 오늘날 상상하기 힘든 세계에 속한다 할지라도 우리는 18세기 부르주아의 입장에 우리를 놓고 생각해볼 수는 있으리라고 기대한다. 그런 기회는 고양이 학살에 대한 콩타의 설명만큼이나 놀라운 또 하나의 문서 덕분에 생겨난다. 그 문서는 1768년 몽펠리에에 살았던 익명의 견실한 중산 계급 시민에 의해 기록된 도시 설명서다. 확실히 18세기의 가벼운 논픽션 장르는 '설명서,' 안내서, 연보, 지방의 기념비나 저명인사에 대한 호사가의 설명 등으로 넘쳐났다. 이런 장르를 다룬 여러 사람들과 우리의 부르주아를 구분시켜주는 것은 완벽성에 대한 그의 집착이었다. 그는 자신이 사는 도시 전체를 아주 작은 부분까지 포착하기를 원했고 그래서 쓰고 또 썼다. 그리하여 426쪽에 달하는 필사본에서 그는 자신에게는 우주의 구심점인 자기 도시의 모든 교회, 모든 가발업자, 모든 집 없는 개까지 포함시켰다.[1]

1 그 필사본은 다음과 같이 출판되었다. Joseph Berthelé, "Montpellier en 1768 d'après

왜 그가 그렇게 방대하고 소모적인 과업을 수행했는지 정확하게 알 수는 없다. 그는 일종의 가이드북을 출판하고 싶었을지도 모른다. 『1768년에 만든 몽펠리에 도시에 관한 설명서』(이하에서는 『설명서』로 약기한다)의 서문에서 그는 방문객들에게 도움이 되고 "규모가 별로 크지는 않지만 그럼에도 왕국 내에서 특수한 위치를 차지하고 있는 도시에 대한 진정한 관념을 제공"할 수 있는 방식으로 몽펠리에를 묘사하기를 원한다고 설명하고 있기 때문이다.[2] 그는 마치 낯선 길모퉁이에서 당황하고 있는 이방인에게 길을 알려주듯 자신의 도시에 대해 자랑스러워하며 이야기하고 싶어 하는 것처럼 보인다. 아마도 그다지 유별난 상황은 아닐 테지만, 이것은 생각해볼 만

un manuscrit anonyme inédit," in *Archives de la ville de Montpellier*(Montpellier, 1909), IV(이하에서는 저자가 붙인 제목을 약칭해 『설명서』 또는 *Description*으로 표기한다). 도시의 '설명서'라는 장르에 대해서는 Hugues Neveux, "Les Discours sur la ville," in *La ville classique: de la Renaissance aux révolutions*, eds. Roger Chartier, Guy Chaussinand-Nogaret, Hugues Neveux & Emmanuel Le Roy Ladurie(Paris, 1981) 참조. 이는 조르주 뒤비의 감수 아래 출간된 *Histoire de la France urbaine*의 제3권이다. 몽펠리에의 경우에 '우리의 저자'—불행히도 이 어색한 단어가 내가 생각할 수 있는 최선의 호칭이었다—는 다음 두 개의 선행 업적을 이용할 수 있었다. Pierre Gariel, *Idée de la ville de Montpelier [sic], recherchée et présentée aux honestes gens*(Montpellier, 1665); Charles d'Aigrefeuille, *Histoire de la ville de Montpellier depuis son origine jusqu'à notre temps*(Montpellier, 1737~39), 2 vols. 그는 이 책들을 여러 곳에서 인용하고 있지만 그의 텍스트는 이 책들과 상당히 다르다. 전체적인 형식에 있어서 그의 텍스트는 그의 동시대인이었던 지방 법률가가 쓴 다음 책과 더 흡사하다. Dominique Donat, *Almanach historique et chronologique de la ville de Montpellier*(Montpellier, 1759). 이 책의 서언에서 도나는 몽펠리에에 대한 개괄은 이 책을 따르라고 제안했다. 따라서 그가 『설명서』의 저자일 가능성도 있다. 그러나 저자의 정체에 관해 더 확실한 증거를 찾으려는 시도는 모두 실패로 끝났다.

2 *Description*, p. 9. 이 텍스트의 후반부는 지방 제도 개선을 위한 제안을 담고 있으며, 그 논조는 여행 안내서라기보다는 계몽된 행정 관료를 암시하는 문체로 쓰였다. 따라서 『설명서』가 단순한 가이드북을 의도한 것만은 아닌 것으로 보인다.

한 문제를 제기한다. 세계를 묘사한다는 것은 무엇인가? 충동을 느끼고 열정이 있다고 해도 우리의 주변 환경을 어떻게 글로 전달할 수 있을 것인가? 우리는 조감도로 시작한 뒤 초점을 좁혀 도심의 주요 교차로로 내려와야 할 것인가? 아니면 도시에 입성하는 이방인처럼 시골에서 교외를 거쳐 시청이나 교회, 백화점과 같은 도시 공간 핵심부의 위압적인 건물 밀집 지역으로 나아갈 것인가? 어쩌면 우리는 도시의 권력층으로부터 시작하거나 아니면 노동자로부터 시작해 위로 올라가는 방식으로 우리의 설명을 사회학적으로 구성할 수도 있을 것이다. 우리는 7월 4일 독립기념일의 연설이나 설교로부터 시작하는 식으로 정신적인 논조를 택할 수도 있을 것이다. 가능성은 무한해 보이며, 그렇지 않더라도 최소한 가늠할 수 없을 만큼 많아 보인다. 특히 도시에 애정을 갖고 있고 지면이 무한하게 할애된다면 '도시에 대한 진정한 관념'을 어떻게 종이 위에 옮길 수 있을 것인가?

18세기 몽펠리에의 상에 어떤 전망을 제공해줄 수 있는 유명한 예를 생각해보자.

> 런던. 가을 학기는 방금 끝났고 대법관은 링컨스인 홀에 앉아 있다. 무자비한 11월의 날씨. 지구 표면에서 물이 방금 빠져나간 듯 거리는 진창이어서 홀본힐에서 거대한 도마뱀처럼 어기적거리며 걷는 약 40피트 크기의 공룡을 만난다 해도 놀랍지 않을 것 같다. 굴뚝에서 뿜어내는 매연이 큰 눈송이만 한 검댕이 들어 있는 끈적이는 검은 이슬비를 만들고 그것은 마치 태양의 죽음에 애도를 표하는 것 같다. 개들은 진흙탕 속에서 분간되지 않는다. 말들도 다를 바 없이 눈가리개까지 젖어 있다. 서로 우산을 밀쳐대는 보행자들

은 하나같이 나쁜 기분에 오염되어 있고 길모퉁이에서 중심을 잃고 넘어진다. 동이 튼 뒤(동이 텄는지는 모르겠지만) 이미 그곳에서는 수만의 보행자들이 미끄러지고 넘어져서 진흙 더미 위에 진흙 더미가 쌓이며 새로운 예금을 더하고 그것은 보도 위에 견고하게 들러붙어서 복리 이자로 늘어나고 있다.[3]

디킨스가 묘사한 런던에 대해서는 많은 이야기를 할 수 있다. 그러나 『황폐한 집』의 첫번째 문장 몇 개만 봐도 하나의 도시를 본다는 것이 감정, 가치관, 세계관에 얼마나 물들어 있는지 알기에 충분하다. 노후한 도시에 붙어 다니는 오염, 소란, 그리고 만연한 도덕적 타락감은 디킨스식 런던의 확실한 특징을 묘사하고 있다. 우리의 몽펠리에 시민은 그것과는 다른 세계에 살고 있었다. 그는 자신이 느낀 것을 전달함에 있어서 디킨스만 한 문학적 재능은 없었지만 그 세계는 디킨스나 마찬가지로 그가 마음속에서 구성했던, 그의 정신의 틀에 맞추고 감정으로 채색한 세계였다. 문학적이건 아니건 장소의 감각은 삶에서 우리의 전반적인 방향 설정에 근본적이다. 구체제의 평범한 부르주아에 의해 장소의 감각이 글로, 그것도 글의 홍수로 기록된 것을 본다는 것은 18세기 세계관의 근본적인 요소를 대면한다는 뜻이다. 그러나 그것을 어떻게 이해할 수 있을 것인가?

우리가 그 설명서를 읽을 때 생기는 문제는 우리의 저자가 그것을 썼을 때만큼이나 큰 것이다. 모든 문장은 이제는 더 이상 존재하지 않는 세계에 질서를 부여하려는, 우리에게는 생소한 정신을 표현하고 있다. 그 정신에 침투하기 위해서 우리는 서술된 대상보다는 서

3 Charles Dickens, *Bleak House*(London, 1912), p. 1.

술 방식에 집중할 필요가 있다. 우리의 저자는 도시의 지형을 정리하기 위해 표준적인 도식을 이용했을까? 어떤 현상을 다른 것과 구분하기 위해 그는 어디에 경계선을 그었을까? 종이 위에 펜을 들었을 때 감흥을 분류하기 위해 그는 어떤 범주를 선택했을까? 우리의 임무는 1768년에 몽펠리에가 실제로 어떠했는가를 알아보는 것이 아니라 우리의 관찰자가 어떻게 관찰했는지 이해해보는 것이다.

그러나 먼저 경향성이 있는 용어인 '부르주아'에 대해 언급하는 것이 순서일 것이다. 이 단어는 남용되었고 난해하며 부정확하지만 불가피하다. 역사가들은 수 세대에 걸쳐 그것에 대해 논해왔고 여전히 논하고 있다. 프랑스에서 그 용어는 일반적으로 마르크스주의의 함의를 지니고 있다. 부르주아는 생산 수단의 소유자로서 자기 자신의 생활 방식과 이념을 갖고 있는 일종의 경제적 인간이다. 그는 명백한 산업화는 아닐지라도 엄청난 팽창의 시대, 즉 '앵글로색슨' 경제학의 파격 어법적인 프랑스어로 '르 테이크-오프le take-off'[4]의 시대였던 18세기의 중심인물이었다. 부르주아들은 자신들의 경제적 능력과 정치적 무능력—1789년 전야의 귀족층의 부흥기에 더욱 악화되었다—사이의 모순을 접하면서 계급의식을 획득하고 봉기를 일으켜 농민과 직공들의 인민 전선을 프랑스혁명으로 이끌었다. 이런 폭발적 힘을 융합하기 위해서는 이념이 필수적이었다. 부르주아 계급은 자신들의 자유(특히 자유무역)와 평등(특히 귀족 특권의 타파)

4 (옮긴이) 미국의 경제학자 월트 로스토가 『경제 성장의 단계*The Stages of Economic Growth*』(1960)에서 주창한 경제 성장 이론에서 유래한 용어다. 그는 전통 사회가 성장하고 고도의 대중 소비의 사회로 진입하려면 '비행기의 이륙'을 가리키는 일명 테이크오프의 단계를 거쳐야 한다고 주장했다.

관념을 일반 민중에게 스며들도록 만들었다. 1789년에 이르면 계몽 사상은 그 과업을 완수하기에 이른다. 가장 명망 있는 프랑스 역사가들이 쓴 가장 영향력 있는 프랑스 교과서가 한 세대의 독자들에게 확신시켰듯 "18세기는 부르주아를 생각했다."[5]

중산 계급의 성장이라는 무궁한 주제에 대한 이런 해석은 경제·사회·문화라는 세 개의 차원에서 작동하는 과정으로서 역사를 보는 관점에 근거한다. 차원이 깊을수록 동력은 더욱 강력해진다. 그러므로 경제의 변화는 사회 구조, 그리고 궁극적으로는 가치관과 관념의

5 이 말은 다음 교과서들에 나온다. Fernand Braudel & Ernest Labrousse, *Histoire économique et sociale de la France*(Paris, 1970), II, p. 716; Robert Mandrou, *La France aux XVIIe et XVIIIe siècles*(Paris, 1970). 동일한 주제에 대해 유사하게 서술한 또 다른 교과서는 Albert Soboul, *La Civilisation et la Révolution française*(Paris, 1970), chaps. 17, 18. '르 테이크-오프'에 대한 언급은 pp. 342~43. 이 표현은 다음 책에도 나오지만 덜 독단적으로 도식화되어 있다. Pierre Chaunu, *La Civilisation de l'Europe des Lumières*(Paris, 1971), pp. 28~29. 교과서의 저자들을 가르는 이념적 경계선에도 불구하고 그런 도식이 교과서에서 교과서로 전파되는 과정을 추적하는 것은 흥미로운 작업일 것이다.

툴루즈 고관들의 행진.

변화를 만들어낸다.[6] 일부 역사가들이 이와는 대단히 다른 견해를 전개시켰다는 것은 확실하다. 롤랑 무니에와 그의 제자들은 사법적 규범과 사회적 지위에 근거한 계층의 사회로서 구체제에 대한 관념론적 틀을 세심하게 만들어냈다. 마르크스주의 진영에서 그람시적 경향은 헤게모니를 쟁취하기 위한 사회정치적 '블록'의 형성에서 이념의 힘에 어느 정도의 자율성을 부여했다. 그렇지만 1950년대에서 1970년대에 이르기까지 프랑스의 역사 서술에 있어서 지배적 경향은 3단계의 인과 관계 모델에 근거하고 있는 '총체적' 역사를 창출하려는 시도였다.[7]

6 (옮긴이) '경제·사회·문화라는 세 개의 차원에서 작동하는 과정으로서 역사'는 아날학파를 가리키는데 동시에 그것은 토대 또는 하부구조의 변화가 상부구조의 변화보다 본질적이라는 마르크스의 역사관과도 일맥상통한다.

7 프랑스의 '총체사'의 성장에 대해서는 Jacques Le Goff, "L'Histoire nouvelle," in Jacques Le Goff, Roger Chartier & Jacques Revel, *La Nouvelle histoire*(Paris, 1978). 18세기 프랑스의 경제-사회-문화적 변화에 대한 정통적 견해의 예로는 다음 책들의 결론 부분을 참고할 것. Labrousse, *Histoire économique et sociale de la France*, pp. 693~740;

이런 관점은 부르주아를 무대의 중앙에 당당하게 위치시켰다. 생산 수단의 소유자, 사회 구조 속에서 성장하던 요인, 근대적 이념의 옹호자로서 부르주아는 앞에 놓인 모든 것을 휩쓸 운명으로 정해져 있었고 프랑스혁명에서 그 일을 했다. 그러나 누구도 그를 잘 알지 못했다. 역사책에 그는 얼굴 없이 범주로서 등장했을 뿐이다. 그리하여 3층으로 이루어진 총체사의 탁월한 대변인이었던 에르네스트 라브루스는 1955년 문서보관소에서 숨어 있는 부르주아를 추적하려는 장정을 시작했다. 사회·직업 항목에 맞추어 수집된 방대한 통계 조사는 18세기 파리에서 시작해 서구 전역에서 부르주아 계급을 사회 구조 속에 위치시켰다. 그러나 파리는 처리하기 어려운 것으로 판명되었다. 프랑수아 퓌레와 아들린 도마르가 조사한 1749년 이래의 2,597개의 결혼 계약서는 그 도시 사회가 직공, 상점 주인, 전문직, 궁정 관리, 귀족 등으로 이루어져 있고 제조업자는 없으며 상인은 소수뿐임을 보여주었다. 다니엘 로슈와 미셸 보벨이 수행한 파리와 샤르트르의 비교 연구도 비슷한 결과를 산출했다. 각 도시에 부르주아가 있었던 것은 사실이지만 그들은 '구체제의 부르주아'였다. 즉 그들은 무엇보다도 연금이나 토지세로 살아가면서 일은 하지 않았던 금리 생활자rentier로서 마르크스주의 역사 서술에 나오는 산업 부르주아 계급과는 정반대였다. 아미앵, 리옹과 같은 섬유 산업의 중심지에 제조업자들이 있었던 것은 사실이지만, 보통 그들은 수세기 전부터 존재했던 선대제putting-out system식의 기업을 운영했

Soboul, *La Civilisation et la Révolution française*, pp. 459~80. 또 다른 견해에 대해서는 다음을 참고할 것. Roland Mousnier, *Les Institutions de la France sous la monarchie absolue 1598~1789*, 2 vols.(Paris, 1974~80); Régine Robin, *La Société française en 1789: Sémur en Auxois*(Paris, 1970).

을 뿐 영국의 도시 경관을 변형시키기 시작했던 기계화된 공장식 생산과는 닮은 점이 없었다. 프랑스에 기업가가 있다면 그들은 대체로 출신 성분이 귀족이었다. 귀족들은 전통적인 광업과 제련업뿐만 아니라 온갖 종류의 산업 및 상업에 투자하고 있었던 반면, 상인들은 귀족처럼 살기에 충분한 재산을 축적하면 사업을 그만두고 토지와 금리로 살았다.[8]

전공 논문들이 계속 쏟아져 나오면서 도시와 지방을 망라한 연구

8 18세기 부르주아 계급의 일반적인 상을 그리려는 몇몇 시도에도 불구하고 이 주제에 대한 연구는 놀라울 정도로 진척되지 않았다. Elinor Barber, *The Bourgeoisie in 18th Century France*(Princeton, 1955)는 피상적이다. 최고의 단일 연구는 여전히 Bernhard Groethuysen, *Origines de l'esprit bourgeois en France*(Paris, 1956)이지만, 이 책은 주로 지성사에 국한되어 있다. 사회사가들의 전공 논문으로는 다음을 참고할 것. Ernest Labrousse, "Voies nouvelles vers une histoire de la bourgeoisie occidentale aux XVIIIe et XIXe siècles(1700~1850)," *X° Congresso internazionale di Scienze Storiche: Roma, Relazioni*(Florence, 1955), IV, pp. 365~96; Adeline Daumard, "Une référence pour l'étude des sociétés urbaines aux XVIIIe et XIXe siècles: Projet de code socio-professionnel," *Revue d'histoire moderne et contemporaine*, X(July-Sept., 1963), pp. 184~210; Roland Mousnier, "Problèmes de méthode dans l'étude des structures sociales des XVIe, XVIIe, XVIIIe siècles," in *Spiegel der Geschichte: Festgabe für M. Braubach*(Münster, 1964), pp. 550~64; 프랑스 대학출판부의 논문집으로는 *L'Histoire sociale: sources et méthodes: Colloque de l'Ecole Normale Supérieure de Saint-Cloud(15-16 mai 1965)*(Paris, 1967); Adeline Daumard & François Furet, *Structures et relations sociales à Paris au XVIIIe siècle*(Paris, 1961); Daniel Roche & Michel Vovelle, "Bourgeois, rentiers, propriétaires: éléments pour la définition d'une catégorie sociale à la fin du XVIIIe siècle," in *Actes du Quatre-Vingt-Quatrième Congrès National des Sociétés Savantes(Dijon, 1959), Section d'Histoire Moderne et Contemporaine*(Paris, 1960), pp. 419~52; Maurice Garden, *Lyon et les Lyonnais au XVIIIe siècle*(Paris, 1970); Jean-Claude Perrot, *Genèse d'une ville moderne: Caen au XVIIIe siècle*(Paris & The Hague, 1975), 2 vols. 귀족에 대한 재평가로는 다음 또한 참고할 것. Guy Chaussinand-Nogaret, *La noblesse au XVIIIe siècle: De la Féodalité aux Lumières*(Paris, 1976); Patrice Higonnet, *Class, Ideology, and the Rights of Nobles During the French Revolution*(Oxford, 1981).

가 이루어짐에 따라 구체제의 프랑스는 더욱더 낡아 보이게 되었다. 리옹에 대한 모리스 가르댕의 연구나 캉에 대한 장-클로드 페로의 연구와 같은 훌륭한 연구를 통해 몇 명의 진짜 제조업자와 상인을 찾을 수 있었다. 그러나 의심할 바 없이 자본주의적이었던 이들 부르주아 계급은 근대 초 프랑스의 모든 도시에서 번성했던 방대한 인구의 직공이나 상점 주인과 비교한다면 미미한 수준이었다. 기껏해야 릴이나 다른 도시의 한두 구역을 제외한다면 사회사가들은 마르크스주의자들이 상정했던 역동적이고 자의식이 있고 산업화되어가던 계급을 어디에서도 찾지 못했다. 미셸 모리노는 더 나아가 18세기 내내 경제는 침체 상태였고, 1930년대와 1940년대에 라브루스가 만든 그래프에서 보이는 곡물 가격의 상승 곡선으로 요약되는 경제 급성장이라는 표준적인 상은 사실상 환상에 불과하다고 주장했다. 즉 곡물 가격의 상승은 생산성의 증가라기보다는 맬서스적인 압박의 결과물이었다는 것이다. 경제가 그 정도까지 허약하지는 않았을지 모르지만 프랑스가 산업혁명은 고사하고 농업혁명조차 겪지 않았다는 것은 명백하다. 프랑스 쪽 입장에서 볼 때 '르 테이크-오프'는 특히 더 '앵글로색슨'의 전유물처럼 보이기 시작했던 것이다.[9]

9 프리바 출판사에서 이미 출판된 개별 도시의 총서는 르망, 툴루즈, 브레스트, 리옹, 루앙, 앙제, 낭트, 마르세유, 니스, 툴롱, 그르노블, 보르도, 낭시 등을 포함한다. 그리고 *Histoire de la France urbaine*은 이런 신생 업적을 훌륭하게 종합하고 있다. 보통 최고의 도시 산업화의 장소로 간주되는 릴조차 이제는 그 경제가 노후했던 것으로 보인다. 즉 릴은 주변 농촌의 선대제 산업의 중심지로서 '원시 산업화'의 장소였다는 것이다. Pierre Deyon et al., *Aux origines de la révolution industrielle, industrie rurale et fabriques* (*Revue du Nord*의 1979년 1~3월의 특별호) 참조. 미셸 모리노는 몇 개의 논문과 다음의 책에서 프랑스 경제 침체론을 내세웠다. Michel Morineau, *Les Faux-Semblants d'un démarrage économique: Agriculture et démographie en France au XVIIIe siècle*(Paris, 1971).

이런 경향은 3층으로 된 구체제의 밑바닥 층에서 근대성의 대부분을 일소시켰고 2층에 위치하고 있던 진보 세력의 대부분을 침식시켰다. '부르주아를 생각했던' 세기라는 관념은 어디에 놓여야 하는가? 사상의 중요한 중심지였던 지역의 아카데미에 대한 광범위한 사회학적 조사는 사상가들이 귀족, 성직자, 국가 관리, 의사, 법률가 등 전통적인 상류층에 속했음을 입증했다. 계몽 서적의 독자들 역시 거의 같았던 것으로 보이며, 연극의 관객—새로 생긴 장르인 '부르주아극drames bourgeois'을 보면서 울었던 사람들까지 포함해—은 더욱더 귀족적이었다. 그리고 다음 장에서 살펴보겠지만 작가들 자체는 산업을 제외한 사회의 각 부문에서 나왔다. 물론 계몽주의 문학은 그럼에도 '부르주아적'이라고 해석될 수 있다. 왜냐하면 그 용어를 일련의 가치관에 언제라도 부착시킬 수 있고 또한 그런 가치관이 인쇄물로 표현된 것을 발견할 수 있기 때문이다. 그러나 그런 과정은 사회사와 연결시키지 않은 채 쳇바퀴 도는 중복으로, 예를 들면 부르주아 문학은 부르주아 계급의 전망을 표현하는 문학이라는 식으로, 비껴가는 경향이 있다. 그러므로 모든 차원의 연구에 있어서 학자들은 '부르주아를 찾으라'는 요구에 부응해왔지만 그를 발견하는 데는 실패했던 것이다.[10]

그런 경험에 비추어 볼 때 우리의 몽펠리에 시민을 그런 희귀한

10 Daniel Roche, *Le Siècle des Lumières en province: Académies et académiciens provinciaux, 1680~1789*(Paris & The Hague, 1978); Robert Darnton, *The Business of Enlightenment: A Publishing History of the Encyclopédie, 1775~1800*(Cambridge, Mass., 1979); John Lough, *Paris Theatre Audiences in the Seventeenth and Eighteenth Centuries*(London, 1957); 문학 해석에서 환원주의적인 사회학의 예로는 Lucien Goldmann, "La Pensée des Lumières," *Annales: Economies, sociétés, civilisations*, XX(1967), pp. 752~70 참조.

종자의 표본으로 제시하려는 것은 허황될지 모른다. 더구나 우리는 그의 정체를 정확하게 알지도 못하기 때문에 더욱 그러하다. 그러나 그가 자신의 텍스트 속에서 들려주는 목소리를 통해 그의 신분을 파악해볼 수 있다. 그는 한편으로는 귀족과, 다른 한편으로는 평민들과 자신을 구분시켰다. 놀라울 정도로 솔직하게 의견을 표명하여, 매 페이지마다 확인되는 그의 공감대는 도시 사회의 중간층 어디엔가 그를 위치시킨다. 즉 그는 대부분의 지방 도시에서 인텔리겐치아[지식인 계층]를 형성했던 의사, 법률가, 행정가, 금리 생활자 등의 사람들에 동조했던 것이다. 이 사람들은 '구체제의 부르주아 계급'에 속한다. 그들은 18세기적인 의미에서 부르주아였는데, 당시의 사전은 부르주아를 단지 '도시민'이라고 정의했을 뿐이다. 물론 당시의 사전에서는 '부르주아 집' '부르주아 수프' '부르주아 와인'과 같은 형용사형의 특수 용례를 지적하기도 했고, 부사형의 용례는 특정 생활방식을 상기시켜주기도 했지만 말이다: "그는 부르주아적으로 생활하고 말하고 생각한다. 정오에 그는 부르주아적으로 그의 가족과 함께 왕성한 식욕으로 훌륭하게 식사한다."[11]

11 이런 예들은 다음의 사전에서 인용한 것이다. *Dictionnaire universel françois et latin, vulgairement appelé Dictionnaire de Trévoux*(Paris, 1771), II, pp. 11~12. 당대의 비슷한 용례는 다음의 또 다른 18세기 사전들의 "부르주아" 항목에서 찾아볼 수 있다. *Dictionnaire de l'Académie françoise*(Paris, 1762); *Dictionnaire universel contenant généralement tous les mots françois, tant vieux que modernes, et les termes des sciences et des arts*(The Hague, 1727), by Antoine Furetière; *Dictionnaire universel de commerce, d'histoire naturelle, et des arts et métiers*(Copenhagen, 1759), by Jacques Savary des Bruslons, 속편은 by Philemon-Louis Savary; *Encyclopédie ou dictionnaire raisonné des sciences, des arts et des métiers*(Paris, 1751~72), ed. by Diderot & d'Alembert. 이 사전들은 기술적 용법도 기록하고 있다. 즉 샹파뉴와 부르고뉴의 영주 법정에서 면제된 부르주아나, 상업용 선박을 소유했던 부르주아, 일꾼을 고용했던 부르주아 등을 언급하고 있다. *Dictionnaire*

이렇듯 부르주아에 대한 당대의 소박한 관념에서 출발하면 우리는 공감하는 마음을 지니고 『설명서』에 침투할 수 있을 것이다.[12] 그런 후에 내부에서부터 작업함으로써 우리는 우리의 저자가 텍스트로 구성했던 세계를 배회할 수 있게 될 것이다.

그러나 그런 작업 속으로 뛰어들기 전에 우리는 방향을 설정해줄 몇 가지 비교의 지점을 찾기 위해서라도 역사가들에 의해 재구성되

*de Trévoux*의 정의에 따르면 후자는 콩타의 인쇄소의 '부르주아'와 밀접하게 상응한다. "노동자들이 누구를 위해 일할 때 그 사람을 부르주아라고 한다. [예를 들면] '부르주아를 위해 봉사해야 한다' 또는 '석공과 직공은 언제나 부르주아를 속이려 했다'와 같은 용례가 있다." 사회적 구분의 미묘한 차이도 사전의 정의를 통해 나타난다. 『백과전서』는 루소를 암시하는 의미에서 '부르주아'와 '시민' 사이의 관련성을 강조하는 반면, *Dictionnaire de l'Académie françoise*는 그 단어의 나쁜 의미를 기록하고 있다: "부르주아는 신사도 아니고 상류 사회의 방식에 익숙하지도 않은 사람에 대한 비난으로 경멸적으로 쓰이기도 한다. '그는 단지 부르주아에 불과하다' 또는 '부르주아 냄새가 난다'와 같은 표현이 여기에 속한다." 사바리는 부르주아를 귀족과 평민 사이에 정확히 위치시키지만 한결 호의적이다. "부르주아. 일반적으로 도시에 거주하는 시민에 적용되는 말이다. 한층 구체적으로 말하자면 성직자에도 귀족에도 속하지 않는 시민을 가리킨다. 그리고 궁정이나 관직에서 높은 자리를 차지하지는 않고 있지만 그들의 부, 영예로운 직업, 상업으로 인해 직공이나 평민보다는 훨씬 높은 사람들이다. 그런 의미에서 이 단어는 좋은 부르주아라고 칭찬하고 싶은 경우에 사용된다." 마지막으로 사전들은 그 단어가 어떻게 삶의 방식을 상기시키는지 보여준다. *Dictionnaire de Trévoux*의 예를 든다면, "부르주아의 집은 화려하지 않게 단순히 지어졌지만 안락하고 살기 편한 집을 말한다. 이것이 궁궐이나 대저택이 아닌 것처럼 농민이나 직공이 사는 오두막이나 움막도 아니다. 일상 대화에서 부르주아 수프라고 말하면 좋은 수프를 가리킨다. […] 부르주아 와인은 물을 타지 않은 와인, 즉 선술집의 와인과 달리 술 저장고에 보관한 와인이다."

**12** (옮긴이) 19세기에 마르크스는 부르주아를 경제적 부는 거머쥐었지만 정치 참여에서 배제되었기에 불만을 품고 혁명을 주도했던 사람들로 묘사했다. 그러나 18세기를 살았던 사람들은 부르주아를 단지 '도시에 살던 사람들'로 보았다고 저자는 밝히고 있다.

었던 몽펠리에를 간략하게나마 살펴보아야 한다.[13]

18세기의 몽펠리에는 본질적으로 행정의 중심지이자 시장으로서 방대한 랑그도크[14] 지역에서 툴루즈와 님에 이어 세번째로 큰 도시였다. 인구는 1710년 약 2만 명에서 1789년에는 약 3만 1천 명으로 급격하게 불어났다. 그 이유는 다른 도시들의 경우와 마찬가지로 농촌으로부터 유입 인구가 증가했을 뿐만 아니라, 사망률이 감소했고 궁극적으로는 부가 증가했기 때문이었다. 경제사학자들은 구체제의 마지막 단계로 알려졌던 '확장의 세기'를 1740년부터 1770년까지의 30년으로 축소했다. 그러나 몽펠리에에서 이 기간은 경제 자체를 변형시키지는 않았을지언정 대다수 사람들의 생활을 한결 편안하게 만들어주었다. 수확은 좋았고 물가는 건전했으며 도시 배후에 있는 농경 지역의 이윤은 흘러넘쳐 시장으로, 그리고 공장과 가게로 골고루 파급되었다.

그러나 몽펠리에는 맨체스터와는 달랐다. 몽펠리에는 중세 말기부터 만들어왔던 품목을 똑같이 소규모로 생산하고 있었다. 예컨대 약 800가구가 녹청 생산에 종사해 1년에 약 80만 리브르의 수입을 올렸다. 녹청은 평범한 가정의 지하실에서 만들었는데, 여기에서 증류주로 채운 진흙 옹기에 구리판을 쌓아 두었다. 여자들이 일주일에 한 번씩 구리판에서 산화구리를 긁어냈다. 대리인들이 집집마다 돌

13 본문에서의 논의는 주 1의 문헌들을 비롯해 다음의 책들에 근거한다. Louis Thomas, *Montpellier ville marchande: Histoire économique et sociale de Montpellier des origines à 1870*(Montpellier, 1936); Albert Fabre, *Histoire de Montpellier depuis son origine jusqu'à la fin de la Révolution*(Montpellier, 1897); Philippe Wolff, ed., *Histoire du Languedoc* (Toulouse, 1967).

14 (옮긴이) 랑그도크는 툴루즈가 주도인 프랑스 남부의 특정 지역 혹은 그 지역에서 사용되던 언어를 가리킨다.

면서 그것을 수집했다. 그리고 프랑수아 뒤랑 부자父子 회사François Durand et fils와 같은 대형 상회가 그것을 유럽 도처에 판매했다. 몽펠리에 시민들은 트럼프 카드, 향수, 장갑과 같은 지역 특산물도 생산했다. 2천 명에 달하는 사람들이 선대제에 따라 자기 집에서 작업하면서 플라사다flassadas라고 알려진 모직 담요를 짜서 제품으로 만들었다. 모직 산업은 대체적으로 사양길에 접어들었지만 몽펠리에는 여타 지역에서 생산된 옷감의 저장고 역할을 했다. 1760년대에는 무명 산업이 발전하기 시작했는데 그중 일부는 도시 외곽에 자리 잡고 있으면서 수백 명의 노동자를 고용한 공장에서 생산된 것이었다. 그들 대다수는 옥양목이나 손수건을 만들었으며 코담배의 유행에 힘입어 수요가 크게 늘어났다. 그러나 코담배나 녹청은 산업혁명을 일으킬 수 있는 재료가 아니었고, 공장 역시—제롬과 그의 '부르주아'의 지방판이라 할 수 있는—직인과 주인들이 200여 년 전에 하던 것과 대단히 비슷한 방식으로 일을 하던 작업장이 조금 크게 불어난 것에 불과했다. 18세기 중엽의 '확장'에도 불구하고 경제는 저개발된 상태로 남아 있었다. 즉 그것은 길에서 솥의 구멍을 때우는 땜장이, 가게 창문 앞에서 다리를 꼬고 앉아 있는 재단사, 사무실에서 동전의 무게를 달고 있는 상인들의 경제였다.

어쨌든 몽펠리에에서 상업적 과두정과 비슷한 것이 생겨날 정도로 동전은 엄청나게 축적되었다. 프랑스의 다른 도시들과 마찬가지로 상인들은 그들의 자본을 상업에서 빼내 토지나 관직을 얻는 데 쓰는 경향이 있었다. 사법부나 궁정 관료 체계의 고위직을 사들이면 그들은 귀족이 되었다. 라자르, 뒤랑, 페리에, 바질과 같은 거부 가문들이 몽펠리에의 사회문화 생활을 주도했고 그것은 몽펠리에에 고래로부터 이어지는 봉건 귀족이 없었기 때문에 더욱 가능한 일이었다. 그들의 지위는 수많은 국가 관리직이 존재한 덕에 수월히 상승할 수 있었다. 몽펠리에는 그 지역에서 가장 중요한 행정 중심지이자 지사, 지역의 신분회, 군관구 사령관의 직이 있는 장소이자 지역의 최고 법정은 아니지만 몇몇 왕립 법정이 있는 곳이었다. 그러나 1768년에 주민의 수가 대략 2만 5천 명에 불과했던 도시에서 상류층이 비대해질 수는 없었다. 엘리트층은 거의 대부분 서로가 서로를 알았다. 그들은 음악 아카데미의 연주회에서, 극장의 연극에서, 왕립 과학 아카데미의 강의에서, 십여 개의 비밀 결사 지부의 의례 행사에서 만났다. 그들은 시내의 페루 광장 산책길에서 매일같이 서로 지나쳤고 특히 매주 일요일이면 생피에르 대성당에서 미사가 끝난 뒤 정성 들인 식사를 같이 했다. 이들 중 다수는 리고에퐁스 서점이나 아브라함 퐁타넬의 독서회cabinet littéraire에 모여 같은 책을 읽었고 그중에는 볼테르, 디드로, 루소의 책이 많이 포함되어 있었다.

우리의 저자가 1768년에 자리에 앉아 기술하려고 했던 것은 바로 이 도시, 즉 상당히 번성하고 있고 진보적이었던 중간급 도시였다. 그러나 한쪽의 사실(역사가의 몽펠리에)과 다른 쪽의 사실에 대한 해석(『설명서』의 몽펠리에)을 비교하려고 시도하면서 그의 설명을 우리의 설명과 대비시켜서는 안 된다. 왜냐하면 우리는 결코 해석과 사실을 분리할 수 없기 때문이다. 또한 우리는 아무리 고투한다 할지라도 텍스트 너머에 있는 고정 불변의 실재에 도달할 수도 없다. 실제로 몽펠리에를 기술한 앞의 세 문단은 내가 비판해온 바로 그 범주로 그 도시를 묘사하고 있다. 즉 인구 통계와 경제로 시작해 사회 구조와 문화로 옮겨 가는 방식이다. 그런 기술 방식은 1768년의 몽펠리에 시민에게는 상상할 수 없는 일이었다. 그는 주교와 성직자로부터 시작해 시 당국자를 거쳐 사회의 여러 '신분'과 그들의 관습에 대한 관찰로 끝을 맺었다. 마치 퍼레이드를 하는 것처럼 텍스트의 각 부분들은 그 앞부분을 뒤따른다. 실제로 『설명서』의 전반부는 행진에 대한 설명처럼 읽히고 그것은 이해가 간다. 왜냐하면 근대 초 유럽에서는 어디에서건 행진이 중요한 행사였기 때문이다. 행진은 사회 계층의 구성 요소라고 생각되던 존엄성, 품격, 권위, 신분 등을 보여주었다. 따라서 우리의 저자가 자신의 도시를 기술했을 때 그는 동료 시민들이 행진을 구성하던 방식으로 자신의 생각을 정리했던 것이다. 행진은 도시 사회의 특성을 보여주는 역할을 했기 때문에 그는 여기저기 드러나는 몇 가지 예외를 제외하고는 사람들이 길거리에서 하던 행동을 종이 위에 옮겨놓은 것이었다.

그렇다면 몽펠리에의 퍼레이드는 어떤 모습이었을까? 『설명서』의 전반부에서 재구성한 전형적인 대행진procession générale은 오늘날 우리가 도시의 상부구조라고 부르는 것과 거의 일치한다. 그것은 모든 중요한 행사마다 시의 관리들을 호위했던 의장대가 보여주는 폭발적인 색깔과 음향으로 시작되었다. 의장대는 다음과 같이 구성되었다. 소매에 은빛 레이스가 달린 붉은 옷을 입은 두 명의 지휘관, 반은 붉고 반은 푸른 법복을 입고 은빛 직장mace과 마을의 문양이 그려진 명판을 든 여섯 명의 직장 봉지자mace-bearer, 창을 든 여덟 명의 병사, 그리고 그 뒤로 은빛 레이스로 장식된 붉은 제복을 입은 나팔수가 음악 소리로 뒤에 올 고위 인사들을 위해 길을 터놓았다.

종교 단체의 행렬이 처음 등장함으로써 제1신분(성직자)이 선두에 섰다. 긴 흰색 가운을 입고 두건 속에 머리를 숨긴 채 촛불을 들고 행진하는 백색 속죄회 다음으로 참된 십자가회, 만성회, 성바오로회 등 세력이 강한 수도원부터 차례로 각기 다른 색의 삼베옷을 입고 뒤따랐다. 이들이 행진한 뒤에는 약 100여 명의 고아들이 구빈원의 푸른색과 회색의 조야한 제복을 입고 열을 맞추었다. 소년, 소녀들은 따로 행진했으며 그 뒤로는 구빈원의 감독관 여섯 명, 목사 열두 명, 평의원 여섯 명이 따랐다. 이것은 그 도시가 빈자를 돌보는 데 힘쓰고 있다는 것을 알림과 동시에 신의 가호를 구하는 호소였다. 가난한 사람들은 특히 신에게 가까이 있어서 신의 은총을 구하는 데 효과적이라고 여겨졌기 때문이다. 그리하여 그들은 종종 촛불과 천 장식물을 들고 장례식 때 행진하곤 했다.

다음으로 수도승들이 뒤따랐는데 이들은 각 수도원의 전통 복장을 하고 몽펠리에에 교단이 설립된 순서에 따라 배치되었다. 맨 앞에는 도미니크 수도회 여덟 명이 서고 그 뒤로 프란체스코 수도회 열두 명, 아우구스티누스 수도회 세 명, 대카르멜 수도회 세 명, 맨발 카르멜 수도회 열두 명, 성부 수도회 세 명, 카푸친 수도회 서른 명, 묵상 수도회 스무 명, 오라토리오 수도회 한 명 등이 뒤를 이었다. 그리고 세속 성직자들, 즉 몽펠리에의 세 개 교구에서 목회자의 영혼 구제를 상징하는 세 명의 교구 신부와 열한 명의 보좌 신부가 그 뒤를 따랐다.

이 지점에서 금과 은으로 정교하게 세공된 거대한 십자가가 주교의 도착을 알렸다. 그는 대성당의 참사회 의원들에 둘러싸여 성찬병聖餐餠의 바로 앞에서 행진했다. 사치스러운 분홍색 법의가 그의 특수한 신분을 표현해주었다. 그는 모기오와 몽페랑의 백작이자 마르크로즈의 후작, 소브의 남작인 데다가 연간 세입이 6만 리브르에 달하는 베뤼의 영주였다. 사실 이 지역의 다른 교구가 더 오래되었고 나르본, 툴루즈, 알비에는 대주교가 있었다. 그러나 몽펠리에의 지역 신분회 행진에 고위 성직자들이 모였을 때는 오직 몽펠리에의 주교만이 분홍색 옷을 입고 행진했다. 높은 신분 덕분에 분홍색 법의를 입을 권리를 가졌던 나르본의 대주교를 제외한 나머지 23명은 검은 옷을 입었다. 시의 행진에서도 몽펠리에 주교의 분홍색 법의는 참사회 의원들의 어둡고 검은 법의나 회색의 모피 두건에 비해 두드러졌다. 참사회 의원들 역시 계급에 따라 가장 높은 지위의 디니테르Dignitaire 네 명, 사법권은 없지만 상위에 있던 페르소나Personnat 네 명, 그리고 참사회 평의원 열두 명 순서로 행진했다. 그 뒤에 행진에서 가장 장엄한 부분인 성찬병이 등장했는데, 성찬병은 정교한 행진용 제단 위에 설치하고 차양을 씌워 시의 영사 여섯 명이 운반했다.

시의 최고 관직을 점유했던 상공위원회 위원consul들은 행렬에서 종교와 시 당국의 고위층이 만나는 지점에 있었다. 이들은 다홍색 법복을 입고 자주색 비단 두건을 쓰고 행진했으며 각기 법인 집단을 대표했다. 앞에 선 세 명은 이 지역의 군관구 사령관이 '귀족' '귀족처럼 사는 부르주아' 그리고 법률가나 공증인의 세 부류에서 지명했다.[15] 그다음의 셋은 시의 주요 기관인 도시강화위원회Conseil de Ville Renforcé가 선택했으며 다음과 같은 법인 집단에서 나왔다. 첫 번째는 상인, 의사, 약사, 사무원 등이고, 두번째는 금 세공인, 가발 제조자, 양조업자, 직물업자, 또는 그 밖의 '존경할 만한 직종méier honnête' 종사자 출신이며, 세번째는 길드 조합corps de métiers 중 하나의 장인이었다.[16] 상공위원들은 지역 신분회의 회합에서 몽펠리에의 제3신분(평민)을 대표하기도 했다. 이들만이 짧은 예복을 입었

15 *Description*, p. 35.

16 같은 책, p. 35.

고 발언을 할 수도 없었으므로 주교와 비교하면 확실히 중요하게 보이지 않았다. 그러나 이들은 600리브르에 달하는 고가의 시계 네 개를 기념 선물로 받았고 시의 행진에서는 성찬병 옆에서 완전한 예복을 갖추고 행진했던 눈에 띄는 존재였다. 어떤 행진에서 그들은 성찬병 옆에서 촛불을 들고 걷는 성체 신도회Archiconfrérie du Saint-Sacrément의 예복을 입은 임원 십여 명과 동행했다. 이는 전체 행진에서 핵심적인 부분으로서 항상 제복을 입은 경비 부대의 경호를 받았다.

시의 다른 주요 관리들도 계급과 권위에 맞추어 행렬을 계속 이어나갔다. 헌병대Prévôté Générale에서 파견한 기마 근위대가 예복을 입고 지역의 최고 법정인 소비세 재판소Cour des Aides의 고관들을 위해 길을 인도했다. 실제로 재판소는 세 개의 부서로 이루어져 각기 다른 사법적·행정적 문제를 관장했지만 그 구성원들은 부서가 아닌 직위에 따라 행진했다.[17] 먼저 지역 군관구 사령관이 앞장섰는데 그는 대개 왕가의 혈통인 귀족으로서 의례 행사가 있을 경우 명예 재판장으로서 그 법정을 주도했다. 그는 보통 적절한 예복을 입은 지휘관과 부장의 호위를 받았다. 다음은 치안판사들이었다. 밍크 후드가 달린 다홍색 법의 밑에 검은색 비단 사제복을 받쳐 입은 열세 명의 재판장이 앞장서고, 같은 옷을 입었지만 한 발짝 뒤처져서 일반 고문단Conseillers-Maîtres 65명, 검은 능직 천의 법의를 입은 교정 고문단Conseillers-Correcteurs 18명, 검은 호박단 법의를 입은 청문 고문단Conseillers-Auditeurs 26명이 뒤를 따랐으며, 그 뒤에는 법학박사의 학위를 가졌다면 일반 고문단과 같은 옷을 입을 수 있었던 세 명

17 같은 책, p. 29.

의 지방 검사Gens du Roi가 한 명의 서기를 대동했다. 다음은 비단 사제복과 다홍색 법의를 입었지만 모피는 달리지 않은 두건을 쓴 수석 집달리와 분홍색 법의를 입은 여덟 명의 집달리 차례였다. 그다음 순서는 31명에 달하는 지방 회계관Trésoriers de France이었는데 그들 중에는 지방 검사 네 명, 서기 세 명이 포함되어 있었고 모두 검은 공단 예복을 입었다. 그들은 대부분의 세금 징수에 대한 최종적인 법적 권한을 지녔기 때문에 부유하고 중요했다.

행렬은 재판관 두 명, 마법 재판관 한 명, 형법 재판관 한 명, 법정 대리인 한 명, 특별 대리인 한 명, 명예 고문 두 명, 고문 열두 명, 왕실 변호인 한 명, 서기장 한 명, 그리고 여러 검사와 집달리 같은 하급 법원 관리들의 긴 행렬로 끝을 맺는다. 재판관들은 두건이나 모피 장식이 없는 다홍색 법복을 입고 행진했다. 다른 관리들은 특전으로서 검은 공단 옷을 입었다.

행렬은 지방 관리의 위계질서에서 상당히 높은 지점인 이곳에서 끝났다. 행렬은 우리의 저자가 자기 글의 다음 부분에서 계속 기술해나가는 다른 집단들, 즉 헌병대, 조폐국, 왕령 재판관, 교회 재판소, 영주 재판소, 상업 재판소, 강화위원회, 24인 위원회는 물론 왕정 관료제의 지방 분소에 흘러넘쳤던 수많은 공매인, 감독관, 징수인, 재정관, 회계관까지 확대될 수도 있었을 것이다. 이런 관리들은 적절한 경우에 적절한 예복을 입고 행진에 모습을 드러내기는 했지만 대행진에는 참여하지 못했다. 대행진이란 대단히 높은 고관들에게 한정된 엄숙한 행사로서 1년 중 가장 중요한 경축일, 즉 성체 축일과 같은 종교 행사나 국왕의 선서와 같은 시민 행사에만 벌어졌기 때문이다. 대행진은 음향과 색채와 질감에 있어서 감명스러운 장면을 연출했다. 나팔이 울린다. 말발굽이 딸까닥거리며 자갈밭을 지나가고 고관대작 무리가 당당하게 행진한다. 어떤 이는 장화를 신고 어떤 이는 샌들을 신었으며 어떤 이는 깃털 장식을 했고 어떤 이는 삼베옷을 입었다. 다양한 색조의 붉은색과 푸른색이 치안판사들의 레이스나 모피 장식과 대비를 이루며 두드러져 보였고 이것은 수도승들의 단조로운 검은색이나 갈색과 대비되었다. 방대한 양의 공단, 비단, 능직 천이 거리를 채웠다. 예복과 제복의 거대한 물결이 도시를 휘감았고 여기저기에서 십자가와 직장이 일렁거렸으며 촛불의 불꽃은 춤추며 그 행로를 따라갔다.

현대의 미국인이라면 이 광경을 로즈 볼 퍼레이드나 메이시스 추수감사제 퍼레이드와 비교해보고 싶을 테지만 그것은 아주 잘못된 생각이다. 몽펠리에의 대행진은 팬들을 흥분시키거나 구매를 촉진시키지 않았다. 그것은 도시 사회의 집합적인 질서를 표현했다. 그것은 도로 위에 펼쳐진 성명서로서 그것을 통해 도시는 스스로를 스스로에게 내보였다. 그리고 때로는 신에게도 내보였다. 몽펠리에가 가뭄이나 기근에 시달릴 때도 행진이 벌어졌으니 말이다. 그러나 도로를 청소하고 법복을 벗어 갈무리한 지 두 세기가 지난 오늘날 어떻게 이것을 읽을 수 있다는 말인가?

다행히도 우리에게 정보를 제공해주는 이 몽펠리에 주민은 세부사실을 설명하기 위해 큰 공을 들였다. 예컨대 그는 소비세 재판소의 어떤 사람들은 붉은색을 입지 않았다고 기록했다. 붉은색은 법학을 공부한 치안판사들에게 한정된 색이었기 때문이다. 실망스럽게도 법정에는 대학교를 거치지 않고 관직을 구입한 젊은이들이 많았다. 그들은 밍크 털로 치장한 검은색 벨벳 예복을 입고 행진했던 재판장 또는 밍크 털로 치장한 검은색 공단 예복을 입었던 고문단으로서 교양 있는 사람들의 눈에 띄었다. 또한 우리의 저자는 예복의 색과 옷감은 지위와 수입에 상응한다는 사실도 잘 알고 있었다. 재판장들은 완전하고 양도 가능한 작위를 소유했고, '각하Messire'라고 불렸으며, 코미티무스commitimus(영주 법정에서 동료들에 의해 이루어지는 재판)를 받을 권리를 지녔고 재정적 면책 특권(토지 보유세나 재산 취득세 면제)을 누렸으며, 11만 리브르를 주고 산 관직으로부터 6천 리브르와 여러 가지 보수를 받았다. 고문단도 똑같은 특권과 사법적 기능을 갖고 있었지만 그들의 작위는 삼대가 지나야만 완전한 양도가 가능했다. 그들은 '무슈Monsieur'라고 불렸으며 6만 리브르에 달하던 그들의 관직에서 나오는 연간 수입은 4천 리브르에 불과했다.

행진에 참여했던 성직자들에게도 이와 동일한 논리가 통용되었다. 우리의 저자는 행진 순서에 은연중에 내재되어 있던 모든 칭호, 특권, 수입, 기능을 열거했다. 가장 먼저 행진했던 도미니크 수도회는 가장 오래되었고 연간 6천 리브르를 받았다. 아우구스티누스 수도회는 중간 위치를 점유하며 4천 리브르를 받았다. 반면, 단 2천 리브르만을 받았고 합당한 수도원을 갖지 못했던 출세주의자인 은혜성부회가 마지막 자리를 차지했다. 우리의 저자는 법복 아래에서 상당히 많은 기름기를 보았다. 거대한 건물과 막대한 기부금을 보유한 많은 수도원들이 단 서너 명의 비생산적인 성직자들의 보금자리였다고 그는 기록했다. 그가 보기에 수도승들에게는 별 존엄성이 없었다.

대학교수들에게는 꽤 많이 있었다. 우리의 저자는 밍크 두건을 하고 다홍색 공단 예복을 입은 몽펠리에 대학교의 왕립 교수들을 긍정적으로 보았다. 법학 교수단은 법학 기사Chevaliers ès-Lois라고 알려져 있었는데 그 칭호는 그들에게 양도 불가능한 작위를 부여했고,

법복을 입고 황금 박차를 단 장화를 신고 열려 있는 관에 묻힐 권리를 부여했다. 그들은 1년에 1,800리브르만을 받았는데(그들보다 급이 낮으며 검은 가운만을 입었던 교수 자격 박사는 겨우 200리브르만을 받았다), 우리의 저자는 그 수입이 그들 '신분'의 '작위'에 합당하지 못하다고 생각했다.[18] 그러나 (우리의 저자가 즐겨 쓰던 용어인) '존엄성'이니 '품격'이니 하는 것은 부에서 비롯되는 것이 아니었다. 교수들은 그들 지식의 고귀한 성격 덕분에 법의 기사였으며, 유산을 남기는 것보다는 황금 박차를 차고 무덤으로 가는 것이 더욱 중요했다.

이렇듯 부와 지위와 권력은 단일한 사회적 규약으로 합치되는 것이 아니었다. 『설명서』에서 행진했던 인간 희극 속에는 복합성과 모순이 있었다. 대카르멜 수도회는 맨발 카르멜 수도회에 비해 존경은 더 많이 받았지만 재산은 더 적었다. 지방 회계관은 소비세 재판소의 고문단보다 훨씬 가치가 높은 관직을 누렸지만 명성이 더 낮았고 행진에서도 덜 영예로운 자리를 차지했다. 소비세 재판소의 선두에서 행진했고 연간 20만 리브르를 받았던 군관구 사령관은 단지 7만 리브르를 받으며 행진에 전혀 참가하지 않았던 지사에 비교할 때 권력을 거의 갖지 못했다.

행진에 참가하지 않은 사람들도 상황을 상당히 복잡하게 만들었다. 비록 행진의 대열에서는 빠져 있었지만 구경꾼들의 인식을, 최소한 『설명서』 저자의 인식을 굴절시켰기 때문이다. 그는 종교 교단의 위계질서에서 중간 바로 아래에 속했던 삼위일체 교단이 어려운 시절을 맞아 행진에 모습을 드러내지 못하게 되었다고 기록했

18 같은 책, p. 52.

다. 한때 부유하고 강력했던 제수이트 교단도 왕국으로부터 추방되었기 때문에 더 이상 묵상 수도회의 뒤를 이어 행진하지 못했다. 신설되었지만 대단히 인기가 높았던 청색 속죄회는 백색 속죄회보다 먼저 행진하기를 원했지만 그 경쟁에서 패한 결과 행진에서 완전히 종적을 감추어야 했다. 행진의 대열에 있었던 다른 세 개의 수도회는 백색 속죄회에 도전하지 않는 편이 나을 것임을 알고 있었다. 그러나 열등한 자리라도 받아들임으로써 그들은 길가에 서 있을 수밖에 없었던 다른 여덟 개의 수도회에 자신을 확인시켰다. 우리의 저자는 이 여덟 개의 수도회를 조심스럽게 열거하면서 그들은 행진에서 배제되었기 때문에 "대중에게 알려지지 못했다"라고 설명했다.[19] 같은 방식으로 그는 행진에 참여하지 않은 도시의 다른 기관인 헌병대, 조폐국 등에 대해서도 짚고 넘어갔다. 이들은 다른 경우라면 깃털을 꽂고 예복을 입고 도로 위를 걸을 수 있었다. 그러나 대행진에서는 하급 법원의 마지막 집달리 뒤에 경계선이 그어졌다. 그 밑으로는 최고의 시민 행사에서 행진하기에 충분한 권위를 갖지 못했다. 배제된 자들은 행진의 대열에 없다는 것이 확연하게 드러나서 관람자의 마음속에 새겨졌다. 그들은 부정적인 범주에 속했으며 그것은 전체적 의미에 결정적이었다. 왜냐하면 위풍당당하게[20] 떠오르던 행진 단위는 물론 빈자리까지 주목하지 않고는 행진을 합당하게 읽을 수 없었기 때문이다.

19 같은 책, p. 18.

20 (옮긴이) 원어는 with pomp and circumstance. 셰익스피어가 『오셀로』의 3막 3장에서 사용한 말로서, 이제는 '화려한 공식행사'를 가리키는 말로 사용된다. 영국의 작곡가 에드워드 엘가의 'Pomp and Circumstance Military Marches'가 보통 "위풍당당 행진곡"으로 번역된다는 점을 고려해 여기서도 '위풍당당하게'로 번역했다.

그렇다면 그 전체적 의미란 무엇일까? 행진은 어떤 요소는 과장하고 어떤 요소는 경시하기 때문에 사회의 전형을 곧이곧대로 보여준다고 받아들일 수는 없다. 성직자들이 행진을 주도했지만 그들은 우리의 저자와 같은 관찰자의 눈에는 별달리 두드러지지 않아 보였다. 우리의 저자는 수도승들이 성체 축일의 행진 대열에서 아무리 위대하게 보였다 할지라도 그들은 더 이상 상류 사회의 만찬에 초대받지 못했다고 기록했다. 또한 그는 몽펠리에가 상업 도시로서 시민들은 부에 대해 건전한 존경심을 보였다고 강조했다. 그럼에도 행진은 가난한 사람들에게 중요한 자리를 부여했던 반면 상인들을 위한 자리는 거의 없었고 제조업자를 위한 자리는 아예 없었다. 또한 인구의 대부분을 차지했던 거의 모든 장인, 일용 노동자, 하인들도 배제되었다. 그리고 여섯 명 중 한 명꼴로 존재했던 신교도들도 제외되었다.

그러나 행진은 사회 구조의 축소판 복제품으로 작동하지 않았다. 그것은 사회의 본질, 가장 중요한 품격과 존엄성을 표현했다. 『설명서』에서 한 개인의 '품격'은 용맹이나 지성과 같은 개인적 품성이라기보다는 집단적인 계급이나 관직에 의해 결정되었다. 또한 그 텍스트는 사회가 자유로이 떠돌아다니는 개인이 아니라 집단적인 단위로 구성되어 있다고 가정했고 그 집단은 하나의 위계질서에 속했으며 그것은 행진에서 구현되었다. 그러나 그 위계질서는 명백하게 직선적인 순서로 대오를 이루지 않았다. 백색 속죄회와 청색 속죄회의 다툼이 입증하듯 행진에서 우선권은 중차대한 원칙이었지만 복잡한 형태를 취했다. 교회 위계질서 내에서 낮은 지위를 차지했던 교구 신부들 뒤로 성당 참사회 의원들이 따랐다. 그러나 참사회 내에서는 상급자가 먼저 행진했다. 행진에 참여하는 집단마다 각기 다른 행진의 구분선을 따랐다. 그 구분선은 단지 성직자와 평신도뿐만 아니라 수도 성직자와 세속 성직자 사이에, 상급 재판소와 하급 재판소 사이뿐만 아니라 각 법원 내 치안판사와 지방 검사 사이에도 그어졌다.

그럼에도 불구하고 일반적인 형태가 두드러졌다. 수도회에서 수도 성직자, 세속 성직자, 그리고 그리스도의 현현이라고 할 성찬병을 수행하는 대성당 참사회 의원들과 주교에 이르기까지 행진이 진행되어 나아가면서 계급이 높아졌다. 행진에서 가장 성스러운 부분인 이 지점에서 순서는 교회에서 시민사회로 슬며시 넘어갔다. 시정부의 최고 관리인 상공위원회 위원 여섯 명이 성찬병 위의 차양을 운반했던 것이다. 상공위원회 위원들 사이에도 구분이 있었다. 앞의 세 명은 귀족 계급의 금리 생활자 출신이고 뒤의 세 명은 길드의 장인들 중에서 상위에 속하는 사람들이었다. 이런 식으로 성직자·귀족·평민이라는 전통적인 세 신분이 행진의 한복판에 모였다. 그런 뒤에 행렬은 중요성이 감소하는 순서대로 도시 기구의 일원들을 따라 굽어 내려갔다. 행진자의 존엄성은 행진자와 길가에 늘어선 씻지 않은 일반 구경꾼들 사이의 구분보다는 행진 대열 내에서 그어진 구분에서 발생했다. 인도의 경우와 마찬가지로 몽펠리에에서도 인간의 신분homo hierarchicus은 사회 양극화라기보다는 분할을 통해 번성했다.[21] 사회적 질서는 계급으로 구분되는 대신에 세분화된 존엄성의 등급을 따라 구경꾼들 사이로 퍼져나갔다.

『설명서』에서 제시되고 있는 구경꾼은 단순하게 외견적인 지위의 구분만 보지 않았다. 그는 눈에 보이지 않는 구분에도 주목했다. 행

**21** Louis Dumont, *Homo hierarchicus: Essai sur le système des castes*(Paris, 1966).

진에 누가 포함되었고 누가 배제되었는지도 알아챘던 것이다. 배제와 포함은 경계 설정이라는 동일한 과정에 속하며 그것은 길거리에서뿐만 아니라 사람들의 마음속에서도 일어나는 과정이었다. 그러나 그 경계는 실행됨으로써 힘을 획득했다. 대행진은 현실에 질서를 부여했다. 그것은 가뭄의 종식이나 법복 귀족의 승진과 같은 어떤 공리주의적인 목표만을 겨냥하지 않았다. 그것은 많은 예술적인 성명이나 작품의 존재 방식대로, 즉 순수한 표현으로서, 스스로를 스스로에게 내보이는 사회 질서로서 존재했다.

그러나 행진의 언어는 구식이었다. 그것은 18세기 중엽의 경제적 팽창에 기인하는 사회 질서 내부 배치의 변화를 반영하지 못했다. 비록 우리의 저자는 그 변화를 정의하거나 표현할 말을 찾지는 못했지만 자신의 세계가 변화하고 있다는 것은 인지하고 있었다. 그는 몽펠리에의 공식 제도보다는 사회적·경제적 삶에 관심을 둔 『설명서』의 후반부로 가면서 적절한 용어를 모색하기 시작했다. 그는 중간 지점인 「귀족, 주민들의 계급」이라는 장에 이르러서는 갑자기 비유 방식을 바꾸었다. 그 도시는 더 이상 존엄성의 행진으로서 등장하지 않았다. 이제 도시는 3층의 '신분états' 구조가 되었다.

이런 서술 방식은 기도하는 사람(성직자, 제1신분), 싸우는 사람(귀족, 제2신분), 일하는 사람(나머지 인구의 대다수, 제3신분)이라는 전통적인 세 개의 범주로 사람들을 이해하던 지방이나 왕국에서 자연스럽게 나타났던 것이다. 반면 우리의 저자는 그런 전통적인 의미를 파괴할 정도로 완전히 그 범주를 재배치했다. "성직자는 이 도시에서 큰 존경을 받지 않는다. 그들은 일상생활에 어떤 영향도 미치지 않는다"[22]라는 것을 근거로 그는 성직자를 완전히 제외시켰다. 이렇듯 과감한 일격으로 그는 세 신분에 대한 표준적인 설명에서나 『설명서』의 전반부에서나 가장 눈에 띄게 등장했던 집단을 배제했다. 그런 뒤 그는 귀족을 '제1신분'(이 용어는 인습적인 용법과 구분하기 위해 인용부호 속에 넣어야만 한다)의 지위로 격상시켰다. 몽펠리에에는 거대한 봉건 가문이 없었다고 그는 설명했다. 그의 '제1신분'은 단지 법복 귀족만을 포함했다. 법복 귀족이란 유서 깊은 봉건적 대검 귀족과는 달리 중요한 관직의 소유를 통해 작위를 획득한 유지들을 말한다.[23] 이렇듯 최근에 작위를 획득한 부르주아들은 비록 법적으로는 '제1신분' 내부의 두번째 등급으로 분류될 수 있었지만 일상생활을 살아가는 방식에 있어서는 다른 부유한 시민들과 다를 바 없었다: "이들 [법복] 귀족들은 대체적으로 재산과 부가 무엇보다 중요한 이 도시에서 어떤 특징적인 구별도 권위도 특권도 없었다."[24]

다음으로 우리의 저자는 전통적으로 귀족들이 위치했던 '제2신분'에 부르주아를 위치시켰다. 그가 선택한 단어들이 명백하게 보여주듯 이것은 그의 충성심이 향한 곳이기도 했다.

> 부르주아 신분 혹은 제2신분. 제2신분이라는 명칭은 작위를 받지 않은 치안판사, 법률가, 의사, 검사, 공증인, 회계사, 상인, 무역인, 그리고 특정한 직업을 갖지 않고 세입으로 살아가는 사람들을 포

22 *Descriptions*, p. 157.

23 (옮긴이) 본디 귀족은 무기를 갖고 군사력으로 군주나 영주를 보호한 뒤 그 대가로 토지를 하사받아 지위를 유지했다. 그들을 대검 귀족이라 한다. '칼을 차고 있는 귀족'이라는 의미다. 반면 관직을 사서 귀족이 된 사람들이 있다. 그들을 '법복 귀족'이라고 부른다. 단지 법복을 입었기 때문에 귀족이 되었을 뿐이라는 비하적 의미가 담겼다.

24 *Descriptions*, p. 67.

> 함한다. 이 계급은 모든 종류의 국가에서 언제나 가장 유용하고 가장 중요하고 가장 부유하다. 이들은 제1신분을 지원하고 자신이 원하는 대로 제3신분을 조종한다.[25]

우리의 저자는 '제3신분'을 노동 계급이라기보다는 구식의 장인 계급이라고 제시했다. 그는 그 구성원을 '장인artisan'과 '평민'이라고 기술하면서 그것을 세 개의 '지류'로 나누었다. 첫번째는 자신들의 손뿐만 아니라 정신을 가지고 노동하던 장인들(예술가들artistes), 두번째는 기술 직종에 종사하던 장인들(기계를 이용한 직공들), 세번째는 일용 노동자와 농업 노동자였다. 농업 노동자가 포함된 이유는 근대 초 대부분의 도시와 마찬가지로 몽펠리에는 상당한 노동력에 의해 경작되던 장원과 농지로 된 방대한 지역을 포함하고 있었기 때문이다.[26] 마지막으로는 가내 하인과 실업자 빈민이 있었다. 저자는 그들을 노동자 뒤에 열거했지만 분류 체계에서는 제외했다. 왜냐하면 공식적으로 허가를 받은 걸인과 구빈원의 극빈자들 약간을 제외한다면 그들은 하나의 집단으로 존재하지 않았기 때문이다. 비록 길거리 도처에서 우글거리는 것이 눈에 보였을지라도 그들은 도시 사회의 외부에 살았으며 하나의 신분을 구성하지 않았다.

이것은 사회 구조를 기술하는 이상한 방식이다. 실지로『설명서』의 후반부에는 구조적인 측면이 있는데 이것은 전반부를 휩쓸고 지나갔던 행진에 대조되는 몽펠리에의 견실한 타운하우스 하나를 연상시킨다. 부르주아가 이 건물에서 1층을 차지하면서 귀족을 '피아

25 같은 책, p. 67.
26 같은 책, p. 67.

노 노빌레piano nobile'[27]로부터 상층 꼭대기로 밀어 올렸던 반면 평민들은 계단 밑에 남아 있었다. 그러나 신분의 언어는 존엄성의 언어만큼이나 전근대적이었다. 우리의 저자는 일련의 구식 범주를 사용하면서 거기서 구식의 의미를 제거하고 재배열해 19세기에야 공공연하게 출현하게 될 사회적 질서와 흡사한 모습을 전달했다. 그 사회는 옛 지배층과 신흥 부자의 혼합체에 의해 지배되는 '명사들notables'의 사회로서, 그 사회의 근본 동력은 부였지만 그 부는 산업혁명에 기인한 것이 아니라 토지, 관직, 금리, 무역과 같은 전통적인 원천으로부터 파생되었던 발자크식의 사회였다.[28]

그렇다면 부르주아 계급이란 무엇이었을까? 우리의 저자는 이 단어를 부끄러움 없이 사용했다. 그러나 그는 이 단어의 정의를 내리는 대신 예를 들어 설명했다. 그중 대부분은 의사, 법률가, 공증인과 같은 전문직이고 약간의 상인들도 있었지만 무엇보다 이 범주에 이름을 제공한 그야말로 '부르주아'라는 사람들이 있었다. 이들은 어떤 직업도 갖지 않고 토지세와 연금으로 살아가는 사람들이었다. 이 단어가 『설명서』에 나올 때는 "고상하게 사는 부르주아" "금리만으로 살아가는 부르주아"[29]와 같은 식으로 고풍스러운 울림이 있었다. 이들 부류는 산업화에 거의 기여한 바가 없다. 여기에 약간의 회계사나 상인들이 포함되었던 것은 사실이지만 그들은 중세 이래로 존재해왔던 상업 자본주의 체제하에서 활동했다. 기업가들은 금리 생활자들과는 다르게 『설명서』에 나타나지 않음으로써 오히

**27** (옮긴이) 저택에서 응접실 등이 자리한 핵심 공간으로 보통 2층에 위치했다.

**28** (옮긴이) 발자크는 전통을 중요하게 여기던 왕당파였다.

**29** *Descriptions*, pp. 35, 99.

려 눈에 띄었다. 적은 숫자였지만 그들은 몽펠리에에 이미 오래전부터 존재해왔기 때문에 더욱 그러했다. 파렐가와 파를리에가는 직물 공장에 1,200명의 노동자를 고용했지만 우리의 저자는 그들이나 그들의 공장에 대해 언급하지 않았다. 대신 그는 도시에 존재하던 모든 직종의 세밀한 명세표를 만들었다. 식물계와 동물계를 열거하는 식물학자처럼 그는 가능한 모든 종류의 장인들을 구분하면서 특히 장갑 제조자, 향수업자, 녹청 매매자 등으로 대변되는 지방 특산물을 강조했으며, 구두공, 백랍 세공업자, 재단사, 안장업자, 열쇠공, 대장장이, 유리업자, 놋쇠 세공업자, 가발 제조자, 밧줄 제조자 등 근대 초의 도시 전역에서 번성했던 유형을 두루 기술했다. 이 목록은 수백 개의 작업장으로 확장되었다가 망고니에mangonniers, 로메니에romainiers, 파스망티에passementiers, 팔마르디에palemardiers, 플뤼마시에plumassiers, 팡귀스티에pangustiers처럼 그 시대 이후로 소멸해 번역이 불가능한 직종까지 망라했다. 이것은 작은 단위로 나뉘고 길드에 의해 울타리가 쳐진 수공업 경제의 관념을 전달해주며 그것은 산업혁명으로부터 수백 년 떨어져 있는 장인과 가게 주인으로 이루어진 작은 세계였다.

우리의 저자는 이 세계에서 편안함을 느꼈던 것이 확실하다. 그는 산업의 가치에 대해 의구심을 갖고 있었다.

> 한 도시에 대단히 많은 공장이 있다는 것이 선이라기보다 오히려 악에 가깝지 않은지는 살펴볼 문제다. 확실히 공장은 성별과 연령을 불문하고 수많은 사람들에게 일자리를 제공해 그들과 그들의 가족이 살아가게 해준다. 그런데 그 사람들의 노동력은 땅을 가는 데 이용할 경우에 더욱 유용하지 않겠는가? 도시 사람들은 이 일을

비웃으며 농부들에게 맡기지만 농산물의 생산은 직물이나 좋은 술의 생산보다 귀중하고 필수적임이 확실하다. 궁극적으로 후자는 없어도 살 수 있다. 그것은 단지 과잉일 뿐이고 때로는 건강에 해로우며 기껏해야 사치스러운 생활 방식을 유지하도록 만들 뿐이다.[30]

중농주의 이론의 흔적과 사치품에 대한 당대의 비난이 이 발언에 영향을 끼쳤지만 저자는 위험을 감수한다거나 생산을 확장한다거나 이윤의 폭을 늘린다거나 혹은 근대의 기업 정신을 시사하는 어떤 다른 행위에 대해서도 공감을 보이지 않았다. 그는 몽펠리에의 제조업이 "대단히 작다"는 이유로 즐거워하면서 다음과 같이 설명했다: "제조업이 중요하지 않다는 사실이 제조업을 건강하게 유지시키는 것이다. 우리의 제조업자들은 확실하게 팔 수 있을 만큼만 만들고 다른 사람의 재산으로 모험을 하지 않으면서 사업을 지속하는 일에 확신을 갖고 있다. 이런 종류의 행동은 대단히 신중한 것이다. 규칙적으로 반복될 수 있는 작지만 확실한 이윤이, 누구도 확신할 수 없는 위험한 투기보다 훨씬 가치 있다는 점에는 의심의 여지가 없다."[31] 여기에서 말하고 있는 사람은 '구체제의 부르주아'였지 산업의 선도자나 자본주의의 옹호자가 아니었다. 그러나 경제에 대한 그의 관념이 명백하게 후진적으로 보인다면, 사물에 대한 그의 관점을 불가피하게, 어쩔 수 없이 부르주아적으로 보이도록 채색했던 것은 무엇이었을까?

텍스트로 판단하건대, 우리의 저자는 자신이 뼛속까지 부르주아

30 같은 책, p. 99.
31 같은 책, p. 98.

라고 느꼈다. 그러나 『설명서』를 통해 이해해보는 한 그 느낌은 경제적 질서에 대한 인식이나 오해와는 무관했다. 그것은 그가 사회를 읽는 방식에서 비롯되었다. 그는 '부르주아 신분'을 몽펠리에의 다른 두 주요 '신분'인 귀족과 평민에 대립하여 위치시켰다. 두 신분은 각기 나름대로 위협적으로 보였다. 따라서 그는 양측과의 접경을 예의주시했고 부르주아의 지위에 대해 적대적 이웃 신분을 부정하는 방식으로 정의 내렸다.[32]

우리의 저자는 사회적 지위와 연결되어 있는 존엄성의 중요성을 민감하게 느꼈음에도 불구하고 귀족적 관념의 명예는 거부했다. 대신에 그는 돈에 대해 건전한 존경심을 보였다. 툴루즈와 같은 귀족 중심의 도시에서는 사정이 달랐지만 몽펠리에의 상류층에게 중요했던 것은 명예가 아니라 부였다고 그는 강조했다.

> 이 도시에서 기사 계급에 속하는 소수의 사람들은 내가 앞 장에서 말했던 사실, 즉 여기에는 유서 깊은 가문도 없고 영광스러운 명예를 얻는 것에 대해서도 놀랄 정도로 무관심하다는 것을 확인시켜준다. 이것은 또한 돈이 되는 일에 대한 결정적인 취향, 즉 명예보다는 견실한 수입을 가져다주는 일을 더 좋아하는 취향의 탓으로 돌릴 수도 있을 것이다. 모든 사람들이 전적으로 자신이 갖고 있는 재산의 크기에 의해 대변되는 이 도시에서 명예란 결국 안락도 기품도 만들어내지 않는다.[33]

32 (옮긴이) 마르크스가 말하는 '계급'이 아니라 '신분' 사이의 갈등을 말하고 있다는 사실에 유의해야 한다. 따라서 계급투쟁을 역사를 움직이는 힘으로 본 마르크스의 도식은 최소한 이 당시의 부르주아에는 적용될 수 없다는 것이다.

33 *Descriptions*, p. 70.

귀족과 평민의 구분은 궁극적으로 부의 문제로, 그것도 지참금으로 환산되는 구식의 부의 문제로 압축될 수 있었다. '제1신분'에서 신부들은 결혼식에 3만에서 6만 리브르를 지참했다. '제2신분'에서 신부들은 1만에서 2만 리브르 정도를 지참했다. 우리의 저자는 귀족의 척도를 재기 위해 그렇듯 조잡한 기준을 사용하는 일에 거리낄 것이 없다고 보았다. 왜냐하면 그가 강조하듯 거의 모든 몽펠리에의 귀족은 부르주아 출신이었고 작위를 부여하는 관직의 형태로 그들의 '품격'을 구입해 획득했던 것이기 때문이다. 그러나 일단 사회의 최상층에 진입하고 나면 그들은 어떤 종류의 일이건 일을 함으로써 스스로의 위신을 떨어뜨릴 수 없게 되었다. 그들 중 다수에게 있어서 '고상하게' 산다는 것은 아무것도 하지 않는다는 것을 뜻했기 때문이다. 그러나 우리의 저자에게 있어서—고상하건 아니건—게으름 fainéantise은 큰 죄악이었다. 시민은 무엇보다 쓸모가 있어야 했다. 귀족들이 행진에서 아무리 으스대고 뻐겼다 할지라도, 쓸모가 없다는 것이 지위를 잃을까 염려하는 속물근성과 결합되었을 때 그 신사는 완전히 경멸스럽게 된다. 우리의 저자는 소비세 재판소의 치안판사나 지방 회계관에 대해 존경심을 느꼈지만 그들 신분의 저변에 깔려 있는 정신에 대해서는 개탄했다.

> 제1신분에 속한 인물들이 자신의 어린 아들들이 참된 일을 통해 명예롭게 살도록 해주는 유용한 직업을 얻는 것을 치욕스럽게 생각한다는 것은 특히 해로운 일이다. 재판장, 고문관, 교정관, 청문관, 지방 회계관은 물론 하급 법원의 치안판사까지도 자식이 법률가, 의사, 검사, 공증인, 상인 등등의 직업을 얻는 것을 불명예스럽게 생

각하는 것은 잘못된 편견의 발로다. 그들은 그런 직종에 대한 멸시로 가득 차 있는데 대체로 그들 스스로가 그런 직종 출신이다. 사람들이 이성의 권위를 받아들이는 이 도시에서 언어도단적인 이런 어리석음은 젊은이들의 무리가 자기 자신과 사회의 선을 위해 쓸모 있는 직업을 갖는 대신에 나태함과 빈곤의 나락으로 떨어지게 된다는 것을 의미한다.[34]

이러한 논조는 '제1신분'이 상대적으로 중요하지 않다는 저자의 주장을 약화시킬 만큼 귀족들의 배타성에 대한 과민성을 드러내는 것이었다. 우리의 저자는 주요 세금인 타이유가 소유자의 신분과 상관없이 토지에 부과되던 지역에서 귀족들의 세금 면제가 아무리 미미할지라도 기회만 있으면 반드시 그것을 비판했다. 귀족들의 특권(코미티무스[35]의 권리, 시 근위대 징집 면제 및 토지 보유세 면제) 역시 아무리 사소한 것이라 할지라도 반드시 지적했다. 또한 법복 귀족들의 전문성 결여 혹은 명예 문제를 두고 결투를 벌이는 등의 관행을 비웃지 않고 그냥 지나치는 법이 없었다. 그의 일반적인 관점은 통상적인 의미의 제3신분, 즉 성직자나 귀족에 속하지 않는 모든 사람

34 같은 책, p. 156.

35 (옮긴이) 서양의 중세는 완전한 지방분권의 사회여서, 영주가 장원을 관리했다. 영주는 장원에 자신의 왕국을 가진 것과 다름없었다. 봉신이나 농노에 대한 재판권도 가졌다. 대체적으로 형벌보다는 벌금을 부과함으로써 장원 경제를 돌봤다기보다는 자신의 이익을 취했다. 그렇다면 영주, 즉 귀족이 범죄를 저지르면 어디에서 재판을 받을까? 그들이 농노와 같은 법정에서 재판을 받을 수는 없었다. 구체제에서 그들은 왕으로부터 편지를 받으면 재판을 다른 법정에서 받을 특권을 얻었다. 그 편지가 보통 committimus로 시작하기에 "코미티무스 편지"라고 부르기도 한다. "코미티무스"는 "위탁한다"는 뜻이다. 독서모임에서 이 문제를 제기했던 조윤정 선생께 감사한다.

들이 1789년에 제기하게 될 요구와 많은 유사성을 갖고 있었다.

그러나 그의 목소리는 호전적으로 들리지 않았다. 반대로 그는 정부의 자비롭고 공정한 성격을 찬양했으며, 그의 정치적 논평은 정치란 본질적으로 세금을 징수하고 도로를 개수하는 문제에 불과하다고 생각했던 지사들 중 한 사람에게서 나온 것이나 다름없었다. 우리의 저자는 대표자를 뽑든 국가 문제에 직접적으로 참여하든 자율적인 개인들로 구성된 정치적 집합체를 상상할 수 없었다. 그는 집체적 집단이라는 틀 속에서 생각했다. 따라서 그 지역에서 베르사유에 대표단을 파견했을 때 그 대표단은 신분별로 왕에게 말해야 했다는 것, 즉 처음에는 서 있는 주교를 통해, 다음으로는 절을 하면서 말을 했던 귀족을 통해, 마지막으로는 한 무릎을 꿇고 왕에게 말을 했던 (통상적 의미의) 제3신분의 일원을 통해 말해야 했다는 것은 그에게 지극히 자연스러운 일로 보였다. 비슷한 관념이 시 정부에 대한 설명에도 물들어 있다. 그는 툴루즈나 보르도의 경우와 달리 몽펠리에의 상공위원회 위원들은 관직을 통해 작위를 받지 않아서 행운이라고 생각했다. 그러나 아무리 그가 그런 작위 획득에 찬성하지 않았다 할지라도 상공위원회 위원들이 개인이 아니라 지위를 대표해야 한다는 가정에는 의문을 품지 않았다: "[시의 관직을 통한 작위 획득이라는] 특권이 주어지지 않았다는 것은 좋은 일이다. 그랬다면 게으름과 빈곤으로 가라앉아 버릴 한 떼의 귀족들만을 양산하고 말았을 테니 말이다. 더구나 지위에 의거한 임명이 더욱 유용한데, 시민들의 구획이나 소구획 내의 지위와 등급은 그런 방식으로 시 정부 관직을 여망할 권리를 지니기 때문이다."[36] 우리의 부르주아

**36** *Descriptions*, p. 38.

는 하나의 신분으로서 귀족의 용도를 느끼지 못했지만 사회의 자연스러운 조직으로서 신분의 위계질서를 받아들였던 것이다.

또한 그는 부르주아 계급의 상당수가 작위를 받았던 사실은 기꺼이 인정했던 것으로 보인다. 진정으로 그를 경악시켰던 것은 평민의 **부르주아화**였다. 왜냐하면 '제2신분'에게 최대의 위협은 '제3신분'과의 접경에 놓여 있었기 때문이다. 루소는 평민들 속에서도 덕성을 감지할 수 있었을지 모르나 우리의 저자는 그 이상을 알고 있었다: "평민들은 본연적으로 악하고 방종하며 폭동과 약탈을 향하는 경향이 있다."[37] 그는 그들의 사악성을 네 개의 항목으로 요약했다: 1) 그들은 아주 작은 기회라도 생기면 고용주를 기만하고 속인다. 2) 일을 제대로 처리하는 적이 없다. 3) 방탕의 기회를 포착하기만 하면 일손을 놓는다. 4) 빚을 잔뜩 지고는 절대 갚지 않는다.[38] 이런 비난은 직인 인쇄공들이 제롬에게 제의했던 비노동 수칙의 네거티브 원판인 것처럼 보이며, 실지로 우리의 몽펠리에 주민은 정반대 관점이기는 하지만 동일한 종류의 장인 문화를 관찰하고 있는 것처럼 보였다. 그는 귀족과 달리 장인들은 쓸모 있는 일을 했다고 인정했다. 즉 그들은 아무리 형편없었을지라도 일을 하기는 했다는 것이다. 그러나 그들은 "잔인한 행위"[39]에 몰두했다. 그는 자신의 도시에 사는 제롬과 같은 부류가 기이한 입문 의식과 끝없이 음식을 먹는 결사를 조직했다는 것을 어렴풋이나마 알고 있었으며 "어리석은 만큼이나 연민의 정이 가는"[40] 그들의 비밀스러운 의식에 대해 오직 경멸감만

37 같은 책, p. 68.
38 같은 책, p. 110.
39 같은 책, p. 158.
40 같은 책, p. 110.

느꼈다. 그들의 행동은 대체로 폭력으로 귀결되었다. 동료들과 진탕 마신 뒤에 지나가던 무고한 사람을 두들겨 패거나, 경쟁자 또는 마찬가지로 술에 취한 직인들과 싸움질을 하는 것보다 즐거운 일은 없었기 때문이다. 그런 행위에 대한 유일한 해결책은 교수형에 처하거나 최소한 추방을 하는 것이었다. 그러나 당국은 지나치게 관대했다. 당국은 처벌을 내리기 전에 증거를 요구했고 결코 엄하게 처벌한 적이 없었다. '제3신분'과 함께 사는 유일한 방법은 그들을 자신의 위치에 제한시키는 것이었다.

이런 논평은 이질적인 생활 방식을 접한 후의 공포와 몰이해가 혼재된 감정을 드러냈다. 우리의 저자는 몽펠리에가 범죄의 파도로 고통을 겪고 있다고 믿었다. "평민 떨거지 출신"의 젊은이들이 무리지어 거리를 배회하며 지갑을 빼앗고 목에 칼을 그어댔다.[41] 선술집, 당구장, 도박 소굴, 사창가가 도처에서 생겨나고 있었다. 평판 좋은 시민이 위험스러운 종복이나 하류층의 무리를 마주치지 않고 저녁에 자르댕 뒤루아 공원을 산책하기란 불가능할 정도였다. 『설명서』를 읽노라면 위험성에 대한 이런 인식은 평민들과 상류 사회 사이에서 벌어지던 문화적 차이로 인해 발생했다는 인상을 받게 된다. 물론 상류 사회란 귀족과 부유한 부르주아의 혼합체로서 저자는 그들을 "정직한 사람들les honnêtes gens"이라고 지칭했다.[42] 각 신분들이 서로 완전히 격리된 세계에 살았던 것은 아니었다. 사실 우리의 저자는 '제3신분'이 충분히 분리되지 않았다는 점을 유감스럽게 생각했다. 그는 '제3신분'을 기술할 때마다 앞의 두 신분과 구분하게 해

**41** 같은 책, p. 158.
**42** 같은 책, p. 151.

주는 차이점에 주목했다. 그 차이점이란 언어, 의복, 식습관, 놀이 등이었다. 그는 이 주제에 큰 관심을 기울여 『설명서』의 마지막 부분에 이르러서는 결국 관습과 문화에 관한 논문으로 바뀌었으며, 이때 묘사된 사회는 더 이상 세 개의 신분으로 나뉘는 것이 아니라 귀족patrician과 평민plebeian이라는 적대적인 양대 진영으로 구분되었던 것처럼 보였다.

몽펠리에의 모든 사람들은 랑그도크 지방 사투리를 썼지만 모든 공식적인 행위는 프랑스어로 이루어졌다. 따라서 앞의 두 신분은 두 개의 언어를 병용하는 경향이 있었던 반면 '제3신분'은 지방 사투리에서 벗어나지 않았다. 근대 초 유럽의 어느 곳에서나 그랬듯 몽펠리에에서도 의복은 사회적 규약의 역할을 했다. 신사는 반바지를 입었고 노동자는 긴 바지를 입었다. 귀부인은 계절에 따라 벨벳이나 비단옷을 입었고 평민 여성은 모직이나 무명으로 된 옷을 입었으며 계절에 따라 의복을 엄격하게 구분하지 않았다. 구두의 장식에서 가발에 이르기까지 모든 종류의 장신구가 '제1신분'과 '제2신분' 사이를 가르지는 않았지만 그 둘과 '제3신분'을 구별시켰다.

비슷한 구별이 무엇을 언제 어떻게 먹는가 하는 데도 작용했다. 장인과 노동자들은 하루 종일 노동과 휴식 시간이 불규칙하게 짜여져 있었기 때문에 근무 중이건 아니건 아무 때나 먹었다. 전통적으로 석공들은 일하는 하루 동안 식사를 위해 여덟 번 일을 중단했고 다른 직종의 직인들은 보통 식사를 위해 최소한 네 번 일을 멈추었다. 그러나 부르주아와 법복 귀족들은 아침·점심·저녁 세 번의 동일한 식사를 위해 동일한 시간에 식탁에 앉았다. 밥을 사 먹는 일은 흔치 않았는데 그런 경우에 그들은 '큰 주인hôte majeur'에 의해 유지되는 품위 있는 식당에 가서 만찬 전체를 한 번에 계산했던 반면 장인들은 '작은 주인hôte mineur'에 의해 유지되는 선술집에 가서 접시별로 식대를 지불했다. 반세기 전만 하더라도 누구나 선술집에 드나들며 함께 취했지만, 혹은 그렇다고 우리의 저자가 믿었지만, 선술집은 이제 앞의 두 신분에게는 이질적인 영역이 되었다. 그는 신식의 부르주아와 신식의 귀족은 취하도록 마시지 않으며 보통 다른 지역에서 수입한 가벼운 와인만을 마신다고 긍정적으로 기록했다. 반면, 장인과 노동자들은 지역산 막포도주gros rouge를 택해 엄청난 양을 벌컥대며 병의 바닥을 보았다.

몽펠리에는 사람들이 즐기는 놀이로도 구분되었는데 우리의 저자는 놀이를 세심하게 목록화해 어떤 종류의 즐거움이 앞의 두 신분에게 적합한지 기록했다. 폭력적인 난투mêlées가 포함된 공놀이인 발롱ballon이나 죄 드 마이jeu de mail는 농민이나 노동자에게나 어울린다. 사람을 나쁜 친구들에게 인도하는 당구도 안 된다. 해도 되는 것은 유서 깊은 놀이인 페로케perroquet로 "가장 아름답고, 가장 고상하고, 정직한 사람들을 가장 즐겁게 한다."[43] 여기에는 두 팀이 필요한데 지휘를 하는 '제1신분'의 관리와 '제2신분' 출신의 '기사들'로서 그들은 금박 장식과 깃털 달린 모자를 쓰고 붉고 푸른 비단옷을 입었다. 며칠 동안 그들은 행진 악대와 장대 위에 올려놓은 커다란 목각 앵무새를 앞세우고 시내를 행진했다. 그 뒤 그들은 도시 성벽 밖의 풀이 무성한 해자에 있는 배의 돛대 끝에 앵무새를 매단 뒤 궁술 시합을 벌인다. 앵무새를 떨어뜨린 기사가 왕으로 선포된다. 그의 집 앞에는 개선문이 세워지고 기사들은 부인들과 함께 그곳에서 밤

**43** 같은 책, p. 151.

새워 춤춘 뒤 왕이 베푸는 만찬을 위해 물러나고 민중들에게는 막포도주가 분배되었다. 그러나 부르주아가 기사와 귀부인 놀이를 자주 한 것은 아니다. 사실상 '페로케 놀이'가 마지막으로 열렸던 것은 두 세대 전인 1730년 황태자가 탄생했을 때였다. 따라서 노동자들이 매주 해자에서 원시 형태의 축구를 하며 즐겁게 치고 박기를 하던 것에 비하면 그다지 즐거움을 제공하지 못했다고 볼 수 있다.

『설명서』에 있는 놀이와 축제에 대한 설명으로 판단하건대 '제3신분'이 모든 재미를 보았다. '제1신분'과 '제2신분'은 대행진에서 엄숙하게 행진할 수 있었지만, 장인과 노동자들은 16세기로 거슬러 올라가는 궁중 생활을 풍자한 일종의 거지 오페라에서 온 동네를 춤추도록 만들었던 인기 높은 '왕'이 탄 목마인 슈발레Le Chevalet 주위에서 법석을 떨었다. 춤은 '작은 사람들'의 열정이었고 '큰 사람들'을 조롱할 기회였으며 특히 사육제 기간이나 오월절 축제나 샤리바리를 할 때는 더욱 그러했다. 우리의 저자는 이 모든 여흥을 충실하게 기록했다. 그러나 긍정적으로 보지는 않았고, 부르주아가 그것을 낮은 계층에게 남겨놓았다고 만족스럽게 기록했다. "그런 여흥은 이 도시에서 완전히 지지를 잃었으며 돈 버는 일에 대한 관심에 굴복했다. 이리하여 더 이상 공적 축제도, 페로케 궁술 시합도, 일반적인 흥청댐도 없었다. 간혹 그런 것이 있었다 한다면 그것은 단지 평민들 사이에서만 일어났다. 정직한 사람들은 참여하지 않았다."[44]

'제3신분'을 제외한다면 법석을 떠는 것은 결혼 피로연에서조차 사라졌다. 상류 신분은 이웃 전체가 아니라 직계 가족만 초대했다. 더 이상 주정도, 식탁에서의 다툼도, 망가진 가구와 깨진 머리도, 난

**44** 같은 책, p. 154.

폭한 잔치 훼방꾼trouble-fête들의 침입도, 샤리바리나 선술집에서 터져 나오던 음란함도 없었다. "그렇듯 끔찍한 무질서를 초래하던 모든 것이 사라져서, 만일 오늘날 누가 그것을 부활시키려고 한다면 그는 평화를 해친다는 이유로 처벌받을 것이다. 전면적인 변화는 가장 건전한 결과를 가져왔다. 이제 질서와 예의가 식사 자리를 지배한다. 그것은 공공의 축제에서도 요구된다. 국민성이 변하지 않는 한 이것이 영원히 지속될 것이라고 믿을 온갖 이유가 있다."[45]

사실, 장인들 사이에서는 라블레식의 혼란스러운 경향이 여전히 존재했으며, 우리의 저자는 제롬의 견습 생활 이야기에서 그런 경향을 알아볼 수 있었을 것이다. 그러나 그는 마법이나 주술, 마녀의 향연과 같은 것이 몽펠리에에서는 더 이상 열정을 불러일으키지 않는다는 쪽으로 마음을 굳혔다. 어떤 미신이 남아 있다면 그것은 폭력적인 놀이나 소란스러운 축제와 마찬가지로 평민들에게 한정되어 있었다. 상류층은 몇 세대 전에 인구 전체가 참여했던 행위를 중단하고 자신들만의 문화적 유형 속으로 침잠했다. "이제 점잖은 도락이 주류다. 음악 아카데미[음악회]의 설립이 그중 하나이며 이것은 다른 것[대중적 도락]을 망각으로 밀어냈다. 좋은 책 읽기와 날로 성장하는 철학 정신은 우리 선조들의 모든 어리석음을 잊게 만들었다."[46] 만일 어떤 어리석음이 대중문화의 형태로 존속하고 있다 해도 '정직한 사람들'은 모든 일을 수중에서 상당히 잘 처리하고 있는 것처럼 보였다.

**45** 같은 책, p. 155.
**46** 같은 책, p. 154.

그러나 도시 사회가 별개의 문화적 영역으로 격리되어 있고, 아무리 부르주아라 할지라도 우리 저자의 의식이 평정을 잃지 않았다고 말하는 것은 잘못일 것이다. 그도 근심을 갖고 있었고, 그것은 특히 경계선을 넘는 문제에 대한 것이었다.

부의 민주화 효과는 부르주아 계급의 상부로뿐만 아니라 하부로도 확대되었다. 대부분의 직인이나 노동자들은 시계보다 비싼 것은 아무것도 살 수 없을 정도로 자본을 축적하지 못했겠지만, 예컨대 시계 제조자나 제롬이 말하는 '부르주아'에 준하는 장인은 '제2신분'의 일원처럼 살 수 있었다. 많은 부유한 장인들이 은제 식기 세트를 소유했고 부르주아만큼이나 잘 먹었다. 그들의 부인과 딸들은 귀부인이나 마찬가지로 오전 중에 커피를 마셨다. 이제는 모든 계급의 여성들이 실크 스타킹을 신었고 따라서 가게 점원을 기품 있는 귀부인으로 오해할 수도 있었다. 귀부인들 머리 스타일의 세련된 포인트나 약간 짧은 치마 길이, 도발적으로 장식한 구두의 우아함 등에 특별한 주의를 기울이지 않는다면 말이다. 설상가상으로 때때로 시종들은 모든 면에서 그들 주인의 옷이나 다름없이 훌륭한 옷을 입고 옆구리에 칼을 찬 채로 공공의 산책로를 그와 비슷하게 차려입은 친구들과 활보했다. 특히 '제3신분'의 세 지류 내에서의 구별이 소멸했다. "가장 천한 장인이 가장 저명한 예술가, 혹은 그보다 우월한 직종에 종사하는 사람과 동등한 것처럼 행동한다. 소비나 의복, 집으로는 구별되지 않는다. 자신의 신분을 떠나지 않은 것은 농업 노동자들뿐이다."[47]

그러나 '제3신분'에서 '제2신분'으로 경계선을 넘어오는 것이 가장

**47** 같은 책, p. 68.

큰 곤혹을 안겨주었다. 예컨대 외과 의사들은 품격의 관념을 흐리게 만들었다. 전통적으로 그들은 '제3신분'의 상층에 속했다. 왜냐하면 그들은 '예술가'로서 이발사 길드의 일원이었기 때문이다. 그러나 그들 중 열 명은 몽펠리에의 상급 의학교인 생콤 외과 학교Saint-Côme des Chirurgiens의 많은 학생 앞에서 왕립 실험교수로서 과목을 가르쳤다. 그들은 단조로운 검은색 법복을 입고 보수로 500리브르만을 받았으나 다른 교수들과 마찬가지로 일종의 작위를 주장할 수 있었다. 따라서 특별 법령에 의거해 그들은 점포를 열고 고객의 면도를 해주지 않는다는 조건으로 '그들 신분의 명예'를 확인해주는 '명사 주민notable inhabitant'이 된다는 절충적 지위를 누렸다.[48] 면도를 해주었던 외과 의사는 계속해서 신분 하나하고도 반 아래에 있는 '예술가'로 분류되었다.

돈과 마찬가지로 교육은 사회적 범주를 분열시키는 효과를 냈다. 비록 우리의 저자는 교육을 존중했지만 이것은 그를 불편하게 만들었다. 그는 '제3신분'에게 교육의 기회가 있는 것을 적극적으로 비난했다. 그를 놀라게 한 것은 자선 형제회Frères de la Charité가 운영하는 두 개의 큰 학교에서 낮은 계층의 아이들에게 읽고 쓰는 법을 무상으로 가르치고 있다는 점이었다. 그는 그 학교들이 문을 닫기를 원했고 구빈원 역시 극빈자의 자녀들에 대한 읽기 교육을 폐지해야 한다고 생각했다. 장인들은 그 아들들을 중등학교collège에 보내는 것이 허용되어서는 안 된다. 그리고 최고 교육기관인 대학교는 '기술 직종'에 종사했던 어느 누구에게도 법률과 의학 학부에 입학을 허용하면 안 된다는 규칙이 시행되어야 한다.[49] 배움의 문화를 '제3

**48** 같은 책, p. 54.

신분'에게서 차단해야만 사회는 쟁기를 앞세워 밭을 갈거나 아버지 곁에서 가게 일을 해야 하는 실업 지식인들을 부양할 의무로부터 벗어날 수 있다는 것이었다.

이런 논리는 교육에 관한 18세기의 논쟁에서는 흔히 볼 수 있는 것이었다. 볼테르도 가끔 그런 논리를 역설했다. 그러나 우리의 저자를 진정으로 성나게 했던 것은 교육받은 평민들이 경제에 부담이 될 것이라는 점보다는 그들이 신분들 사이의 구분을 붕괴시키리라는 것이었다. "가마꾼, 지게꾼, 야비하고 파렴치한 인간들이 자식을 중등학교에 보낼 권리를 갖게 되고, […] 교육도 감정도 부족한 평민의 자식들이 좋은 가정의 자녀들과 섞여 나쁜 예를 보이고 나쁜 행동을 전염시키는 근원이 되는 것은 예의범절의 규칙에 어긋난다."[50]

평민들은 자체로도 악이었지만 그들의 신분을 벗어나게 된다면 사회 질서 전체에 대한 위협이 되었다. 사회의 단층면은 신분, 지위, 직종, 계급, 또는 모든 종류의 집단이 만나는 접점을 따라 이어졌다. 따라서 우리의 저자는 가능한 모든 지점마다 경계를 강화해야 한다고 제안했다. 폭동에 몰입하는 난폭한 무리인 대학생들은 각 학부마다 특수한 교복을 입어 보통 시민들과 섞이지 않도록 해야 한다. 공원과 산책로는 특정 시간에 특정 집단에게 할애되어야 한다. 특정 직종의 장인들은 특정 지역에 살아야 한다. 그리고 무엇보다도 하인들은 의복 위에 특징적인 휘장을 달도록 해야 한다.

**49** 같은 책, p. 58.
**50** 같은 책, pp. 57~58.

> 요리사나 시종이 장식 끈과 레이스로 치장한 옷을 입고 칼을 찬 채 산책로에서 가장 훌륭한 사람들 사이에서 어울리는 체하는 것을 본다거나, 하녀가 여주인만큼 솜씨 있게 차려입은 것을 본다거나, 어떤 종류건 가내 하인들이 신사처럼 정장을 한 것을 마주치는 것보다 더욱 가당치 않은 것은 없다. 그 모든 것이 반역적이다. 하인의 신분은 주인의 명령에 봉사하고 복종하는 종의 신분이다. 그들은 자유로울 수도 없고 시민사회 집단의 일부를 구성한다고 생각할 수도 없다. 그러므로 그들은 시민과 섞여서는 안 되고 만일 그런 일이 불가피하다면 그들의 신분을 나타내는 휘장을 달아 구분시킴으로써 다른 사람들과 혼동하는 일이 없도록 해야 한다.[51]

그런데 우리의 저자는 이와 상반되게 '제1신분'과 '제2신분' 사이의 구분선을 넘어서는 문화적 융화의 경향으로부터는 용기를 얻었다. 사회의 밑바닥에서는 그렇게도 위험하게 보였던 부의 증가가 꼭대기에서는 전도를 보장하는 것으로 보였던 것이다. "금융과 교역을 통해 사람들이 급속하게 부유해지기 시작한 이래로 제2신분은 새로운 존경을 받게 되었다. 그들의 소비와 사치는 제1신분의 선망의 대상이 되었다. 불가피하게 둘은 합쳐졌고 오늘날 그들은 가정 관리나 만찬이나 의복에 있어서 아무런 차이가 없다."[52] 평민에 대립해 도시의 새로운 엘리트가 형성되고 있었다. 그것은 더 많은 부르주아가 작위를 사서 귀족이 되었다는 것이 아니라, 부르주아들이 그들의 부를 이용해 새로운 문화적 양식을 만들었고 귀족들도 그것을 매력적

**51** 같은 책, p. 69.
**52** 같은 책, p. 68.

으로 느꼈다는 것이다.

프랑스에서는 중요한 주제인 만찬의 문제를 다시 한번 생각해보자. 우리의 저자는 식탁에서 호사스러운 유행이 지나고 가장 좋은 집에서도 '점잖은 절제'와 '좋은 경제'를 실천했다고 고찰했다.[53] 말하자면 루이 14세 시대에 만연했던 방탕적인 방식의 만찬을 상류 사회에서 포기했다는 뜻이다. 그 당시에 만찬은 20가지 이상의 요리가 나오는 마라톤과 같은 행사였는데 이제 부르주아 요리법la cuisine bourgeoise이 출현해 큰 호응을 받았던 것이다. 요리의 가짓수는 줄었지만 한결 세심하게 준비되었다. 적당한 와인과 소스를 곁들인 요리는 표준적인 안무 순서처럼 다음과 같이 등장했다: 포타주[수프], 오르되브르[전채 요리], 를르베 드 포타주[포타주에 뒤따르는 요리], 앙트레[처음 나오는 요리], 로티[구운 고기, 로스트], 앙트르메[로티와 디저트 사이의 요리], 디저트, 커피, 푸스카페[커피 뒤에 마시는 술]. 오늘날의 중산 계급이 보기에 기가 질릴 정도일 수도 있지만 18세기에 이것은 간소함 그 자체였다. 저녁에 손님이 없을 때 귀족 가정은 단 하나의 앙트레, 로티, 샐러드, 디저트 정도로 타협했다.[54]

간소함에 대한 새로운 취향이 사치품을 거부한다는 뜻은 결코 아니었다. 오히려 도시의 엘리트는 막대한 돈을 의상과 가구에 낭비했다. '제1신분'과 '제2신분'의 부인은 분장실에서 '아침le déjeuné'(조찬)이라는 특별한 서비스를 받으면서 커피를 마셨는데 그것은 다음과 같이 구성되었다. 먼저 접시, 커피 주전자, 코코아 주전자, 뜨거운 물 그릇, 뜨거운 우유 그릇, 나이프와 포크, 스푼이 나오는데 이 모두는

53 같은 책, p. 150.
54 같은 책, p. 149.

은제였다. 다음으로 찻주전자와 설탕 그릇과 컵이 나오며 이 모두는 도자기였다. 마지막으로 고급 크리스털 병에 다양한 종류의 리큐르 술로 가득 찬 술상이 나온다. 이 모든 것은 그녀의 개인적인 쾌락을 위한 것이었다. 사치품은 공공에게 과시하기 위해 사용된 것이 아니라 더욱더 가내 생활의 영역으로 국한되었다. 이것은 부인용 사실 boudoir, 안락의자, 코담배갑, 그리고 [루이 15세의 애첩이었던] 퐁파두르 부인 스타일로 예쁘게 만들어진 정교한 물건들로 이루어졌다. 귀족 가정은 하인의 숫자를 줄였고 그들의 제복을 없앴다. 그들은 더 이상 시종들에 둘러싸여 성장을 하고 만찬을 하기를 원치 않았으며 가족 식사를 즐겼다. 새집을 지을 때는 방을 좀더 작게 만들고 복도를 추가해 잠자고 옷 입고 대화하는 데 있어 새로운 수위의 사생활을 추구했다. 가정은 공적 영역에서 물러나 더욱더 그 자체를 중심으로 만들었다. 스덴과 디드로의 연극을 관람하거나, 르사주와 마리보의 소설을 읽거나, 샤르댕과 그뢰즈의 그림을 감상하면서 그들은 자신들의 모습에 감복했다.

물론 루이 15세 시대의 예술이나 '부르주아극'까지도 부르주아 계급의 상승 덕분이라고 환원시킬 수는 없다. 예술의 사회사에서 간과하고 있는 것이지만, 강조해야 할 점은 귀족 계급이 하강세였다는 사실이다. 귀족의 부가 감소했다거나 출신 혈통이 우월하다는 주장을 포기했다는 것이 아니다. 오히려 그 반대였다. 그러나 귀족들은 이제 덜 고양된 삶을 영위했다. 그들은 17세기에 취했던 엄격한 자세를 풀고 새로운 도시 생활양식의 친밀성을 즐겼다. 이는 그들이 상층 부르주아와 대단히 많은 공통점을 나누게 되었음을 의미했다.

공통된 문화 양식을 가꾸어나간다는 것은 계몽주의 시대의 '고급' 문화에 어느 정도 참여했다는 사실을 포괄했다. 비록 우리의 저자는 주목할 만한 지역의 화가나 시인을 한 명도 찾지 못했지만 “제1, 제2 신분 주민 중 최고의 가문 거의 모두로 구성된” 음악 아카데미를 기술하면서 시민적 긍지가 부풀어 올랐다.[55] 회원들은 오페라, 실내악, 교향곡 등을 멋진 시립음악당에서 듣기 위해 매년 60리브르씩을 지불했다. 또한 몽펠리에에는 시설 좋은 극장과 여러 개의 친목회 집합소가 있었는데 이곳에서 양측 신분의 사람들이 교류했다. 진지한 기질의 사람들은 자연사 진열실에 거액을 투자해 온갖 종류의 곤충, 식물, 화석 등을 수집해 놓았다. 사설 도서관도 번성해 비록 그 지역에서 인쇄한 책은 아니지만 도서 거래의 폭증을 촉진시켰다. 귀족이건 부르주아건 교육받은 엘리트는 과학과 기술에 큰 관심을 보였다. 그들은 유명한 의학부를 보유하고 있는 그들의 대학교와 파리의 과학 아카데미에 버금간다고 주장했던 왕립 과학협회에 자부심을 갖고 있었다. 몽펠리에의 아카데미는 탁월한 집단으로서 자체의 회보를 발간했으며 매주 목요일에 만나 일식, 화석, 플로지스톤,[56] 그리고 지리학에서 해부학에 이르기까지 모든 최신의 발견에 대해 토론했다. 여기에는 주교, 지사, 소비세 재판소의 수석 판사, 그리고 주로 귀족 출신의 명사들로 구성된 명예회원들과 전문직 계층 출신의 일반회원이 있었다. 다른 지역의 아카데미와 마찬가지로 이것은 도시 명사들이 혼재된 엘리트에 뿌리를 둔 온건한 계몽주의 문화를 단적으로 구현하고 있었다.[57]

55 같은 책, p. 54.
56 (옮긴이) 17~18세기 유럽에서 플로지스톤은 물체 속에 들어 있으면서 그 물질을 가연시키는 입자라고 상정되었다. 이후 산소에 의해 연소가 이루어진다는 사실이 밝혀짐으로써 폐기된 이론이지만, 연소 현상을 설명하려는 시도를 통해 화학의 발전에 큰 기여를 했다고 평가받는다.

우리의 저자 자신이 계몽주의에 공감하고 있었다는 것은 확실하다. 그는 사회에 아무 기여도 하지 않으면서 상업에 필요한 자금을 흡입하던 기생적 존재인 수도승들을 혐오했다. 제수이트 교단의 추방은 그를 기쁘게 했다. 그는 신교도와 유대인들에 대한 관용을 지지했고 몰리나주의자들과 얀센주의자들 사이의 교리에 얽힌 논쟁에 대해서는 비웃음만을 보였다. 그에게 신학은 헛된 공상에 불과하다는 생각이었다. 이성의 범위를 넘어서는 문제에 대해 고민하느니 지상의 삶을 개선해나가는 편이 낫다. 이런 그의 세속적 성향이 그가 가톨릭교회와 결별했다는 것을 의미하지는 않는다. 그는 과중한 업무와 박봉에 시달리는 교구 성직자들에게 동정심을 표했고 '진정한 경건심'에는 존경을 보였다.[58] 그러나 그의 마음은 계몽사상가들과 함께 있었던 것이 분명하다. "거기에는 더 이상 칼뱅주의, 몰리나주의, 얀센주의에 관한 논란이 없다"라고 그는 확실한 만족감을 갖고 기술했다. "그 대신 철학 서적의 독서가 대부분의 사람들, 특히 젊은이들을 사로잡아 오늘날처럼 많은 이신론자가 있은 적이 없다. 그들은 평화로운 사람들로서 어떤 종교적 관행에도 집착하지 않으면서 모든 종류의 종교를 기꺼이 대면하려 하고, 도덕적 덕성을 실행하는 것으로서 '정직한 사람'이 되기에 충분하다고 믿는 사람들이라는 것을 말해야만 한다."[59]

"점잖고 예의 바른 정직한 사람un honnête homme, qui a un nom et un état"[60]이라는 이상은 『설명서』의 여러 지점에서 다시 나타난다. 그것

**57** 이 주제에 대한 완전한 논의는 *Roche, Le Siècle des Lumières en province* 참조.
**58** *Descriptions*, p. 59.
**59** 같은 책, p. 27.
**60** 같은 책, p. 21.

은 귀족주의적인 17세기 관념의 고상함에 근원을 두고 있지만 1768년에 이르면 부르주아적인 색채를 얻게 된다. 그것은 예의범절, 관용, 합리성, 자제, 명확한 사고, 정직한 거래, 건전한 자존감 등을 제시했다. 귀족적인 명예 규약도 부르주아적 노동 윤리도 아니었던 이 이상은 새로운 도시성을 표현했고 신사라는 새로운 이상형의 출현을 알렸다. 프랑스 전 지역은 아닐지라도 몽펠리에에서 도시의 신사는 부르주아 계급에 속하는 경우가 많았다. 신사와 부르주아라는 두 용어는 몰리에르의 시대[61]처럼 더 이상 웃기는 모순이 아니었던 것이다. 한쪽에는 귀족이, 다른 한쪽에는 장인이 서 있다는 것에 대한 불안감이 어떠했든 간에 부르주아 신사는 고유의 생활 방식을 개발했다. 부유하고, 잘 먹고, 깔끔하게 입고, 우아한 물건에 둘러싸여 있고, 자신의 쓸모에 대해 확신하며 자신의 철학이 확고한 그는 새로운 도시성에 기뻐했다. "행복한 자는 대도시에 사는 사람이다"[62]라고 우리의 저자는 결론을 내렸다. 그 결론은 식량 무료 배급을 받으려는 줄이나 구빈원, 정신병원 또는 교수대를 참작하지 않았다. 그것은 행복의 추구를 선도했던 사람들, 즉 '제2신분'의 '정직한 사람들'에게 적합한 것이었다.

이런 고려는 이제 우리를 원래의 질문으로 되돌려 놓는다. 중산계급 어디엔가 위치했던 사람은 구체제하의 도시를 어떻게 읽었을까? 『설명서』는 실제로 세 가지 독해를 제공했다. 몽펠리에를 고관

**61** (옮긴이) 17세기 프랑스의 배우이자 극작가 몰리에르는 자신의 작품 속에서 부르주아를 조롱하곤 했다. 그들은 수전노, 고리대금업자 등으로 그려졌다.

**62** *Descriptions*, p. 150.

들의 행진으로서, 다음으로는 일련의 신분으로서, 마지막으로는 생활양식의 장면으로서 제시한 것이다. 그 셋은 각기 자체 내에 모순을 갖고 있으며 다른 두 가지와도 모순된다. 여기에 이 자료의 매력이 있다. 그 비일관성을 통해 우리는 이제 막 출현하려고 하는 세계에 대한 신선한 비전을 느낄 수 있기 때문이다. 저자는 자신의 세계를 이해하려는 욕구에 이끌렸지만 그 과업에 합당한 설명의 틀을 찾을 수 없었기 때문에 설명에 설명을 더해 수백 쪽에 이르렀다. 대행진은 도시 자체의 위계질서를 표현할 전통적인 용법을 그에게 제공했지만 그것은 어떤 집단의 중요성은 심하게 과장했던 반면 다른 집단은 완전히 무시했다. 신분으로의 구분은 사회의 집단적인 성격을 정당하게 평가한 또 다른 전통적인 언어를 사용했지만 단지 범주를 조작하는 교묘한 속임수를 통해서 이루어졌다. 도시 문화에 대한 설명은 사람들이 어떻게 살았는지에 대해 많은 것을 보여주었지만 자세히 검토해보면 부르주아 생활양식을 편향적으로 옹호했던 것으로 판명되었다. 이 지점에 도달했을 때 우리의 저자는 고풍스러운 옛 용어를 타파하고 계급에 대한 문화적 개념에 접근해, 이제는 도시의 새로운 주인을 결정함에 있어서 공장보다 부르주아 요리법이 훨씬 중요한 것으로 여겨졌다. 그런 관념은 지나친 것으로 보이지만 진지하게 받아들여야 한다. 왜냐하면 이는 실재에 대한 인식으로서 실재 자체를 형성했고, 다음 100년의 프랑스 역사, 즉 마르크스뿐만 아니라 발자크의 세기에도 그 형상을 부과했기 때문이다.

부록

# 지역 사회의 혼합된 신분

다음의 텍스트는 『1768년에 만든 몽펠리에 도시에 관한 설명서』의 제15장 「귀족, 주민들의 계급」, pp. 67~69에 실린 부분이다.

## 1. 오랜 가문

이 도시에서 오래된 군사 귀족을 많이 보리라고 기대할 수는 없다. 몽펠리에 영주의 시대에는 위대한 가문이 상당히 있었다. 그들이 죽었거나 이주를 했거나 가문의 이름과 족보를 잃었기에 오늘날에는 하나도 남아 있지 않다.

오랜 몽펠리에 가문 출신의 귀족으로는 바스키 뒤 켈라, 드 로크퓌유, 드 몽칼름, 드 생베랑, 들라크루아 드 캉딜라르그(카스트르 가문의 지파), 브리냐크 드 몽타르노, 라베르뉴 드 몽바쟁, 생-쥘리앵 등이 있다. 그 밖에는 귀족임이 확실하게 입증된 오랜 가문이 없다.

## 2. 법복 귀족

이것은 대단히 광범위하다. 그라세, 보코, 트레몰레, 뒤셰, 벨발, 주베르, 봉, 마산, 데그르푀유, 데데 등 법조계에는 오랜 가문이 많이 있다. [샤를 데그르푀유가 쓴] 『몽펠리에의 역사』는 이 가문들의 연대기적 순서와 그들이 배출한 관료들을 기록하고 있다. 그러나 그들 중 가장 오랜 가문도 250년 이상을 거슬러 올라가지 않는다.

## 3. 부르주아 신분 혹은 제2신분

제2신분이라는 명칭은 작위를 받지 않은 치안판사, 법률가, 의사, 검사, 공증인, 회계사, 상인, 무역인, 그리고 특정한 직업을 갖지 않고 세입으로 살아가는 사람들을 포함한다. 이 계급은 모든 종류의 국가에서 언제나 가장 유용하고 가장 중요하고 가장 부유하다. 이들은 제1신분을 지원하고 자신이 원하는 대로 제3신분을 조종한다. 이들은 도시의 근본적인 업무를 담당한다. 왜냐하면 교역과 재정이 그들의 수중에 있으며 생활필수품은 그들의 행위와 지성을 통해 조달되기 때문이다.

## 4. 장인들

장인들은 대단히 숫자가 많다(나는 수공업 길드를 다른 한 장을 통틀어 다룰 것이다). 이들 계급은 여러 지류로 나눌 수 있다. 첫번째가 예술가이고 두번째가 기술 직종, 세번째가 농업 노동자와 일용 노동자들이다. 이 시민들은 극도로 쓸모가 많다. 이들이 없이는 다른 두 신분은 잘 지낼 수 없다. 그들을 보조하고 일을 주는 것은 중요하다. 그러나 동시에 그들을 정직과 준법정신의 기준에 복종시키는 것도 필요하다. 왜냐하면 평민들은 본연적으로 악하고 방종하며 폭동과 약탈을 향하는 경향이 있기 때문이다. 그들이 자신들의 의무를 이행하도록 만드는 데 성공하는 길은 단지 좋은 법령을 엄정하게 시행해 그들을 제어함으로써만 가능하다.

### 5. 가내 하인들

제복 입은 하인들로 집을 채운다는 우스꽝스러운 관습은 포기된 지 오래되었다. 이제 사람들은 필요한 최소의 하인들만을 갖는 것에 만족하며 그들을 부지런하고 쓸모 있게 유지하려고 한다. 그러나 여전히 지나치게 하인들이 많고 그것은 국가를 위해서도 하인들 자신을 위해서도 나쁘다. 그들은 농장이나 작업장에서 노동하는 것보다 주인과 함께하는 손쉽고 게으른 삶을 선호한다. 그들은 직업을 가짐으로써 스스로 점포를 열어 주인이 될 수 있고 가정을 이루어 조국에 봉사할 수 있는 반면 하인으로 남아 있으면 늙은 후에 구빈원에서 죽기만을 기다릴 수밖에 없다는 것을 이해하려 하지 않는다. 요컨대 가내 하인은 임금, 선물, 음식의 형태로 이루어진 몽펠리에의 자원을 낭비하는 것이며 더욱 최악인 점은 세상에서 몽펠리에보다 하인들의 봉사가 나쁜 도시는 없다는 것이다.

**고찰**: 내가 앞에서 몽펠리에에는 오래된 귀족이 없다고 말했던 것은 많은 소도시에도 존재하고 있는 성신 교단의 기사단이나 리옹의 수도 참사회 의원이 이 도시에는 한 명도 없다는 사실을 말하는 것이다. 여기에는 몰타의 기사를 배출했던 세 가문, 즉 보코, 몽칼름, 봉 가문만 있을 뿐이다.

군대에 관해 말하자면 켈라, 셰즈, 몽칼름 가문에서 네 명의 육군 중장을 배출했다. 다른 가문에서는 여러 여단장, 많은 대령, 중령, 생 루이 기사단*을 만들어냈지만 대령은 없었다. 이곳 사람들은 군 복무를 지겨워하고 책임감이 없으며 이른 나이에 군을 떠난다는 비난을 받고 있다. 일반적으로 이들은 [생 루이의] 십자가를 달자마자 전역을 갈망한다. 이런 경향의 예는 너무도 많아서 감히 부인할 수가 없다.

금융과 교역을 통해 사람들이 급속하게 부유해지기 시작한 이래로 제2신분은 새로운 존경을 받게 되었다. 그들의 소비와 사치는 제1신분의 선망의 대상이 되었다. 불가피하게 둘은 합쳐졌고 오늘날 그들은 가정 관리나 만찬이나 의복에 있어서 아무런 차이가 없다.

제3신분의 지류들 사이에서도 더 이상의 차이가 없다. 가장 천한 장인이 가장 저명한 예술가, 혹은 그보다 우월한 직종에 종사하는 사람과 동등한 것처럼 행동한다. 소비나 의복, 집으로는 구별되지 않는다. 자신의 신분을 떠나지 않은 것은 농업 노동자들뿐이다. 그 이유란 그 직업이 떠나는 것을 허용하지 않거나, 토지를 소유해 그를 고용하고 있는 다른 주민에게 그가 종속되어 있거나, 아니면 자신과 가족을 부양할 수 있을 만큼의 수입밖에 없기 때문이다.

* (옮긴이) 1693년 루이 14세에 의해 만들어진 왕령 군사 교단.

그러나 공공사업이 벌어지거나 군대에 숙소를 제공해야 하거나 비상시에 강제 노역이 필요할 때면 모든 부담은 그들 위에 떨어진다. 그것이 그들 신분의 운명인 것은 확실하다. 그러나 그들의 고난을 보상하고, 격려하고, 우리가 그들을 얼마나 필요로 하는지를 알아채지 못하게 하면서 그들이 의무를 더욱 잘 수행할 수 있도록 자극할 수 있는 약간의 특수한 지원이나 세금 경감까지 해주는 것은 좋은 일일 것이다.

다른 사람이 자신을 들고 가게 만드는 관습은 큰 악폐다. 그것은 자연에 위배되며, 참사회 의원, 주교, 장교, 치안판사, 또는 젠체하고 싶어 하는 어떤 멋쟁이라 할지라도 자신을 상자 속에 가두어 두고 다른 사람들의 어깨 위에 얹어 옮기게 하는 것보다 우스꽝스러운 일은 없다. 그 사람들은 물과 진흙, 얼음, 눈을 헤치고 비틀거리는데 한 발짝이라도 삐끗하면 깔릴 위험에 항상 처해 있다. 이런 가혹한 일은 상당히 많은 수의 산악 농민들이 하고 있다. 그들은 천성적으로 강인하며, 걷는 능력이 완벽한 사람들을 옮겨주는 것보다는 땅을 가는 일에 그들의 힘을 쓰는 편이 훨씬 유용할 것이다. 그들은 음주벽이 있으며 어느 정도 시간이 지나면 인사불성이 되어 구빈원에서 죽는 것으로 끝을 맞이한다. 만일 설교자들이 형이상학적인 교리의 논점을 변론하는 대신 이런 악폐를 규탄한다면, 만일 교회 인사들이 존재하지도 않는 마녀나 파문을 두려워하는 착취자들을 파문하는 대신 가마꾼과 가마 타는 사람들을 파문시킨다면, 이 웃기는 관습은 멈출 것이고 그만큼 사회는 더 좋아질 것이다.

마지막으로 남자건 여자건 모든 하인에게 눈에 잘 띄는 휘장을 달도록 요구하는 법령이 있어야 한다. 요리사나 시종이 장식 끈과 레이스로 치장한 옷을 입고 칼을 찬 채 산책로에서 가장 훌륭한 사람들 사이에서 어울리는 체하는 것을 본다거나, 하녀가 여주인만큼 솜씨 있게 차려입은 것을 본다거나, 어떤 종류건 가내 하인들이 신사처럼 정장을 한 것을 마주치는 것보다 더욱 가당치 않은 것은 없다. 그 모든 것이 반역적이다. 하인의 신분은 주인의 명령에 봉사하고 복종하는 종의 신분이다. 그들은 자유로울 수도 없고 시민사회 집단의 일부를 구성한다고 생각할 수도 없다. 그러므로 그들은 시민과 섞여서는 안 되고 만일 그런 일이 불가피하다면 그들의 신분을 나타내는 휘장을 달아 구분시킴으로써 다른 사람들과 혼동하는 일이 없도록 해야 한다.

파리 카페의 정치적 발언.

# 4
# 한 경찰 수사관은 명부를 분류한다: 문필 공화국의 해부*

몽펠리에의 한 부르주아가 자신의 동료 시민들을 분류하려고 시도하는 동안 파리의 한 경찰관은 도시의 또 다른 동물 종인 지식인에 대한 정보를 걸러내어 명부를 만들고 있었다. 그들을 지칭할 단어는 아직 만들어지지 않았지만 지식인들은 이미 다락방이나 카페에서 급증하고 있었고 경찰은 그들을 감시하고 있었다. 우리의 경찰관인 조제프 데므리는 서적 거래 수사관이었다. 따라서 그는 책을 쓴 사람들도 수사했다. 사실상 그는 대단히 많은 사람들을 수사했기 때문에 그의 명부는 가장 유명한 계몽사상가에서 가장 하찮은 글쟁이에 이르기까지 파리의 문필 인구에 대한 실질적인 인구 조사서를 이루고 있다. 그 명부는 계몽사상 전성기의 지식인의 이력을, 그들이 사회적 유형으로 출현하기 시작했을 때부터 추적해 알게 해준다.

* 이 부분은 원래 다음 논문을 개작한 것이다. Robert Darnton, "Policing Writers in Paris Circa 1750," *Studies in the Eighteenth Century*, vol. 5, eds. J. P. Hardy & J. C. Eade(Oxford, 1983), pp. 143~55.

나아가 상당히 계몽되었던 구체제의 관리가 이런 새로운 현상—특정의 경찰 구역에서 드러났던 세계에 틀을 부과하는 문제—을 어떻게 이해하려 시도했는지 그 방식을 보여준다.[1]

확실히 데므리는 자신의 조사를 문화사회학으로 제시했던 것이 아니었고 그것의 인식론적 근거에 질문을 던지지도 않았다. 그는 단순히 수사라는 자신의 일에 매달렸다. 1748년부터 1753년까지 5년 동안 그는 저자들에 대해 500개의 보고서를 썼고 그것은 출판되지 않은 채 현재 프랑스 국립도서관에 소장되어 있다. 왜 그가 그런 일을 했는지 정확히 말하기는 어렵다. 그 보고서들은 아무런 서론도, 설명도, 그것들이 사용된 방식에 대한 서류상의 증거도 없이 "저자들의 역사"라는 제목 아래 세 개의 거대한 기록부 속에 들어 있다. 1748년 6월에 부임했던 데므리는 단순히 명부를 쌓아 올림으로써 자신의 새로운 행정 영역을 효과적으로 단속할 수 있기를 원했을지 모른다. 그러나 첫 5년 동안 그는 유별난 책들을 단속해야 했다. 그 중에는 『법의 정신』과 『백과전서』, 루소의 『과학과 예술에 관한 논고』, 디드로의 『맹인에 관한 서한』, 뷔퐁의 『자연사』, 투생의 『풍습』, 그리고 원장 신부 드 프라드의 물의를 빚은 논고 등이 있었다. 계몽

1 이 연구는 조제프 데므리의 수기 보고서에 근거한다. 그것은 다음에서 찾을 수 있다. Bibliothèque Nationale de Paris, nouv. acq. fr. 10781~10783. 모든 인용의 출처는 이 보고서이며 수사 중인 저자 이름이 알파벳 순서로 배열되었기 때문에 수기 원전에서 쉽게 찾아볼 수 있다. 나는 이 보고서의 완전한 텍스트를 섀클턴Robert Shackleton과 공동으로 편집해 한 권으로 출판하려 하며 궁극적으로는 프랑스에서 지식인들의 부상에 관한 책을 계획하고 있다. 이 보고서는 전체적으로 연구된 적은 없지만 몇몇 전기적인 저서에서 참고한 적은 있었다. 그중 대표적인 것이 Franco Venturi, *Jeunesse de Diderot 1713~1753*(Paris, 1939)이다. 이것은 디드로에 대한 보고서 대부분을 인용하고 있다(p. 379).

주의 전체가 인쇄물로 한 번에 터져 나오는 듯했다. 동시에 마쇼 다르누빌[2]의 세제 개혁, 얀센주의자들과 제수이트 사이의 논쟁,[3] 고해 증서billets de confession에 의한 동요, 왕과 고등법원 사이의 투쟁,[4] 엑스라샤펠 평화조약[5]에서 프랑스의 굴욕에 뒤따른 프롱드 정신[6] 등은 이념의 분위기를 전반적으로 가열시켰다. 왕권이 아무리 절대적이었다 할지라도 대중의 여론과 그것을 펜으로 지휘하는 사람들을 고려하지 않을 수 없었다.

새로운 서적 거래 수사관은 자신을 위해 일을 명확하게 재단했으

2 (옮긴이) 장-바티스트 마쇼 다르누빌은 루이 15세의 수상이었던 플뢰리 추기경을 도와 고갈된 재정을 만회하기 위해 새로운 경제 정책을 펼쳤지만 오히려 국가 재정을 파탄으로 몰고 가 결국 프랑스혁명 당시 감옥에서 사망했다.

3 (옮긴이) 네덜란드의 신학자 코르넬리우스 얀센으로부터 비롯된 얀센주의자들은 성 아우구스티누스의 교리를 철저하게 신봉했지만, 그들의 반대파인 제수이트 교단에서 그들을 지칭하기 위해 '얀센주의'라는 말을 만들어냈다. 그들 사이의 논쟁은 전반적으로 인간의 구원에 있어 자유의지의 역할을 두고 벌어졌다. 신의 은총만으로 구원받을 수 있는가? 얀센은 개인의 완벽한 참회가 필요하다고 주장했다. 이 지점에서 칼뱅주의자들과 다른데도 가톨릭에서는 그들이 칼뱅주의에 경도되었다고 비난했다.

4 (옮긴이) 1713년 교황 클레멘트 11세는 얀센주의를 비난하는 교서를 발표했다. 그것은 18세기 내내 지속되었던 교리 논쟁을 불러일으켰고, 여기에서 고등법원은 왕과 대립했다. 그 교리 논쟁은 1749년부터 1754년까지 지속되었던 '고해 증서'와 관련된 사건에서 정점에 달했다. 고해 증서는 교황의 교서에 복종하겠다는 것으로서 얀센주의자로 의심받는 자들에게 서명을 하도록 해, 만일 거부하면 그에게는 종부성사와 신성한 땅에 매장되는 것을 금지시킨다는 것이었다. 파리의 고등법원은 고해 증서에 반대했고, 루이 15세는 1754년 고해 증서를 금지시켰다.

5 (옮긴이) 오스트리아 왕위 계승 전쟁을 종식시키기 위해 1748년에 맺은 조약이다. 이 조약의 조건에 대다수의 나라가 만족하지 못해서 결국 1756년에 '외교 혁명'이라고 불리는 7년 전쟁이 발발했다.

6 (옮긴이) 프롱드의 난은 부르봉 왕가에 대해 17세기에 두 차례에 걸쳐 일어났던 귀족들의 저항을 가리킨다. '프롱드'는 파리의 어린이들이 관헌에 반항하여 돌을 던지는 놀이에서 사용한 '투석기'에서 비롯된 말이다.

며 체계적으로 일을 수행했다. 그는 정기 간행물, 첩자, 수위, 카페의 소문, 바스티유의 심문 등 모든 종류의 자료를 이용해 서류철을 만들었다. 그런 뒤 그는 그 서류철에서 정보를 선별해 인쇄된 항목이 적힌 규격화된 양식에 그것을 옮겨 적어 알파벳 순서로 철해 놓고 사건이 발생할 때마다 갱신했다. 이런 과정은 그전과 비교하면 매우 철저했지만 이후의 경찰의 사상 검증에 비추어 본다면 원시적으로 보인다. 자료를 컴퓨터 프로그램에 입력하는 대신 데므리는 일화를 이야기했다. 예를 들어 크레비용 피스에 대한 보고서에서 그는 다음과 같이 기록했다: "그의 아버지가 말했다. '이 세상에서 내가 만들어 놓고 후회하는 것이 두 가지 있는데, 하나는 『세미라미스』[7]이고 다른 하나는 내 아들 놈이다.' 아들이 대답했다. '걱정 마세요. 두 가지 모두 당신이 만들었다고 생각하는 사람이 없으니까요.'" 데므리는 비과학적인 유머 감각을 갖고 정보 수집에 매달렸을 뿐 아니라 문학적인 판단을 내리기도 했다. 그는 라바르의 산문은 봐줄 만하지만 시는 형편없다고 언급했다. 그리고 로베 드 보브세는 반대 방향으로 잘못이었다: "그의 시에서는 천재성이 꽤 보이지만 그의 산문은 조잡하고 기품이랄 게 거의 없다." 데므리는 정보부나 FBI에는 잘 어울리지 않았을 것이다.

그러므로 데므리의 보고서를 현대의 인구 조사서에서 찾을 수 있는 종류의 딱딱한 자료라고 취급하는 것은 잘못된 일이다. 그러나 극도로 주관적이라는 이유로 폐기하는 것은 더 큰 잘못일 것이다. 데므리는 18세기 문필의 세계에 대해 그 어떤 역사가가 얻을 수 있

7 (옮긴이) 아버지 크레비용의 희곡 「세미라미스Semiramis」는 공연 무대에 오른 적이 없었다.

는 것보다 훨씬 더 내밀한 지식을 갖고 있었다. 그의 보고서는 사회 집단으로서 작가들에 대해 알려진 최초의 조사서이며 그것은 문학의 역사에 있어서 중요한 시기에 이루어졌다. 더구나 그것은 방대하게 이어지는 전기적·서지학적 자료와 대조해가며 검증해볼 수 있다. 이 자료를 모두 검색해 통계 자료를 만든다면 근대 초 유럽의 문필 공화국에 대한 최초의 명확한 전경을 즐길 수 있을 것이다.

실지로 데므리는 501명에 대해 보고했지만 그중 67명은 아무것도 출판하지 않았거나 『메르퀴르*Mercure*』[8]에 몇 줄 쓴 게 다였다. 따라서 그 보고서는 당시 활동하던 작가 434명을 망라했다고 할 수 있다. 그들 중 생년월일은 359건, 출생지는 312건, 사회적 지위 또는 직업은 333건이 확인되었다. 따라서 이 조사서의 통계적 기초는 어떤 확고한 결론을 내리기에 충분할 정도로 넓어 보인다.

그러나 애초에 데므리는 얼마나 넓게 그물을 던졌던가? 그의 조사서에 비교될 만한 유일한 자료는 『프랑스 문학*La France littéraire*』으로서, 이는 1756년에 생존했던 모든 프랑스 작가들을 열거하려는 취지로 만들어진 문학 연감이었다. 그 목록이 1,187명에 이르므로 데므리는 프랑스 작가 전체의 약 3분의 1을 포괄했던 것으로 보인다. 그러나 어떤 3분의 1인가? 이 질문은 작가를 어떻게 정의하는가 하는 문제를 제기한다. 데므리는 아무런 설명 없이 '저자auteur'라는 용어를 사용했고 『프랑스 문학』은 책을 한 번이라도 출판했던 사람은 모두 포함시켰다고 주장했다. 그러나 열거된 '책'들은 마을 신부의

8 (옮긴이) 17세기에 프랑스에서 창간된 문학잡지. 오늘날에는 갈리마르 출판사에서 발행하고 있다.

설교, 지역 유지의 연설, 소도시 의사의 의학 소책자 등 누구건 말하고 싶은 것은 뭐든 포함하여 단명한 저작들이 주를 이루었다. 연감 『프랑스 문학』의 저자들은 일반 대중이 수용할 수 있는 모든 책과 저자들의 이름을 프랑스 문학 목록에 넣고자 시도했기 때문이다. 그 결과 『프랑스 문학』은 지방의 군소 문인들에게 호의를 보였다. 데므리는 넓은 범위의 작가들을 다루었지만 거의 전적으로 파리에 국한시켰다. 그의 명부는 활동 중인 문인들의 상당 부분을 포괄했고 그로부터 도출된 통계는 계몽사상의 수도의 문필 생활에 대해 상당히 정확한 상을 제시하고 있다고 결론지어도 무리가 없을 것으로 보인다.[9]

그 집단의 인구 통계적 구조는 〈그림 1〉을 보라. 1750년에 작가들의 나이는 93세(퐁트넬)부터 16세(륄리에르)에 이르지만 대부분은 비교적 젊은 편이었다. 38세의 루소는 정확하게 평균 연령을 대표했다. 백과전서파의 내부 핵심은 37세의 디드로에서 33세의 달랑베르에 이르기까지 주로 30대의 인물들로 구성되었다. 따라서 〈그림 1〉의 막대그래프가 들쭉날쭉한 것은 문필가들의 세대 비슷한 것을 시사한다. 루이 14세의 프랑스에 한쪽 발이 걸쳐져 있던 몽테스키외와 볼테르를 제외한다면 계몽사상가들은 18세기 중반에 전성기를 맞

9 Jacques Hébrail & Joseph de La Porte, *La France littéraire*(Paris, 1756). 『프랑스 문학』의 저자들은 이 책의 성격과 목적에 대해 '서언'에서 설명했는데, 거기에는 누구라도, 특히 무명의 작가들에게 서지학적 정보를 보내달라는 호소가 실려 있다. 새로운 정보는 1756년판에 '보충additions'이라는 형식으로 나타나고 있고 '증보판suppléments'은 1760년, 1762년, 1764년, 1784년에 각기 출판되었다. 1762년판의 5쪽에서 저자들은 약 1,800명을 넘어서는 '저자'들이 당시 프랑스에 생존해 있다고 추산했다. 인구 증가와 저자들이 갖게 된 명성과 도서 생산의 증가를 감안한다면, 1750년에 약 1,500명의 프랑스 사람들이 책이나 소책자를 출판했으리라고 생각된다.

이한 동년배에 속했다.[10]

〈그림 2〉의 지도에 표시된 작가들의 지리적 출신은 익숙한 유형에 맞아 들어간다. 론강 삼각주와 가론강 주위에 산재해 있는 도시 지역을 제외하면 남쪽이 후진적인 것으로 나타난다. 작가들의 4분의 3이 저명한 생말로-제네바 선 위쪽의 문자해독률이 높고 학교가 가장 밀집한 북부와 북동부 프랑스에서 태어났다. 파리는 작가의 3분의 1(113명)을 배출했다. 따라서 이 지도는 문화의 역사에 있어서 또 하나의 상투적 표현, 즉 파리는 언제나 지방의 인재들을 흡수함으로써 나라를 지배해왔다는 가설을 입증하지 않는다. 1750년의 파리에는 토박이 저자들이 생각보다 많았다.[11]

두 세기 전에 살았던 프랑스 사람들의 사회적 구성을 분석하려는 시도는 그 어떤 것이라 할지라도 그릇된 자료와 모호한 분류 체계 때문에 실수를 저지르기 쉽다. 그러나 데므리의 작가들 중 4분의 3은 〈도표 1〉의 범주에 따라 명확하게 규정하고 분류할 수 있다.

**10** 세대와 동년배, 그리고 다른 연령 집단이라는 많이 논의된 문제에 대해서는 Clifton Cherpack, "The Literary Periodization of Eighteenth-Century France," *Publications of the Modern Language Association of America*, LXXXIV(1969), pp. 321~28; Alan B. Spitzer, "The Historical Problem of Generations," *The American Historical Review*, LXXVIII(1973), pp. 1353~83 참조.

**11** 사회문화사의 경계선으로서의 생말로-제네바 선에 대해서는 Roger Chartier, "Les Deux France: Histoire d'une géographie," *Cahiers d'histoire*, XXIV(1979), pp. 393~415 참조. 파리와 지방의 대립 문제에 대해서는 Robert Escarpit, *Sociologie de la littérature*(Paris, 1968), pp. 41~44 참조. 물론 파리가 북쪽에 있기 때문에 파리에 살고 있는 저자들의 출생지 지도가 남쪽 지방을 과소 대표한다고 생각해볼 수도 있다. 또한 다음에서 논하듯 저자들의 출생지와 문자해독률이라는 조야한 지표를 사용해 그들 사이에 밀접한 상관관계를 기대한다는 것 역시 불합리하다고 할 수도 있다. François Furet & Jacques Ozouf, *Lire et écrire: L'Alphabétisation des Français de Calvin à Jules Ferry*(Paris, 1977), 2 vols.

<그림 1> **1750년 저자들의 연령**

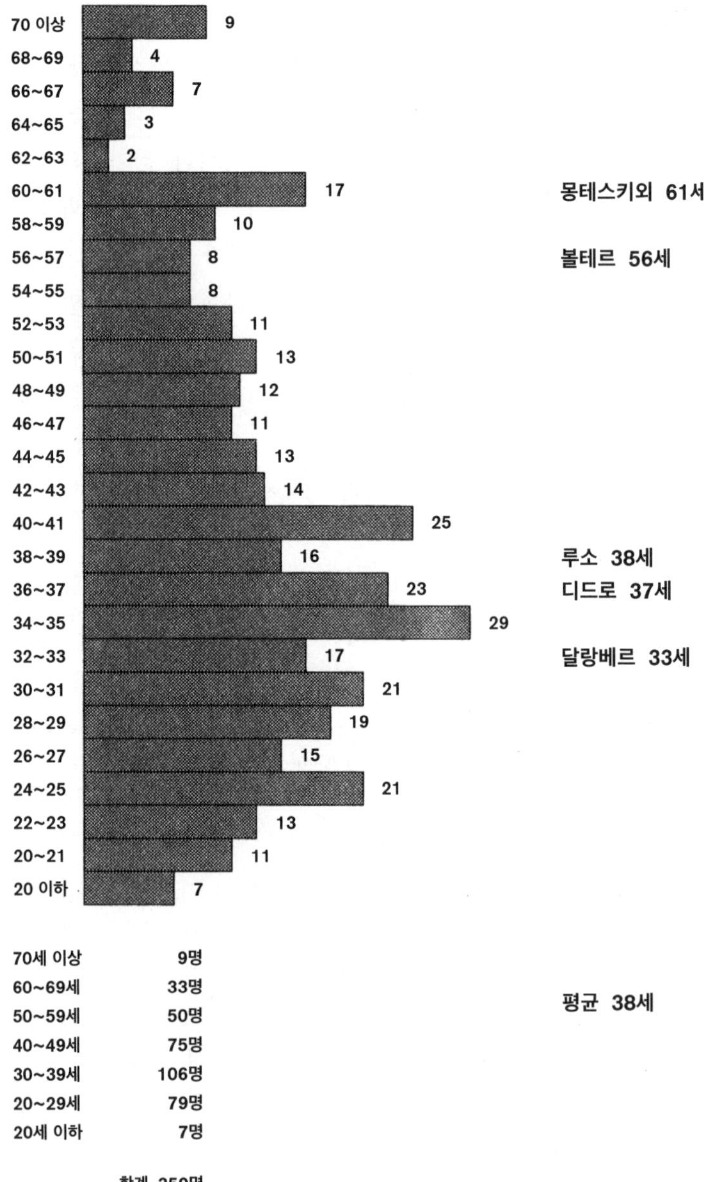
70 이상 9
68~69 4
66~67 7
64~65 3
62~63 2
60~61 17
58~59 10
56~57 8
54~55 8
52~53 11
50~51 13
48~49 12
46~47 11
44~45 13
42~43 14
40~41 25
38~39 16
36~37 23
34~35 29
32~33 17
30~31 21
28~29 19
26~27 15
24~25 21
22~23 13
20~21 11
20 이하 7
몽테스키외 61세
볼테르 56세
루소 38세
디드로 37세
달랑베르 33세
70세 이상 9명
60~69세 33명
50~59세 50명
40~49세 75명
30~39세 106명
20~29세 79명
20세 이하 7명
합계 359명
평균 38세

<그림 2> **저자들의 출생지**

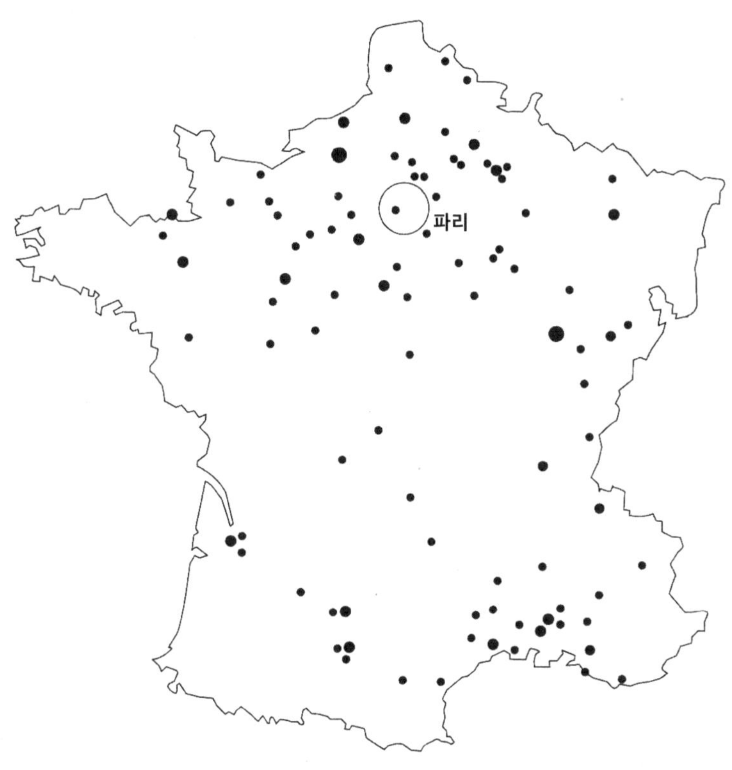


구체적인 지명 없이 출생지만 제시함
앙주(1)
부르고뉴(1)
브르타뉴(6)
상파뉴(1)
도핀(1)
가스코뉴(1)
랑그도크(3)
로렌(1)
노르망디(2)
생통주(1)

출신자의 숫자
- 1
- 2~5
- 6~11
- 100+

<도표 1>

## 저자들의 사회적 지위 및 직업

| | 1750년의 저자들 | 확인된 저자 (시기 불명) | 저자의 총계 | 백분율 | 저자들의 부친 | 전체 백분율 |
|---|---|---|---|---|---|---|
| 고위 성직자, 세속 | 3 | | 3 | 1 | | |
| 고위 성직자, 일반 | 1 | | 1 | | | |
| 하위 성직자, 세속 | 31 | | 31 | 9 | | |
| 하위 성직자, 일반 | 4 | 1 | 5 | 2 | | |
| 작위 귀족, 무관직 | 11 | | 11 | 3 | 16 | 10 |
| 관료, 고위 행정직 | 4 | | 4 | 1 | 1 | 1 |
| 관료, 군부 | 20 | 7 | 27 | 8 | 12 | 8 |
| 관료, 왕령 법정 | 10 | 2 | 12 | 4 | 12 | 8 |
| 관료, 고위 재정직 | 2 | | 2 | 1 | 6 | 4 |
| 관료, 하급 법원 | 4 | 2 | 6 | 2 | 8 | 5 |
| 하급 행정직 | 20 | 10 | 30 | 9 | 22 | 14 |
| 법관, 검사 | 26 | 2 | 28 | 8 | 19 | 12 |
| 법원 인사관 | 3 | | 3 | 1 | 1 | 1 |
| 의사 | 6 | | 6 | 2 | 1 | 1 |
| 약사 | | 1 | 1 | | 4 | 3 |
| 교수 | 10 | | 10 | 3 | | |
| 하급 재정직 | 2 | 1 | 3 | 1 | 2 | 1 |
| 상인 | 1 | | 1 | | 11 | 7 |
| 제조업자 | | | | | | |
| 금리 생활자 | 10 | | 10 | 3 | | |
| 언론가 | 9 | 11 | 20 | 6 | | |
| 가정교사 | 27 | 8 | 35 | 11 | 4 | 3 |
| 사서 | 6 | | 6 | 2 | | |
| 비서 | 15 | 10 | 25 | 8 | 1 | 1 |

| | | | | | | |
|---|---|---|---|---|---|---|
| 한직 | 10 | 1 | 11 | 3 | | |
| 배우 | 8 | 1 | 9 | 3 | 1 | 1 |
| 음악가 | 1 | | 1 | | 1 | 1 |
| 학생 | 3 | | 3 | 1 | | |
| 종업원 | 5 | 1 | 6 | 2 | 8 | 5 |
| 가게 주인 | 2 | | 2 | 1 | 6 | 4 |
| 장인 | 6 | 1 | 7 | 2 | 14 | 9 |
| 하인 | 1 | 1 | 2 | 1 | 1 | 1 |
| 부인, 과부 | 9 | | 9 | 3 | | |
| 기타 | 1 | 2 | 3 | 1 | 5 | 3 |
| 총계 | 271 | 62 | 333 | | 156 | |

전체 작가 수

| | |
|---|---|
| 1750년에 확인된 저자 | 271명 |
| 확인된 저자(시기는 불명) | 62명 |
| 제외자(비저자) | 67명 |
| 신원 미상 | 101명 |
| | 501명("작가"는 434명) |

다른 분포도

| | |
|---|---|
| 귀족 추정자 | 60명 |
| 삭발 수도승 | 69명 |
| 여성 | 16명 |
| 투옥자 | 45명 |

나머지 4분의 1인 '신원 미상의' 작가들은 많은 숫자의 '신분 없는 사람들gens sans état,' 즉 디드로와 루소가 수년간 그러했던 것처럼 이 일에서 저 일로 떠돌아다니던 글쟁이를 포함한다. 그들 중 상당수에 대해 많은 정보가 존재하지만 그들을 분류하기도 통계로 분석하기도 어렵다. 그러나 만일 종적을 잡기 힘들던 구체제의 유동 인구에 그들의 존재를 포함시키는 것이 허용된다면 〈도표 1〉은 파리 문필 공화국의 사회적 차원에 대한 신뢰할 만한 지표로 받아들일 수 있을 것이다.

특권층은 인구 전체에서보다 데므리의 명부에서 훨씬 더 중요한 위치를 차지했다. 확인된 저자들의 17퍼센트가 귀족이었다. 그들 중에는 몽테스키외처럼 진지한 작가들도 있었지만 대체로 그들은 아마추어로서 우발적으로 시를 쓰거나 가벼운 희극을 썼다. 비서였던 니콜라 프로마제의 이름으로 감상 소설을 썼던 폴미 후작처럼 때로 그들은 천박한 작품의 저자라는 것이 밝혀지기를 원하지 않았다. 그들은 시장을 위해 글을 썼던 것도 아니었다. 생-푸아 백작은 "귀족 작가로 작업하면서 자신의 연극으로 어떤 대가도 받지 않았다"라고 데므리는 기록했다. 보고서에서 귀족 작가들은 대체로 낮은 신분의 문인들을 후원자에게 연결시켜주는 막후 인물로 나타났다.

보고서에 따르면 저술은 성직자들에게도 부업 행위였던 것으로 보이며 그들은 확인된 저자들의 12퍼센트에 이를 정도로 대단히 많았다. 단 네 명만이 고위 성직자에 속했던 반면 원장 신부는 12명이었고 그중에는 콩디야크, 마블리, 레날, 그리고 백과전서파의 3인인 이봉, 페스트레, 드 프라드가 속해 있었다. J.-B.-C.-M 드 보베와 미셸 데자르댕과 같은 몇 명의 성직자들은 보쉬에식으로 궁정의 설교와 장례 송덕문을 계속해서 만들었다. 그러나 전반적으로 궁정 성직자들은 계몽사상의 도처에 존재했던 원장 신부들에게 자리를 내주었다.

작가들의 70퍼센트는 제3신분 출신이었지만 협소한 의미의 '부르주아'로서, 즉 교역과 산업으로 살아가는 자본주의자로 간주되는 사람은 거의 없었다. 이들 중에 상인은 인쇄공의 아들이었던 J. H. 우르셀이 유일했고 제조업자는 전무했다. 그들의 부친은 총 156명이 확인되었는데 그들 중에 사업에 종사하는 사람들이 약간 있었다(11명의 상인). 그러나 문학은 시장에서보다는 전문 직종이나 왕정 행정의 영역에서 더욱 번성했다. 작가들의 10퍼센트는 의사나 법률가였고 9퍼센트는 군소 행정직에 있었으며 고등법원과 하급 법원의 치안판사들을 포함시킨다면 16퍼센트가 국가 기구에 소속되어 있었다. 아버지들 중에서 가장 큰 집단은 22명의 하급 행정직이었고 다음이 19명인 법률가였다. 통계 자료를 들여다보고 수백의 전기적 단평을 읽고 나면 많은 문필 직업인들 뒤에는 야심 많고 빈틈없는 왕정의 관료들이 서 있었다는 인상을 받게 된다. 프랑스의 문학은 신부들에게만큼이나 사무원과 법원 서기들에게 막대한 빚을 지고 있다. 프레보는 이런 인종을 혼자서 구현하고 있다. 법률가의 아들로서 에댕 재판소의 법원 관리였던 그는 몇 번에 걸쳐 원장 신부 생활을 했다. "그는 모든 교단의 일원이었다"라고 데므리는 고찰했다.

그러나 삶을 영위하는 문제로 돌아오면 작가들 중 최대의 집단은 이른바 지적인 직종에 종사했다. 그들 중 36퍼센트는 언론인, 가정교사, 사서, 비서, 배우 등으로 일하거나, 보호자가 마련해준 명목상의 신부직에서 나오는 수입에 의존했다. 이것이 문필 공화국의 일용 양식bread-and-butter과 관련된 요인이었다. 그리고 그것은 후원자들에 의해 시혜되었기 때문에 그들 빵의 어느 쪽에 버터가 발릴지를 작가들은 알고 있었다. 데므리에 의하면 프랑수아-오귀스탱 파라디드 몽크리프는 그것을 확실히 알고 있었다.

> 그는 다르장송 씨가 지사였을 때 지방의 세금 조사관이었다. 그가 작곡한 아름다운 노래들이 다르장송의 주목을 받게 되어 다르장송은 그를 파리로 데려가 일자리를 마련해주었다. 그 이후로 몽크리프는 언제나 그에게 밀착해 있었다. […] 몽크리프는 또한 프랑스 우편국의 서기관인데 그 직책으로 매년 6천 리브르의 수입을 벌어들였다. 그 역시 다르장송 씨가 선물로 준 것이었다.

낮은 계층에서 문필 인구는 놀랄 만한 비율인 6퍼센트의 가게 주인, 수공업자, 그리고 소수의 종업원을 포함하고 있었다. 거기에는 각기 한 명의 인쇄업자, 조판업자, 에나멜 화공과 같은 장인은 물론 각기 한 명의 마구 제조자, 제본공, 문지기와 두 명의 하인과 같은 비교적 비천한 노동자들도 포함되었다. 데므리는 그 하인 중 한 명인 비올레 드 와뇽이 어느 시종과 청과물상의 도움을 얻어 『하인 저자』를 출판했다고 기록했다. 샤를-시몽 파바르는 집에서 하는 빵가게에서 반죽을 주무르면서 아버지가 즉흥적으로 부르는 노래를 듣고 시에 대한 재주를 획득했다는 평판을 얻었다.[12] 그러므로 하층 계급은 구체제의 문필 사회에서 어느 정도 역할을 했던 것이고 작가들의 아버지들을 고려한다면 상당히 큰 역할을 한 것이었다. 그들 중 19퍼센트는 '작은 사람들petites gens'에 속했으며, 대체로 구두공, 제

12 파바르에 대한 논문은 J.-F. Michaud & L.-G. Michaud, eds., *Biographie universelle*(Paris, 1811~52), XIII, pp. 440~42 참조. 보다 학술적인 연구로는 Georges Desnoireterres, *Epicuriens et lettrès*(Paris, 1879); Auguste Font, Favart, *l'Opéra-Comique et la comédie-vaudeville aux XVIIe et XVIIIe siècles*(Paris, 1894) 참조.

빵사, 재단사 같은 평범한 장인이었다. 따라서 법률가, 교사, 언론인 등이 된 그들 아들들의 경력은 펜을 휘두를 수 있는 젊은이들에게는 때때로 놀라운 사회적 상승의 기회가 열려 있었다는 것을 입증한다. 그러나 문필의 세계는 한 사회 집단에게는 닫혀 있었으니 그것은 농민이었다. 물론 데므리가 농촌의 작가를 찾으러 다닌 것은 아니었다. 그러나 그는 지방에서 파리로 온 작가들의 배경에서 농민적인 요소를 조금도 발견하지 못했다. 레티프 드 라 브르톤[13]의 사례에도 불구하고 프랑스의 문학 세계는 일차적으로 도시 중심적이었던 것으로 보인다.

또한 그 세계는 남성 위주였다. 여성들이 유명한 살롱을 주도해 경찰의 명부에서 몇몇 자리를 차지하기도 했다. 그러나 그들 중 무엇인가를 출판한 사람은 16명에 그쳤다. 그들 가운데 가장 유명했던 그라피니 부인[14]처럼 여성 저자들은 남편과 사별하거나 결별한 이후에 저술을 시작한 경우가 종종 있었다. 그들 대부분은 독자적으로 부유했다. 두 명은 교사였다. 샤를로트 부레트라는 여성은 청량음료 가게를 경영했고 또 다른 한 명은 고급 창부였다. 고급 창부 생 팔리에에 대한 보고서는 소설 줄거리처럼 읽힌다. 파리에서 말을 거래하던 아버지를 떠난 뒤 그녀는 부유한 금융가 가정의 하녀가 되었다. 그 집의 아들이 그녀를 유혹해 납치하나 아버지에게 잡혔다. 아버지가 아들을 더 수준이 맞는 여자와 강제로 결혼시켰고 생 팔리에 양은 길에 버려졌다. 그녀가 경찰의 주목을 받았을 즈음에 그녀는 누

13 (옮긴이) 니콜라 레티프 드 라 브르톤은 다방면으로 글을 쓴 작가였고 파리에 대한 글을 많이 썼지만 농민에 관한 소설도 꽤 많이 썼다.

14 (옮긴이) 소설 『페루 여인의 편지』와 『세니』로 알려진 프랑스의 소설가.

군가의 정부였고 여배우들과 교제를 트고 있었으며 퐁파두르 부인에게 헌정하는 첫 책『돌려준 지갑』을 출판하려던 참이었다.

데므리는 이야기histoire라는 항목 밑에 기입 사항을 채울 때는 더 슬픈 이야기를 해야 했다. 그들 중 많은 사람들의 이력이 다락방에서 시궁창으로, 그 중간에는 바스티유 감옥을 경유하는 궤적을 따랐기 때문이다. L.-J.-C. 술라 달랭발이 이런 유형을 예증한다. 코메디 이탈리엔Comédie-Italienne[15]을 위해 쓴 소극으로는 지탱해나갈 수 없었던 그는 정치적 중상과 지하 언론에 관여했고 그 결과 그는 바스티유로 직행했다. 석방된 이후 그는 빚더미에 깔렸다. 마침내 그는 코메디 이탈리엔 극장의 매표소에서 받던 약간의 돈마저 그가 진 60리브르의 빚을 징수하려는 문방구점 주인에게 빼앗긴 뒤 종이조차 구할 수 없게 되었다. 달랭발은 총총한 별 밑에서 노숙하기 시작했다. 그의 건강은 쇠진했다. 그 이후는 데므리가 말하도록 하자.

> 그는 1752년 9월 뇌출혈로 쓰러졌다. 베르탱 씨 만찬의 빈객 하나가 그의 주머니에 2루이를 넣어주고는 그를 돌려보냈다. 그의 거처에서는 그를 돌봐줄 방도가 없었기에 그는 극빈자의 병원으로 보내졌고 그곳에서 한동안 연명했다. 마침내 그는 마비되었고 비세트르의 감호소나 중환자 구제소에서 자리를 찾을 정도로 쇠락했다. 재능 있는 사람에게 떨어진 얼마나 슬픈 종말인가.

데므리는 “아주 나쁜 용의자, 뻔뻔한 거짓말쟁이, 날카롭고 위태롭

15 (옮긴이) 코메디 이탈리엔은 프랑스에서 주로 이탈리아의 콤메디아 델라르테를 공연한 극단을 가리킨다.

고 참을 수 없을 정도로 가식적인" 프랑수아-앙투안 셰브리에에 대해서는 동정심을 덜 보였다. 법률가·군인·극작가·시인으로서 실패한 이후에 셰브리에는 소책자 제작, 지하 언론, 첩자 등의 일로 돌아섰다. 경찰은 봉인장lettre de cachet[16]을 갖고 독일과 네덜란드 등 저지대 국가를 거쳐 그를 추적했다. 그러나 경찰의 추적이 턱밑까지 왔을 때 그는 로테르담의 길거리에서 사망했다. 경찰은 에마뉘엘-장 드 라 코스트의 경우에는 체포했는데 그는 파문당한 59세의 수도승으로서 여생을 갤리선에서 채찍질당하며 노를 저으라는 판결을 받았다. 그는 어린 소녀와 리에주로 도주해 반反프랑스 소책자와 위조 복권을 팔아서, 그리고 아마도 그 소녀까지도 팔아서 생계를 꾸렸다. 이 인물들은 문필 공화국에서 중요한 요소였던 그럽가街[17]에 속했다. 대부분의 작가들이 달랭발, 셰브리에, 라 코스트 정도로 몰락하지는 않았다. 그러나 대부분은 그럽가 인물들의 특징이었던 투옥의 경험을 공유했다. 조사서의 10퍼센트에 해당하는 45명의 작가들이 최소 한 번 이상 국가의 감옥에 갇힌 적이 있었고 그곳은 대체로 바스티유였다. 1789년 7월 14일에 바스티유가 거의 비어 있었다 할지라도 프랑스혁명 이전에 그곳을 급진적 선동의 중심 상징으로 만들었던 사람들에게 그곳은 의미로 가득 차 있었던 것이다.[18]

16 (옮긴이) 봉인장은 프랑스 국왕이 서명하고 봉인한 편지로서 거역할 수 없는 명령을 담고 있었다. 절대왕정의 무소불위의 권력의 상징으로 알려져 있다.

17 (옮긴이) 그럽가는 가난한 작가들이 많이 거주했던 런던 거리 이름으로, 삼류작가 혹은 그런 삼류의 작품을 가리키는 상징적 표현이다.

18 바스티유 투옥의 거의 절반 정도는 데므리의 보고서가 작성된 이후에 일어났다. 의혹이 가는 인물에 대한 경계심에도 불구하고 경찰의 감시는 문필 공화국 내의 우범 인자들로 향했던 것이 아니었다. 경찰은 발견할 수 있었던 모든 작가들에 대한 전반적인 조사를 시도했다.

*Le veritable Portrait tiré d'aprés nature sur la Place du Palais Royal, d'Emmanuel Jean de la Coste, comdamné par Jugement souverain de Mr. le Lieutenant Gl. de Police, du 28. Aoust 1760. au Carcan pendant 3. jours a la marqũ, et aux Galeres a perpétuité.*

칼을 쓴 중상가 장 드 라 코스트.

물론 어느 누구도 1750년에 1789년을 예견할 수는 없었다. 18세기 중엽에 문필 인구는 제어하기 힘들었을지는 몰라도 혁명적이지는 않았다. 그 대부분은 『메르퀴르』의 서평이나 코메디 프랑세즈의 단원 자리나 아카데미의 회원 자리를 얻으려고 애썼다. 그들은 수십 가지 방법으로 생계를 꾸렸는데, 어떤 이는 금리로, 어떤 이는 관직으로, 어떤 이는 전문직으로 살아갔고, 대단히 많은 사람들이 언론, 교육, 비서 직으로, 그리고 운이 좋은 자는 명목상의 신부직으로, 즉 펜을 다루는 사람에게 열려 있는 직업으로 살아갔다. 그들은 농민을 제외한 사회의 모든 영역과 남쪽의 낙후된 지역을 제외한 왕국의 모든 구석 출신이었다. 그들 중에는 약간의 여성이 있었고, 하급 관리나 장인의 아들이었던 많은 수의 총명한 젊은이들이 있었으며 그들은 장학금을 받고, 시를 발표하고, 법률가나 공무원이 되었다. 드물게는 디드로처럼 서적상에게 돈을 받는aux gages des libraires 전업 작가도 있었다.

유형을 확고히 다지고 그 내부에 계몽사상가들도 위치시키면서 이 정도에서 이야기를 끝내도 만족스러울 것이다. 그러나 불행하게도 문학 이론가들은 역사가들에게 텍스트에 유념하라고 가르쳐왔다. 즉 텍스트가 아무리 견고한 듯이 보인다 할지라도 비판적 독해를 통해 '담론'으로 해체될 수 있다는 것이다. 따라서 역사가라면 경찰의 보고서를 불변하는 실재의 견고한 응집체로 취급하기에 앞서 주저해야 하며, 과거를 확실하게 재구성하기 위해 그 응집체를 문서보관소에서 캐내어 체로 거르고 조합해야 한다. 그 보고서는 문학이 아직 하나의 직업으로 인정되지 않았던 시절에 작가와 저술의 본질에 대한 암묵적인 가정 위에 세워진 그 자체의 구성물이다.

보고서를 기안하면서 데므리는 스스로가 일종의 작가인 것처럼 행동했다. 그는 프랑스 왕국의 치안총감과 다른 관료들의 밑에서 봉직했지만 그와 동시에 문필 공화국에서도 한 역할을 했다. 그 보고서는 오늘날 대부분의 경찰서에서는 상상조차 하기 힘든 방식으로 문학적 감수성과 관료적 질서의 결합을 보여준다. 그것은 저자들의 종교적·정치적 견해의 성격에 대해서뿐만 아니라 그들 문체의 품격에 대해서도 많은 언급을 포함하고 있다. 예를 들면 크레키 후작 부인에 관한 보고서에서 데므리는 그녀가 썼던 대화문을 3쪽에 걸쳐 인용하는데 그렇게 한 이유는 그 당시의 이념 문제와 어떤 관련성이 있어서가 아니라 단지 그녀가 산문에 완전히 통달했음을 보여주기 위해서였다. 그는 볼테르와 같은 '나쁜 용의자'에 있어서조차 '취향' '재기' '재능'을 발견하기만 하면 칭찬했다. 총명함esprit은 그가 즐겨 쓰는 용어였다. 그것이 그가 작가에게서 찾으려는 첫번째 재질이었으며, 누가 올바른 길에서 벗어났다 할지라도 그것을 보상해주는 재질이었다. 원장 신부 폴-프랑수아 벨리는 "대단히 총명한 사람"으로 여자 꽁무니를 쫓아다녔지만 "수도원을 나서면 거의 모든 수도승들"이 그랬다. 장례식 설교에 특별한 재능을 지녔던 '총명한' 신부 장-피에르 베르나르의 경우도 마찬가지였다: "그는 쾌락을 즐기고 기회만 생기면 소녀들과 저녁을 보내는 명랑한 늙은이다."

데므리는 세상이 돌아가는 방식을 이해하고 있었다. 그는 약간의 음란함이나 반교권주의에 대해서는 별로 개의치 않았으며, 특히 알렉시 피롱의 경우처럼 그것이 '천재성'에 의해 상쇄될 경우에는 더욱 그러했다: "그의 신랄한 기지와 불경으로 인한 명성은 그가 아카데미 프랑세즈의 회원이 되지 못한 사실을 설명해준다. 드 크레비용 씨는 회원으로 선출될 생각은 꿈도 꾸지 말라고 그에게 충고했다.

그러나 『배은망덕한 아들들』 『귀스타브』 『시 쓰기에 미치기』 등은 그의 천재성을 충분히 입증한다. 그는 무슨 일이든 하기만 하면 성공할 것이다." 데므리는 계몽사상가들, 최소한 퐁트넬, 뒤클로, 달랑베르처럼 온건한 계몽사상가들을 찬미했다. 반면 그는 무신론에 경악했고 공식적인 정통 교리를 진심으로 믿었던 것으로 보인다. 그의 가치관은 모든 보고서에서 명백하게 드러나지만 특히 장-바티스트르 마스크리에와 같은 평범한 작가에 대한 즉석의 논평에서 확연하게 보인다.

> 그는 오랫동안 제수이트회 소속이었다. 그는 서적 상인들을 위해 『텔리아메드*Télliamed*』와 다른 여러 간행물을 편집했다. 그는 『종교 예식』에 기고했고 『이집트의 묘사에 대한 드 메이에 씨의 회고록』을 손보았는데 그것은 문체 덕분에 큰 명성을 얻었다. 몇 년 전에 공연되었던 연극의 서막에서 확실히 드러났듯 그는 시도 대단히 매끄럽게 만든다.
>
> 그가 일했던 베네딕트회에서는 그가 재능 있는 사람이라는 데 동의한다. 그가 더 많이 창작하지 않는 것이 못내 유감이다. 그는 모든 참된 기독교인에게 유용한 탁월한 신앙서를 출판했다. 그러나 그를 가장 친밀하게 알던 사람들은 책을 제작해야 할 필요성이 그에게 점차 다른 생각을 갖도록 만든다고 생각한다.

요컨대 데므리는 동정심, 유머, 문학 자체에 대한 감상으로서 문필의 세계를 조사했다. 그는 자신이 감시하던 사람들이 지닌 가치관을 다소 공유하기도 했지만 국가와 교회에 대한 충성심은 흔들리지 않았다. 그를 현대의 경찰로 그려보거나 그의 경찰 작업을 마녀

사냥으로 해석하는 것보다 시대착오적인 것은 없다. 그의 경찰 작업은 실상 덜 친숙하지만 더 흥미로운 무엇, 즉 절대주의 시대의 정보 수집에 해당한다. 혁명은 생각조차 할 수 없었던 18세기 중엽에 혁명적 음모를 발견하리라고는 어느 누구도 예상할 수 없었다. 그러나 부르봉 왕조의 많은 관료들은 주민 수, 교역 규모, 인쇄물의 산출량 등 왕국에 대해 가능한 한 많은 것을 알기를 원했다. 데므리는 콜베르와 보방[19]에서 튀르고와 네케르에 이르는 합리주의적 계보에 속했다. 그러나 그는 그다지 높지 않은 수준에서 일했고—서적 거래 수사관은 제조업 수사관보다 한두 단계 낮았다—그가 쌓아 올린 명부는 판사나 지사에 의해 수행된 조사서보다 규모가 작았다.[20]

보고서의 텍스트는 그것이 기록된 방식에 대한 약간의 증거를 포함하고 있다. 보고서는 때로 "첨부한 종이를 보시오" 또는 "그의 사건 기록을 보시오" 같은 언급을 포함하고 있는데 그것은 데므리가 각각의 작가마다 서류철을 보관하고 있었다는 사실을 암시한다. 서류철은 현존하지 않지만 보고서에 나오는 서류철에 대한 언급은 어떤 종류의 정보를 간직하고 있었는지 알려준다. 그것은 정기 간행물의 스크랩, 서적 상인의 신간 안내서, 데므리가 순찰을 나갔을 때 작

19 (옮긴이) 세바스티앵 보방은 루이 14세 밑에서 일했던 군사 기술자였다.
20 국가의 자원을 체계적으로 연구해 국력을 증강시키려는 관료들의 시도는 마키아벨리와 정부의 원리로서 '국가 이성'까지 거슬러 올라간다. 이런 경향은 보통 정치 이론의 한 측면으로 취급되고 있지만 동시에 관료주의의 역사와 막스 베버가 이해하는 바 (계몽주의가 아닌) '합리화'의 전파에 속한다. 이 문제에 대한 지성사적 연구의 최신 개관으로는 다음을 참고할 것. Michael Stolleis, "*Arcana imperii* und *Ratio status*: Bemerkungen zur politischen Theorie des frühen 17. Jahrhunderts," *Veröffentlichung der Joachim-Jungius-Gesellschaft der Wissenschaften*, no. 39(Göttingen, 1980), pp. 5~34.

성한 쪽지, 바스티유의 심문 기록, 환심을 사려거나 적에게 해를 끼치려 한 작가들의 편지, 치안총감이 고용한 첩자의 보고서 등을 포함했다. 첩자들에 대한 서류철도 있었다. 기사였던 샤를 드 피외 드 무이에 대한 보고서는 그들이 어떻게 활동했는지 보여준다: "그는 [치안총감] 베리에 씨의 첩자로서 카페, 극장, 공원에서 본 모든 것에 대해 날마다 베리에 씨에게 보고한다." 무이의 행적은 마티외-프랑수아 피당사 드 메로베르 같은 다른 사람에 대한 보고서에서도 그 흔적을 찾을 수 있다: "그는 카페에서 왕과 퐁파두르 후작 부인을 공격하는 [시]를 유포시켰다는 혐의로 방금 체포되어 바스티유로 이송되었다. 그 시 일부는 체포 당시 그의 주머니에서도 발견되었다. 그를 고발했던 자는 무이 기사였다." 고발은 애인에게 차인 사람, 화난 아들, 별거 중인 부인에게서도 접수되었다. 서적 상인과 인쇄업자들은 그들 책의 출처, 그리고 특히 그들 경쟁자들의 책 출처에 대한 정보를 끊임없이 만들어냈다. 하숙집 여주인과 교구 신부는 더 세세한 정보를 제공했고, 많은 서류철의 맨 밑바닥에서는 데므리가 이웃의 소문으로부터 수집한 스크랩도 발견할 수 있었는데 그것이 모두 악의적인 것은 아니었다. 예컨대 에티엔-앙드레 필리프 드 프레토의 경우는 다음과 같이 기록되어 있었다. "그의 행실은 꽤 좋은 편이다. 그는 결혼해 자녀가 있으며 그것이 그를 절제하게 만든다. 그는 이웃에게도 평판이 좋다."

데므리는 보고서를 작성하기 전에 이 모든 자료를 뒤져 필요한 정보를 추려냈다. 서류철에는 딱딱한 자료와 헐거운 소문이 구분 없이 섞여 있었기 때문에 걸러내고 골라내는 작업은 까다로웠을 것이다. 그리하여 데므리는 규격화된 양식을 사용했다. 그것은 이름·연령·출생지·용모·주소·이야기의 여섯 항목이 굵은 글씨로 인쇄되어 있는 2절지의 양식이었다. 그 항목들은 정보를 분류하는 격자가 되었으며 그 아래 기입 사항의 날짜와 필적은 데므리의 작성 방식에 관한 실마리를 제공한다. 대부분의 기입 사항은 서기의 손으로 명확하게 쓰였지만 후일 입수된 새로운 정보는 데므리가 직접 흘려 쓴 글씨로 추가했다. 그의 글씨체는 국립도서관에 있는 그의 편지와 메모를 통해 쉽게 식별이 가능하다. 보고서의 대략 절반 정도는 매달 1일에 작성되었고 그중 상당수가 1월 1일에 작성되었다. 따라서 데므리는 자신의 명부 작업을 위해 특별한 날짜를 정해놓고 경찰 행정직의 비서 한 명을 불러 서류철마다 뒤져가며 가장 중요한 정보를 선별해 보고서를 받아쓰게 했을 것으로 보인다. 그 모든 과정은 체계적이고자 하는 시도, 다락방 글쟁이와 살롱 명사들의 다루기 힘든 세계에 질서를 부여하려는 의지를 시사한다. 그것은 몽펠리에의 『설명서』 배후에 깔려 있는 것과 동일하게 질서를 부여하려는 충동을 지녔지만 그 형태는 달랐다. 데므리의 경우는 규격화하고 범주화하고 정리하고 분류하려는 현대 관료주의의 경향을 보였다.

데므리는 관료의 진화 과정에서 초기 단계에 해당하므로 보고서의 규격화된 양식을 통해서도 그의 목소리는 상당히 명확하게 들린다. 그는 일인칭 단수의 격식을 차리지 않는 문체로 보고서를 작성했고 그것은 그가 쓴 공식적인 편지의 형식적이고 비인격적인 어조와 뚜렷한 대조를 이룬다. 그의 메모나 편지는 주로 '각하,' 즉 치안총감인 니콜라-르네 베리에를 수신인으로 했던 반면 그의 보고서의 수신인은 자기 자신이었던 듯하다. 예컨대 르 블랑 드 빌뇌브의 출생지란을 채워 넣으면서 그는 즉석에서 다음과 같이 고쳐 넣었다: "리옹 출신. 아니, 내가 틀렸다. 몽텔리마르 출신이고, 대위의 아들이다." 코골랭 기사에 대한 보고서에서는 다음과 같이 기록했다.

1752년 7월 1일. 나는 그가 폴란드 왕의 시혜 분배 담당관이자 로렌의 공작이었던 형의 집에서 미친 채 사망했다는 보고를 받았다.

12월 1일. 그것은 사실이 아니다.

르 디외라는 이름의 시인에 대한 보고서도 마찬가지로 격식이 없다: "그가 시를 상당히 많이 썼다고 쥘리가 내게 말해주었다. 그것은 사실이다." 때로 데므리는 험한 말을 썼고 중요한 인물에 대해서 그의 상급자들이 좋아하지 않았을 어투로 말하기도 했다.[21] 프랑스 행정 위계질서의 어디엔가 있을 은연중의 독자를 위해 보고서가 작성된 것이 아니었을까 하는 생각에서 그 보고서를 연구하면 할수록 데므리는 자기 자신을 위해 그것을 써서 일상적인 업무에서 이용했으리라는 견해로 되돌아오게 된다. 문필가들의 파벌과 출판업계의 음모라는 복잡한 하위문화의 세계를 헤쳐나가기 위해 방향 설정이 필요했던 경찰 초년 시절에는 더욱 그러했을 것으로 보인다.

다른 사람들과 마찬가지로 데므리도 세계의 질서를 보아야 했지만 다른 한편으로 자신의 구역 주위에서 자신의 방식을 찾아야 한다는 과제에도 봉착했다. 수사관은 문필 공화국을 어떻게 '수사'했는가? 수사를 시작하려면 작가들을 알아볼 수 있어야 했다. 따라서 그는 '용모signalement'란을 채울 때 꽤 신경을 썼다. 그것은 그가 감시하던 저자들을 어떻게 바라봤는지를 말해준다. 예컨대 볼테르의 용

21 장-프랑수아 드 바스티드에 대한 보고서는 다음과 같다: "그는 프로방스 출신이고 재치가 있지만 재능은 없다. 그는 네덜란드 대사인 바노에 씨의 정부였던 발랑스 부인을 따먹었다."

모는 다음과 같다: "큰 키에 말랐음. 호색가의 풍모." 용모는 안구에 와닿는 이미지의 영향 그 이상의 무엇이었다. 그것은 의미로 가득 차 있었다: "심술궂고, 두꺼비 같음. 굶어 죽어감"(뱅빌); "뚱뚱하고 볼품없음. 농부의 자태"(켈뤼); "심술궂고 가무잡잡함. 키가 작고 지저분하며 역겨움"(주르당). 데므리는 관상을 볼 줄 알았기 때문에 잘생겼다 못생겼다, 크다 작다와 같은 단순한 범주를 넘어서 있었다. 예컨대 라 몰리에르 기사는 "뚱뚱하고 둥근 얼굴. 눈 속에 뭔가 있음"이라고 기록했다. 아마도 얼굴에서 성격을 읽는 이런 관습은 르네상스 시대에 출현해 대중적인 싸구려 책을 통해 도처에 퍼져 있던 유사과학인 골상학으로부터 파생되었을 것이다.[22] 데므리의 용모 설명은 "거친 관상과 성격"(르 라츠), "대단히 정직한 관상"(퐁스마뉴), "혐오스러운 관상"(코크), "배신하는 관상"(비외메종), "끔찍한 관상"(빌리에나), "세계에서 가장 슬픈 관상"(부아시)과 같은 언급을 대단히 많이 포함했다.

마찬가지로 주소도 의미를 발했다. 피당사 드 메로베르는 "코르들리에가街에 위치한 세탁부의 집 3층 방"에서 홀로 살았다. 그는 확실히 밑바닥에 도달한 유형이었다. "아르쿠르 대학교를 마주 보고 있는 아르프가의 가발업자 집 2층 뒤편의 가구 딸린 방"에 살았던 르브룅이라는 이름의 학생 시인이나 "마자린가에 있는 부치 사거리로 들어가 길가에 계단 쪽으로 문이 난 집 2층 왼쪽, 먼젓번의 가발업자 소유의 가구 딸린 방"에 살았던 무명 시인 보제 역시 같은 유형이었다. 그런 자들은 감시할 만했다. 그들은 확실한 직업도 없었고 바

22 Robert Mandrou, *De la Culture populaire aux XVIIe et XVIIIe siècles: La Bibliothèque bleue de Troyes*(Paris, 1964) 참조.

탕이 되는 그 어떤 재산, 가족, 이웃 관계도 없었다. 그들의 주소만으로도 그들의 위상을 정하기에 충분했다.

'이야기'라는 항목은 작가들의 위상을 정하기 위한 여지를 가장 많이 제공했고 데므리는 인쇄된 양식에서 이 항목에 가장 큰 공간을 부여했다. 그는 '이야기'를 작성할 때 서류철의 자료를 선별하고 구성하는 작업을 가장 많이 해야 했다. 그가 작성한 것은 나름대로 농민들의 민담만큼이나 복잡한 서사였기 때문이다. 그들 중 어떤 것은 소설의 요약본처럼 읽힌다. 예컨대 극작가 샤를-시몽 파바르의 '이야기'가 그렇다.

> 그는 제빵사의 아들로서 세계에서 가장 아름다운 희가곡을 작곡한 대단히 총명한 소년이다. 오페라 코미크가 문을 닫았을 때 삭스 원수는 그를 자신이 소유한 극단의 우두머리로 앉혔다. 파바르는 거기에서 큰돈을 벌었지만 곧 원수의 정부였던 예쁜 샹티이와 사랑에 빠져 결혼했다. 비록 그녀가 계속해서 원수와 동거하는 것에는 동의해야 했지만 말이다. 이 행복한 결합은 전쟁이 끝날 때까지 지속되었다. 그러다 1749년 11월 파바르와 그의 부인은 원수와 다투었다. 그의 영향력을 이용해 코메디 이탈리엔에서 자리를 얻고 그[원수]에게서 많은 돈을 우려낸 뒤 파바르 부인은 원수의 곁을 떠나려 한 것이다. 원수는 그녀를 체포하고 그 남편을 왕국에서 추방하라고 명령하는 왕의 편지[23]를 획득했다. 그들은 각기 다른 방향으로 도주했다. 부인은 낭시에서 체포된 뒤 처음에는 레장들리에서, 그 뒤에는 앙제에서 속죄단과 함께 투옥되었다. 이 사건은 배우

23 (옮긴이) 즉 봉인장을 말한다.

들 사이에 엄청난 동요를 불러일으켰다. 그들은 동료를 복귀시켜달라고 요구하는 대표단을 리슐리외 공작에게 보냈을 정도였다. 그는 대표단을 접견실에서 오래도록 기다리게 만들었다. 결국 그들이 도착했다는 것을 두번째로 알렸을 때에야 그는 대표단을 만나는 데 동의했다. 그러나 리슐리외 공작은 대표단을 냉대했고 특히 렐리오 [앙투안-프랑수아 리코보니]를 가혹하게 대한 결과 렐리오는 극단을 그만두기까지 했다. 그리하여 파바르 부인은 원수에게 돌아가기 전까지는 자유를 얻지 못했고 원수는 자신이 죽을 때까지 그녀를 옆에 두었다. 그 뒤에야 그녀는 그 기간 내내 프랑스 바깥에서 방랑하던 남편에게 되돌아갔다. 얼마 후 그녀는 코메디 이탈리엔에서 다시 자리를 잡았다. 그 뒤 오페라 코미크가 부활하여 그들은 거기에 합류하기를 원했다. 그러나 이탈리아 사람들이 그녀에게 극단의 주역을 맡기고 그에게는 풍자극을 정기적으로 공급하는 대가로 연금을 지급하기로 했다. 그리하여 이제 그들은 그 극단에 밀착해 있다.[24]

데므리는 간결한 문장을 선호했고 단순하게 연대기적 순서를 따라 서사를 구성했지만 그가 들려준 이야기는 복잡했다. 그는 그 이야기를 자신의 논평으로 물들이지 않으면서도 궁정과 봉인장의 세계에서 자신들의 기지만으로 살아가던 비천한 출신의 두 젊은이라는 관념을 독자들에게 납득시켰다. 데므리는 특권이 없는 사람들의 역경을 감상적으로 다루지 않았다. 오히려 그는 자신의 부인을 원수와 기꺼이 나누려 한 파바르의 자세와, 자신에게 유리하게 상황을

24 이에 대한 더 많은 정보는 주 12에 인용된 저작을 볼 것.

바꾸는 그 부인의 능력에 주목했다. 그러나 그 이야기는 강력한 역류를 갖고 있으며 그것은 독자들의 동정심을 부유하고 권세 있는 사람들로부터 멀리 쓸어간다. 파바르는 동화에 나오는 주인공처럼 자신의 운명을 개척하기 시작한다. 그는 작고 가난하고 총명하다("용모: 작음. 금발. 대단히 예쁜 얼굴"). 삭스 원수는 왕을 제외한다면 아마도 1740년대 프랑스에서 가장 세도가 막강한 사람이었을 것이다. 파바르는 이런 거인들의 세계에서 온갖 종류의 모험을 겪은 뒤 여자를 얻고 코메디 이탈리엔에서 행복하게 산다. 그 이야기의 구조는 많은 민담의 구조와 일치했다. 그 교훈은 '키오-장' '장화 신은 고양이' '작은 대장장이' 등에서 왔을지도 모른다. 그러나 데므리는 교훈을 끌어내지 않았다. 그는 다음 서류철로 넘어갔고, 우리는 단지 그가 수사했던 문필의 세계가 원래 농민들의 세계에서 고안되었던 틀에 맞아떨어지는지 궁금할 따름이다.

어쨌든 경찰 보고서의 구성은 스토리텔링의 요소를 포함하고 있었고 작가들에 대한 '수사'는 의미의 틀 내부에서 일어났다. 따라서 '이야기'는 구체제하의 문필 생활에 대한 몇 가지 근본적 가정을 드러내는 유의미한 이야기로 읽을 수 있다. 파바르의 이야기처럼 공들인 것은 별로 없다. 어떤 것은 이야기로 연결조차 되지 않는 두세 문장만 쓰여 있을 뿐이다. 그러나 그 모든 것은 문필 세계가 작동하던 방식에 대한 전제, 문필 공화국의 게임의 법칙으로부터 출발한다. 그 법칙을 데므리가 만들지는 않았다. 작가들 자신과 마찬가지로 그는 그 법칙을 당연하게 받아들였고 그가 감시하던 사람들의 경력 속에서 그 법칙이 작동하는 것을 관찰했다. 주관적인 성격에도 불구하고 그의 관찰은 어떤 일반적 중요성을 갖는다. 왜냐하면 그것은 그와 그가 감시하던 사람들이 공유하던 공통의 주관성, 즉 실재의 사회적 구성에 속하기 때문이다. 그 공통의 암호 체계를 해독하기 위해 우리는 행간에 무엇이 남아 있는지, 즉 무엇이 전제되어 있고 무엇이 말해지지 않았는지 알기 위해 보고서를 다시 읽어야 한다.

문필 공화국의 저명한 시민이었던 드 베르니 원장 신부 프랑수아-조아킴 드 피에르에 대한 전형적인 보고서를 살펴보자. 그는 가벼운 시 몇 편과 『감정과 취향에 대한 고찰』이라는 대단치 않은 논문만을 출판했을 뿐이지만 29세부터 아카데미 프랑세즈의 회원이었다. 유서 있는 가문 출신으로 퐁파두르 부인의 총애를 받은 그는 교회와 국가의 관직을 통해 급속하게 성장해 궁극적으로는 추기경의 모자를 썼고 로마에서 대사직을 지냈다. 그런 사람에 대한 보고서를 작성하기 위해 데므리는 어떤 종류의 정보를 선택했는가? 베르니의 나이(38세의 전성기), 주소(도팽가라는 좋은 곳), 용모('잘생긴 관상'으로 역시 좋음)를 기록한 뒤 그는 여섯 가지 점을 강조했다.

1. 베르니는 아카데미 프랑세즈의 회원이며 브리우드와 리옹의 백작이다.
2. "그는 로앙 공주를 따먹은 호색한이다."
3. 그는 숙달된 궁정 신하이고 퐁파두르 부인이 후견인이다. 퐁파두르 부인은 니베르네 공작을 통해 교황을 설득하여 그에게 은전을 내리게 했다.
4. 그는 '깔끔한 시' 몇 편과 『감정에 관한 고찰』을 썼다.
5. 그는 언제나 궁정에서 자신의 명분을 옹호하던 라파르 원수와 인척이다.
6. 그는 자신이 받던 보호를 뒤클로에게로 확대시켜 그가 프랑스

역사 편수관의 지위에 임명되도록 했다.

데므리는 이 원장 신부의 문학 작품에는 많은 신경을 쓰지 않았다. 대신 그는 가족 관계, 후견 관계, '보호'의 그물망 속에 원장 신부를 위치시켰는데 '보호'라는 단어는 보고서 전반에 걸쳐 나오는 핵심 용어다. 왕가와 그 정부들로부터 싸구려 소책자 작가에 이르기까지 경찰 명부 속의 모든 인물들은 보호를 찾고, 받고, 베풀었다. 퐁파두르 부인이 베르니에게 수도원을 갖도록 했듯 베르니는 뒤클로에게 명목상의 신부직을 갖도록 했다. 이것이 그 체제가 움직이던 방식이었다. 경찰은 영향력을 행사하는 원리를 문제 삼지 않았다. 그들은 그것을 당연한 전제로 받아들였다. 사회 전체에서와 마찬가지로 문필 공화국에서도 당연한 것이었다.

그것이 중하층의 문필계에도 만연했다는 사실은 베르니 원장 신부보다 훨씬 급이 낮았던 작가들에 대한 보고서를 통해 확인된다. 예를 들면 피에르 로종은 문필 공화국의 중상 계층이 많이 걸었던 경로를 따랐다. 많은 작가들과 마찬가지로 그는 법학도로 출발했고 재미로 운문을 썼다. 그렇게 쓴 운문이 오페라 코미크에서 대성공을 거두면서 보호자들을 끌어들였다. 보호자들은 명목상의 신부직을 마련해주었다. 이는 전형적인 성공 사례이며, 그 무대는 데므리의 서사에서 확연하게 두드러진다.

이 젊은이는 대단히 총명하다. 그는 몇 편의 오페라를 썼는데 [오페라 코미크와] 베르사유의 소극장에서 공연되었다. 그 결과 퐁파두르 부인, 아이앵 공작, 그리고 그에게 지휘 비서관의 지위를 내린 클레르몽 백작의 보호를 받게 되었다. 백작은 그를 샹파뉴 지사의 비서관으로 만들어주기도 했는데 그것은 1년에 3천 리브르가 생기는 지위였다.

로종이 천부의 자산을 지녔던 것은 확실하다. 그는 기지와 좋은 인상을 소유했고("용모: 금발에 대단히 예쁜 얼굴"), 아버지가 검사였으며 클레르몽 백작의 정부였던 친척이 있었다. 그러나 그는 자신의 패를 잘 활용했다.

가브리엘-프랑수아 코아예는 한층 약한 패를 들었고 문필계의 위계질서에서 중위권을 넘어서지 못했지만 그도 자신의 패를 잘 활용했다. 재산도, 가족 관계도, 얼굴도 별로였지만("호감이 안 가고 얼굴이 긴 관상"), 그럼에도 그는 인내하며 책과 문학을 써 내려갔다. 마침내 고정적인 수입원이 열리자 그는 그것을 단단히 움켜쥐었다.

> 그는 약간 현학적인 경향이 있지만 총명한 신부다. 오랫동안 그는 돈도 일자리도 없이 파리의 길거리를 배회했다. 그러나 마침내 그는 튀렌 공의 가정교사 자리를 발견했다. 공에게 만족스럽게 봉사하자 공은 그에게 카발리 육군 대령의 시혜 분배 담당관직으로 보상했다. 이제는 그 직의 세입이 데브뢰 백작에게 가게 되었으므로 튀렌 공은 그에게 1,200리브르의 연금을 제공했으며 그는 그 연금을 데브뢰가 사망할 때까지 받을 것이다.

베르니가 보호하던 사람 중의 하나였던 앙투안 드 로레스는 중하계층의 불안정한 직위를 차지하고 있었다. 로레스에 대한 보고서를 처음 기안했을 때 데므리는 그의 경력이 어느 방향으로 귀결될지 예견할 수 없었다. 한편으로 그는 좋은 가문 출신이었다. 그의 아버지는 몽펠리에 상공회의소의 수석위원이었다. 다른 한편으로 그는 돈이 바닥난 상태였다. 사실상 왕과 퐁파두르 부인에게 바친 그의 송시가 어떤 후원을 즉시 가져오지 않는다면 다락방에서 굶어 죽을 처지였다. 그러나 후에 보고서에 추가된 메모에 따르면 송시가 제 몫을 해냈던 것으로 보인다.

> 그는 베르니 원장 신부의 보증 덕에 [퐁파두르] 후작 부인에게 자신을 소개할 기회를 가질 수 있었다. 그는 후작 부인이 그에게 약간의 돈을 벌게 해줄 일을 찾도록 허락을 내렸으며 그를 성공하게 만들어줄 거라고 했다며 자랑했다. 얼마 후 그는 친척이었던 몽르죙 씨의 주선으로 클레르몽 백작에게 소개장을 보낼 수 있었고 이제는 백작에게 충성을 바친다.[25]

더 낮은 계층의 피에르-장 부도는 서적상의 아들이었고 엄청나게 많은 편집과 축약, 번역 일을 했다. 그러나 그는 생계를 보호자들에게 의존했다. 데므리는 "그는 대단히 총명하다. 그리고 판사 에노의 보호를 크게 받고 있으며 그에게서 왕립 도서관의 일자리를 얻었다"라고 기록했고, 에노의 이름으로 나온 『프랑스 소사小史』의 대부분은 부도가 썼다고 여겨진다고 덧붙였다. 한편 카페 주인의 아들이었던 스물네 살의 피에르 뒤푸르는 문학계의 밑바닥에서 자신의 길을 개척하려 했다. 그는 인쇄소에서 사환으로 일했다. 그는 금지된

25 이제는 마땅히 잊힌 로레스의 시의 성격은 다음에서 그 편린을 찾아볼 수 있다. Antoine de Laurès, *Epître à M. le comte de Bernis*(Paris, 1752); *Epître à Madame la marquise de Pompadour*, 장소 및 연대 불명.

책을 팔았다. 그는 대부인 파바르의 호의 덕에 코메디 이탈리엔과 오페라 코미크의 배우와 극작가들 사이에서 어울리며 환심을 샀다. 어쨌든 그는 뤼방프레즈 백작에게 달라붙었는데 그는 그에게 숙소와 별로 효험이 없었던 보호를 제공했다. 데므리는 뒤푸르를 의심스러운 인물, 출세주의자이자 사기꾼으로서 경찰을 위해 지하 문필계를 감시하는 체하면서 지하 문학을 쓰고 팔아먹는 사람이라고 기록했다. "그는 교활한 작은 친구이고 믿을 수 없는 인물이다." 실지로 뒤푸르는 여섯 편의 희곡과 촌극, 한 권의 시집과 소설 한 편에 이를 정도로 많이 썼다. 그러나 그는 그것을 활용해 직위를 얻는 데는 실패했다. 그리하여 그는 결국 저술을 포기하고 서점 일자리에 정착했다.

'보호'를 위한 항구적이고 끊임없는 요구는 문필 경력자들에 대한 데므리의 설명 어디에서나 눈에 띈다. 프랑수아 오지에 드 마리니는 원호원Invalides에 자리가 났다는 소식을 듣고는 그 자리에 사람을 임명할 권한을 지닌 다르장송 백작을 찬양하는 시를 들고 달려들었다. 샤를 바퇴는 퐁파두르 부인의 의사와 친분을 쌓았고 그 결과 공석 중인 나바르 대학교의 교수직을 얻었다. 장 드롱고는 퐁트누아 전투에 대한 시에서 클레르몽 백작의 용맹이 적절히 찬미되지 않았다고 평했다. 그는 소책자에서 그 시를 공박했고 곧이어 클레르몽 백작의 지휘 비서관으로 임명되었다.

이런 것들이 문필 생활의 실체였다. 데므리는 작가들의 아첨이나 보호자들의 허영에 대해 어떤 도덕적 판단도 내리지 않으면서 눈 하나 꿈쩍하지 않고 기록했다. 오히려 그는 피보호자가 후견인에게 보여야 할 굳건한 충성에서 벗어났을 때 충격을 받았던 것처럼 보인다. 앙투안 뒤랑롱은 로앙가의 환심을 샀다. 그가 가정교사로서 만족스럽게 봉사하자 그 가문은 그를 메트르 제르베 대학교의 학장으로 임명되도록 했다. 그러나 일단 임명되자 그는 로앙-게므네 원장 신부가 주장하던 어떤 명예가 걸린 권리를 두고 벌어진 논쟁에서, 로앙가에 반대하던 소르본의 한 파벌의 편을 들었다. 로앙가에서는 뒤랑통의 직위를 박탈하고 브레스로 귀양을 보냈다. 보호자에게 '최악의 배은망덕'으로 보답했으니만큼 합당한 처사였다고 데므리는 고찰했다. 이와는 대조적으로 F.-A. P. 드 몽크리프의 행동은 감복할 만했다. 몽크리프는 모든 것을 다르장송 백작에게 의존하고 있었다. 이미 언급한 바 있듯이 다르장송 백작은 이상적인 문필 경력의 모든 고비마다 그를 돌보아주었다. 그것은 세 번의 비서직, 『학자 회보』의 수입 배당, 아카데미 프랑세즈의 회원 자리, 튈레리의 거처, 1년에 6천 리브르에 달하는 우편국의 직위 등이었다. 궁정의 반反다르장송, 친親모르파 파벌에서 왕과 퐁파두르 부인에 대한 풍자가 나오는 것을 발견하자마자 몽크리프는 즉각적으로 그 저자들을 고발했다. 그것은 당연한 일이었다. 작가는 자신을 먹여주는 손을 결코 물면 안 될 뿐만 아니라 적의 진영에 있는 모든 손을 내려치기까지 해야 한다.

이렇듯 '보호'는 문필 생활의 기본 원리로 작동했다. 그것의 존재가 보고서 도처에 나타난다는 사실은 또 다른 현상인 문학 시장이 없었다는 사실을 더욱 두드러지게 한다. 간혹 데므리는 자신의 펜만으로 살아가려고 시도했던 작가를 언급했다. 예를 들어 가브리엘-앙리 가야르는 볼테르에 의해 시혜된(인정받는 작가들 역시 보호자 역할을 하기도 했다) 일로 살아가다가 1750년에 한동안 문학 시장에 뛰어들었다: "그는 카트르 나시옹 대학교의 변변찮은 직책인 보조 사서였다. 그는 볼테르가 배려해준 어린이 가정교사를 하기 위해 그 일을 그만두었다. 그는 단지 6개월만을 머물렀고 이제는 저술로 살아간다. […] 그의 최근 작품은 그가 완전히 헌신하고 있는 볼테르에 대한 찬사로 가득 차 있다." 그러나 얼마 뒤 그는 『학자 회보』에 일자리를 얻었고 자신의 여생의 경제 문제를 그것으로 해결했다. 데므리는 라바르라는 이름의 소책자 작가도 언급했는데 외무부에서 선전가로 일하던 그는 엑스라샤펠 평화조약 때문에 자신의 일자리가 없어지자 '끔찍한 궁핍' 상태에서 벗어나기 위해 글을 쓰려 했다. "전쟁이 끝난 이후에 어떤 수입원도 없었던 그는 [서적상] 라 폴리오에게 몸을 맡겼는데 생계를 유지시켜주는 대가로 그는 때때로 몇 가지 글을 써 주었다." 그러나 이와 같은 사례는 드물었다. 그 이유는 지원을 필요로 하는 작가가 없어서가 아니라 서적상들이 지원을 꺼려했거나 그럴 능력이 없었기 때문이었다. 라바르에 대한 보고서에 추가로 기입한 사항에서 데므리는 치안총감의 중재 덕분에 그는 마침내 "『프랑스 관보』의 작은 일자리"를 손에 넣었다고 기록했다.

돈이 절박했을 때 작가들은 일반적으로 금지 서적을 밀수하거나 경찰을 위해 밀수꾼들을 밀고하는 등의 부수적 활동에 매진했다. 그들은 베스트셀러로 부자가 될 희망을 갖지 못했다. 왜냐하면 저작권의 출판사 독점과 해적 산업이 책으로부터 많은 수입을 기대하지 못하게 만들었기 때문이다. 그들은 결코 저작권료를 받지 못했고, 일정 금액을 받거나 인쇄된 책의 일정 부수를 받고 원고를 팔았으며, 그렇게 나온 책을 직접 팔거나 보호자가 될 가망이 있는 사람들에게 주었다. 루소의 『에밀』에 지불된 6천 리브르와 『백과전서』에 들인 20년의 노력의 대가로 디드로에게 지불된 12만 리브르와 같은 예외도 있지만, 원고료가 많았던 적은 거의 없었다. 프랑수아-뱅상 투생은 그의 베스트셀러 『풍습』의 원고료로 단 500리브르만을 받았던 반면 그의 출판업자였던 들레핀은 최소한 1만 리브르를 벌었다고 데므리는 기록했다. 투생의 경우는 일반적인 명제를 보여준다: "그는 서적상을 위해 열심히 일한다. 그 말은 그가 생계를 꾸리기 위해 고된 시간을 보내야 한다는 것을 뜻한다." 데므리는 조제프 드 라 포르트가 펜으로 생계를 유지했고 "살 방도가 그것밖에 없다"고 한 것을 마치 이상한 일인 양 언급했다. 일반적인 유형은 보호자를 얻기에 충분할 정도로 영예로운 성공을 거두어 왕실 행정이나 부유한 가문에 자리를 얻어 안착하는 것이었다.

또한 결혼을 할 수도 있었다. 장-루이 르쉬외르는 문학사에 별다른 흔적을 남기지 못했지만 그의 경력은 경찰의 관점에서 볼 때 이상형을 제시했다. 재능이나 붙임성 외에는 별다른 것 없이 출발했던 그는 존경할 만한 명성, 보호자, 명목상의 신부직, 그리고 부유한 아내를 얻었다.

> 그는 총명한 젊은이로서 그가 쓴 몇 편의 희가극이 공연되어 상당한 성공을 거두었다. 베르탱 드 블라니 씨는 극장에서 그를 알게 되어 친구가 되었고 그에게 연간 3천 리브르의 가치가 있는 임시직을 주었다. 그는 지금 그 일을 하고 있다.
>
> 그는 상당한 재산을 가진 여자와 얼마 전에 결혼했다. 그에게는 그럴 자격이 있다. 왜냐하면 그는 붙임성 좋은 착한 젊은이이기 때문이다.

데므리는 결혼에 대해 감상적인 시각을 갖지 않았다. 그는 결혼이 경력을 쌓아가는 데 있어서 하나의 전략적 수순이라고 생각했다. 그렇지 않다면 그 결혼은 실수였다. 보고서에서 작가의 부인들은 결코 지적이거나 교양이 있다거나 덕이 있다거나 하는 모습으로 나타나지 않았다. 그들은 부유하거나 가난할 뿐이었다. 따라서 데므리는 C.-G. 코클레 드 쇼스피에르에게 어떤 동정심도 허비하지 않았다: "그는 같은 마을 출신의 어느 하찮은 여자와 결혼했다. 그녀는 출신도 재산도 변변치 않았다. 그녀의 유일한 장점은 전임 검사의 부인과 친척이라는 것인데 검사는 그 부인을 오랫동안 정부로 두고 있다가 양심에 거리껴 결혼했다." 그와 비슷하게 푸아트뱅 뒬리몽도 "브장송에서 나쁜 결혼을 했기 때문에" 무명의 신세에서 벗어날 가망이 없어 보였다. '나쁜' 결혼은 돈이 아니라 아이들을 만들어냈고 그리하여 보고서는 불리한 인구 통계적 조건과 싸우는 불행한 가장들을 줄줄이 보여주고 있다. 투생은 아이가 열한 명이었기 때문에 싸구려 글쟁이로 전락했다. 무이는 아이가 다섯 명이라 경찰 첩자 노릇을 했다. 드뢰 드 라디에와 르네 드 본발은 자식에 짓눌려 여생을 그럽가에서 보낼 운명이었다.

결론은 작가들은 '좋은' 결혼이 필요하지만 그리할 수 없는 사람들은 결혼을 완전히 피해야 했다는 것이다. 대부분이 피했던 것은 확실하다. 데므리는 가족 관계를 주시했지만 처자식을 언급한 보고서는 20여 건에 불과했다. 확고한 결론을 내리기에는 정보가 너무도 희박하지만 작가들 대부분, 특히 '지적인 직종'에 있던 사람들은 결코 결혼하지 않았던 것으로 보인다. 그들은 결혼을 하더라도 명성을 얻거나 명목상의 신부직을 얻을 때까지, 혹은 아카데미 프랑세즈의 자리를 얻을 때까지 기다린 후에 결혼했다. 경찰의 눈으로 볼 때 또 다른 성공 사례였던 J.-B.-L. 그르세가 그 대표적인 예라고 말할 수 있다. 먼저 그는 코메디 프랑세즈에서 몇 번의 성공을 거둔 뒤 아카데미 프랑세즈 회원으로 선출되었고 마침내 44세의 나이로 아미앵의 부유한 상인의 딸과 결혼했다.

그러나 작가가 불멸의 위치까지 올라가려고 애쓰는 동안 어떻게 정욕을 멀리할 수 있을 것인가? 달랑베르는 모든 계몽사상가들에게 정결과 청빈의 생활을 받아들이라고 촉구했다.[26] 그러나 그런 생활은 육신이 견딜 수 있는 한도를 넘어선다는 것을 데므리는 알고 있었다. 그는 결혼의 경제학을 받아들였던 만큼이나 사랑의 존재를 인정했다. 마르몽텔과 파바르는 보고서에서 사랑에 빠져 있었다고 amourachés 나오는데, 그 상대도 각기 삭스 원수의 정부였던 여배우들이었다. 마르몽텔의 '이야기'는 파바르의 경우만큼이나 흥미진진하다. 실로 그것은 하나의 희곡 줄거리처럼 읽힌다. 젊은 극작가는 늙은 원수의 등 뒤에서 젊은 여배우 베리에르와 사랑에 빠진다. 그들은 들키지 않고 자신들의 정염을 완전히 분출시키기 위해 시종을 해고한다. 하지만 원수의 첩자이자 아마도 경찰의 첩자이기도 했을 시종이 어찌어찌하여 그들의 관계를 알게 된다. 그들은 곧 재앙에 직면한다. 여배우는 1년에 1만 2천 리브르의 손실을 보고 극작가는 보호가 끊기게 된다. 그러나 베리에르 양이 원수에게 돌아가는 한편 마르몽텔은 그녀의 동료였던 클레롱 양에게로 옮겨 감으로써 모두 좋게 마무리된다. 직접적으로건 제삼자를 통해서건 많은 열쇠 구멍으로 들여다본 뒤에 데므리는 대부분의 작가들이 정부를 갖고 싶어 했다는 사실을 확실하게 알았다.

그러나 말은 쉽지만 행하기는 어렵다. 코메디 프랑세즈의 여배우

26 d'Alembert, *Essai sur la société des gens de lettres et des grands, sur la réputation, sur les mécènes et sur les récompenses littéraires,* in d'Alembert, *Mélanges de littérature, d'histoire et de philosophie*(Amsterdam, 1773; 초판은 1752) 참조.

들은 마르몽텔이나 파바르와 같은 인상을 갖고 있다 해도 돈 한 푼 없는 작가들의 품에 자신들을 던지는 일이 많지 않았다. 그럽가의 사람들은 하녀, 종업원, 세탁부, 매춘부 등 자신들과 같은 환경의 여자들과 살았다. 그런 배경 조건 때문에 행복한 가정을 이룰 가망은 별로 없었으며, 데므리의 '이야기' 중 특히 여자의 입장에서 행복한 결말에 이른 것은 거의 없었다. 돈 없이 큰 기대만 품고 파리에 왔던 무명 작가 A.-J. 쇼메의 애정 생활을 생각해보자. 처음에 그는 기숙학교에서 시간제로 가르치며 연명했다. 그러나 학교가 폐쇄되었고, 그는 하숙집에 기거하면서 결혼을 미끼로 하녀를 유혹했다. 그러나 그는 곧 그녀에 대한 사랑이 식어버렸다. 그는 서적상 에리상을 위해 계몽주의에 반대하는 유인물을 씀으로써 약간의 돈을 벌기 시작했다. 그러자 임신했던 것으로 추정되는 버림받은 약혼녀가 에리상을 찾아와 보상을 요구해, 쇼메의 장부에서 간신히 300리브르를 받아 갔다. 그 후 쇼메는 또 다른 시간제 선생의 누이와 교제했다. 데므리에 의하면 그녀는 "악녀였고 아무런 가치도 없으며 얻어낼 것도 하나 없었지만" 이번에는 결혼으로부터 도망치지 않았다. 하지만 몇 년이 지난 뒤 그는 아내와 어린 딸을 남겨두고 가정교사 자리를 찾아 러시아로 떠났다.

관계는 문인에게 위험한 것이었다. 상대가 아무리 '나쁜' 인연일지라도 그 여자와 결혼하게 될지도 모르기 때문이다. 데므리는 A.-G. 뫼니에 드 케를롱이 매춘부와 사랑에 빠져 그녀를 감옥에서 빼내기 위해 결혼했다고 기록했다. 얼마 지나지 않아 그는 부양할 가족이 생기는 궁지에 빠졌다. 그는 『작은 게시판』의 편집자 생활을 한 데 이어 『프랑스 관보』에 취직됨으로써 궁핍에서 벗어날 수는 있었다. 그러나 노후에 대비할 돈을 저축할 수는 없었다. 그리하여 그는 한 금융가가 주는 연금으로 살아가게 되었다. 데므리의 명부에 기록된 사생활에 관한 설명에 따르면 다른 여러 저자들도 매춘부들에게 마음을 빼앗겼다. 밀롱이라는 이름의 시인은 자신이 정기 고객이었던 카트르 슈미네 사거리의 한 업소에 있던 어느 매춘부에 대한 열정에서 헤어날 수 없음을 깨달았다. 극작가이자 후에 언론인이 되었던 피에르 루소는 매춘부의 딸과 같이 살았고 그녀는 아내로 통했다. 그리고 두 명의 다른 글쟁이, 즉 편집자 F.-H. 튀르팽과 게네라는 이름의 소책자 작가는 매춘부를 빈번히 찾았을 뿐 아니라 결혼까지 했다. 그럽가의 결혼이 성공하는 일도 가끔 있기는 했다. 데므리는 루이 앙솜이 오페라 코미크의 여배우의 누이와 결혼하기 전까지는 시간제 교사로서 무일푼으로 살았다고 기록했다: "그 결혼은 끌림 때문이 아니라 필요성에 의해 이루어졌다." 2년 후 그는 희가극을 쓰고 연출하면서 꽤 잘나가게 되었다. 그러나 결혼이 작가들을 끌어내리는 일이 보통이었다. 일반적인 유형은 궁핍한 극작가 루이 드 부아시에 대한 보고서에 쓰인 다음의 잔인한 두 문장에서 명확하게 나타난다: "그는 신사다. 그는 세탁부와 결혼했다." 다른 보고서들에 비추어 볼 때 루소와 디드로가 각기 반半문맹이던 세탁소 하녀, 세탁부의 딸과 결혼했던 것은 이상하게 보이지 않는다.

만일 작가들이 펜으로 먹고살거나 존경할 만한 가정생활을 영위하기를 기대할 수조차 없었다면 저술 그 자체가 어떻게 하나의 직업이 될 수 있었을까? 문인들의 존엄성과 그들 소명의 고결함은 이미 계몽사상가들의 저작에서 하나의 중심 주제로 등장하지만,[27] 데므

**27** 이 주제는 다음 저작들에서 가장 탁월하게 나타난다. d'Alembert, *Essai sur la société*

리의 보고서에서는 그런 주제를 찾아볼 수 없다. 비록 경찰은 작가를 보면 바로 알아보고 데므리의 명부에 포함시킴으로써 다른 프랑스 사람들과 달리 분류했지만, 작가가 하나의 직업이라거나 사회 속에서 어떤 지위를 차지한다고 여기지는 않았다. 그 보고서에서 작가는 귀족이거나 성직자, 법률가, 혹은 시종일 수도 있었다. 그러나 작가를 비작가와 구분하게 해주는 '품격qualité'이나 '조건condition'은 없었다.

이 프랑스어 단어들이 암시하듯 데므리는 재래의 사회적 어휘를 사용했기에 근대의 유동적인 지식인들을 위한 여지를 별로 남기지 않았다. 디드로와 달랑베르에 비교할 경우 데므리는 구식이었을지 모르지만 아마도 그의 언어는 18세기 중엽 저자들의 조건에 상당히 부합했을 것이다. 작가는 아직 근대적인 형태를 취하지도, 보호자에게서 자유롭지도, 문필 시장에 동화되지도, 한 직업에 전념하지도 못했기 때문에 경찰은 작가를 어떤 인습적인 범주에도 위치시키지 못했다. 이렇듯 불확실한 위치를 둘러싸고 있는 개념적 불명료성을 고려할 때 작가는 어떤 위치를 차지했던 걸까?

경찰 보고서가 이 질문에 대해 명확한 답변을 제공하지는 않지만 약간의 시사적인 언급을 포함하고 있다. 예를 들어 데므리는 작가들을 종종 '소년들garçons'[28]이라고 지칭했다. 그 표현은 연령과는 상관없었다. 디드로는 37세이고 결혼해 아이가 있었는데도 보고서에

*des gens de lettres*; Voltaire, *Lettres philosophiques*(1734). 그리고 1743년에 출간된 익명의 소논문 "Le Philosophe," 그리고 『백과전서』 제13권에 있는 '계몽사상Philosophe' 항목도 볼 것. 보다 상세한 내용은 제5장을 참고하라.

**28** (옮긴이) 식당에서 종업원을 '보이'라고 부르는 것과 같은 맥락이라고 하면 이해가 쉬울 것이다.

서 '소년'으로 불렸다. 원장 신부 레날, 원장 신부 레클뤼즈-데-로주, 피에르 시고르뉴는 30대 중반의 '소년들'이었다. 루이 마노리는 57세의 '소년'이었다. 은연중에 성인으로, 그리고 확실히 신사로 분류되었던 작가들과 그들을 갈라놓은 것은 사회적 구분의 부재였다. 언론가이건 교사이건 원장 신부이건 그들은 문필 공화국의 낮은 계층에서 애매모호한 위치였다. 그들은 그럽가를 들락날락했고 사회와 직업의 스펙트럼은 앞서 '지적인 직종'이라고 칭했던 부분에 몰려 있었다. 구체제에는 디드로와 같은 사람들을 위한 범주가 없었기 때문에 우리는 그런 시대착오적인 용어에 의존할 수밖에 없다. '소년'은 데므리가 쓸 수 있었던 최선이었다. 데므리가 보고서를 작성하던 무렵에 군 장교인 생-랑베르 후작은 33세였고 의사였던 앙투안 프티는 31세에 불과했지만 이들에게 그런 용어를 적용할 수 있다고는 결코 생각도 해보지 못했을 것이다. '소년'은 주변부를 암시했고 경찰의 명부에 '신분 없는 사람들gens sans etat'이라고 등장했던 사람들, 그늘 속에 있던 근대 지식인의 선구자들, 즉 위상을 정할 수 없었던 사람들의 위상을 정할 수 있게 해주었다.

데므리의 언어 사용이 신분을 의식했던 관료적 특성 때문이라고 치부할 수는 없다. 그는 시대의 편견을 공유했을 뿐이다. 예컨대 피에르-샤를 자메에 대한 보고서에서 그는 다음과 같이 당연한 듯이 언급했다: "그는 좋은 가문 출신이라고 전해진다." 그리고 세금 징수 청부인이었던 샤를-에티엔 페슬리에에 대해서는 "신사. 이는 시인과 금융가에 대해 많은 것을 말해준다"라고 기록했다. 그러나 데므리는 속물이 아니었다. 투생에 대한 보고서에서 그는 다음과 같이 썼다: "그는 생폴 교구의 구둣방 주인의 아들로 태어났기 때문에 출신이 좋다고 말할 수는 없다. 그러나 그렇다고 해 그의 평가가 낮아

지지는 않는다." 보고서가 작가를 비난할 경우 그것은 데므리의 개인적 견해라기보다는 그의 주위에 깔려 있는 태도를 표현했던 것으로 보인다. 물론 그런 발언에서 개인적 요소와 사회적 요소를 명확하게 구분할 수는 없다. 그러나 어떤 곳에서, 특히 방심한 순간이나 우연히 방백을 하는 순간에 데므리는 일반적인 추정을 대변하고 있는 것처럼 보였다. 예를 들면 자크 모라뱅에 대한 '이야기'에서 그는 다음과 같이 사무적으로 고찰하고 있다: "그는 총명하고, 『키케로의 생애』라는 두 권으로 된 4절판 책의 저자다. 그는 이 책을 생-플로랑탱 백작에게 헌정했고 백작은 그를 보호해 비서로 두었다. 그를 에노 씨에게 준 것이 그 백작이었다." 작가는 마치 물건처럼 한 보호자에게서 다른 보호자로 넘겨질 수 있었다.

이런 언급의 분위기는 작가들이 평상적으로 받던 대우와 일치했다. 로앙 기사의 하인이 볼테르에게 매질을 가한 일은 18세기 초 저자들에 대한 무례함의 예로 자주 인용되고 있다. 그러나 중요한 인물에게 무례를 범한 작가들은 『백과전서』의 시대에도 여전히 얻어맞았다. 꽤 유명한 원로 극작가 피에르-샤를 루아는 클레르몽 백작의 하인에게 주먹으로 맞아 거의 죽을 뻔했다. 클레르몽 백작은 아카데미 프랑세즈 회원으로 선출되는 과정에서 약간의 논란을 빚었는데, 이와 관련해 발표된 풍자시에 대한 보복을 원했던 것이다. G.-F. 풀랭 드 생-푸아는 1740년대 내내 자신의 연극을 조롱하던 사람들을 때려눕힘으로써 관객들에게 겁을 주었다. 그는 몇몇 비평가들을 결투에 나서게 했고 그에게 혹평하는 평론가는 누구든 귀를 자르겠다고 위협했다는 소문이 돌았다. 마르몽텔과 프레롱도 소동에 휘말렸다. 상류 인사들이 코메디 프랑세즈에서 막간에 로비를 거닐 때 마르몽텔은 프레롱이 『문학 연감』에서 자신을 겨냥해 쓴 조롱조의 언급에 대해 사과하라고 요구했다. 그러자 프레롱이 밖으로 나가자고 제안했다. 몇 차례 검을 휘두른 뒤 그들은 헤어져 명예 문제를 다루던 프랑스 원수에게 해결을 위임했다. 그러나 디상키앵 원수는 그 문제가 "경찰에서나 다룰 사소한 문제"라고 기각했고 이 사건은 데므리의 보고서에서 '코미디'였다고 나타났다. 다른 사람들과 마찬가지로 데므리의 시각에도 작가의 명예라는 관념이나 작가들이 신사라도 되는 것처럼 명예를 지키겠다고 싸우는 광경은 웃기는 일이었다.

물론 보호를 받거나 얻어맞거나 놀림감이 되는 일을 걱정할 필요가 없는 작가들도 많았다. 치안판사, 법률가 혹은 정부 관료라는 확고한 직위로서 독립적인 존엄성을 갖췄던 이들로서는 매춘부와 결혼을 한다거나 '소년'이라고 불린다는 것은 생각조차 할 수 없는 일이었다. 그러나 보통의 작가들은 거칠고 험한 세계의 잔인함에 노출되어 있었고 그의 동시대인들은 그들을 받들어 모시지 않았다. 계몽사상가들은 현대에 들어서 생겨난 지식인 숭배의 초석을 마련했지만 경찰은 그들의 '사냥감'에 대해서는 한층 평범하고 현실적인 견해를 표명했다. 글을 쓰는 일은 신사의 경력에 색채를 더해주고 평민에게는 명목상의 신부직을 차지하도록 이끌었을지 모른다. 그러나 그것은 아무짝에도 쓸모없을 가능성이 더 높았다. 데므리는 시에 대한 애호만 포기했더라면 무엇인가를 이루었을 똑똑한 젊은이인 미셸 포르틀랑스의 가족을 동정했다: "그는 가내 하인의 아들이었다. 그의 삼촌은 참사회 의원으로서 그를 공부시켜 무엇인가로 만들어 내려고 시도했다. 그러나 그는 시에 완전히 빠져 있었기에 삼촌은 좌절했다."

동시에 데므리는 재능을 찬미했다. 그에게 있어서 퐁트넬은 "우리 세기의 가장 아름다운 천재 중의 한 사람"이었고 볼테르는 "정신에 있어서는 독수리였지만 견해에 있어서는 대단히 나쁜 용의자"였다. 이 언급에서는 경찰 수사관의 목소리가 들릴 수도 있겠지만 거기에는 존경의 어조가 담겨 있었다. 데므리는 『법의 정신』을 집필하던 몽테스키외의 고충에 대해서나 몽테스키외 자신에 대해서 상당히 동정적으로 서술했다: "그는 대단히 총명한 사람으로서 나쁜 시력 때문에 고된 어려움을 겪었다. 그는 『페르시아인의 편지』 『그니드의 사원』, 그리고 저명한 『법의 정신』과 같은 멋진 작품을 여러 편 썼다."

이와 같은 언급은 보방과 페늘롱이 별로 과하지도 않은 글을 출판했다가 궁정에서 추방당하고 라신은 작위를 받기 위해 글쓰기를 포기했던 루이 14세의 시대에는 생각조차 할 수 없는 일이었다. 그것은 발자크와 빅토르 위고가 영예로운 방식으로 저작권을 확립했고 에밀 졸라가 시장의 정복을 완수했던 19세기에도 설 자리가 없다. 데므리는 작가의 신분이 진화해나가는 데 있어서 중간 단계를 표시했다. 그는 글쓰기가 독자적인 직업이나 별개의 신분이라고 생각하지 않았다. 그러나 그는 예술로서 그것을 존경했으며 이념적인 힘으로서 감시가 필요하다는 것을 알고 있었다.

데므리에게 이념은 하나의 개념으로 존재하지 않았지만 그는 매일같이 그것과 마주쳤다. 아래로 흐르는 계몽사상이나 위로 돌진하는 혁명적 의식이 아니라, 길거리의 차원에서 마주치는 위험의 형태로서였다. '위험'이라는 관념은 보통 의심스러운 인물과 관련해 여러 보고서에서 나타난다. 데므리는 등급이 매겨진 수식어를 사용했다. 예를 들면 "착한 용의자"(포스), "상당히 나쁜 용의자"(올리비에, 페브르, 넬), "나쁜 용의자"(쿠르투아, 팔뫼), "대단히 나쁜 용의자"(구르네, 볼테르) 혹은 "의심스럽지 않음"(부아시), "의심스러움"(카위사크), "극도로 의심스러움"(뤼르케) 등이 있었다. 그는 마치 각 서류철의 위험도를 측정하듯 자신의 언어를 조심스럽게 저울질하는 것처럼 보였다. 그리고 그의 발언의 문맥으로 볼 때 그는 구체제 경찰 업무라는 특유의 방식으로 '위험'과 '나쁜 용의자'를 연관시켰다는 것을 알아챌 수 있다. 팔뫼는 자신의 적에 대한 익명의 편지를 관계 당국자에게 보냈기 때문에 '위험하고 나쁜 용의자'였다. 포크 드 라 세페드 양은 필적을 위조한 가짜 편지로 두 명의 연인을 다투도록 만들었기 때문에 그에 못지않게 나빠 보였다. 오늘날에는 사소하게 보일 음모였지만 데므리는 심각하게 생각했다: "그런 재간은 사회에 대단히 위험하다." 명망crédit이나 명성에 따라서 개인들이 부침하는 체계 속에서 누군가의 명예를 손상시킬 수 있는 능력은 특별히 위협적이었던 것이다. 후원이 끊길 경우 명망가, 즉 관리나 고위 인사가 잃을 것이 가장 많았다. 따라서 데므리는 고위 인사의 명성에 손상을 주기 위해 정보를 수집하던 사람들을 특히 경계했다. 예를 들면 P.-C. 니벨 드 라 쇼세가 있었다: "그는 수상한 일은 결코 한 적이 없었다. 그렇지만 위험스럽고 은밀하게 남을 해칠 수 있다고 여겨져 사람들이 좋아하지 않았다."

은밀한 해침—'해치다nuire'나 '망치다perdre' 같은 동사로 의미가 전달되는 개념—이라는 것은 보통 '보호'의 반대 원리인 '고발denunciation'의 형태를 취하는데 그것은 체제 전체를 통해 상쇄시키는 힘으로 작용했다. 데므리는 그가 다니는 모든 곳에서 고발을 만났다. 쿠르투아라는 이름의 빈털터리 시인은 적을 감옥에 보내고 싶어 했던 육군 대령의 지시를 받고 익명의 편지를 경찰에 보내 정보를 제공했다. 뒤부아 부인이라는 여자는 양복점의 판매원이었던 남편과 격렬하게 다툰 뒤 가명의 편지로 남편을 바스티유에 가두려고 했다. 그 편지에서 그녀는 남편이 참회의 화요일 축제 도중 군중 앞에서 왕에 반대하는 격한 시를 읽는 것을 보았다고 말했다. 니콜라 주앵이라는 은행가는 아들의 연인을 감옥에 처넣었다. 그러자 아들이 익명의 편지로 보복했다. 그 편지는 아버지가 파리 대주교에 반대하는 소책자를 포함해 일련의 얀센주의 소논문을 작성했다는 사실을 폭로함으로써 아버지를 바스티유로 보냈다.

이런 비방을 감시하는 것이 경찰이 전담하는 일이었다. 데므리는 비천한 사람들의 명예가 문제시되었던 경우는 신경 쓰지 않았다. 어느 카페의 여급이 한때 연인이었던 로제 드 스리라는 이름의 시인에게 차였는데 후에 그 시인이 쓴 소책자를 보니 자기가 놀림감이 되어 있었다고 불평했지만 데므리는 귀를 기울이지 않았다. 그러나 소책자에서 생세브랭 백작의 족보를 헐뜯었던 파비오 게라르디니, 감사원장과 그의 선조의 명예를 훼손했던 피에르-샤를 자메, "유력한 가문에 대단히 해가 되는 일들로 가득 찬" 섭정 시대[29]의 역사를 출판하려고 했던 니콜라 랑글레 뒤 프레누아 등에 대해서는 긴밀하게 주의를 기울였다. 파벌이나 가신 집단이 비방을 받았다면 그것은 국가의 문제였다. 왜냐하면 궁정 정치의 체제 속에서 인격은 원칙만큼이나 중요한 것이었고 개인의 신용은 잘 기록된 소책자에 의해 깎일 수 있었기 때문이다.

따라서 사상범을 다루는 경찰의 업무는 소책자 작가들을 잡아내

29 (옮긴이) 프랑스에서 섭정 시대는 미성년이던 루이 15세를 대신해 루이 14세의 조카인 오를레앙 공 루이 필리프 2세가 다스렸던 1715~23년의 시기를 가리킨다.

고 인쇄물 형태의 비방을 가리키는 중상libelles을 억제하는 일인 경우가 많았다. 데므리는 자신의 보호자, 대표적으로 니콜라-르네 베리에 치안총감과 궁정의 다르장송 파벌의 명성을 보호하기 위해 각별히 주의를 기울였다. 그의 보고서는 때때로 그가 작가를 추적할 때 상급자의 명령에 따라 행동했음을 보여준다. 예컨대 그는 루이드 카위사크에 대한 보고서에서 "궁정에서 그가 의심스럽다고 생각하니 긴밀하게 조사해야 할 것"이라고 베리에가 명령했다고 기록했다. 카위사크는 혁명적인 글을 쓰지 않았다. 그러나 그는 '나쁜 용의자'처럼 보였다. 왜냐하면 그는 클레르몽 백작에서 출발해 생 플로랑탱 백작과 금융가 라 포플리니에르에 이르기까지 여러 보호자를 거쳤는데, 궁정의 많은 사람들의 명성을 망치기에 충분한 정보를 포함한 유사 일본 소설 『그리그리』를 지어냈기 때문이다. 그와 흡사하게 베리에는 데므리에게 궁정의 마쇼 파벌에 속하는 '나쁜 용의자'인 J.-A. 게르도 감시해야 한다고 경고했다. 왜냐하면 그는 최근에 어떤 '의심스러운 원고'를 인쇄할 목적으로 네덜란드로 여행했기 때문이었다.

'의심스러운' '나쁜' '위험한'과 같은 형용사가 그런 인물들에 대한 보고서에 많이 쓰였다. 데므리는 L.-C. 푸그레 드 몽브롱은 중상을 전문으로 했기 때문에 특히 '나쁘다'고 기술했다.

> 최근에 그는 헤이그에서 『코스모폴리탄, 세계 시민』이라는 제목의 8, 9장짜리 작품을 출판했다. 이것은 프랑스 정부, 특히 베리에 씨와 다르장스 씨에 대한 풍자인데 다르장스 씨가 그의 분노의 특별한 표적이었다. 왜냐하면 그가 살던 프러시아에서 그를 쫓아낸 것이 그[다르장스 후작]라고 생각하기 때문이다.

가장 위험한 중상가libellistes는 국경 너머에서 왕국의 가장 높은 인물들을 겨냥하는 사람들이었다. 1751년 4월 데므리의 기록에 따르면 L.-M. 베르탱 드 프라토는 "현재 영국에 있고 전에는 스페인에 있었다. 그는 고국에 대해 여전히 나쁜 말을 하고 있으며 고국을 비방하는 글을 짓기 위해 나쁜 용의자들 무리와 어울려 다닌다." 1년 후 데므리는 베르탱이 바스티유에 갇혔다고 보고했다. 그가 파리에 숨겨둔 약간의 원고를 압수한 뒤 경찰은 그를 유인해 런던에서 나오게 만들 첩보원을 파견했고 마침내 칼레에서 체포했다. 그는 "왕 그리고 왕가 전체에 대한 최대의 무례를 범한 중상"의 글을 썼다는 이유로 2년 반 동안 수감되었다.

데므리는 자신의 직무가 왕의 권위를 손상시킬 수 있는 모든 것을 제어해 왕국을 수호하는 일을 포함한다고 이해했다. 루이 15세와 퐁파두르 부인에 대한 악의적인 소책자들은 현대의 독자들에게는 그저 입방아를 찧는 것에 불과하게 보일지 모르지만 데므리에게는 선동처럼 보였다. 따라서 그는 니콜라 랑글레 뒤 프레누아에 대해 "왕국을 전복시킬지도 모르는 위험한 인물"이라거나 두블레 부인이나 비외메종 부인의 살롱에 모였던 소책자 작가들과 의회 프롱드파에 대해 "파리에서 가장 위험한 집단"이라는 식의 가장 강한 말을 사용한 것이다. 이들 집단은 궁정의 음모나 정치에 대해 단순하게 소문만 흘렸던 것이 아니었다. 그들이 중상문이나 필사본 신문에 쓴 가장 해로운 뉴스들은 "외투 속에 숨겨진 채" 프랑스 전역에 유포되었다. 데므리의 보고서에는 이런 초기의 언론가들nouvellistes이 여섯 명 등장한다. 그들은 여론에 심각한 영향을 미쳤기 때문에 데므리는 그들을 심각하게 취급했다. 데므리의 첩자들은 카페와 공원만이 아니라 뉴스가 입에서 입으로 전해지는 평민들 사이에서도 그 뉴스의 반향을 들었다. 한 예로 두블레 살롱의 핵심 언론가이자 데므리에 따르면 "파리 최악의 험구"였던 피당사 드 메로베르의 장광설에 대한 첩자의 설명을 들 수 있다: "메로베르는 프로코프 카페에서 최근의 세제 개혁[20분의 1세]에 대해 말하던 중에, 군부에서 누군가가 나와서 평민들을 유린하고 부정을 자행하는 데서만 즐거움을 찾는 궁정을 몽땅 쓸어버려야 한다고 말했다."

경찰 요원들은 언제나 선동문propos을 입수했고 때로 작가들은 그로 인해 투옥되었다. 데므리는 그 모든 것을 자신의 명부 속에 빠뜨리지 않고 정리했다. 그 명부에서는 의심스러운 인물들과 자주 마주치게 된다. 예를 들면 군인이었다가 언론가로 바뀌어 "선동적인 말을 극히 자유롭게 하는" 퀭소나 기사인 F.-Z. 드 로브리비에르, "선동문 때문에" 추방당했던 J.-F. 드뢰 뒤 라디에, "퐁파두르 부인에 대해 선동적인 말을 한 혐의로" 바스티유에 갔던 F.-P. 플랭 드 생-틸레르, "왕과 퐁파두르 부인에 대한 선동적 언사"로 바스티유에 간 앙투안 브레 등이 있다. 때로는 그 말을 들을 수도 있다. 성직자이자 지리학자로서 '대단히 나쁜 용의자'였던 피에르-마티아스 드 구르네에 대한 데므리의 보고서는 공공장소에서 오가던 이야기들의 속기록처럼 읽힌다.

> 1751년 3월 14일 팔레 루아얄의 정원을 걷던 중 그는 경찰에 대해 이야기했는데 파리를 지배하고 있는 것보다 더 불공평하고 야만적인 탄압은 있었던 적이 없다고 말했다. 모든 사람들이 경멸하는 폭군적인 독재주의라는 것이다. 그 모든 것의 원천은 나약하고 감상적인 왕으로서, 왕은 자신에게 쾌락을 선사하지 않는 것은 어

떤 일에도 신경을 쓰지 않는다고 그가 말했다. 고삐를 쥐고 있는 것은 여자다. […] 나머지는 들을 수 없었다.

판매원의 아내였던 뒤부아 부인이 남편을 처벌받게 하려고 경찰에 보냈던 시를 비롯해 대중적인 노래의 가락에 맞추어 길거리에서 널리 불렸던 다른 여러 시에서도 같은 주제가 나타나고 있었다. 경찰 요원들은 모든 환경의 사람들이 다음과 같이 노래하던 것을 들었다.[30]

백성들의 재산을 탕진하는 게으름뱅이,
제가 저지른 악행 탓에 조만간 끝장날 그대,
어느 대신과 탐욕스러운 여자의 노예,
루이, 하늘이 그대에게 정한 운명에 귀 기울이라.

Lâche dissipateur des biens de tes sujets,
Toi qui comptes les jours par les maux que tu fais,
Esclave d'un ministre et d'une femme avare,
Louis, apprends le sort que le ciel te prépare.

왕은 책, 소책자, 신문, 소문, 시, 노래 등 당시의 모든 매체에서 나쁜 평판을 받고 있었다. 따라서 왕국은 데므리에게 상당히 취약하게

30 이 시의 출처는 다음과 같다. *Journal et mémoires du marquis d'Argenson*, ed. E. J. B. Rathery(Paris, 1863), p. 402. 데므리는 이 노래는 물론 흡사한 다른 노래들도 언급했지만 보고서에 옮겨 적지는 않았다.

보였다. 최고의 보호자가 신하들의 충성을 잃게 된다면 보호 체제 전체가 붕괴할지도 모른다. 데므리가 혁명을 예견한 것은 아니다. 그러나 문필 공화국을 수사하면서 그는 적대적인 대중 여론의 물결에 갈수록 더 취약해지는 왕국을 보았다. 후견인이 바뀌어가며 궁정 신하들이 부침하던 당시에 소책자 작가들은 일반 대중들 사이에서 그 체제에 대한 존경을 잠식시켰다. 위험은 모든 곳에 도사리고 있었다. 그것은 디드로라는 이름의 '소년'이 백과전서를 쓰고 있던 에스트라파드 광장의 초라한 방에도 숨어 있었다.

그러나 표면적으로 볼 때 데므리가 디드로를 위험과 관련시켰던 것은 이상하게 보인다. 디드로는 중상문이 아니라 계몽사상의 논문을 썼고 계몽사상은 보고서에서 그다지 위협적인 힘으로 보이지 않았기 때문이다. 사실상 계몽사상은 보고서에 전혀 나오지 않는다. 데므리는 빛lumière이나 계몽사상가philosophe와 같은 단어를 결코 사용하지 않았다. 비록 그는 1753년에 이르기까지 무엇인가를 출판했던 거의 모든 계몽사상가들에 대한 서류철을 작성해놓고 있었지만 그들을 집단으로 취급하지는 않았다. 그리고 그는 개별적으로 그들에게 문제가 없다는 신원보증서를 주곤 했다. 그는 퐁트넬, 뒤클로, 몽테스키외와 같이 저명한 원로 인사들에 대해 공손하게 기록했을 뿐만 아니라 달랑베르에 대해 "성격이나 기지에 있어서 매력적인 사람"이라고 묘사하기도 했다. 루소는 보고서에서 과민한 성격이지만 음악과 문학적 논쟁에 특별한 재능이 있는 "뛰어난 장점"과 "훌륭한 지성"을 지녔던 인물로서 나타난다. '대단히 나쁜 용의자'인 볼테르조차도 일차적으로 문필의 세계와 궁정에서 명성 높은 음모가로서 등장한다. 데므리는 유명했던 철학 살롱 중에서 조프랭 부인과 크레키 후작 부인의 살롱 두 개만을, 그것도 지나가며 간략히 언

카페에 모인 언론가들.

급했다. 반면 드 레피나스 양, 뒤 드팡 부인, 드 탕생 부인, 돌바크 남작의 주위에 몰려들었던 중요한 지식인 집단은 완전히 무시했다. 명백하게 그는 철학적 배경은 고려하지 않았고 계몽사상을 일관적인 견해의 표현이라고 생각하지도 않았다. 아니, 그는 계몽사상을 전혀 고려하지 않았다. 대부분의 교과서에서 문화사의 주류로 나타나고 있는 지적 파도가 경찰 보고서에서는 수면 위로 올라오지 않았던 것이다.

그러나 그것은 존재하고 있었다, 수면 아래에. 중상가나 언론가와 달리, 디드로는 음험한 종류의 위험인 무신론을 대표했다. "그는 기지를 즐기고 불경함에 자만을 느끼는 젊은이다. 대단히 위험함. 거룩한 신비를 조롱조로 말한다"라고 데므리는 기록했다. 그 보고서에서는 디드로가 『철학 단상』과 『경솔한 보석』과 같은 공포물을 쓴 뒤에 『맹인에 관한 서한』으로 감옥에 갔고 이제는 프랑수아-뱅상 투생, 마르크-앙투안 에두와 함께 『백과전서』 작업을 하는 중이라고 설명했다. 데므리의 명부 속에는 이 작가들을 다룬 서류철이 있었으며 『백과전서』의 작업을 원래 시도했던 고드프루아 셀리우스뿐만 아니라 그에 재정 지원을 했던 서적상의 서류철도 있었다. 그들은 모두 그럽가의 방식으로 살아가던 의심스러운 인물들로 나타났으며 여기서 편집을 하고 저기서 번역을 하며 간간이 포르노그래피와 무종교적인 단편들을 내놓았다. 데므리는 『백과전서』 출판업자 중 하나인 로랑 뒤랑이 1748년 은밀히 출간했던 디드로의 『경솔한 보석』에서 추잡한 자료 일부를 에두가 제공했다고 기록했으며, 또 다른 백과전서파인 장-바티스트 드 라 샤펠은 『맹인에 관한 서한』에 불경함을 공급했다고 기록했다: "그는 디드로가 쓴 손더슨[31]의 대화의 출처가 본인이라고 자처했는데, 그것은 『맹인에 관한 서한』에서 가장 강하게 종교에 반대하는 부분이다."

보고서의 상호 참조는 디드로가 나쁜 친구들과 어울렸던 것처럼 보이게 만들었으며, 그 친구들은 특히 디드로와 공동 작업자 중 하나이던 원장 신부 장-마르탱 드 프라드가 이단이라는 이유로 프랑스에서 도망친 이후로 『백과전서』에 나쁜 인상을 심어주었다. 『백과전서』 제2권이 출판되었던 1752년 초에 소르본의 교수단은 드 프라드가 최근에 그 대학 신학부에서 성공적으로 옹호한 학위 논문 도처에서 불경한 부분들을 발견했다. 느슨한 심사 과정은 말할 것도 없거니와 정통성의 전당에서 철학적인 부패를 발견한다는 것만으로도 충분히 실망스러웠는데 드 프라드는 그 논문의 텍스트를 『백과전서』에 옮겨놓기까지 했던 것으로 보인다. 실지로 그는 신학적 문제에 관한 원고를 디드로에게 제공하기도 했고 공동 작업자들이었던 두 명의 원장 신부 이봉과 페스트레와 같은 방을 쓰기도 했다. 더구나 이 세 명의 백과전서파 원장 신부들은 계몽사상가인 원장 신부들과 유대를 유지하고 있었다. 그들은 『백과전서』의 또 다른 기고자인 원장 신부 에듬 말레, 직설적인 『두 개의 인도에서 유럽인들의 정착과 상업에 관한 철학적, 정치적 역사』의 저자로 후에 악명을 떨친 원장 신부 기욤-토마-프랑수아 레날, 후에 『백과전서 회보』의 편집자가 되었고 "투생에게 헌정한, 종교에 대한 흉악한 비방"이라고 데므리가 기술했던 『조로아스터』로 인해 1752년 바스티유에 수감되었던 원장 신부 기욤-알렉상드르 메에강이었다. 드 프라드와 이봉은 다른 나라로 도피함으로써 수감을 피할 수 있었지만 여전히

31 (옮긴이) 디드로의 소설 『맹인에 관한 서한』의 주인공인 맹인 철학자. 실지로는 수학자다.

이전의 동료들과 접촉을 끊지 않았다. 데므리는 이봉이 네덜란드의 망명지에서 계속 『백과전서』를 위해 글을 썼고 페스트레는 프러시아의 프리드리히 2세에게 의탁해 안전하게 정착했으며 드 프라드를 옹호하는 소책자의 교정을 보고 있다고 기록했다.

이단적인 원장 신부들과 다락방의 무신론자들의 결합은 『백과전서』를 의심스러워 보이도록 만들었다. 그러나 원장 신부 바뤼엘과 같은 이후의 논평가들과는 달리 데므리는 그들에게서 어떤 음모도 탐지하지 않았다. 그가 『백과전서』의 기고자들을 추적하기 위해 특별한 노력을 하지 않았던 것은 분명하다. 단지 22명의 기고자들만이 보고서에 나타나는데 그것은 『백과전서』의 마지막 권이 출판되었던 1765년에 이르기까지 최소한 하나의 항목을 썼던 사람들의 10퍼센트에도 못 미치는 것이었다. 1748년과 1753년 사이에 『백과전서』는 아직 국가 당국의 저주를 받기 전이었고 독서 대중에게도 계몽주의의 상징이 되지 못했다. 그것은 데므리의 상급자였던 서적출판행정총감 라무아뇽 드 말제르브의 보호를 받고 있었고, 전쟁 장관이었던 다르장송 백작에게 헌정된 합법적인 작업이었다. 따라서 데므리는 원래의 핵심적인 저자들을 감시하기는 했지만 심각한 사상적 위협으로 간주하지는 않았다.

그러나 디드로에게서는 위험성을 발견했다. 그것은 보고서에 나타나지 않는 개념인 백과전서주의 때문이 아니라 디드로가 파리 도처에 흐르고 있었던 것으로 보이는 자유사상의 조류에 기여했기 때문이었다. 데므리는 디드로가 성사를 조롱했다는 혐의로 고발당했다는 사실에 특히 주목했다: "그는 생의 마지막 순간에 이르면 고해를 하고 사람들이 신이라고 부르는 것을 [성찬식에서] 받아들이겠다고 말했다. 그러나 그것은 의무 때문이 아니라 단지 그가 종교를 갖지 않고 죽었다는 사실로 인해 가족들이 비난받지 않도록 하려는 가족에 대한 배려 때문이었다." 데므리가 보기에 실망스러웠던 일은 다른 많은 작가들도 그런 태도를 공유하고 있었다는 사실이다. 그들 중 몇몇은 자유사상가libertin라는 수식어를 달고 보고서에 등장한다. 예를 들어 L.-J.-C. 술라 달랭발, 루이-마티외 베르탱 드 프라토, 루이-니콜라 게루 등을 꼽을 수 있다. 데므리는 우주의 기원에 대한 유물론적 논문을 쓴 피에르 에스테브처럼 과학을 대중화시킨 사람, 영국사를 종교에 대한 전반적인 비난으로 바꾸어놓았던 역사가 프랑수아 튀르뱅, 그리고 불경스러운 시인들 한 무리를 조사했다. 그들 중에는 볼테르와 피롱 같은 저명한 자유사상가들도 있었고, L.-F. 들릴 드 라 드르베티에르, J.-B. 라 코스트, 원장 신부 오잔, 원장 신부 로르주리, 그리고 올리비에라는 이름의 서기와 같이 잘 알려지지 않은 불경한 시인들도 있었다. 데므리는 이들이 어떤 원고를 완성해 가방 속에 넣어두었는지, 현재 쓰고 있는 것은 무엇인지 알고 있었다: 로르주리는 '종교에 맞서는 서한'을 방금 완성시켰고 들릴은 '종교를 함부로 대하는' 시를 쓰는 중이었다. 데므리는 살롱과 카페에서 어떤 이야기가 오가는지 보고를 받고 있었기 때문에 메유부아 백작이 저녁 만찬에서 예수 그리스도와 세례 요한에 관해 음란한 시를 낭송했다거나 원장 신부 메에강이 공개적으로 이신론을 설교했다거나 세자르 슈노 뒤 마르세가 명백한 무신론자였다는 사실도 알고 있었다. 종교의 감시는 경찰 업무의 중요한 부분이었으며 데므리에게 있어서 그것은 커져가는 반反종교의 흐름을 측정하는 문제였다.

이런 경찰 업무가 어떻게 이루어졌고 왜 중요했던가 하는 것은 마지막 예인 자크 르블랑에 대한 보고서를 통해 설명할 수 있을 것이다. 그는 무명의 원장 신부로서 베르사유의 어느 방에서 반종교적인 논문을 썼다. 『종교의 최대 원리의 토대인 선입관의 무덤』이라는 제목의 논문을 완성한 뒤 르블랑은 출판업자를 찾기 시작했다. 그는 발랭탱이라는 사람을 만났는데 그는 파리의 도서 산업에 정통하다고 주장하면서 자신이 대리인 역할을 하겠다고 제안했다. 그러나 원고 요약문을 읽고 나서 발랭탱은 르블랑을 파리 대주교에게 고발하고 보상을 받는 편이 더 큰 돈을 벌 수 있으리라고 확신했다. 대주교는 이 극악한 죄를 저지른 원장 신부 르블랑을 잡을 함정을 설치하라는 지령과 함께 발랭탱을 경찰에 보냈다. 발랭탱과 데므리는 파리의 푸아소니에르 거리에 있는 식당에서 유인 접선을 꾸몄다. 발랭탱은 르블랑에게 남들이 알아보지 못하도록 변장을 하고 오되, 두 명의 서적상이 구매를 갈망하고 있으니 원고를 가지고 오라고 지시했다. 원장 신부는 그의 성직자 가운을 낡은 검은색 옷으로 갈아입고 낡은 가발을 썼다. 약간 동정적인 데므리의 설명에 따르면 그는 가난한 노상강도로 보이는 옷차림을 하고 약속한 시간에 도착했다. 발랭탱은 그를 서적상들에게 소개시켜주었는데 실상 그들은 변장한 경찰들이었다. 그런 뒤 거래가 거의 끝나갈 무렵 데므리가 급습해 원고를 압수하고 르블랑을 바스티유로 끌고 갔다. 이 가면 무도회는 재미있는 '이야기'가 될 수도 있었겠지만 데므리의 해설은 슬프고 심각해 보인다. 발랭탱은 야비한 협잡꾼이고 르블랑은 속아 넘어간 희생자이며 원고는 죄악의 작품이다. 데므리는 그 원고 내용을 다음과 같이 요약했다: 성경은 동화 선집이다; 그리스도의 기적은 잘 속는 사람들을 속이기 위한 우화다; 기독교·유대교·이슬람교는 모두 거짓이다; 신의 존재에 대한 모든 증거는 '정치적 이유로 고안된' 불합리에 불과하다. 이 에피소드의 정치적 함의는 데므리에게 특히 중

요하게 여겨졌다: "그의 원고의 맨 아래에는 '태양의 도시에서 완성되었다'라고 적혀 있는데 그것은 그가 집필 중에 살았던 베르사유를 말하며 또한 '위선자들의 하렘 속에' 있다고 했는데 그것은 자신의 수도원을 가리킨다."

데므리는 불경함을 정치와 분리시키지 않았다. 비록 그는 신학적 논쟁에 어떤 관심도 없었지만 무신론이 왕의 권위를 침해한다고 믿었다. 그렇다면 궁극적으로 자유사상가들은 중상가들이나 마찬가지의 위협을 이루고 있었다. 그리고 경찰은 개인적인 험담으로 벨트 아래를 공격하건, 계몽사상가들의 다락방의 공기로 전파되건 양자 모두에서 비롯되는 위험성을 인식할 필요가 있었다.

그리하여 디드로는 경찰의 명부에서 위험성의 화신으로 나타난다: "그는 대단히 총명한 소년이지만 극도로 위험하다." 500개의 다른 보고서에 비추어 볼 때 디드로 역시 하나의 유형에 맞아떨어진다. 다른 많은 작가들과 마찬가지로 남성이었고, 중년에 막 접어들었으며, 파리 외곽의 작은 도시에 있던 교육받은 장인 집안 출신이었다. 그는 자신과 마찬가지로 비천한 집안 출신의 여성과 결혼했고 그럽가에서 오랜 시간을 보냈을 뿐 아니라 뱅센의 감옥에서 석 달을 살았다. 물론 보고서를 통해 다른 유형도 많이 볼 수 있다. 어떤 사회학적 공식으로도 이 모든 것을 정당하게 평가할 수는 없다. 왜냐하면 문필 공화국은 모호한 정신적 영역이었고 저자들은 명확한 직업적 정체성도 없이 사회 속에 분산되어 있었기 때문이다. 그럼에도 불구하고 디드로의 신원을 규정하면서 데므리는 구체제에서 중요했던 요인을 구분해냈고 그것은 경찰의 관점에서 볼 때 특히 감시할 필요가 있는 것이었다. 경찰이 디드로와 같은 부류를 바라보던 방식을 바라봄으로써, 우리는 희미하게 보이는 지식인이라는 인물이 식별 가능한 형상을 하고 근대 초 프랑스에서 주목해야 할 영향력으로 출현하는 모습을 볼 수 있다.[32]

**32** 나는 '지식인'이라는 용어를 정의하지 않고 사용했다. 왜냐하면 나는 그 당시 맥락에서 '저자'를 재구성함으로써 그 경계를 확립시키려 했기 때문이다. 그러나 나는 지식인과 저자가 같다고 생각하지는 않는다. 그리고 지식인에 대한 나의 개념은 칼 만하임, 에드워드 실즈, 피에르 부르디외와 같은 사회학자들로부터 도출된 것임을 밝힌다. 특히 Pierre Bourdieu, *Questions de sociologie*(Paris, 1980) 참조.

**부록**

# 세 개의 이야기

다음 세 개의 보고서는 문필 공화국의 하위 계층은 어떤 삶을 살았는지, 그리고 경찰은 그들을 어떻게 관찰했는지를 보여준다. 이 보고서들은 디드로가 『라모의 조카』에서 극화했던 세계, 『백과전서』 작업을 할 때 그가 살았던 세계를 묘사한다. 또한 데므리가 자신의 서류철에 자료를 정리한 방식, 즉 규격화되어 인쇄된 여섯 개의 항목 아래 자료를 어떻게 정리했고, 새로운 정보를 입수하면 어떻게 추가 기입했는지를 보여준다.

## 1. 드니 디드로

**이름**: 디드로, 저자, 1748년 1월 1일.

**연령**: 36.

**출생지**: 랑그르.

**용모**: 중간 체격, 상당히 점잖은 생김새.

**주소**: 에스트라파드 광장, 가구업자의 집.

**이야기**:

그는 랑그르의 식기 제조업자의 아들이다.

그는 대단히 총명한 소년이지만 극도로 위험하다.

그는 『철학 단상』 『보석』, 그리고 그런 종류의 여러 책들을 썼다.

그는 『사상의 오솔길』도 썼는데 집에서 원고로 가지고 있고 출판하지는 않기로 약속했다.

그는 투생, 에두와 함께 『백과전서』 작업을 하고 있다.

1749년 6월 9일, 그는 『볼 수 있는 사람들에게 도움이 될 맹인에 관한 서한』이라는 책을 썼다.

7월 24일. 그것 때문에 체포되어 뱅센[감옥]에 갔다.

결혼했다. 그러나 얼마 동안 퓌지외 부인을 정부로 두었다.

[따로 추가된 보고서는 다음과 같다.]

1749년.

종교와 선한 도덕에 반대하는 책의 저자.

드니 디드로, 랑그르 출신, 파리에 사는 저자.

1749년 7월 24일 뱅센의 지하 감방에 들어갔음. 8월 21일의 명령에 따라 지하 감방에서 풀려나 성에 수감됨.

같은 해 11월 3일 떠남.

다음과 같은 제목의 책을 썼음:

『명확하게 볼 수 있는 사람들에게 도움이 될 맹인에 관한 서한』 『경솔한 보석』 『철학 단상』 『풍습』 『회의주의자, 또는 사상의 오솔길』 『하얀 새』 『푸른 이야기』 등등.

그는 기지를 즐기고 불경함에 자만을 느끼는 젊은이다. 대단히 위험함. 거룩한 신비를 조롱조로 말한다. 그는 생의 마지막 순간에 이르면 고해를 하고 사람들이 신이라고 부르는 것을 [성찬식에서] 받아들이겠다고 말했다. 그러나 그것은 의무 때문이 아니라 단지 그가 종교를 갖지 않고 죽었다는 사실로 인해 가족들이 비난받지 않도록 하려는 가족에 대한 배려 때문이었다.

검사 드 로슈브륀

하사관 데므리

## 2. 원장 신부 클로드-프랑수아 랑베르

**이름**: 랑베르(원장 신부), 성직자, 저자, 1751년 12월 1일.

**연령**: 50.

**출생지**: 돌.

**용모**: 작음. 못생겼음. 호색한의 자태, 여드름이 가득한 얼굴.

**주소**: 라 브레리가, 여자 염색공 점포의 4층.

**이야기**:

그는 16~17년간 제수이트 교단의 일원이었다. 그는 대단히 나쁜 용의자이며 주정뱅이, 색골이다.

1746년 그는 경찰 부서의 고용인이었던 앙투안이라는 사람의 딸과 살았다. 그녀는 그의 아내로 통했다. 그는 카레라는 이름으로 과부 벨리의 하숙집에서 가구 딸린 방에 기거하며 아들을 낳았다. 그 뒤 그들은 850리브르의 세를 내지 않고 도주했다. 7년 후 과부 벨리가 그의 새로운 거처를 발견하고는 치안총감에게 고소했다. 그리하여 그는 2년 동안 그 액수를 갚도록 조처가 취해졌다.

그 여성과 아들은 현재 그와 함께 산다. 그녀는 스스로를 그의 가정부라고 부른다.

1744년 그는 『네덜란드 영주의 편지』라는 세 권짜리 저서를 출판했는데 지난 전쟁에서 군주들의 이해관계를 논했다. 그는 이 저작을 다르장송 백작의 요청에 따라 썼고 백작은 그가 보상을 받도록 배려했다. 그 이후 그는 프로 피스와 함께 사륙판 크기의 15권짜리 책 『관찰집』을 출판했다. 이것은 여러 저자로부터 따온 대단히 나쁜 편집물인데 오류로 가득 차 있고 엉망으로 쓰였다. 그 뒤에 그는 폴미 후작의 측근으로 한동안 스위스에서 지냈다. 귀국 이후 스페인어로 된 길린의 책을 번역한 것이라고 하면서 『멕시코의 여왕, 타이뱅 공주의 이야기』라는 나쁜 소설을 출판했다. 마지막으로 그는 얼마 전 4절판으로 된 세 권짜리 책 『루이 14세 치하의 문학사』를 출판했는데 어떤 서적상도 그것을 맡으려고 하지 않아 자비로 인쇄했다. 왕의 건축가인 망사르가 여기에 필요한 금액을 선불로 지급했다. 그가 자신의 돈 12만 리브르를 돌려받을 가망은 거의 없다. 인쇄한 1,200부 중 단 100부만이 팔렸기 때문이다. 이것은 조잡한 저작이다. 고작해야 대화만이 좋은데 그것은 랑베르 원장 신부의 것이 아니라 예술에 관한 대화를 그에게 제공한 여러 예술가들에 의한 것이다.

이 저작에 대한 보상으로 그는 다르장송이 배려해준 600리브르의 연금을 받았다. 그는 저자가 아니라 첩자로서 그의 가치를 더 높게 치는 것으로 보인다.

## 3. 루이-샤를 푸주레 드 몽브롱

**이름**: 몽브롱(푸주레 드), 저자, 1748년 1월 1일.

**연령**: 40.

**출생지**: 페론.

**용모**: 큰 키, 좋은 체격, 갈색 얼굴, 강인한 인상.

**주소**: 샹트르가의 여관…

**이야기**:

그는 페론 우체국장의 아들로서 뻔뻔한 성격이다. 그의 형은 세금 징수 청부인이다.

그는 근위대였고 후에는 폐하의 시종이었지만 나쁜 성격 때문에 그 자리를 포기해야 했다. 그 뒤 그는 대사의 측근으로 여러 국외 공관에 있다가 최근에 귀국했다. 그는 총명한 소년으로 『변장한 앙리아드』의 저자이자 감각적 쾌락을 위한 수필—『카나페』라는 제목의 소책자—의 저자이며, 『빙크 제독의 항해』를 번역했다.

1748년 11월 7일. 그는 『두건, 혹은 욕설가 마르고, 혹은 오페라 여배우, 동성애자』라는 제목의 나쁜 소설을 썼다는 혐의로 체포되었다. 이 작품의 원고는 체포 당시 그의 거처에서 압수되었다.

12월 5일. 그는 12월 1일 자 왕의 명령으로 파리에서 20킬로미터 떨어진 곳으로 추방당했다.

1751년 6월 1일. 최근에 그는 헤이그에서 『코스모폴리탄, 세계 시민』이라는 제목의 8, 9장짜리 작품을 출판했다. 이것은 프랑스 정부, 특히 베리에 씨와 다르장스 씨에 대한 풍자인데 다르장스 씨가 그의 분노의 특별한 표적이었다. 왜냐하면 그가 살던 프러시아에서 그를 쫓아낸 것이 그[다르장스 후작]라고 생각하기 때문이다.

이 몽브롱은 금리로 얻는 3천 리브르를 징수하기 위해 1년에 네 차례 자신의 고향 페론으로 여행한다. 그는 그곳을 많이 두려워한다. 그의 삼촌은 참사회 의원인데 그의 불경스러운 말 때문에 격노하곤 한다. 보통 그는 여행 시마다 여드레를 머문다.

「진리의 신전」, 『백과전서』 표제지에 삽입된 예술과 과학의 알레고리.

# 5
# 철학자들은 지식의 나무를 다듬는다: 『백과전서』의 인식론적 전략*

현상들의 정리와 분류의 필요성은 디드로와 같은 사람을 추적하려던 경찰의 명부를 훨씬 넘어 확장되었다. 그것은 디드로 최대의 과업이었던 『백과전서』의 핵심에 놓여 있었다. 그러나 인쇄물로 표현되었을 때 그것은 현대 독자들의 관심을 비껴갈 법한 형태를 취했다. 사실상 최고의 계몽사상 텍스트인 『백과전서』는 거기에서 현대성의 이념적 뿌리를 찾으리라는 기대를 갖고 참조하는 사람은 누구라도 놀랄 만큼 실망스럽게 보일 수 있다. 정통으로 받아들여지던 것을 깎아내리는 모든 언급에는 곡물 빻는 법, 핀 만드는 법, 동사어형 변화법 등에 대한 수천 개의 단어가 포함되어 있다. 17권으로 된 2절판의 텍스트는 A부터 Z까지 모든 것에 대한 정보의 잡동사니를 포괄하고 있는데 이것이 왜 18세기에 그토록 격랑을 일으켰는지 의아할 수밖에 없다. 예를 들어 인상적인 『트레부 사전』, 혹은 요

* 이 장은 본디 1981년 5월 독일 볼펜뷔텔의 헤르조그 아우구스트 도서관에서 행한 강연에서 비롯되었다.

한 하인리히 체들러에 의해 64권의 2절판으로 훨씬 더 방대하게 출판되었던 『학문 예술 완벽 대사전』처럼 이전에 나왔던 학식 높은 개요서와 다른 점은 무엇인가? 한 권위자의 말을 빌리면 이것은 "참고서적이었던가, 전쟁의 도구machine de guerre였던가?"[1]

둘 다라고 대답하면서 질문 자체가 잘못 제기되었다고 일축해버릴 수도 있을 것이다. 그러나 『백과전서』에서 정보와 이념 사이의 관련성은 지식과 권력의 관계에 관한 몇 가지 일반적인 논점을 제기한다. 예컨대 호르헤 루이스 보르헤스가 머릿속에서 만들었고 미셸 푸코가 『말과 사물』에서 논한 바 있는, 완전히 다른 종류의 학술서인 중국의 백과사전을 생각해보자. 그것은 동물을 다음과 같이 분류했다. "a) 황제의 소유물, b) 향유를 발랐음, c) 길들여짐, d) 젖먹이 돼지, e) 인어, f) 전설적임, g) 집 없는 개, h) 현재의 분류법에 포함되어 있음, i) 미친 상태, j) 무수히 많음, k) 대단히 좋은 낙타털 붓으로 그렸음, l) 기타 등등, m) 물주전자를 방금 깨뜨렸음, n) 멀리서 보면 파리처럼 보임."[2] 이 분류 체계는 상상하기가 완전히 불가능하기에 의미 있다고 푸코는 논한다. 상상하기 어려운 일련의 범주 앞에 우리를 세워놓음으로써 우리가 사물을 분류하는 방식의 임의성을 드러내는 것이다. 우리는 단지 주어져 있기 때문에 당연하다고 간주하는 범주에 따라 세계에 질서를 부여한다. 그것은 사고에 우선하는 인식론적 공간을 차지하고 있고 따라서 엄청난 지속력을 갖는다. 그러나 경험을 조직하는 이질적인 방식을 대면할 때 우리는 기

1 John Lough, *The 'Encyclopédie'*(New York, 1971), p. 61.

2 Michel Foucault, *The Order of Things: An Archeology of the Human Sciences*(New York, 1973), p. xv.

존에 갖고 있던 범주의 나약성을 감지하게 되며 모든 것이 흐트러진다. 사물은 오로지 의문의 여지가 없는 분류 체계 속에 들어 있기 때문에 유지된다. 발바리는 고양이와, 그레이트데인은 조랑말과 공통점이 더 많아 보이기도 하지만 우리는 망설임 없이 발바리와 그레이트데인을 모두 개라고 분류한다. 우리가 '개의 성질'이나 생명을 분류하는 다른 범주에 대해 멈춰 서서 생각한다면 우리는 삶이라는 일을 결코 잘 꾸려나갈 수 없을 것이다.

따라서 분류 정리를 한다는 것은 권력을 행사하는 일이다. 사과quadrivium가 아니라 삼과trivium로 분류된 과목[3]이나 '경성' 과학이 아니라 '연성' 과학으로 분류된 과목은 결실을 맺지 못하고 시들지 모른다. 서가에 잘못 꽂힌 책은 영원히 사라질 수도 있다. 인간 이하라고 규정된 적은 절멸될지도 모른다. 모든 사회적 행위는 도서관의 도서 목록이나 조직도나 대학의 학과처럼 명확하게 다듬어졌건 아니건, 분류 체계에 의해 결정된 경계를 따라 흐른다. 모든 동물의 세계는 무의식적인 존재론의 격자에 맞아떨어진다. '엘리펀트맨'이나 '늑대 소년'과 같은 괴물은 우리가 설정한 개념의 경계를 침범하기 때문에 우리를 공포에 떨게도 하고 매혹시키기도 한다.[4] 또한 어떤 생명체들은 범주들 사이를 미끄러져 오가기 때문에 징그럽게 느껴진다. 그 예로서 물에서 헤엄치며 뭍에 기어오르는 '끈적끈적한' 파충류나 집 안에 살지만 가축화의 경계 외부에 머물러 있는 '불결한'

3 (옮긴이) 고대 말에 마르티아누스 카펠라가 인문학을 일곱 가지로 분류하면서 그것을 삼과와 사과로 나누었다. 삼과에는 문법, 논리학, 산술이, 사과에는 대수, 기하, 천문학, 음악이 포함된다. 단적으로 삼과는 글을, 사과는 수를 다룬다.

4 Roger Shattuck, *The Forbidden Experiment: The Story of the Wild Boy of Aveyron*(New York, 1980) 참조.

설치류를 들 수 있다. 우리는 누군가를 다람쥐가 아닌 쥐라고 부름으로써 모욕한다. '다람쥐'는 『인형의 집』에서 헬메르가 노라를 부르던 애칭처럼 친밀함의 표현일 수 있다. 그러나 다람쥐도 쥐나 마찬가지로 설치류이고 위험하며 세균이 득실거린다. 다람쥐는 명백하게 옥외에 속하기 때문에 덜 위협적으로 보이는 것이다. 특별한 힘을 갖고 있고 따라서 의식용으로 가치가 있는 것은 딱 물고기도 아니고 새도 아닌 중간에 있는 동물이다. 예를 들면 뉴기니의 신비 숭배에 등장하는 화식조火食鳥, cassowary나 서구의 마녀들의 술에 들어가는 수고양이가 있다. 머리카락, 손톱 조각, 배설물도 마법의 약에 들어간다. 왜냐하면 그것들은 유기체가 주위의 물질세계로 흘러넘치는 신체의 모호한 경계 영역을 대표하기 때문이다. 모든 경계선은 위험하다. 지키지 않고 내버려 두면 무너질 것이고, 우리의 범주도 붕괴할 것이며, 우리의 세계는 혼돈에 빠지고 말 것이다.[5]

그러므로 범주를 설정하고 그것을 감찰한다는 것은 심각한 일이다. 지식의 세계의 경계선을 새롭게 그으려고 시도했던 철학자는 금기taboo를 건드리는 것이나 다름없었다. 그가 신성한 주제를 피해 노를 저어 갔다고 할지라도 위험을 피할 수는 없었다. 지식이란 본연적으로 모호하기 때문이다. 파충류나 쥐처럼 지식은 하나의 범주

5 이런 논지에 대한 한층 충실한 설명은 다음을 참고할 것. E. R. Leach, "Anthropological Aspects of Language: Animal Categories and Verbal Abuse," in *New Directions in the Study of Language*, ed. E. H. Lenneberg(Cambridge, Mass., 1964); Mary Douglas, *Purity and Danger: An Analysis of Concepts of Pollution and Taboo*(London, 1966); R. N. H. Bulmer, "Why Is the Cassowary Not a Bird? A Problem of Zoological Taxonomy among the Karam of the New Guinea Highlands," *Man*, II(1967), pp. 5~25; S. J. Tambiah, "Animals Are Good to Think and to Prohibit," *Ethnology*, VIII(1969), pp. 423~59.

에서 다른 범주로 미끄러져 들어갈 수 있다. 그것은 쏘는 맛이 있다. 이렇듯 디드로와 달랑베르가 지식의 낡은 질서를 해체시키고 알려진 것과 알려지지 않은 것 사이에 새로운 금을 그으려고 했을 때 그들은 거대한 위험을 무릅썼던 것이었다.

물론 철학자들은 아리스토텔레스의 시대 이래로 정신이라는 가구를 새롭게 배치해왔다. 삼과와 사과, 인문학과 기술학, 인문 연구 studia humanitatis와 고대 학문의 모든 지류를 재배열하는 것은 중세와 르네상스의 도식자들과 종합자들이 즐겨 하던 놀이였다. 지식의 질서를 잡는 '방법'과 정확한 '배치'에 관한 논쟁은 16세기에 걸쳐 문필 공화국 전체를 흔들어놓았다. 그로부터 지식을 도식으로 압축시키려는 경향이 출현했다. 그것은 보통 라무스[6]식 논리학의 원리에 따라 학문의 가지와 분기를 그림으로 그려 설명하는 인쇄된 다이어그램의 형태를 띠었다. 따라서 지식의 부분들을 측량해 윤곽을 잡고 공간에 배치하려는 경향인 도해화의 충동은 라무스에서 시작해 베이컨, 알스테드, 코메니우스, 라이프니츠, 체임버스, 디드로, 달랑베르까지 이르는 백과전서파 계보의 근저에 깔려 있다.[7] 그런데 디드

6 (옮긴이) 페트루스 라무스는 16세기 프랑스의 논리학자이자 교육학자였다.
7 예술과 과학의 질서를 잡으려는 '방법'과 초기의 도식에 대해서는 다음을 참고할 것. Walter Ong, *Ramus, Method, and the Decay of Dialogue: From the Art of Discourse to the Art of Reason*(Cambridge, Mass., 1958); Neal W. Gilbert, *Renaissance Concepts of Method*(New York, 1960); Paul Oskar Kristeller, "The Modern System of the Arts," in Kristeller, *Renaissance Thought II: Papers on Humanism and the Arts*(New York, 1965), pp. 163~227; Frances Yates, *The Art of Memory*(London, 1966); Leroy E. Loemker, *Struggle for Synthesis: The Seventeenth Century Background of Leibniz's Synthesis of Order and Freedom*(Cambridge, Mass., 1972); Paolo Rossi, *Philosophy Technology and the Arts in the Early Modern Era*(New York, 1970). 디드로의 『백과전서』 이전의 백과사전에

로의 『백과전서』 서두에 있는 도해, 즉 베이컨과 체임버스에게서 이끌어낸 유명한 지식의 나무는 무언가 새롭고 과감한 것을 제시했다. 기존의 체계 내에서 학문들을 어떻게 달리 배치할 수 있을지 보이는 대신에, 사람들이 신성하다고 주장하던 것의 대부분을 지식의 세계에서 배제시킴으로써 알려진 것과 알 수 없는 것 사이에 경계를 설정하려는 시도를 표명했던 것이다. 선배들에게서 물려받은 지식의 나무를 다듬으려던 계몽사상가들의 정교한 시도를 따라가 봄으로써 우리는 계몽주의적인 백과전서주의에 얼마나 많은 것이 걸려 있었는지 명확한 관념을 가질 수 있을 것이다.

디드로와 달랑베르는 그들의 저작이 그저 또 하나의 사전이 아니고 순전히 알파벳 순서에 따라 배열된 정보의 모음도 아니며 '백과전서,' 즉 "인간 지식의 질서와 연쇄"[8]에 대한 체계적 설명이라고 기술함으로써 그들 자신은 라무스식으로 의미 없이 써대던 것보다 훨씬 중대한 과업에 관여하고 있었다는 사실을 독자들에게 환기시켰다. 디드로가 『내용 설명서』[9]에서 한 설명에 따르면 백과전서라는 단어는 원을 가리키는 그리스어에서 파생되었고, 이는 '과학의 연쇄

대해서는 다음을 볼 것. Robert Collison, *Encyclopaedias: Their History throughout the Ages*(New York, 1964); Frank A. Kafker, ed., *Notable Encyclopedias of the Seventeenth and Eighteenth Centuries: Nine Predecessors of the Encyclopédie, Studies on Voltaire and the Eighteenth Century*, CXCIV(Oxford, 1981). 다소 피상적이지만 지식을 분류하는 체계에 대한 최근의 개관으로는 다음이 있다. Fritz Machlup, *Knowledge: The Branches of Learning*(Princeton, 1981). 나는 이런 주제들을 이해해보려고 시도하는 과정에서 앤서니 그래프턴Anthony Grafton의 서지학적 조언과 비판의 도움을 얻었다.

8 *Discours préliminaire* in *Encyclopédie, ou Dictionnaire raisonné des sciences, des arts et des métiers, par une société de gens de lettres*(Paris, 1751~72), I, p. i. 앞으로 나올 이 『예비논고』에서의 인용은 모두 이 『백과전서』 초판본에서 발췌한 것이다.

9 (옮긴이) 『내용 설명서』는 『백과전서』의 판촉을 위해 내용을 소개한 소책자다.

enchaînement'[10]를 의미하는 것이었다. 비유적으로 이것은 백과전서파가 두루 항해해 지도로 만들 수 있었던 지식의 세계라는 관념을 표현했다. '지구 전도mappemonde'는 그들의 저작에 대한 설명에 있어서 중요한 메타포였다. 그런데 더욱 중요했던 것은 '지식의 나무'라는 메타포로서 지식은 그 가지가 다양하게 뻗어감에도 불구하고 유기적인 전체로 자라날 수 있다는 관념을 전달했다. 디드로와 달랑베르는 중요한 지점에서 두 메타포를 결합시켰다. 예컨대 백과전서와 사전의 차이점을 설명하면서 달랑베르는 『백과전서』를 다음과 같이 묘사했다.

> [『백과전서는』] 중요 국가, 그들의 위치와 상호 의존도, 그리고 한 나라에서 다른 나라로 직접 이르는 길을 보여주는 일종의 세계 지도다. 이 길은 때로 수천 개의 장애물로 단절되어 있는데 그 장애물은 각 나라의 거주민들이나 여행자들만 알고 있을 뿐이고 개별적으로 대단히 세밀한 지도가 아니고서는 제시될 수 없다. 이런 개별적인 지도가 『백과전서』의 각각의 항목이며 나무, 혹은 체계적 도표는 그것의 세계 지도다.[11]

두 메타포를 결합시켰다는 것은 범주 융합이 갖는 불안정한 효과를 암시했다. 세계에 새로운 질서를 부과하려던 시도 자체가 백과전

10 *Prospectus de l'Encyclopédie* in Denis Diderot, *Oeuvres complètes*(Paris, 1969), II, p. 281. 지식의 원圓 또는 대연쇄로서 백과전서라는 관념에 대해서는 『백과전서』에 디드로가 쓴 중요 항목 '백과전서'를 참고할 것. *Encyclopédie*, V. 다음에 재수록되었음. Diderot, *Oeuvres complètes*, II, pp. 365~463.

11 *Discours préliminaire*, p. xv.

서파로 하여금 모든 질서가 임의적이라는 사실을 의식하도록 만들었다. 한 철학자가 결합시킨 것을 다른 철학자가 분리할 수도 있었다. 따라서 『백과전서』는 토머스 아퀴나스의 『신학대전』이 했던 것처럼 지식을 한층 항구적으로 고정시키지 않았다. 『내용 설명서』의 언어에 일관적으로 보이는 것은 그것이 오래된 종합의 체계를 폐기하려는 가장 공격적인 주장을 내세울 때조차 나타나는 인식론적 고통Angst이다.

> 이 인간 지식의 나무는 여러 지식을 우리 정신의 다양한 능력에 관련시키거나 혹은 그것이 대상으로 삼은 사물에 관련시킴으로써 여러 가지 방식으로 형성될 수 있다. 그 임의성이 가장 큰 곳에서 어려움이 가장 크다. 그러나 어떻게 임의성이 없을 수 있단 말인가? 자연은 우리에게 그 수가 무한하고 확고한 구분이 없는 특수한 사물들을 제공한다. 모든 사물은 인지할 수 없는 미세한 차이에 의해 다른 사물로 바뀐다. 만일 우리를 둘러싸고 있는 이런 사물의 대양에서 몇몇 개가 수면을 뚫고 올라와, 산호초처럼 다른 것들을 지배하는 것같이 보인다면, 그것은 사물의 물리적인 배열이나 철학의 진정한 원리와는 상관없이 특정의 체계나 모호한 관습이나 특수한 사건 때문에 생겨난 우월성이다.[12]

만일 백과전서의 나무가 무한히 가능한 나무들 중 하나에 불과하고 어떤 지도도 불확정적인 지식의 지형도를 확정시킬 수 없다면 디드로와 달랑베르는 어떻게 '철학의 진정한 원리'를 확립시키기를 바

12 *Prospectus*, pp. 285~86.

랄 수 있었던가? 그 이유는 근본적으로 그들은 알 수 있는 것의 영역을 제한해 겸손한 종류의 진리를 못 박을 수 있다고 생각했기 때문이다. 진정한 철학은 겸손을 가르쳤다. 감각과 성찰을 통해 오는 것을 넘어서서는 우리는 아무것도 알 수 없다고 논증한 것이다. 로크는 베이컨이 시작했던 것을 그럴듯하게 만들었고, 베이컨은 지식의 나무를 스케치하는 것으로 시작했다. 그러므로 베이컨의 나무를 로크식으로 변형시켜놓은 것이 인간들에게 알려져 있던 모든 것에 대한 현대판『신학대전』, 즉『백과전서』의 규범으로 이용될 수 있었던 것이다.

디드로와 달랑베르는 체계적 지식이라는 상징의 숲에서 다른 나무들을 선택할 수도 있었다. 포르피리우스와 레이몬드 럴은 베이컨의 선구였고 홉스는 그의 뒤를 이었다. 요점에 한층 더 접근하자면, 디드로와 달랑베르가 자신들의 주요 전거로 삼았던 에프라임 체임버스의『백과사전』첫머리에는 완전히 발육한 나무가 서 있었다. 그들은 그의 저작을 번역함으로써 자신들의 작업을 시작했을 뿐 아니라 백과전서에 대한 개념 자체를 그에게서 도출해냈다. 디드로는『내용 설명서』에서 그에게 빚지고 있음을 거리낌 없이 인정했다.

> 우리의 영국인 저자를 좇아서 합리적이고 완전히 이해되는 방식으로 백과전서를 실행하기 위해 취해야 할 최초의 단계는 모든 과학과 모든 예술의 계통을 보여주는 나무를 만드는 것임을 깨달았다. 그것은 지식의 각 가지의 기원과 그것이 다른 가지들과 갖는, 그리고 공통의 줄기와 갖는 관련성을 보여줄 것이며 여러 항목들을 주 항목과 연관시키는 데 도움이 될 것이다.[13]

체임버스 자신은 무질서한 정보의 집체로서가 아니라 체계적으로 지식을 제시하는 것이 중요하다고 주장했다.

> 그렇게도 방대한 자료를 무질서한 부분들의 혼란스러운 집적이 아니라 하나의 일관된 전체로 처리하기 위한 형태와 경제성에 어려움이 있다. [⋯] 이전의 사전 편찬자들은 그들의 작업에 구조를 부여하려는 어떤 시도도 해본 일이 없었고, 사전에도 어느 정도 연속적인 이야기로서의 장점을 부여할 수 있다는 사실을 알지 못했던 것으로 보인다.[14]

요컨대 체임버스는 통합된 전체로서의 지식이라는 전망을 제시함으로써 앞선 사람들과 자신을 구분시켰다. 그는 단순히 A부터 Z까지 배열된 '사전'이 아니라 학문의 모든 범위를 포용하는 '백과사전'을 만들고자 했던 것이다.

베이컨과 마찬가지로 체임버스는 지식의 구분을 나무의 가지로 표현했는데 그것은 정신의 세 가지 능력에 연유하는 것이었다. 첫번째는 역사적 지식의 근원인 기억력이고, 두번째는 시의 근원인 상상력, 세번째는 철학의 근원인 이성이었다. 그러나 체임버스가 그린 나무에 이 능력들은 나타나지 않았다. 다이어그램은 지식이 어떻게 가지와 곁가지를 쳐서 예술과 과학이라는 47개의 무성한 잎을 발하게 되었는지 보여줄 뿐이다. 예컨대 '신학'은 몸통 부분인 '지식'에서

13 같은 책, p. 285.

14 Ephraim Chambers, *Cyclopaedia: or an Universal Dictionary of Arts and Sciences*, 5th ed.(London, 1741), I, p. ii.

다음과 같은 방식으로 갈라져 나갔다.[15]

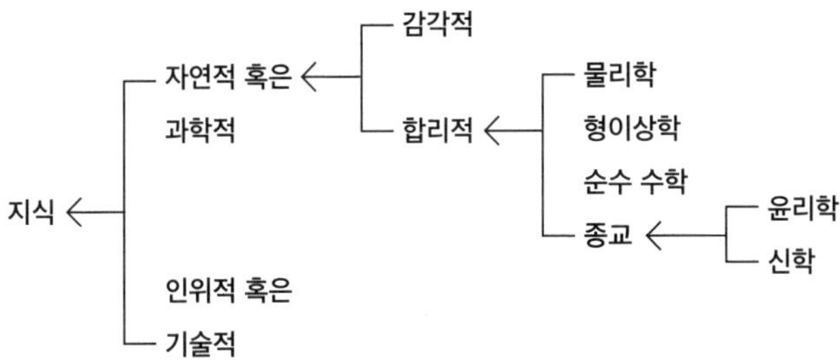


신학에 대한 이런 그림이 백과전서파 사이에서 지지를 받을 수 있었을까? 이것이 신학을 학문의 여왕으로 만들지는 않았지만 구식의 라무스 방식대로 도해한 일련의 분기점 중에서 최고의 자리에 신학을 위치시켰다. 더불어 어떤 주제보다도 신학에 가장 많은 항목을 할당했고, 그것은 독자들도 학문의 각 가지마다 붙어 있는 주를 참조함으로써 알 수 있었다. 분명히 디드로와 같은 자유사상가는 사고의 합리적이자 '과학적'인 가지에서 신학을 이끌어낸 것으로 보이는 체계를 환영했으리라고 예상된다. 그러나 '합리적'이라는 딱지가 붙은 가지는 네 개의 작은 가지로 뻗어나가는데, 그가 경시하려 한 학문인 형이상학과 종교나 그가 격상시키고자 한 수학과 물리학에 동등한 존엄성을 부여하고 있다. 더 나쁜 것은 이 나무에는 이른바 철학의 가지가 없다는 점이다. 신성한 것과 세속적인 것이 그 모든 가지에 공존했다. 그리고 그런 전반적인 혼란 속에서 베이컨의 활력적

**15** 같은 책, p. iii.

인 요체가 사라졌으니 예술과 과학이 정신의 기능에 기인한 것이 아니라 서로에게서 도출되었다는 것이다. 디드로와 달랑베르는 지식의 뿌리를 인식론에 두기를 원했다. 그리하여 그들은 자신들의 직접적인 전거인 체임버스를 버리고 베이컨으로 되돌아갔다.

베이컨으로 돌아간다는 것은 로크를 건너뛴다는 것이었다. 『예비 논고』[16]에서 달랑베르가 지적했듯 베이컨은 여전히 스콜라 철학의 언어를 사용했으며 중세의 깊은 암흑 속에서 빛을 모색했다.[17] 그럼에도 베이컨의 사고는 많은 부분에서—즉 귀납법을 강조하고, 인식과 추론을 구분했으며, 형이상학적 체계에서 멀어져 감각 경험의 즉물적인 세계를 탐구하는 길로 향했다는 점 등에서—후에 로크에게서 등장할 경험론과 유사했다. 체임버스의 지식의 나무와 달리 베이컨의 나무는 예술과 과학이 정신의 능력으로부터 발생했다는 것을 실지로 보여주었다. 따라서 베이컨은 디드로와 달랑베르가 필요로 하던 모델을 제공했던 것이며 그들은 그것을 철저하게 따랐기 때문에 표절을 했다는 비난까지 받게 되었다.[18] 그러나 『내용 설명서』와 『예비 논고』에서 반복해 강조했듯 그들은 여러 중요한 지점에서 베이컨을 벗어나기도 했다. 베이컨이 자신의 목적에 부합하는 "지성의 세계라는 작은 지구"를 만들어냈듯이 그들도 자신의 목적을 위해 '지구 전도'를 고안했다.[19] 우리는 베이컨의 지구 위에 그들의 지도

16 (옮긴이) 『예비 논고*Discours préliminaire*』는 『백과전서』의 서문을 가리킨다.

17 *Discours préliminaire*, p. xxiv.

18 다음에 수록된 글을 참고할 것. *Mémoires de Trévoux*, Jan. & Feb. 1751: Diderot, *Oeuvres complètes*, II, pp. 325~32, 352~55에 재수록.

19 Francis Bacon, *The Advancement of Learning*, ed. W. A. Wright(Oxford, 1876), p. 268.

를 투사시켜봄으로써 지식의 지형학의 변화를 볼 수 있으며, 그것은 『백과전서』의 전략을 이해하는 실마리가 되어줄 것이다.

베이컨과 마찬가지로 디드로와 달랑베르도 기억력에서 도출된 지식의 가지인 역사로부터 시작했으며 그들 역시 역사를 교회사·시민사·문학사·자연사의 네 개의 곁가지로 나누었다(이 장의 부록을 참고할 것). 그러나 디드로와 달랑베르의 도식과 베이컨의 도식의 분량 배분은 완전히 달랐다. 디드로와 달랑베르에게 교회사는 작은 가지로서 『예비 논고』에서는 단 한 문장으로 서둘러 지나갔고 말미에 첨부된 베이컨의 나무에 대한 논평에서는 전혀 언급되지 않았다. 베이컨에게 있어서 교회사는 곁가지 중에서 가장 무성했던 것으로서, 인간사에 임하는 신의 손을 논증하는 섭리의 역사를 포함해 "신이 없이도 세계 속에 존재하는 것이 있음을 논박하는 것"[20]에까지 이른다. 두 개의 나무에서 자연사가 갖는 위치는 완전히 반대된다. 베이컨은 그것이 '결함이 있는' 가지로서 특히 기계 기술의 분야에서 개선될 필요가 있다고 생각했다.[21] 반면 『백과전서』의 나무에서는 자연사가 방대한 영역을 차지했고 『백과전서』 자체에서 가장 광범위하고 독창적인 부분을 이루었다. 디드로와 달랑베르는 세계 속에 임하는 신의 손을 찾았던 것이 아니라 오히려 자신의 행복을 구축해가며 일하던 사람들을 연구했던 것이다.

물론 베이컨도 일상적인 세계에 대한 연구를 옹호했지만 섭리와 분리시키지 않았던 반면, 백과전서파는 그 세계의 발전이 전적으로 자신들과 같은 지식인들의 영향 덕분이라고 주장했다. 시민사와 문

**20** 같은 책, p. 99.
**21** 같은 책, p. 86.

학사를 구분하는 데서 그런 점이 여실히 드러난다: "인간의 역사는 인간의 행동이나 지식을 대상으로 하고 있으며 그 결과 시민사와 문학사로 나뉜다. 바꾸어 말하면 위대한 국가와 위대한 천재들 사이에, 왕과 문필가들 사이에, 정복자와 철학자 사이에 구분된다."[22] 이런 도식은 계몽사상가들에게 엄청난 배역을 맡긴 것이었다. 달랑베르가 『예비 논고』에 포함시켰던 밑그림에 따르면 역사는 르네상스 철학자들로부터 계몽사상가들에 이르는 영광스러운 궤적을 따랐다. 그러나 베이컨에게 있어서 '시,' 즉 상상력의 예술에 대응되는 "학문의 합당한 이야기"[23]로서의 문학사는 이성의 진보적 행진을 드러내지 않았다. 그것은 거의 존재하기 힘들 정도로 결함이 있었다. "내게 세계의 역사는 눈이 빠진 폴리페모스의 동상처럼 보인다. 가장 결함이 많은 부분은 인간의 정신과 생활을 보여준다."[24] 디드로와 달랑베르는 동일한 메타포를 전략적으로 잘못 해석해 다른 결론을 이끌어냈다. "과학은 인간의 성찰과 본연의 빛의 소산이다. 그러므로 대법관 베이컨이 『과학의 존엄과 증진에 관하여』라는 경탄할 만한 저작에서 학자들의 역사가 없는 세계의 역사는 눈이 빠진 폴리페모스의 동상이라고 말한 것은 타당했다."[25] 베이컨이 암흑을 보았던 곳에서 그들은 빛을 보았고 계몽사상의 공급자로서 자신들의 역할을 찬미했다.

상상력에서 도출된 예술은, 오해될 수 있도록 시라는 이름이 붙어 있는데 베이컨이 언급조차 하지 않았던 조형예술을 『백과전서』에서

22 *Discours préliminaire*, p. xvii.

23 Bacon, *Advancement of Learning*, p. 86.

24 같은 책, p. 85. (옮긴이: 폴리페모스는 외눈박이 거인 키클롭스의 우두머리다.)

25 *Discours préliminaire*, p. xlvii.

는 예술의 한 가지로서 추적했다는 사실을 제외하고는 두 개의 나무가 대체로 똑같아 보인다. 최대의 차이점은 이성에서 도출된 과학, 즉 지식의 3대 분야 중 세번째인 철학에서 나타났다. 제수이트회 언론인이었던 기욤-프랑수아 베르티에의 공격에 맞서 『백과전서』의 나무를 방어하면서 디드로는 "우리의 체계에서는 가장 광범위하고 가장 중요하며 대법관 베이컨에게서는 거의 찾아볼 수 없는 철학의 가지"의 독창성을 주장했다.[26] 『예비 논고』의 말미에 있는 베이컨의 나무에 대한 고찰 역시 비슷한 논점을 제기하면서 다음과 같이 은밀하게 덧붙였다: "이 논점에 대해 우리를 판단할 수 있는 사람들은 철학자들, 즉 극소수의 사람들이다."[27] 디드로와 같은 종류의 철학자에게 이런 논점은 명백한 것이었다. 왜냐하면 『백과전서』의 나무에서 철학은 하나의 가지라기보다는 중요한 줄기였기 때문이다. 여기에서 멀리 떨어진 잔가지에 '미신' '점복' '주술' '선령과 악령의 과학'과 같은 의심스러운 주제들이 모여 있는 가운데 '계시 신학'이 있었다. 백과전서파는 사물의 위치를 정하는 것만으로도 취지를 전달했고 그 항목들은 상호 참조 표시로도 악명이 높았다(예를 들어 '식인 풍습': '성체 성사' '성찬' '제단' 등 참조).[28] 지식의 지도를 둘러싸고 새로운 차원이 전개되었다. 형상이 의미를 창출했고 형태론은 아이러니로 바뀌었다.

디드로와 달랑베르는 자신들의 나무는 베이컨의 나무를 본뜬 것이라고 주장함으로써 자신들의 의도를 숨길 수도 있었다. 베이컨과

**26** *Lettre de M. Diderot au R. P. Berthier, jésuite* in Diderot, *Oeuvres complètes*, II, p. 334.
**27** *Discours préliminaire*, p. li.
**28** *Encyclopédie*, I, p. 498.

마찬가지로 그들은 철학을 신, 자연, 인간의 세 부분으로 나누었다. 그리고 신의 학문을 상단에 둠으로써 학문의 여왕으로서의 위치를 보존하려는 것처럼 보였다. 그러나 사실상 그들은 베이컨의 체계를 완벽하게 침해했다. 베이컨은 이교적인 '자연 신학'만을 철학에 포함시켰을 뿐이며 그것의 불완전성을 강조했다. 신의 작업을 명상하는 것은 사람들로 하여금 신의 존재를 인정하도록 강요하는 것이었으므로 무신론을 논파하기에 충분했다. 그러나 관찰된 현상에서 출발하는 귀납적 추론, 즉 계획에서 출발하는 유신론에 대한 주장은, 결코 기독교적 신에 관한 진정한 지식에 도달할 수 없었다. "우리는 신의 신비를 끌어내리거나 우리의 이성에 종속시키려고 시도해서는 안 된다"라고 베이컨은 경고했다. 그리하여 그는 "종교와 철학 모두가 함께 뒤섞임으로써 생겨나는 극심한 편견, 이단적인 종교와 가상적이고 허구적인 철학을 만들어낼 것이 틀림없는 편견"을 강조하면서 종교를 철학에서 분리시켰다.[29]

디드로와 달랑베르의 논리와 이렇듯 멀리 동떨어진 것도 없을 듯하다. 종교를 철학에 종속시킴으로써 그들은 종교를 효과적으로 기독교에서 벗어나게 만들었다. 물론 그들은 정통을 지키고 있다고 공언했다. 신은 '신성한 역사' 속에 스스로를 계시했다고 그들은 기록했다. 따라서 계시란 흠잡을 수 없는 사실로서, 다른 모든 것과 마찬가지로 기억력으로부터 발췌해 이성에 종속시킬 수 있는 것이었다. "따라서 [베이컨이 했던 것처럼] 신학을 철학에서 분리시킨다는 것

29 Bacon, *Advancement of Learning*, pp. 109~10. 베이컨은 신에 대한 귀납적 추론이 지닌 힘을 인정했지만 그것은 위험하다고 생각했다. "자연, 혹은 인간 지식의 근거에 대한 명상으로부터 신앙의 요체에 관련되는 어떠한 진리나 설득을 추론해낸다는 것은 나의 판단으로 보건대 안전하지 못하다"(p. 109).

은 본연적으로 줄기에 붙어 있는 가지를 잘라내는 것이다."[30] 전제는 경건한 것처럼 들리지만 결론에서는 신학을 이성에 종속시키려는 것처럼 보였기 때문에 이단의 냄새가 났다. 그리고 마치 감각적 인식을 쌓아 올려 한층 복합적이고 추상적인 관념으로 만들어내면 신에 대한 지식에 도달할 수 있는 것처럼 그들은 로크의 방식으로 이성을 묘사했다. 실지로 지식의 나무에 대한 설명에서 '신의 학문'에 도달했을 때 디드로와 달랑베르는 로크의 『인간 오성론』에서 직접 가져왔을 것 같은 논리를 제기했다.

> 인간 정신의 자연적인 진행 과정은 개체에서 종種으로, 종에서 속屬으로, 밀접하게 관련된 속에서 희미하게 관련된 속으로 나아가는 것이며, 각 단계마다 학문을 만들어내거나 혹은 최소한 이미 존재하는 어떤 학문에 새로운 가지를 덧붙인다. 그러므로 우리가 역사에서 만나거나 신성한 역사가 우리에게 전하는, 창조된 바 없었던 무한한 지성 등등의 개념이 존재한다.[31]

베이컨에 따르면 이런 정도까지 귀납을 추구하는 것은 불경한 일이었다. 그는 이를 방지하기 위해 '신성한 학문'을 '인간적 학문'이나 정신의 능력과는 상관이 없는 다른 나무에 위치시켰다. 이렇듯 베이컨은 실제로 계시 신학과 자연 신학을 위해 두 개의 지식의 나무를 상정했던 반면, 백과전서파는 계시 신학과 자연 신학을 합쳐 단일한

**30** *Discours préliminaire*, p. xvii.

**31** 같은 책, p. xlviii. 이런 주장에 대한 로크의 설명은 *An Essay Concerning Human Understanding*, ed. A. S. Pringle-Pattison(Oxford, 1960), book II, chap. 23, pp. 154~74 참조.

나무에 올리고 양자를 이성에 종속시켰다.

이렇듯 베이컨의 나무에서 가지를 치고 접목하고 뿌리를 뽑은 것들의 의미는 달랑베르의 『예비 논고』에서 명확하게 나타났다. 달랑베르는 예술과 과학의 관계를 체계적으로 다룬 그의 논고의 중심 부분에서 지식의 나무를 상세히 설명했다. 그 부분의 앞에는 개인의 정신 속에서 지식이 발생하는 과정에 관한 논의가, 뒤에는 사회 속에서 지식의 발전에 대한 설명이 나온다. 따라서 『예비 논고』는 세 폭짜리 그림이라고 볼 수 있다. 가운데 화폭이 지식의 형태학적 그림을 제공하는 동안 양옆의 화폭들은 인식론적 전경과 역사적 전경을 보여준다.

그러나 『예비 논고』의 삼면 구성은 쉽게 알아챌 수 없다. 이 논고는 계몽사상의 주요 선언문으로 간주될 자격이 있지만 명확성의 모범은 되지 않는다. 베이컨처럼 달랑베르는 지식의 세계를 두루 순항함으로써 '지구 전도'를 만들려고 시도했다. 그러나 그는 베이컨의 시대 이래로 축적되었던 모든 것을 통과하는 길을 찾으려고 노력하는 가운데 항로에서 벗어나 방황하고 모순에 부딪히고 비일관성에 동요했다. 그 여행을 그다지도 중요하게 만들었던 것은 그 곤경들이었다. 따라서 그 갈팡질팡함은 어느 정도 상세히 따라가 볼 가치가 있다.

달랑베르는 과감하게 로크의 방침에 착수했다. 모든 지식은 감각 인식과 반응에서 파생된다고 그는 설명했다. 관념화는 본연적인 관념이 내향적으로 펼쳐짐으로써 이루어지는 것이 아니라 감각에 자극이 옴으로써 시작된다: 나는 느낀다. 고로 나는 존재한다. 나는 자아에 대한 지식에서 출발해 외부 대상에 대한 지식으로, 쾌락과 고통의 경험으로, 그리하여 도덕성의 관념으로 나아간다. 이 시점에서 달랑베르는 윤리학의 근거를 일종의 공리주의에 두었던 듯하며, 개인 속에서 관념이 어떻게 발전하는가 하는 고려에서 벗어나 개인들이 어떻게 사회를 형성했는가 하는 문제로 전환했다. 이런 방침은 그를 시초로, 즉 자연 상태 속의 인간으로 되돌아가게 했다. 사회 이전의 인간은 로크의 자연법이라기보다는 홉스가 말하는 원시인처럼 "강자의 법칙이라고 불리는 야만적인 불평등의 권리"[32]에 따라 살았다. 그러나 박해의 경험은 도덕심을 각성시켜 그들로 하여금 사회를 형성해 합법적인 권리를 보호하도록 했다. 일단 사회생활을 영위하게 되면 그들은 새롭게 획득한 도덕의 근원에 의문을 품게 된다. 그것은 물리적 세계에서 올 수가 없고 따라서 우리 내부에 존재하고 있는 어떤 정신적 원리로부터 왔을 것이며, 우리에게 정의와 부정의를 숙고하도록 했다. 우리는 두 가지 원리가 작용하는 것을 인정하게 되며 그것은 정신과 육체다. 그리고 그렇게 인정하는 행위 속에서 우리는 우리의 불완전성을 느끼며 그것은 완전성이라는 선행 관념을 함축한다. 그리하여 우리는 궁극적으로 신이라는 개념에 도달하게 된다.

이것은 이상한 논리였다. 루소를 예견케 했던 홉스와의 작은 충돌 후에 달랑베르는 데카르트에게 휩쓸리게 되었다. 그의 설명 방식은 가설적 역사에서 인식론적 성찰로 바뀌었다. 그는 윤리적 사고의 여명이 인간으로 하여금 자신의 생각하는 실체 혹은 영혼을 검사하도록 강요했고 인간은 육체와의 공통점이 하나도 없음을 인정했다. 말하자면 그는 데카르트의 이원론을 귀납해냈던 것이다. 다음으로 신

**32** *Discours préliminaire*, p. iii.

속한 비약을 거쳐 그는 데카르트의 신을 도출해냈다: “우리와는 무관한 이런 [육체와 영혼의] 상호 예속 관계, 그리고 두 원리의 본질과 그 불완전성에 대해 불가피하게 드는 성찰은 함께 우리를 격상시켜 우리 존재의 연원이며 따라서 우리의 숭배를 요구하는 전지전능한 지성에 대해 성찰하도록 이끈다.”[33]

달랑베르는 로크를 경유해 데카르트의 신에 도달했다. 점증적으로 복잡해지고 추상화되는 관념의 결합에 대한 로크의 논리를 따르다가, 방향을 바꾸어 데카르트의 방식으로, 불완전성에 대한 의식에서 그보다 논리적으로 선행하는 완전성의 개념으로 직접적으로 비약함으로써 최고의 추상에 도달한 것이다. 이런 고도의 실체론적 근거에서 데카르트는 외연의 세계를 유도해내기에 이르렀으며 로크가 시작했던 곳에서 끝을 맺었다. 달랑베르는 로크가 시작했던 곳에서 출발해 그와는 반대 방향으로 향했기 때문에 그의 인식론은 앞으로 갔던 반면 그의 형이상학은 뒤로 갔다. 실지로 그의 논지의 요약은 불합리한 추론의 연속처럼 읽힌다.

> 그러므로 순수하게 지적인 악과 덕의 개념, 법의 원리와 필요성, 영혼의 정신적 본질, 신의 실존과 그를 향한 우리의 복종, 한마디로 하면 우리가 가장 즉각적이고 불가피한 필요성을 느끼는 진리들은 우리의 감각 인식이 발생시킨 최초의 반응적 관념의 결실이다.[34]

달랑베르는 종교에 있어서 정통을 준수한다고 말할 수는 없었을

33 같은 책, p. iv.
34 같은 책, p. iv.

지 몰라도 그렇다고 바보는 아니었다. 왜 그는 그렇듯 양립할 수 없는 명제들을 하나의 논리 속에 함축시켰을까? 그의 설명에서 보이는 가벼운 문체는 『예비 논고』가 공식적인 철학 논문으로 읽히기를 의도하지 않았음을 암시한다. 그는 그것이 백과사전의 서문으로 쓰이기를 바랐고 따라서 글의 속도를 빠르게 진행시켰다. 예컨대 마치 윤리적 논리에서 인식론적 논리로 넘어가는 것이 아무런 어려움도 없다는 듯 그는 영혼에 대해 인식하도록 만드는 지식은 도덕성에 관한 고려로부터 '자연스럽게' 나온다고 기록했다. 육체와 영혼 사이의 이원론을 인정하기 위해 "깊이 모색할 필요는 없다"라고 그는 덧붙였다.[35] 그는 신의 실존에 대한 데카르트의 논증을 마치 괄호 안에서 언급하듯 한 문장으로 서둘러 지나갔다. 성급한 문장 전환은 현대의 철학자는 형이상학적 문제들을 신속하게 처리할 수 있다거나 혹은 최소한 달랑베르 자신은 그 문제에 신경 쓸 필요를 느끼지 않았다는 사실을 암시한다. 말브랑슈를 비롯한 다른 사람들은 데카르트주의를 새로운 정통으로 정립시켰다. 그들의 논리를 반향하면서 달랑베르는 선한 가톨릭으로 신용을 쌓고는 비일관성으로 논지를 꼬아감으로써 아마도 의도적으로, 그 논지에 타격을 가했던 것이다. 앞서 언급했던 것처럼 『예비 논고』는 『내용 설명서』의 수정판인 것처럼 끝나는데 마치 『인간 오성론』에 나오는 한 구절처럼 신에 대해 논했다. 『백과전서』는 한 곳에서는 혼동이 될 정도로 데카르트식이었다가 다른 곳에서는 과감하리만큼 로크식으로 보인다. 독자들은 자기 나름의 결론을 도출할 수 있었다.

그러나 달랑베르가 양립 불가능한 명제들로 자신의 논지를 흐리

**35** 같은 책, p. iii.

려고 의도했다고 결론짓는 것은 잘못일 것이다. 때때로 그 논리는 양립 불가능성으로 가득 차 폭발할 듯이 보이지만 그것은 저자가 그렇게 의도했기 때문이 아니라 무의식적으로 다른 관용어를 사용했기 때문이다. 달랑베르는 스콜라 철학과 데카르트파와 로크파의 언어가 철학적 담론으로 경합하던 시기에 글을 썼다. 그는 방심했을 때나 어려운 논점을 두고 타협의 필요를 느꼈을 때 하나의 관용어에서 다른 관용어로 쉽사리 미끄러져 들어갔다. 사실상 어느 정도의 미끄러짐은 『예비 논고』의 두서없는 성격에 부합했다. 지식에 대한 인식론적 설명의 다음 부분에서 달랑베르는 과학적 방법에서의 지나친 일관성에 반대하며 말했다. 철학자들은 엄격하게 일관적인 일련의 전제를 깔아놓고 연역적으로 나아가는 대신에, 그들이 발견한 대로 자연을 받아들이고 그 현상을 내재하는 원리로 환원시킨 후 그 원리들을 체계적으로 재구성해야 한다고 달랑베르는 주장했던 것이다. 이런 체계적 정신esprit systématique은 내재적 원리가 실제로 존재한다는 가설에 근거하고 있지만, 체계의 정신esprit de système처럼 그 존재를 출발점으로 취하지는 않았다.[36] 그러나 "단일한 관점에서 우주를 포용할 수 있는 사람에게 우주는 이른바 단일한 사건이고 하나의 거대한 진리일 뿐"[37]이라는 주장에서 가장 극적으로 표현되었던 달랑베르의 가설은 지식의 문제가 아니라 신념의 문제였다는 반론이 제기될 수 있었다. 그는 지식이 궁극적으로는 일관적이리라는 점을 어떻게 알 수 있었을까?

**36** (옮긴이) '체계적 정신'과 '체계의 정신'은 에른스트 카시러가 경험론과 합리론을 구분하던 방식이다.

**37** *Discours préliminaire*, p. ix.

이 문제를 직접 대면하는 대신에 달랑베르는 예술과 과학의 모든 가지를 조사함으로써 예술과 과학의 일관성을 논증하려고 시도했다. 그는 인식론적 논의 양식에서 형태론적 논의 양식으로 전환했고 그것은 지식의 나무에 대한 설명에서 정점에 달했다. 그렇다 할지라도 그의 논리는 양립할 수 없는 설명의 유형 사이에서 계속 동요했다. 때로 그의 논리는 자연 상태로부터 예술과 과학이 발생하게 된 초기의 논의를 지속함으로써 예술과 과학의 '철학사'[38]를 전개시켰다. 때로는 '철학적 순서'[39] 혹은 논리적 관련성에 따라 예술과 과학을 다루기도 했다.

달랑베르는 논리학 자체에서 출발했다. 발견된 순서상 첫번째는 아닐지라도 중요성에 있어서는 첫번째라고 생각했기 때문이다. 동시에 그는 가설적인 학문의 발달 순서에 따라 학문을 논의하겠다는 의도를 언명했다. 이렇듯 비일관적인 방식으로 계속해나가면서 그는 문법, 웅변, 역사, 연대기, 지리학, 정치학, 미술을 거쳐 마침내 백과전서의 나무에 도달했다. 이런 방식은 그로 하여금 모든 것을 개관할 수 있도록 해주었다. 왜냐하면 그것은 '백과사전식 순서'나 '계보적 순서'[40] 모두에 있어서 지식의 전체성을 상징적으로 보여주었기 때문이다. 바꾸어 말하면 그것은 『예비 논고』의 시초부터 날아흩어지려던 두 가지 양식의 논리를 결합시켰던 것이다. 베이컨은 이런 술책을 부리는 법을 보인 바 있었다. 그의 나무는 지식이 인간의

38 같은 책, p. xiv.
39 같은 책, p. ix.
40 같은 책, p. xiv.

정신적 능력으로부터 발산되지만 동시에 유기체적 전체로 자란다고 논증했다. 그러나 그 나무는 완전한 인식론적 논리를 예시하지는 않았다. 어쨌든 인식론을 제시했던 한 그것은 아리스토텔레스와 아퀴나스에게서 유래한 관념을 환기시켰다. 달랑베르와 디드로는 오래된 기능 심리학을 최신화하기를 원했다. 그리하여 그들은 베이컨의 나무를 로크식으로 다듬었고 그렇게 함으로써 형태학을 인식론과 동일 선상에 놓았다.

이런 두번째 술책은 달랑베르의 논지의 힘을 배가시킨 것 이상이었다. 왜냐하면 그것은 감각 인식과 반응에서 도출될 수 없는 지식은 논외로 배제시켰기 때문이다. 달랑베르는 역사라는 표제 아래 '계시된 사실'[41]을 위한 여지를 신중하게 남겨두었다. 그러나 지식 중에서 가장 중요한 분야인 철학의 산하에 있는 이성에 계시를 종속시켰다. 물론 아퀴나스도 그렇게 했다고 주장할 수 있을 것이다. 그러나 아퀴나스의 『신학대전』은 삼단논법의 술어에 맞아 들어가는 것이면 모두 포용했던 반면 디드로와 달랑베르의 경우에는 감각을 통해 이성에 도달할 수 없는 것은 모두 배제했다. 베이컨의 경우와 달리 그들의 나무에서는 ('종교'와 균형을 이루는) '자연 신학'이 ('미신'과 균형을 이루는) '계시 신학'과 동등한 위치를 차지했다. 교회의 전통적인 교리는 어떤 위치도 찾기 힘들었다. 기억력이 역사로부터 그들 교리를 소환해낼 수도 있었겠지만 그것은 철학의 영역 안에서 스토아 철학이나 유교보다 더 합리적인 것으로 보이지 않을 터였다. 사실상 더 이상 지식이 아니었던 것이다. 형태론적 논리와 인식론적 논리가 결합되어 정통의 종교를 지도에서 몰아내고 알 수 없는 것의

**41** 같은 책, p. xvii.

영역에 할당함으로써 현대의 학문 세계에서 추방시켰던 것이다.

그 일을 마무리지은 것은 역사적 논리였다. 달랑베르는 역사는 문명의 승리이며, 문명은 학자들의 소산이라고 표현했다. 『예비 논고』의 마지막 부분은 일종의 위인 중심 역사관을 제의했는데 거기서 모든 위인은 철학자였다.[42] 암흑시대를 개탄하고 르네상스를 찬양한 뒤 『예비 논고』는 위인들 중의 위인인 베이컨, 데카르트, 뉴턴, 로크에 집중했다.

이 위대한 반열에서 베이컨은 철학의 창시자로, 암흑을 몰아내고 이성을 그 합당한 영역인 자연 현상 연구에 한정시켰던 최초의 사람으로 등장했다. 그가 스콜라 철학과 완전히 결별하지 못했던 것은 확실하다. 그 과업은 데카르트에게 남겨졌는데 그는 아리스토텔레스는 아니더라도 아퀴나스 이래로 철학을 붙들어 매고 있던 족쇄를 파괴시켰다. 달랑베르는 형이상학자 데카르트가 아니라 의심하는 데카르트를 찬미했다. [데카르트의] 본유 관념이라는 원리는 한 걸음 물러선 것이라고 그는 설명했다. 왜냐하면 그것은 감각 경험을 넘어서는 혼미한 곳으로 이성을 끌어들였던 반면, 스콜라 철학자들은 최소한 "소요학파 이래로 가르쳐왔던 유일한 진리, 즉 관념의 근원은 감각에 있다는 가르침을 유지해왔기 때문이었다."[43] 이렇게 도

**42** 또한 『백과전서』의 제3권에 대해 달랑베르가 쓴 '서언'을 참고할 것. "Avertissement," *Encyclopédie*, III, p. iv: "이 저작에서는 지구를 유린한 정복자들이 아니라 지구에 빛을 던진 불멸의 천재들을 찾아볼 수 있을 것이다. 역사에서 추방당했어야 할 군주들의 무리 역시 찾아볼 수 없을 것이다. 학문에 행한 훌륭한 업적이 없다면 군주나 위대한 인물의 이름조차 『백과전서』에는 실릴 자격이 없다. 왜냐하면 『백과전서』는 모든 것을 재능에 의존하며 직함에는 전혀 의존하지 않기 때문이다. 이것은 인류의 허영의 역사가 아니라 인간 정신의 역사다."

식화한 결과 아퀴나스가 로크처럼 들릴지도 모르지만 이것은 형이상학의 새로운 정통에 일격을 가했다는 이점이 있었고, 그러한 도식화는 "확실하게 보존할 수 있는 형태를 철학에 부여함으로써 뉴턴을 위한 길을 닦아놓았다."[44] 달랑베르에게 있어서 뉴턴은 태양계의 근본 법칙을 발견했기 때문이 아니라 철학을 관찰된 현상의 연구에 한정시켰기 때문에 완전한 현대의 철학자로 여겨졌다. 모든 것을 알려고 했던 데카르트와 달리 뉴턴은 지식을 알 수 있는 것에 한정시켰다. 이는 겸손한 뉴턴이었다. 이 뉴턴에서, 계시록의 뉴턴이라기보다는 볼테르의 『철학 서한』의 뉴턴에서 로크와 '영혼의 실험 물리학'[45]까지는 단 한 발자국밖에 필요하지 않았다. 로크는 알 수 있는 것의 마지막 한계를 정했기 때문에 철학의 결정적인 통어 수단인 겸손함의 극치를 대표했다. 모든 지식을 감각 인식과 반응으로 환원시킴으로써 그는 마침내 학문의 세계에서 천상의 진리를 제거했던 것이다.

이런 위인들이 지식의 경계선을 확립한 후 그들의 후계자에게 남겨진 일은 공백을 메우는 일이었다. 달랑베르는 갈릴레오, 하비, 하위헌스, 파스칼로부터 퐁트넬, 뷔퐁, 콩디야크, 볼테르, 몽테스키외, 루소까지 빠르게 지나치면서 과학과 철학의 주요 인물들을 개관했다. 이것은 감명 깊은 대열이지만 달랑베르는 그들을 줄에서 벗어나지 않게 하는 데 어려움을 겪었다. 그는 이들 각 사상가들이 베이컨, 데카르트, 뉴턴, 로크가 정복했던 영토 일부를 공고히 했다고 제시했다. 그리하여 르네상스 이래의 역사는 이성의 진보적 행진을 입

43 *Discours préliminaire*, p. xxvi.

44 같은 책, p. xxvi.

45 같은 책, p. xxvii.

증했다. 그러나 어떤 철학자들은 네 명의 선봉장보다 앞에 있었고, 어떤 사람들은 따라갔다 할지라도 다른 곡에 맞추어 행진했다. 파스칼은 자연 신학의 도당이었고, 라이프니츠는 체계의 정신esprit de systéme의 적이었다고 결코 속여 넘길 수 없었다. 그리하여 파스칼은 신학 때문에 약점을 지닌 실험 물리학자로, 라이프니츠는 형이상학에 빠져든 수학자로 등장했다. 루소는 그가 쓴 『과학과 예술에 관한 논고』가 백과전서의 취지 자체를 침해하는 것이었기 때문에 특히 곤혹스러운 문제를 제기했다. 달랑베르는 루소가 『백과전서』에 협력했다는 사실이 예술과 과학의 가치를 모순적으로 평가절하했던 사실을 효과적으로 상쇄시켰다고 언급함으로써 그 곤경을 피해 갔다. 그러므로 각자의 차이점에도 불구하고 철학자들 전체는 같은 방향으로 전진하면서 그들 앞에 놓인 미신을 일소하고 승리의 계몽사상을 현재까지, 즉 『백과전서』까지 지니고 왔던 것처럼 보였다.

현대의 독자들에게는 약간 단선적으로 보일지 모르지만 달랑베르에게 있어서 이것은 감동적인 이야기였다. 『예비 논고』에는 사슬을 끊고 장막을 찢고 교리를 타파하고 성채를 공격하는 등의 격렬하고 영웅적인 비유가 가득하다. 데카르트의 예를 보자.

> 데카르트는 마침내 스콜라 철학과 여론과 권위의, 한마디로 편견과 야만의 멍에를 떨쳐버릴 지성적 정신을 감히 보여주었다. […] 그는 누구보다도 먼저 전제적이고 자의적인 권력에 맞서 일어날 용기를 가졌고, 울려 퍼지는 혁명을 준비하면서 비록 그 자신은 생전에 확립되는 것을 볼 수 없었지만 더 공평하고 더 행복한 정부의 초석을 마련한 음모가들의 지도자라고 생각할 수 있다.[46]

이런 유의 과거는 계몽사상가들에게 영웅적인 배역을 맡긴다. 처형되었건 멸시를 받았건 그들은 동시대인들이 인정하기를 거부했을지라도 미래 세대를 위해 싸우며 홀로 투쟁했다. 달랑베르는 실제 전쟁을 치른 장군들의 존재를 인정했지만, 마치 지성사 외에는 역사가 없으며 계몽사상가들이 그 예언자들인 것처럼 기술했다.

이런 주제는 계몽사상가에 대한 숭배와 함께 18세기 중엽 계몽사상 문학 전반에 걸쳐 나타난다. 달랑베르는 『예비 논고』보다 1년 뒤에 출판된 『문인 사회와 위인들에 대한 고찰』에서 그 주제를 더 멀리까지 끌고 갔다. 여기에서도 그는 문명을 위한 투쟁에 있어서 고독한 투사로서 문인을 찬양했으며 사회적 집단으로서 문인들의 독립을 선언했다. 비록 그들은 굴욕을 당하고 무시를 당했지만 르네상스 이래로, 그리고 특히 '철학적 정신'이 궁정 사회의 풍조가 되기 시작했던 루이 14세의 통치 이래로 계몽사상의 명분을 진전시켰기 때문에 인류에 공헌을 한 것이었다.[47] 이런 역사관은 볼테르에게 의존한 바가 컸다. 볼테르는 『철학 서한』(1734)에서 문인들의 중요성을 주장했고 『루이 14세의 세기』(1751)에서 그들이 역사의 진보적인 추진력이라고 규정했다. 『백과전서』에 볼테르 자신이 기고한 항목들 중에서도 특히 '문인gens de lettres' 항목은 동일한 주제를 전개하면서 그 의도를 한결 명확하게 했다. 역사는 예술과 과학의 완성을 통해 전진했다. 예술과 과학은 문인들의 노력을 통해 개선되었으며, 문인들은 계몽사상가로 기능함으로써 그 모든 과정에 동력을 제공

**46** 같은 책, p. xxvi.

**47** d'Alembert, *Essai sur la société des gens de lettres et des grands, sur la réputation, sur les Mécènes, et sur les récompenses littéraires*, in *Mélanges de littérature, d'histoire et de philosophie*(Amsterdam, 1773; 초판은 1752), p. 330.

했다. "문인들의 특성을 이루는 것은 바로 이런 철학적 정신으로 보인다."[48] '계몽사상가philosophe' 항목은 동일한 논점을 말하고 있다. 이것은 1743년에 나온 저명한 논문 「계몽사상가」를 개작한 것으로서 계몽사상의 명분에 동참하는 문인이라는 이상형을 확립시켰다.[49] 1750년대를 통틀어 소책자, 희곡, 정기 간행물, 논문 등에서 '계몽사상가'는 전통과 종교적 정통의 수호자들에 대립하는 일종의 집단으로서 문명의 세속적 사도라고 인정받거나 욕을 먹었다.[50] 그들 중 많은 사람들이 『백과전서』에 기고했다. 실상 그 수는 너무도 많아서 '백과전서파'와 '계몽사상가'는 실질적으로 동의어가 되었으며, '문인'이라는 일반적인 표현으로 포괄되는 의미론적 영역에 있어서 두 용어는 '학자savant' '현학가érudit' '지성인gens d'esprit'과 같은 다른 용어들을 압도했다.[51] 『예비 논고』의 마지막에서 달랑베르는 자신의 동료 계몽사상가들을 문인 중의 극치, 뉴턴과 로크의 후예라고 찬양함으로써 이런 의미 변천에 기여했다. 『백과전서』 전체는 '문인 사회'의 작품이라고 표지에서 언명했으며 그들의 동료와 적 모두가 『백과전서』와 계몽사상을 동일시했다.[52] 이것은 '문명=문인=계몽사상'

48 *Encyclopédie*, VII, p. 599.

49 볼테르가 『미노스의 법*Les Lois de Minos*』(1773)에도 수록했던 이 논문의 변형 과정에 대해서는 Herbert Dieckmann, *Le philosophe: Texts and Interpretation*(Saint Louis, 1948) 참조.

50 더 많은 연구가 필요하기는 하지만 이 주제에 대한 검증을 위해서는 Ira Wade, *"The Philosophe" in the French Drama of the Eighteenth Century*(Princeton, 1926) 참조.

51 18세기에 유행하던 용어로서 '계몽사상가'와 '백과전서파'에 대한 예비 개관으로는 Ferdinand Brunot, *Histoire de la langue française des origines à nos jours*(Paris, 1966), VI, part 1, pp. 3~27 참조.

52 달랑베르는 『백과전서』의 '서언'에서도 이 점을 강조했다(*Encyclopédie*, III, p. iv): "따라서 우리는 주로 [계몽] 철학적 정신을 통해 이 사전이 돋보이게 하려고 시도한다."

이라는 등식을 구현하려던 것처럼 보이며 역사의 모든 진보적 조류를 계몽사상의 무리에 흡수시키려던 것으로 보인다.

이렇게 『예비 논고』의 역사적 논리는 인식론적, 형태론적 논리로 수행된 작업을 완성시켰다. 그것은 계몽사상가들을 문인과 동일시하고 문인을 역사의 동인으로 제시함으로써 계몽사상가들을 정당화했다. 이 논고의 첫 부분에서 베이컨의 나무의 가지를 넘어서는 정당한 지식은 없다고 논증했듯 마지막 부분에서는 계몽사상가들의 원을 벗어나는 정당한 문인들은 없음을 보였다. 제2부는 감각적 인식론의 요구에 맞도록 나무를 다듬었고 제1부는 경험적 근거가 없는 모든 지식을 제외시켰다. 그리하여 비경험적인 지식, 즉 교회에서 가르치는 교리는 경계선 밖으로 축출되었고 제3부에서 경계선의 초병은 계몽사상가들인 것으로 판명되었다.

내적 갈등이나 비일관성에도 불구하고 『예비 논고』의 각 부분들은 단일한 전략을 수행하기 위해 서로 맞물려 있다. 이것은 예로부터의 학문의 여왕을 왕좌에서 내려오게 하고 철학을 그 자리로 격상시켰다. 그러므로 현대판 『신학대전』은 중립적인 정보 편찬물과는 거리가 먼 방식으로 지식을 형상화해 그것을 성직자에게서 빼앗아 계몽사상에 동참하는 지식인들의 손에 쥐어주었다. 이런 전략의 궁극적인 승리는 19세기에 교육의 대중화와 현대적 학문 분야의 출현과 함께 도래할 것이었다. 그러나 그 중요한 과업은 백과전서파가 지식은 곧 권력이라는 것을 인식하고 지식의 세계를 지도로 그림으로써 지식을 정복하려고 했던 1750년대에 이루어졌다.

**부록**

# 지식의 나무 세 그루

인간의 모든 지식에 대한 다음의 도식적 그림은 디드로와 달랑베르의 『백과전서』를 재인쇄한 다음의 책에서 가져왔다. Denis Diderot, *The Encyclopedia: Selections*, ed. & trans. Stephen J. Grendzier(New York: Harper Torchbook, 1967); Ephraim Chambers, *Cyclopaedia* (London, 1741); Francis Bacon, *The Advancement of Learning*, ed. W. A. Wright(Oxford, 1876). 앞의 둘은 지식의 나무를 인쇄된 다이어그램으로 표현했다. 베이컨은 개요의 형식으로 만들었는데 거기에서 다이어그램을 만들었다.

## 디드로와 달랑베르의 나무

세부화된 인간 지식의 체계

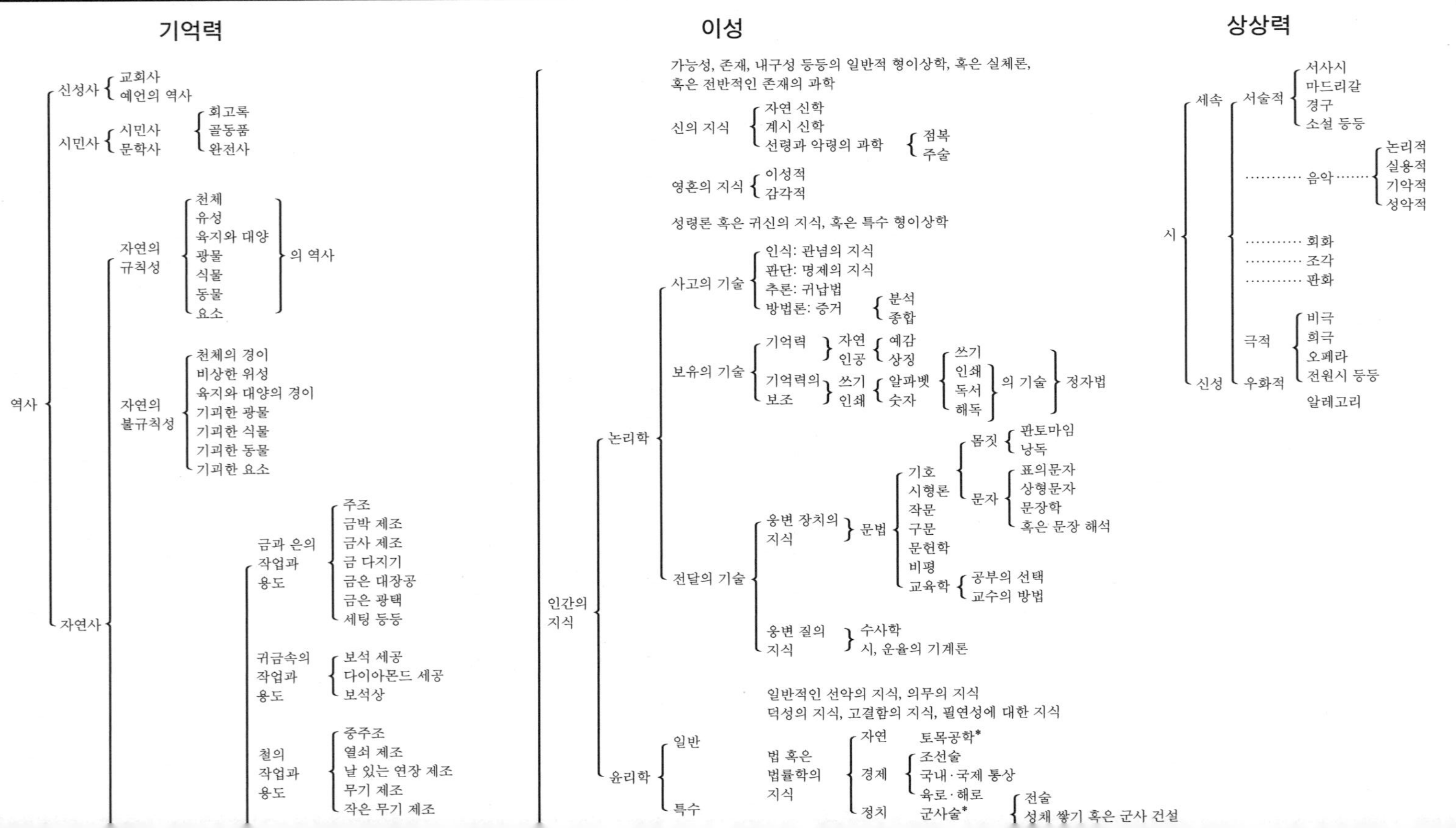

- 자연의 용도
  - 예술 / 기술 / 제조
    - 유리의 작업과 용도
      - 유리 만들기
      - 평유리
      - 거울
      - 광학 기구 제조
      - 유리장수 등등
    - 가죽의 작업과 용도
      - 무두질
      - 새미가죽
      - 가족상
      - 장갑 제도 등등
    - 돌·석고·진흙의 작업과 용도
      - 실용 건축
      - 실용 조각
      - 석공
      - 지붕공 등등
    - 비단의 작업과 용도
      - 추출
      - 어깨걸이
      - 공단, 부직 등의 제조
    - 모직의 작업과 용도
      - 포목
      - 양말
      - 기타
    - 기타

- 철학
  - 물체의 형이상학 혹은 외연, 불관통성, 운동, 공백의 물리학
  - 자연의 지식
    - 수학
      - 순수
        - 산술
          - 수리
          - 대수
            - 초급
            - 세분
              - 미분
              - 적분
        - 기하
          - 초급
          - 고급
            - : 군사 건설, 전술
            - : 곡선의 이론
      - 응용
        - 기계공학
          - 정태학
            - 정태학
            - 수력 정태학
          - 역학
            - 역학
            - 탄도학
            - 수력 역학
              - 수리학
              - 항해술
              - 조선술
        - 기하천문학
          - 우주 구조론
            - 천체학
            - 지리학
            - 수로학
          - 연대기
          - 해시계 제작법
        - 광학
          - 광학
          - 굴절광학
          - 반사광학
        - 음향학
        - 기체역학
        - 추론술
          - 기회의 분석
      - 물리 수학
    - 물리학 (자연 철학)
      - 일반
      - 특수
        - 물리천문학, 점성술
          - 법리 점성술
          - 물리 점성술
        - 기상학
        - 우주론
          - 천체과학
          - 대기과학
          - 지구과학
          - 수리과학
        - 식물학
          - 농업
          - 정원술
        - 광물학
        - 동물학
          - 해부학
            - 단순
            - 비교
          - 생리학
          - 의학
            - 위생학
              - 위생
              - 화장법
              - 체크
            - 임상병리학
            - 증상학
            - 진료학
              - 식이요법
              - 수술
              - 투약
          - 수의학
          - 종
          - 사냥
          - 어로
          - 매사냥
      - 화학
        - 화학
          - 조명탄
          - 염색법 등등
        - 합금
        - 연금술
        - 자연미술

* 이 부분은 원리를 다루는 수학의 가지에서도 찾아볼 수 있음.

# 베이컨의 나무 두 그루

## 인간의 학문

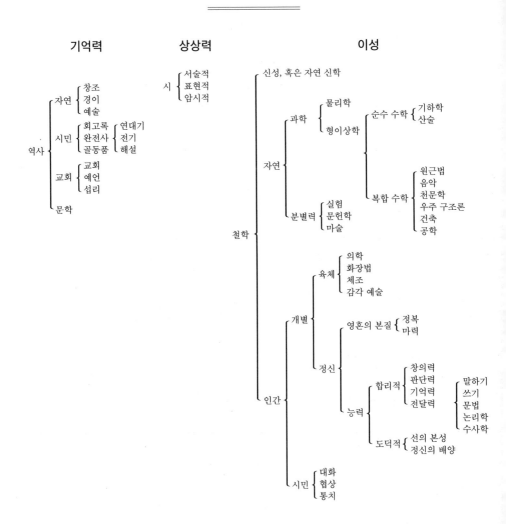

### 기억력

- 역사
  - 자연
    - 창조
    - 경이
    - 예술
  - 시민
    - 회고록
    - 완전사
      - 연대기
      - 전기
      - 해설
    - 골동품
  - 교회
    - 교회
    - 예언
    - 섭리
  - 문학

### 상상력

- 시
  - 서술적
  - 표현적
  - 암시적

### 이성

- 철학
  - 신성, 혹은 자연 신학
  - 자연
    - 과학
      - 물리학
      - 형이상학
        - 순수 수학
          - 기하학
          - 산술
        - 복합 수학
          - 원근법
          - 음악
          - 천문학
          - 우주 구조론
          - 건축
          - 공학
    - 분별력
      - 실험
      - 문헌학
      - 마술
  - 인간
    - 개별
      - 육체
        - 의학
        - 화장법
        - 체조
        - 감각 예술
      - 정신
        - 영혼의 본질
          - 정복
          - 마력
        - 능력
          - 합리적
            - 창의력
            - 판단력
            - 기억력
            - 전달력
              - 말하기
              - 쓰기
              - 문법
              - 논리학
              - 수사학
          - 도덕적
            - 선의 본성
            - 정신의 배양
    - 시민
      - 대화
      - 협상
      - 통치

## 신의 학문

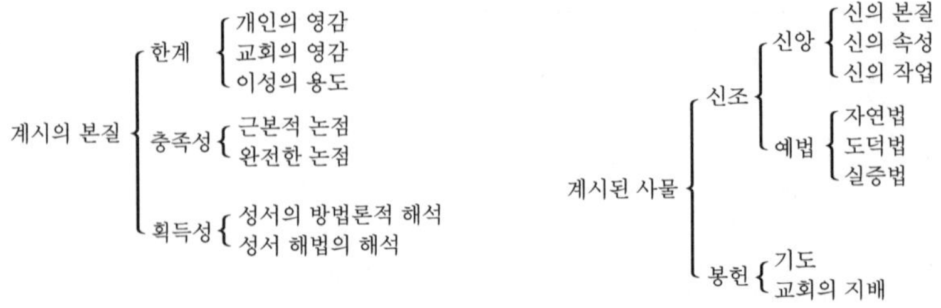

# 체임버스의 나무

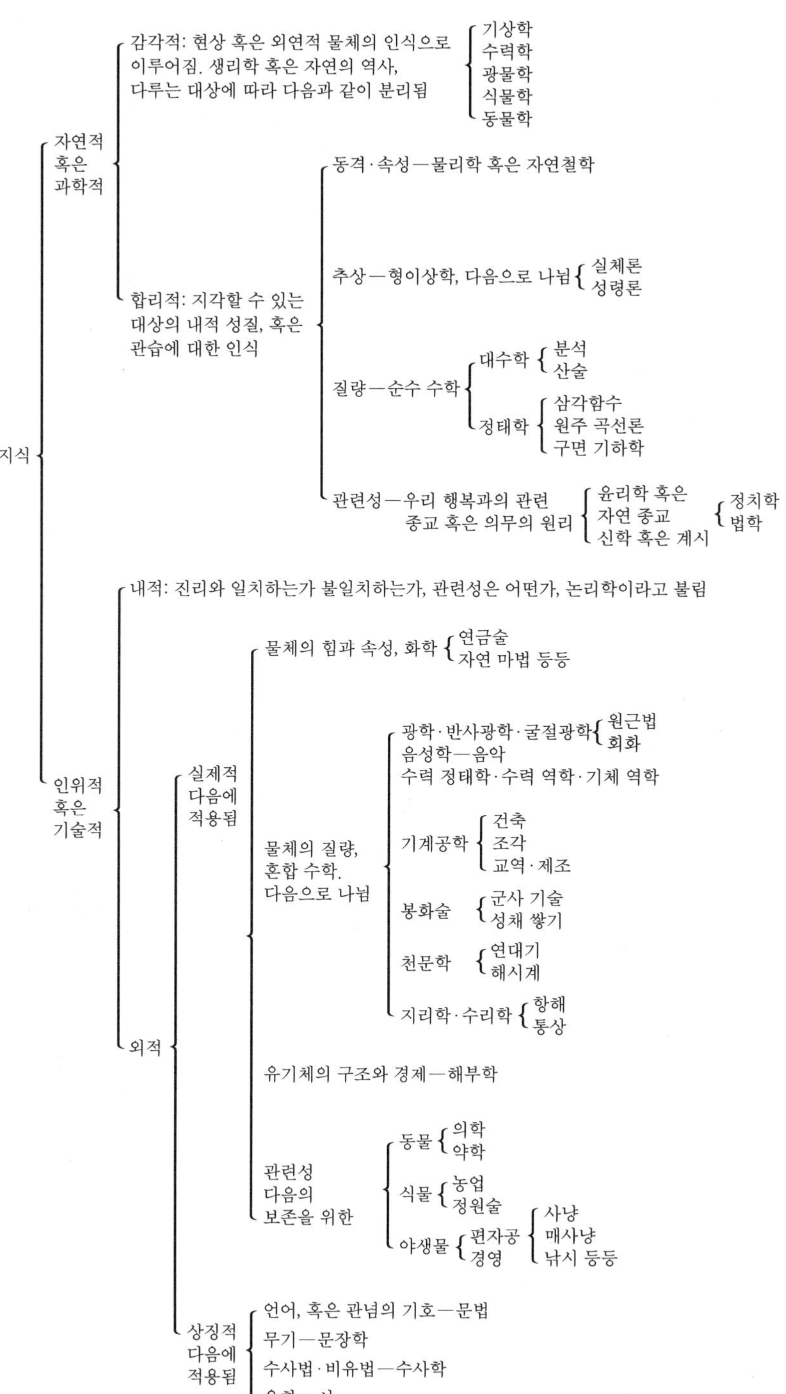

지식
자연적 혹은 과학적
감각적: 현상 혹은 외연적 물체의 인식으로 이루어짐. 생리학 혹은 자연의 역사, 다루는 대상에 따라 다음과 같이 분리됨
기상학
수력학
광물학
식물학
동물학
합리적: 지각할 수 있는 대상의 내적 성질, 혹은 관습에 대한 인식
동격·속성—물리학 혹은 자연철학
추상—형이상학, 다음으로 나뉨
실체론
성령론
질량—순수 수학
대수학
분석
산술
정태학
삼각함수
원주 곡선론
구면 기하학
관련성—우리 행복과의 관련 종교 혹은 의무의 원리
윤리학 혹은 자연 종교
신학 혹은 계시
정치학
법학
인위적 혹은 기술적
내적: 진리와 일치하는가 불일치하는가, 관련성은 어떤가, 논리학이라고 불림
외적
실제적 다음에 적용됨
물체의 힘과 속성, 화학
연금술
자연 마법 등등
물체의 질량, 혼합 수학. 다음으로 나뉨
광학·반사광학·굴절광학
원근법
회화
음성학—음악
수력 정태학·수력 역학·기체 역학
기계공학
건축
조각
교역·제조
봉화술
군사 기술
성채 쌓기
천문학
연대기
해시계
지리학·수리학
항해
통상
유기체의 구조와 경제—해부학
관련성 다음의 보존을 위한
동물
의학
약학
식물
농업
정원술
야생물
편자공
경영
사냥
매사냥
낚시 등등
상징적 다음에 적용됨
언어, 혹은 관념의 기호—문법
무기—문장학
수사법·비유법—수사학
우화—시

모로 2세, 「모성의 즐거움」.

# 6
# 독자들은 루소에 반응한다: 낭만적 감수성 만들기

계몽사상가들이 세계를 지도로 그림으로써 정복하려고 했을 때, 그들은 그 성공 여부가 독자의 정신에 자신들의 세계관을 각인시킬 수 있는 능력에 달려 있다는 것을 알았다. 그런데 그런 과정은 어떻게 벌어졌던가? 18세기 프랑스에서 독서란 대체 무엇이었을까? 우리는 매일 독서를 하고 있지만 독서라는 것은 여전히 신비로 남아 있다. 독서의 경험은 너무도 친숙해서 완전히 파악이 가능한 것처럼 보인다. 그러나 우리가 그것을 진정으로 파악할 수 있다면, 종이 위에 인쇄된 작은 글자로부터 의미를 해독하는 법을 이해할 수 있다면, 우리는 사람들이 그들의 문화에 의해 주위를 둘러싼 상징의 세계 속에서 어떻게 방향 설정을 하는가 하는 한층 깊은 신비로 침투해 들어갈 수 있을 것이다. 하지만 그럼에도 우리는 다른 시간과 다른 공간의 다른 사람들이 어떻게 읽었는가를 안다고 감히 말할 수 없다. 왜냐하면 독서의 역사나 독서의 인류학은 우리로 하여금 이질적인 망탈리테 속에서 '다르다는 것'을 직시하도록 강요하기 때문이다.[1] 예를 들어 발리섬의 장례 의식에서 독서의 위상을 생각해보자.

발리 사람들은 시체의 매장을 준비하면서 서로에게 이야기를 읽어주는데 그것은 그들에게 가장 친숙한 이야기 모음집에 있는 평범한 이야기들이다. 그들은 2~3일간 쉬지 않고 하루 24시간을 꼬박 읽는데 그 이유는 머리를 식히기 위해서가 아니라 악마의 위험성 때문이다. 악마는 사망 직후의 취약한 시기에 영혼을 홀리는데 이야기가 그를 물리친다. 상자 속에 상자가 포개져 들어 있는 중국식 상자나 영국식 울타리처럼 그 이야기들은 이야기 속에 이야기가 들어 있어 한 이야기로 들어가면 곧 다른 이야기를 만나게 되고 한 모퉁이를 돌 때마다 이 줄거리에서 저 줄거리로 넘어가게 되며 그리하여 마침내 이야기 공간의 핵심에 도달하게 되는데 그것은 집 안뜰에서 시신이 차지하고 있는 위치와 일치한다. 악마는 모퉁이를 돌지 못하기 때문에 이 공간에 침투하지 못한다. 악마는 읽는 사람들이 지어놓은 이야기의 미로에서 어쩔 도리 없이 머리를 부딪치게 되며, 그렇게 하여 독서는 발리 사람들의 의식儀式을 둘러싼 일종의 방어 요새를 제공한다. 독서는 라디오 방송의 전파 방해와 같이 작용하면서

1 이 글은 문서보관소의 연구에 근거한 전통적인 역사를 문학비평가들이 발전시켰던 종류의 텍스트 해석과 결합시키려는 시도다. 대표적 문학비평가들로는 볼프강 이저, 한스 로베르트 야우스, 웨인 부스, 스탠리 피시, 월터 옹, 조너선 컬러, 루이 마린 등이 있다. 이 분야의 업적에 대한 개관과 완전한 참고 문헌을 위해서는 Susan R. Suleiman & Inge Crosman, eds., *The Reader in the Text: Essays on Audience and Interpretation*(Princeton, 1980) 참조. 루소에 관련된 저작의 예로는 Robert J. Ellrich, *Rousseau and His Reader: The Rhetorical Situation of the Major Works*(Chapel Hill, 1969); Harald Weinrich, "Muss es Romanlektüre geben? Anmerkungen zu Rousseau und zu den Lesern der *Nouvelle Héloïse*," in *Leser und Lesen im 18. Jahrhundert*, ed. Rainer Gruenter(Heidelberg, 1977), pp. 28~32; Roger Bauer, "Einführung in einige Texte von Jean-Jacques Rousseau," in *Leser und Lesen*, pp. 33~39; Hans Robert Jauss, *Ästhetische Erfahrung und literarische Hermeneutik*(Frankfurt am Main, 1982), pp. 585~653.

말의 성벽을 만들어낸다. 독서는 재미도 교훈도 주지 않고 개선을 시키는 것도 아니며 시간을 보내는 데 도움이 되지도 않는다. 겹겹의 이야기와 불협화음의 소리로써 영혼을 보호할 따름이다.[2]

한편 서구 사람들이 서약을 하거나 선서를 할 때, 혹은 그 밖의 다른 의식에서 성서를 사용하는 모습이 발리 사람들에게는 참으로 쓸데없는 일처럼 보일지도 모르지만, 서구 사람들의 입장에서는 독서가 그 정도로 이색적이었던 적이 결코 없었을 것이다. 그러나 발리 사람들의 예는 중요한 점을 예시한다. 즉 과거 사람들의 독서 경험을 재현하려는 시도에서 사람들이 언제나 오늘날 우리들이 읽는 것처럼 읽었다고 가정하는 것보다 더 큰 잘못은 없다는 것이다. 독서의 역사가 기록될 수 있는 것이라면 그것은 인간이 세상을 이해하는 방식에 있어서 이질적인 요소들을 도표로 나타낼 것이다. 왜냐하면 독서는 목공이나 자수와는 달리 단순히 숙련된 기술이 아니라, 의사소통 체계 내에서 적극적으로 의미를 해석하는 것이기 때문이다. 18세기 프랑스 사람들이 어떻게 책을 읽었는가를 이해하는 것은 그들, 즉 인쇄된 상징을 통해 생각을 전달하는 일에 참여할 수 있었던 사람들이 어떻게 생각했는가를 이해하는 것이다.

그 일은 불가능해 보일지 모른다. 우리는 18세기 독자들의 어깨너머로 보면서 오늘날의 심리학자가 오늘날의 독자들에게 질문을 하듯 질문할 수 없기 때문이다. 단지 우리는 도서관과 문서보관소에 남아 있는 그들의 경험만을 탐색할 수 있을 뿐이며, 그조차도 우리는 플루타르크를 읽었던 루소의 회상이나 루소를 읽었던 스탕달의

2 나는 언어학자이자 인종지학자로서 발리 사람들의 장례식을 많이 관찰했던 베커 A. L. Becker에게서 이 정보를 얻었다.

회상처럼 몇몇 위대한 책들에 대한 몇몇 위대한 사람들의 회고적 증언을 넘어서기란 쉽지 않다. 그러나 프랑스와 스위스의 문서보관소에 현존하는, 그런 유의 서류철로는 유일하고 내가 아는 바로는 다른 어느 곳에도 존재하지 않는 하나의 서류철이, 프랑스혁명이 발발하기 전 20여 년 동안 프랑스의 지방에서 평범한 삶을 살아가던 평범한 부르주아가 읽었던 것을 추적할 수 있게 해준다.

나는 그 서류철이 구체제하의 전형적인 프랑스 사람을 대표한다거나 혹은 그 위치를 정할 가능성이 있다는 사실을 당연히 부인하지만 그 서류철을 제시하고 싶다. 그것은 혁명 이전에 프랑스 책을 출판하던 스위스의 중요한 출판업체인 뇌샤텔 인쇄협회(STN)의 문서보관소에서 나왔는데 라로셸의 상인 장 랑송과 관련된 것이다.[3]

1774년 STN과 편지를 주고받기 시작했을 때 랑송은 27세였다. 그는 부친이 사망한 후 가업이었던 비단 무역업을 물려받았고 라로셸 신교도 공동체의 중심부에서 모친과 함께 살았다. 랑송 집안은 대서양 무역에 종사하던 다른 집안들만큼은 아니었지만 상당히 부유했다. 장은 부친에게서 2만 리브르를 상속받았다. 1777년 결혼했을 때 부인은 1만 리브르의 지참금을 가져왔다. 부인이 죽은 후 1788년의 재혼도 같은 액수(8천 리브르의 현금과 2천 리브르의 자본에 기

3 앞으로 뇌샤텔시의 도서관 문서번호 1204인 랑송의 서류철을 인용할 때는 STN이라는 약자로 지칭한다. 그 발췌문 일부는 다음에 실렸다. R. A. Leigh, *Correspondance complète de Jean-Jacques Rousseau*, vol. XL and XLI. 라로셸에 사는 랑송에 대한 정보는 1777년 6월 24일과 1788년 11월 29일의 결혼 계약서에서 나온 것이다. O. 드 생-아프리크 씨가 고맙게도 복사해 보내준 이 자료는 다음에 보관되어 있다. Archives départementales de la Charente-Maritime, Minutes Crassous 3 E 776 & Minutes Roy 3 E 89.

초한 연금)를 가져왔다. 그리고 그때에 이르면 지참금을 제외한 랑송 자신의 재산만도 6만 6천 리브르에 달했는데, 특히 미국 전쟁으로 인한 지역 경제의 침체기였음을 감안한다면 그것은 상당한 액수였다.[4] 사업이 번창하면서 랑송은 그가 사는 도시와 교회에서 갈수록 더 중요한 위치를 차지했다. 그는 지역 조폐국 대리관이라는 관리였다. 그는 부친이 1765년에 세운 신교도의 병원을 관리했다. 혁명기에는 자선국의 장으로서 구빈사업을 감독했고, 공포시대가 끝난 뒤에는 시의 고문이자 감옥의 고문으로 봉사했다.

라로셸 상인 과두 체제의 핵심부에서 랑송의 지위는 1777년의 결혼 계약서에서 명확하게 드러난다. 76명이 증인으로서 계약서에 서명했는데, 단 세 명을 제외한 모든 이가 자신을 상인négociants이라고 밝혔다. 서명자들 중에는 전前 시장, 상공위원회장, 두 명의 전 상공위원회장, 그리고 라로셸 상업 가문의 꽃이라 할 수 있는 라보토, 세네트, 블랭, 자르나크, 로베르 그리고 랑송 가문도 포함되어 있었다. 랑송의 남자 친척은 모두 계약서에 '상인'으로 서명했고 신부였던 마들렌 라보토의 남자 친척들 역시 마찬가지였다. 그것은 놀랄 일이 아니었다. 왜냐하면 신부와 랑송은 육촌이었기 때문이다.

뇌샤텔에 있는 랑송의 편지들은 라로셸의 문서가 주는 인상을 뒷받침한다. 그 편지들은 그가 진지하고 책임감 있고 근면하고 공덕심이 있고 부유했음을, 한마디로 지방의 부르주아 모습 그 자체였

4 랑송은 1788년 11월 29일의 결혼 계약서에서 자신의 재산을 스스로 평가했다. 1779년 3월 16일 STN에 보낸 편지에서 그는 전쟁이 그의 사업에는 피해를 주지 않았지만 라로셸의 상거래에는 심각한 타격을 주었다고 언급했다. 리브르를 현대의 통화로 환산하는 것은 의미가 없다. 그러나 18세기의 예를 든다면 숙련공은 보통 1년에 500리브르를 벌었다.

음을 말해준다. 무엇보다도 그는 신교도였다. 프랑스의 신교도들 대부분이 그러하듯, 그의 부모는 자녀들에게 시민의 지위를 확보해주기 위해 공식적으로 가톨릭 서약을 했다. 1755년 이래로 신교도들은 라로셸에서 예배를 드리는 것이 허용되었지만 국가는 신교의 존재를 법적으로 인정하지 않았기 때문이다. 동시에 랑송의 부모는 아들이 엄격한 칼뱅주의 교육을 받기를 원했다. 그리하여 그들은 랑송을 뇌샤텔의 중등학교collège에 보냈는데 거기에서 그는 프레데릭-자무엘 오스터발트에게 배웠다. 오스터발트는 학식 높은 지역의 명사로서 몇 년 후인 1769년에 STN을 설립했다. 이 프랑스 학생은 스위스 선생에게 강한 애착을 느꼈다. 그리하여 라로셸로 돌아간 뒤에도 랑송은 편지로 왕래했고, 오스터발트가 출판업을 시작한 뒤에는 그에게서 책을 구입했다. 출판뿐 아니라 거대한 서적 도매업도 겸했던 STN은 그가 원하던 거의 모든 책을 제공할 수 있었기 때문에 열렬한 독서가였던 랑송은 STN으로부터 대단히 많은 책을 구입했다. 주로 서적상들이었던 STN의 다른 편지 상대와 달리 랑송은 주문서를 보내면서 자신의 문학적 관심과 가정생활에 대해 잡담을 했다. 따라서 5만여 점에 달하는 STN의 서류 중 47통의 편지로 된 그의 서류철은 비상업적이라는 바로 그 이유 때문에 STN의 상업적인 편지들 속에서 단연 두드러졌다. 그것은 시골의 한적한 구석에서 일상생활을 영위하면서 독서에 대해 논하는 독자라는 진귀한 모습을 보여준다.

그 서류철을 접하면서 묻게 되는 첫번째 질문은 랑송이 무엇을 읽었는가 하는 것이다. 그는 STN에서 주문한 것 이외에도 대단히 많은 책을 소유하고 있었기 때문에 그의 서재를 온전히 복원할 수는 없다. 그는 가족에게서 받은 것도 꽤 있었고 라로셸에서 그가 애호하던 서적상인 기욤 파비에게서 구입한 것도 많았다. 그러나 STN에 보낸 그의 편지들은 11년에 걸쳐 59가지 책에 대한 주문을 포함하고 있기에 그의 취향과 독서 습관에 대해 대략적으로 알기에 충분한 정도의 정보를 제공한다. 그 주문은 다음과 같은 유형으로 나뉜다(서지 사항에 관련되는 세부 사실에 대해서는 부록을 참고할 것).

I. 종교 (12종)

성서, 신앙 서적

『성경』

『다윗 시편』

『오스터발트 교리문답 요약』

『기도집』, 로크

『영혼의 양식』, 오스터발트

『복음 윤리』, 베르트랑

『기독교의 봉헌』

설교집

『복음의 해』, 뒤랑

『교리 설교집』, 샤예

『설교집』, 베르트랑

『설교집』, 페르드리오

『설교집』, 로미이

II. 역사·여행·지리 (4종)

『철학사』, 레날

『시칠리아와 몰타 여행』, 브리돈

『스위스 여행』, 시네르

『뇌샤텔 산악기』, 오스터발트

III. 문학 (14종)

작품집

몰리에르

라 아르프

아버지 크레비옹

피롱

루소(1775)

루소(1782)

『루소 유고집』

소설

『프랑수아 윌 이야기』, 프라트

『타락한 농민』, 레티프 드 라 브르톤

『아델과 테오도르』, 장리 부인

『돈키호테』, 세르반테스

기타

『사회극』, 장리 부인

『2440년』, 메르시에

『나의 밤 모자』, 메르시에

IV. 의약 (2종)

『치아 보호를 위한 조치』, 부르데

『울화의 치료법에 관한 견해』

V. 아동 서적, 교육 (18종)

흥미

『교육의 무대』, 장리 부인

『새로운 풍습 이야기』, 르프랭스 드 보몽 부인

『어린이 잡지』, 르프랭스 드 보몽 부인

『어린이의 친구』, 베르캥

『라퐁텐 우화집』

『마음의 장난감』, 몽제

『어린이 놀이』, 푀트리

『어린이를 위한 강좌』

『에밀리의 대화』, 데피네 부인

『이야기, 드라마 그리고 미담』, 라피트 부인

교양

『덕성 연감』, 장리 부인

『초급 지리학 강좌』, 오스터발트

『강의의 진정한 원리』, 비아르

『세계사 개요』, 라크로즈

교육, 도덕 교육

『딸들에게 남긴 아버지의 유산』, 그레고리

『물리 교육 논고』, 발렉세르

『도덕 교육』, 콩파레

『아이들에게 보내는 아버지의 교훈』, 트랑블리

VI. 기타 (9종)

『백과전서』, 디드로와 달랑베르

『시골의 소크라테스』, 이르젤

『절름발이 배달부』

『비밀 회고록』, 바쇼몽

『J.-J. 루소 마지막 날의 이야기』, 르 베그 드 프레즐

『정치경제학 논고』, 루소

『볼테르에 반대하는 알레르의 편지』

『파리 광경』, 메르시에

『프랑스 국왕의 초상화』, 메르시에

위의 항목들은 18세기 도서관의 도서 목록 범주에 해당되지만 당시 문학에서 널리 읽히던 것의 상당 부분이 빠져 있다. 랑송은 어떤 고전이나 법률 서적도 주문하지 않았고 대중 의학서 두 권을 제외하면 자연과학 서적도 전혀 주문하지 않았다. 물론 그 주제에 관한 책들을 STN에서 구할 수 있을지라도 다른 경로를 통해 구했을지도 모른다. 그러나 그의 주요 관심사는 다음의 주제에 한정되어 있었다.

**아동 서적과 교육**: 이 책들은 서류철에서 가장 놀라운 부분이다. 역사가들이 연구한 18세기의 도서관[5]에서 이 책들은 많은 비중을 차

5 18세기의 도서관과 전반적인 독서 습관에 대한 연구의 개관으로는 다음을 참고할 것. Robert Darnton, "Reading, Writing, and Publishing in Eighteenth-Century France: A Case Study in the Sociology of Literature," *Daedalus*(winter 1971), pp. 214~56. 최신의 연구는 다음이다. Michel Marion, *Recherches sur les bibliothèques privées à Paris au milieu de XVIIIe siècle*(*1750~1759*)(Paris, 1978).

지했던 것으로 보이지 않지만 랑송이 STN에 주문한 목록에서는 거의 3분의 1을 차지하고 있다. 그렇듯 중요했던 이유는 자식들에 대한 관심 때문이라고 설명할 수 있지만, 그 이상의 다른 이유가 있었음을 앞으로 알게 될 것이다.

**종교**: 랑송의 편지는 그가 독실한 신교도였음을 보여주며 그가 주문한 책들은 그가 경건주의에 경도되었음을 시사한다. 그는 신학에 관심을 보이지 않았지만 성서—새로운 개신교판 성경과 시편 등—와 특히 설교집을 원했다. 그는 편지에서 줄곧 "좋은 새 설교집, 프랑스는 오랫동안 그것에 굶주려왔습니다"[6]라고 썼다. 그는 스위스와 네덜란드 목사들의 도덕적 설교를 좋아했는데 그것은 때때로 루소의 사부아 성직자의 신앙[7]을 생각나게 하는 것이었다.

**역사, 여행, 일반적 논픽션**: 랑송의 종교적 신조는 그가 『백과전서』, 그리고 그것과 비슷하게 직설적이고 백과사전적인 원장 신부 레날의 『두 개의 인도에서 유럽인들의 정착과 상업에 관한 철학적, 정치적 역사』를 주문하는 것을 막지는 못했다. 18세기의 도서관에서 사랑받던 분야인 여행과 역사는 계몽사상의 저자들이 당대의 사회에 대한 비판을 투사하던 스크린의 역할을 했다. 심지어 랑송은 확실하게 비판적이었던 금서인 메르시에의 『파리 광경』과 바쇼몽의 『문필공화국의 역사를 위한 비밀 회고록』까지도 구입했다. 그러나 그는 STN의 목록에 있는 더 외설적이고 과격한 작품들은 회피하면서 낭만주의로 이행하던 시기에 점차 인기를 얻어가던 감상적, 도덕적 책

6 랑송이 STN에 보낸 편지, 1775년 4월 29일.

7 (옮긴이) 루소의 『에밀』 중 일부. 사부아의 성직자가 젊은이에게 충고하는 형식을 취하고 있다.

들에 집중했다.

**문학**: 이 책들은 랑송의 소설 주문에서 두드러진다. 몰리에르, 세르반테스와 같은 17세기 고전을 약간 구입하기도 했지만 랑송은 장리 부인, 메르시에, 레티프 드 라 브르톤과 같은 당대의 작가들을 애호했다. 그러나 그의 서가에서 가장 큰 공간을 차지하고 그의 편지에서 가장 많이 논의된 사람은 루소였다. 비록 그는 장-자크를 만난 적이 없었고 인쇄된 글을 통해서만 접했지만 루소를 '친구 장-자크'라고 불렀다. 랑송은 그가 찾을 수 있었던 루소의 글은 모두 탐독했다. 그는 서로 다른 판본의 전집 두 질과 12권의 유고집을 주문했다. 1775년 뇌샤텔의 사뮈엘 포슈에 의해 출판된 첫번째 전집은 루소의 생전에 랑송이 구할 수 있었던 것 중 최고였지만 그것은 8절판짜리 11권만을 포함했다. 1782년 제네바 인쇄협회에 의해 출판된 두번째 전집은 31권짜리였고 이전에 출판되지 않은 작품들을 많이 포함했다. 랑송은 그것을 제본하지 말고 단지 철만 한 채로 보내줄 것을 요청했다. 그 이유는 "대단히 태만한 제본업자들이 작업을 마치기를 기다릴 필요 없이 책이 나오자마자 온전히 즐기기 위해서"[8]였다. 그는 그 책에 대해서뿐만 아니라 그 책의 저자 정보에 대해서도 굶주렸다. 1775년 그는 오스터발트에게 다음과 같이 편지했다: "친구 장-자크에 대해 친절하게 알려주셔서 감사합니다, 선생님. 그에 관한 어떤 정보든 제게 보내주실 때마다 큰 기쁨을 느낍니다."[9] 랑송은 완벽한 루소의 독자였다. 그런데 그는 어떻게 읽었는가?

8 랑송이 STN에 보낸 편지, 1780년 9월 27일.

9 랑송이 STN에 보낸 편지, 1775년 10월 17일.

**무엇을** 읽었는가에서 **어떻게** 읽었는가로 넘어가는 것은 극도로 어려운 한 걸음이다. 여기에는 다음과 같이 두번째의 예비적 질문을 제기함으로써 간접적으로 접근할 수 있다: 랑송은 책을 수중에 넣었을 때 그것을 어떻게 보았는가? 물질적인 사물로서 18세기의 책은 오늘날의 책과 사뭇 달랐으며 독자들도 다른 방식으로 책을 인식했다.

랑송의 인식은 STN에 보낸 그의 편지를 통해 짐작할 수 있다. 그는 책의 외형적인 측면을 자주 논의했기 때문이다. 예를 들어 오스터발트는 성경 신판 작업에 착수하면서 라로셸에서 선호하는 판형에 대해 타진한 바 있었다. 랑송은 친구들의 의견을 구한 뒤에 다음과 같이 답장했다: "모두가 2절판을 지지했습니다. 그 성스러운 책을 읽어야 하는 대중의 눈에는 그쪽이 더 위엄이 있고 당당해 보입니다."[10] 『초급 지리학 강좌』를 다시 찍으려는 계획을 논의했을 때는 인쇄와 관련된 시시콜콜한 사항에 대해 큰 관심을 보였다. "제3판보다는 멋있는 활자와 좋은 종이에 찍기를 바랍니다. 제3판은 베른에서 인쇄된 제2판에 비해 그런 면에서 훨씬 못 미칩니다."[11] 랑송은 특히 책의 원자재에 신경을 썼다. "구할 수 있는 가장 좋은 종이로"[12] 만들어달라고 그는 주문서에 반복했다. 그리고 종이와 인쇄와 제본의 조화가 중요하다고 강조했다. 라로셸의 파산한 서적상으로부터 STN이 회수한 책들 중 일부를 검수해달라는 오스터발트의 부탁을 받고 그는 다음과 같이 보고했다: "제본하지 않으면 15수에 팔리는,

10 랑송이 STN에 보낸 편지, 1777년 3월 8일.
11 랑송이 STN에 보낸 편지, 1774년 12월 27일.
12 랑송이 STN에 보낸 편지, 1785년 8월 30일.

질 나쁜 종이에 형편없이 인쇄된 책을 제본하는 데 어떻게 3리브르 15수를 쓸 수 있었을까요? 결국 바잔[비교적 싼 양가죽 제본]으로 제본한 것은 사려는 사람을 아마 찾을 수는 있겠습니다만, 나머지에 대해서는 별로 희망이 없습니다."[13]

이와 같은 논평은 18세기에 평범한 일이었다. STN은 때때로 조잡한 인쇄를 불평하는 고객, 혹은 활자체나 종이 선택이 책의 판매를 방해할지도 모른다고 염려하는 서적상들로부터 편지를 받았다. 예컨대 라로셸에서 랑송이 거래하던 서적상인 파비에게 『자연의 체계』를 권유한 뒤에 STN은 책의 내용 못지않게 물질적 품격도 중요함을 지적하는 답장을 받았다.

> 내가 아는 『자연의 체계』 판본은 네 개입니다. 첫번째는 네덜란드에서 만든 화려한 판본입니다. 두번째와 세번째는 그에 견줄 만합니다. 네번째는, 견본으로 동봉한 종이를 보시면 알겠지만 실수로 가득 찬 인쇄는 물론이거니와 혐오스러운 종이에 이르기까지 정말 형편없이 만들어졌습니다. 나는 이 판본에는 30수도 지불하지 않겠습니다. 당신이 보내려 하는 것이 이 판본이라면 수고하실 필요가 없습니다. 견본을 한번 대조해보시기 바랍니다. 그러나 당신들의 것은 훌륭한 판본이라고 하니, 아마도 앞의 세 개 중의 하나일 것이라고 생각합니다. 그럴 경우 제본을 하지 않거나 철을 해서 10부를 보내주시기 바랍니다.[14]

**13** 랑송이 STN에 보낸 편지, 1777년 6월 10일.
**14** 파비가 STN에 보낸 편지, 1772년 3월 4일.

오늘날 인쇄나 제본에 대한 이런 의식은 사라졌으며 이제 책은 대규모의 독자층을 위해 대량 생산되고 있다. 18세기에 책은 손으로 만들어졌다. 종이는 낱장마다 개별적으로 정교한 공정을 거쳐 만들어졌기 때문에 같은 책 속에서도 페이지마다 달랐다. 모든 글자, 단어, 행이 저마다 개성을 발휘할 수 있는 장인의 솜씨에 따라 만들어졌다. 책은 각 권이 개성을 소유한 개별적 존재였다. 구체제의 독자는 조심스럽게 책에 접근했다. 책의 의도뿐만 아니라 재질에도 주의를 기울였던 것이다. 그는 종이의 무게, 비침, 신축성 등을 재기 위해 손가락으로 종이를 검사하곤 했다(이 용어들은 19세기 이전에 보통 책 제조 원가의 절반 이상을 차지하던 종이의 미적 특질을 설명하기 위해 존재했다). 그는 활자의 도안을 살피고 간격을 조사하고 안팎의 인쇄 면이 일치하는지 검토하고 판면을 평가하고 인쇄의 균일성을 검사했다. 그는 우리가 한 잔의 와인을 시음하듯 책의 견본을 조사한 것이다. 그는 종이가 주는 인상을 보기 위해 그렇게 했으며 단순히 그것을 가로질러 의미에 도달하려고 했던 것이 아니었다. 그렇게 책의 물성을 완전하게 파악한 후에야 그는 정좌하고 본격적으로 읽기 시작했다.

그것은 우리를 원래의 질문으로 되돌아가게 한다: 랑송은 어떻게 읽었는가? 답은 변함없이 멀리 떨어져 있는 것처럼 보이지만 우리는 또 다른 경로를 통해 추적해볼 수 있다. 그것은 18세기의 학교에서 가르쳤고 18세기 교과서에서 묘사했던 독서법에 대한 이해로 향한다. 다행히도 랑송은 편지에서 자신이 애호하던 교과서를 언급했다. 그는 가족들과 친구들이 사용할 수 있도록 여러 권을 주문했다. 제목에서부터 그 책은 인쇄된 문자를 정복하기 위한 수단일 뿐만 아니라 세계관을 전달하고 있음을 시사한다. 니콜라-상투안 비아르가 지은 그 책의 제목은 다음과 같다: 『읽기와 쓰기와 프랑스어 발음의 진정한 원리 및 문법과 프랑스어 운율론의 첫번째 요소인 구두점에 관한 논고 및 우리 지식의 모든 가지에 대해 간단하고 쉬운 관념을 제공하기에 적합한 다양한 독해 선집』.

비아르의 교과서는 아마도 여러 세대의 프랑스 독자들에게 영향을 미쳤을 것이다. 프랑스 국립도서관은 그 책의 18세기 판본 다섯 개와, 1800년부터 1830년까지의 판본 19개를 소장하고 있다. 현존하는 가장 오래된 판본은 랑송이 이미 15세였던 1763년에 나왔으므로 그가 그 책을 통해 읽는 법을 배웠으리라고 생각하기는 힘들다. 그러나 그의 편지는 그가 뇌샤텔에서 학교에 다녔을 때 아마도 문법을 복습하기 위해 이 책을 참고서로 이용했고 자식들에게 읽는 법을 가르치기 위해 이용하려 했음을 알게 해준다. 그러나 랑송은 그 책의 한 가지 측면은 지지할 수 없었는데 그것은 독해 선집 여러 군데에서 두드러지던 극단적인 정통 가톨릭 신앙이었다.[15] 오스터발트는 뇌샤텔의 학생들을 위해 그런 구절들을 삭제해 읽혔던 것이 틀림없는데, 왜냐하면 그 책을 주문하면서 랑송이 "선생님께서 수정하신 비아르의 『강의의 원리』 몇 권을 기꺼이 갖기를"[16] 원한다고 명기했기 때문이다. 그리고 그 후의 편지에서는 "『신교도를 위해 수정한 강의의 원리』"[17]를 주문했다고 강조했다. 나는 신교도를 위한 비아

15 예를 들면, "거짓 종교. 가톨릭교가 믿으라고 명하는 모든 것을 믿지 않는 사람을 전부 이단이라고 부른다. 거기에는 루터파, 칼뱅파 등등이 있다." N.-A. Viard, *Les vrais principes de la lecture*...(Paris, 1763), p. 76.

16 랑송이 STN에 보낸 편지, 1775년 8월 9일.

17 랑송이 STN에 보낸 편지, 1775년 10월 17일.

르의 책을 찾을 수 없었다. 그러나 원래의 비아르의 책에서 독해 연습에 들어 있는 종교적 텍스트 일부를 제외한다면 18세기의 독서를 연구함에 있어서 적절한 출발점이 될 수 있을 듯하다.

비아르 자신은 가장 작은 음성 단위부터 시작했다. 그는 그것이 문자, 음절, 단어와 어떻게 연결되는지 보여주며 모든 불규칙성을 배제한 채 단순한 것에서 복잡한 것으로 나아갔기 때문에 음성과 인쇄된 기호 사이의 관련성을 학생들의 마음속에 확고하게 심어주었다. 그는 읽기는 낭독을 통해 배워야 한다고 고집했다. 쓰기는 늦게 배워도 된다. "이 모든 과정은 음성을 단순화하고 어떠한 철자법도 시도하지 않는 것에 달려 있다. 이것이 음성의 조합을 아이들에게 의미 있게 만드는 유일한 방법이다."[18] 비아르는 약간의 암기를 요구한다. 그러나 그가 요구하는 모든 연습과 알파벳 맞히기에도 불구하고 그의 주요 관심사는 아이가 생각하도록 만드는 것이다. "기억력은 여러 번 읽은 것을 쉽게 떠올리게 해준다. 그러므로 어린이에게 짧은 글을 읽힌 뒤에는 그것에 대해 질문해서 이해할 수 있도록 도와주어야 한다."[19] 비아르에게 독서는 수동적인 것이 아니었다. 그는 독서가 해독하는 기계적인 과정이 아니라 능동적으로 지성을 구축하는 일이라고 보았다.

그럼에도 불구하고 비아르에게서 책을 이해하기 위한 현대적 전략을 찾으려는 희망을 품고 그를 참고하는 사람은 실망할 것이다. 그는 텍스트 해석explication de texte이나 해석을 형성하는 방법에 대해서는 아무 말도 하지 않는다. 문자의 조합에서 의미를 끌어내는

18 Viard, *Les vrais principes de la lecture*, p. i.
19 같은 책, p. xi.

일에만 몰두했던 그는 다음과 같은 연습에 집중했다.[20]

> Les bons livres s'impriment soigneusement.
>
> Les mauvais livres se suppriment promptement.[21]

비아르에게 이해란 단어의 정복을 뜻했다. 만일 독자가 가장 단순한 요소를 똑바로 알 수 있다면 그는 논문 전체의 의미를 알 수 있다. 의미는 문법이나 구조 속에 들어 있는 것이 아니라 작은 의미 단위에 내포되어 있기 때문이다. 그리하여 비아르는 마치 텍스트의 이해는 저절로 생기는 것처럼 단어의 차원에 머물러 있었던 것이다.

그는 몇 가지 텍스트를 제시하고 있지만 그것은 그의 논점을 거의 예증하지 않는다. 이념적인 저의가 깔린 글들이었기 때문이다. 예컨대 독해 연습에 들어 있는 "천사의 인사"나 "죄의 고백"은 모호한 음절들이 제거되고 반反종교개혁의 교리로 채워져 있다. "문장紋章" "계보" "정치" "세계" 등의 다른 글들은 사회적·정치적 문제에 있어서 현상 유지를 옹호하는 글처럼 읽힌다. 비아르는 학생들과의 토론에서 선생이 그런 주제의 중요성을 끄집어내기를 기대했다. "그 목표는 예술, 과학, 종교, 전쟁, 교역을 비롯해 명확하고 정확한 관념을 지녀야 할 필요가 있는 모든 것에 대해 아이들에게 단순한 개념을

20 같은 책, p. 26.

21 이것은 학생들로 하여금 음성과 문자 조합 사이의 불일치를 극복하도록 도와주는 연습이다. 이 경우에는 어미 'ment'가 해당된다. 따라서 번역에서는 그런 취지가 사라질 수밖에 없지만 두 문장을 굳이 번역한다면 다음과 같다: "좋은 책은 주의 깊게 인쇄된다. 나쁜 책은 빨리 금지된다." (옮긴이) 본문의 인용문에서 첫 문장의 ent는 묵음되는 반면 아래의 'ent'는 발음된다.

제공하는 것이다. 주제들마다 선생이 멈춰 서서 같이 생각하는 것이, 즉 학생이 응시하는 가운데 숙고해보는 것이 중요하다. 각 주제를 솜씨 있게 배양한다면 씨앗처럼 움터서 그의 정신을 풍부하고 비옥하게 만들 것이다."[22] 이 글이 보수적인 성격을 띠는 것은 틀림없지만 그 비유는 『에밀』에서 따왔을 가능성이 있다. 루소와 마찬가지로 비아르는 선생으로서는 인내심과 온화함이 중요하다고 주장했다. 쓸데없는 정보를 쑤셔 넣는 대신에 아이들은 그들 능력의 자연적인 발달 상태에 맞추어 배워야 한다. 무엇보다 아이들은 착해지는 법을 배워야 한다. 독서는 일종의 정신 도야로서, 문학이 아니라 삶을 위해 인간을 훈련시키는 것이다.

그렇다면 비아르의 입문서는 종교적인 정통성을 고수하고 있음에도 불구하고 루소의 독자들에게 매력적으로 보였던 것이 당연하다. 그러나 그것이 독서의 실제 과정에 대해 많은 것을 가르쳐주지는 않는다. 실상 그것은 18세기 프랑스에서도 아동은 오늘날과 거의 마찬가지로 글을 소리 내어 읽는 법을 배웠다는 사실을 시사한다. 루소 자신은 그런 교육법을 참지 못했다. 『에밀』에서 그는 어린이는 읽는 법을 늦게, 인위적인 연습 없이, 충분히 무르익었을 때 배워야 한다고 주장했다. "어떤 방법이라도 가능할 것이다."[23] 그러나 독서는 루소의 저작 어디에서든 나타나는 주제였다. 그것은 루소를 사로잡았다. 만일 루소가 독서를 이해했던 방식을 우리가 이해할 수 있다면 우리는 비아르가 남겨준 지점을 넘어서서 18세기의 독서라는

22 같은 책, p. x.

23 J.-J. Rousseau, *Emile ou de l'éducation* in *Oeuvres complètes*, Bibliothèque de la Pléiade(Paris, 1969), IV, p. 358.

문제를 공략할 세번째의 시각을 찾을 수 있을 것이다.

루소는 『고백록』의 첫 장에서 그가 어떻게 독서에 빠지게 되었는지 논했다.

> 나는 어떻게 읽는 법을 배웠는지 알지 못한다. 단지 내가 첫번째 읽었던 것과 그것이 내게 준 영향만을 기억한다. 그 이후로 나는 끊임없이 자아를 의식했다. 나의 어머니는 약간의 소설책을 물려주셨다[루소의 어머니는 출산 후 며칠 만에 사망했다]. 아버지와 나는 저녁 식사를 마친 뒤 그 책들을 읽기 시작했다. 처음에는 단지 재미있는 책으로 읽기 연습을 할 생각이었다. 그러나 곧 우리는 책에 강한 흥미를 느껴서 교대해가며 밤새워 쉬지 않고 읽었다. 우리는 책의 끝 장까지 보기 전에는 멈출 수가 없었다. 때때로 아버지는 동이 틀 무렵 제비 소리를 듣고는 부끄러운 듯이 말하곤 했다. "그만 자러 가자. 내가 너보다 더 어린애구나."[24]

가진 소설을 모두 독파한 뒤에 그들은 시계공이던 아버지보다 교양 있는 환경 출신이었던 장-자크의 어머니 친척들의 서가에서 보쉬에, 몰리에르, 라브뤼예르, 오비디우스, 플루타르코스 등의 책을 가져와 읽었다. 아버지가 점포에서 일하는 동안 아들이 옆에서 읽어주었고 함께 읽은 것을 토론했다. 특히 플루타르코스의 글을 낭독할 때면 장-자크의 상상력에는 불이 붙었다. 그는 자신이 읽는 영웅들이 되어, 마치 그가 아테네와 로마에서 그 영웅들의 삶을 살았던 것

**24** J.-J. Rousseau, *Les Confessions de J.-J. Rousseau* in *Oeuvres complètes*(Paris, 1959), I, p. 8.

처럼 제네바의 아파트에서 고대의 드라마를 연출했다. 돌이켜보면 그 경험은 그에게 평생 남을 상처를 입혔던 것 같다. 한편으로 그는 "경험과 성찰로도 결코 치유할 수 없었던 기이하고 낭만적인 관념"으로 뇌리를 가득 채워 문학과 현실을 구분하는 법을 결코 배우지 못했다. 다른 한편으로 그는 맹렬할 정도로 독립적인 정신을 발전시켰다. "독서에, 그리고 독서 후 아버지와의 토론에 빠져든 결과 나는 자유롭고 공화주의적인 정신을 발전시켰다. 종속과 굴종과는 양립할 수 없고 내 삶의 고통이 되어버린 그 오만하고 굴하지 않는 성격을 말이다."[25]

루소의 위대한 소설 『신新엘로이즈』[26]의 등장인물들도 마찬가지로 지나치게 독서에 빠져든다. 서간체 소설이기 때문에 줄거리는 편지의 왕래를 통해 펼쳐진다. 산다는 것은 읽는 것과 구분되지 않고 사랑을 한다는 것은 연애편지를 쓰는 것과 구분되지 않는다. 실로 연인들은 서로에게 사랑을 가르치듯 서로에게 읽는 법을 가르친다. 생-프뢰가 쥘리를 가르친다: "적게 읽고 읽은 것에 대해 대단히 많이 명상하는 것, 혹은 우리끼리 그것에 대해 광범위하게 이야기하는 것, 그것이 읽은 것을 완전히 소화시키는 방법이다."[27] 동시에 그는 그녀에게서 읽는 법을 배운다. 에밀의 선생처럼 그는 자기 학생

25 같은 책, I, pp. 8~9.

26 (옮긴이) 『신엘로이즈』라고 알려져 있는 루소의 소설의 원제목은 "쥘리 또는 신엘로이즈"다. "신엘로이즈"는 부제인 셈인데 그것이 제목인 것처럼 통용되고 있다. 엘로이즈는 중세의 비련의 주인공으로서 신학자 피에르 아벨라르와 사랑을 나눴던 제자 엘로이즈 다르장퇴유의 이름에서 따온 것이다. 두 사람의 사랑은 서양에서 손꼽히는 순애보의 하나다. 소설이 스승과 제자 사이의 사랑을 다룬 것이기 때문에 그런 부제를 붙였을 것이다.

27 J.-J. Rousseau, *Julie, ou La Nouvelle Héloïse* in *Oeuvres complètes*(Paris, 1961), II, pp. 57~58.

의 독립적인 정신에 특히 적합한 '방법'을 고안해낸다: "독서에서 얻는 것보다 더 많은 것을 독서에 투입하는 당신에게, 그 적극적인 마음으로 당신이 읽은 책으로부터 또 다른, 때로는 더 좋은 책을 만들어내는 당신에게. 이렇게 우리는 우리의 생각을 교환할 것입니다. 나는 다른 사람들이 그 주제에 대해 어떻게 생각해왔는지 당신에게 말해주고, 당신은 스스로 그에 대해 어떻게 생각하는지를 내게 말할 것입니다. 그러면 나는 때때로 당신보다 더 잘 배우고 학습을 마칠 것입니다."[28] 이것은 루소가 아버지에게서 읽는 법을 배운 방식이며 후에 바랑 부인[29]과 함께 책을 읽은 방식이다. "때때로 나는 그녀 옆에서 읽었다. 나는 큰 즐거움을 얻었다. 읽으면서 나는 잘 읽는 법을 익혔다. […] 우리는 라브뤼예르를 함께 읽었다. 그녀는 라로슈푸코보다 라브뤼예르를 더 즐겼다. […] 책에서 교훈을 이끌어냈을 때 그녀는 몽상 속에서 실마리를 잃곤 했다. 그러나 때때로 그녀의 입과 손에 키스를 하면서 나는 잘 참았고 그녀의 훼방도 싫지 않았다."[30] 독서와 삶과 사랑, 이들은 일상생활의 쳇바퀴에서보다 상상 속에서 더욱 강렬한 삶을 살았던 작가에게서 떼어놓을 수 없었다.

이렇듯 '방법'의 거대한 적이 실제로는 아버지로부터 배운 자신만의 방법을 갖고 있었던 것이다. 그것은 책을 완벽하게 '소화'시켜 삶에 흡수되도록 만드는 데 달려 있었다. 그러나 루소는 그 자신이나 책 속 등장인물이 겪었던 대로 독서를 묘사하는 데 그치지 않았다. 그는 독자들에게 독서 방법을 지도했다. 그는 독자들에게 그의 책에

28 같은 책, II, pp. 56~57.

29 (옮긴이) 청년 시절 루소의 후견인이자 연인.

30 Rousseau, *Confessions*, I, pp. 111~12.

접근하는 방법을 알려주었다. 그는 독자들을 텍스트 속으로 안내해 자신의 수사법으로 방향을 정해주고 그들이 어떤 역할을 맡도록 만들었다. 루소는 독자들에게 읽는 법을 가르쳐주려고 시도하기까지 했고 독서를 통해 그들의 내적인 삶에 도달하려고 했다. 이런 전략은 인습적인 문학과의 결별을 요구했다. 이야기의 뒤에 숨은 채 볼테르의 방식대로 등장인물들을 인형처럼 줄로 조종하는 대신에 루소는 자신을 작품 속에 던져 넣었고 독자들도 똑같이 하기를 기대했다. 그는 작가와 독자 사이의, 독자와 텍스트 사이의 관계를 변형시켰다. 우리가 이런 변형에 대해 합당한 관념을 형성할 수 있다면 루소가 상정한 이상적인 독자를 그려볼 수 있을 것이며, 그런 뒤 그 이상을 실제 인물인 독자 장 랑송과 비교할 수 있을 것이다.

『신엘로이즈』의 두 개의 중요 텍스트인 이중의 서문을 생각해보자. 여기에서 루소는 독서에 대해 논하고 그의 소설을 읽는 방법을 꽤 상세하게 설명했다. 하나는 책에 대한 간략한 소개이고 다른 하나는 회의적인 비판자에게서 자신의 작품을 방어하는 대화의 형식으로 된 두 서문은, 루소를 읽은 독자에게서라면 예상할 수 있는 반론을 직시하고 있다: 소설을 출판한다는 사악한 일을 어떻게 장-자크가 할 수 있었던가? 오늘날 이런 질문은 우스꽝스럽게 들릴지 모른다. 그러나 소설이, 그중에서도 특히 사랑을 다루었고 독자층이 젊은 여성들이었던 소설이 도덕적 위협으로 보였던 시대의 선입관에 비추어 그 질문은 전적으로 타당한 것이었다. 루소는 모든 예술과 과학이 도덕에 미치는 영향을 부인했던 일로 인해 이미 악명을 얻고 있었다.[31] 그럼에도 그가 여기에, 가장 퇴폐한 종류의 문학서 표지에 자신의 이름을 뻔뻔하게 올려놓고 있었다. 더구나 단순한 소설이 아니라, 선생이 학생을 유혹하고 후에는 학생의 남편까지 끌어들여 삼각관계를 만드는 이야기에!

루소는 첫번째 서문의 첫번째 문장에서 그러한 항의에 정면으로 대응했다: "극장은 대도시에, 소설은 퇴폐한 사람들에게 필요하다."[32] 그런 논지는 그의 저작 『연극에 관하여 달랑베르에게 보낸 편지』에도 나타난다. 여기에서 그는 연극과 소설, 그리고 백과전서파의 저작을 포함하는 모든 현대 문학이 제네바와 같이 건전한 공화국의 시민적 덕성을 침해한다고 비난했던 한편 프랑스처럼 퇴폐적인 군주국에서는 어느 정도 쓸모가 있을 수 있다고 인정했다. 루소는 『신엘로이즈』와 『달랑베르에게 보낸 편지』를 1757년과 1758년의 대란 때 썼는데 그 시기에 그는 디드로 및 계몽사상가들의 무리와 결별했다. 그러나 이 두 저작은 루소를 최초로 유명하게 만들었던 저작인 『과학과 예술에 관한 논고』(1750)까지 거슬러 올라갈 수 있는 주제, 즉 현대 문화의 타락한 본성이라는 주제를 표명했다. 그것은 그의 전 생애에 걸쳐 부담을 주었고 현대판 엘로이즈의 이야기로 들어가고자 할 때 당면해야 했던 주제였다. 이 위대한 소설가는 언제나 소설에 반대해왔다. 그렇다면 어떻게 그가 소설을 쓸 수 있었던 걸까?

서문에 있는 루소의 대답은 기만적이다 싶을 정도로 간단하다: "이 소설은 소설이 아니다."[33] 이것은 "알프스 산기슭 작은 마을에 사

**31** (옮긴이) 디종 아카데미에서는 계몽주의 시대의 취지에 맞추어 예술과 학문의 발전과 인간성의 향상 사이의 관계에 대해 현상 논문을 모집했는데, 그 취지에 맞지 않게 루소는 그에 부정적인 글인 『과학과 예술에 관한 논고』를 써서 당선되었다.

**32** Rousseau, *La Nouvelle Héloïse*, II, p. 5.

**33** 같은 책, II, p. 12.

는 두 연인의 편지. 편집과 출판은 J.-J. 루소"라고 표제지에 쓰인 부제와 '편집자'의 이름에서 보이듯 루소가 편집자의 역할을 담당했다고 제시된 편지 모음집이다. 그러나 그런 핑계는 어느 누구도 만족시키지 못했고 루소 자신조차 결코 만족하지 못했다. 그는 자신의 작품을 자랑스럽게 여겼고 그에 대해 말하고 싶은 충동을 억제하지 못했다: "비록 편집자의 이름만을 내걸었지만 나는 홀로 이 책의 작업을 했고, 그 사실을 숨기지 않는다. 내가 그 모든 일을 했고, 편지는 모두 허구인가? 상류 사회의 독자들이여, 그것이 당신들에게 무슨 상관이란 말인가? 당신들에게 이것은 확실히 허구다."[34] 이렇듯 문제의 사안을 농락하는 뒷전에서, 루소는 전략적으로 자신이 담당했던 역할로부터 독자들에게 기대되는 역할로 문제를 전환시킨다. 그 책은 사회문화적 상류층(le monde, 이것은 루소나 다른 문인들에게 의미로 가득 찬 표현이다)의 구성원들에게는 부자연스럽게 보일 것이다. 그러나 순수한 눈으로 읽을 수 있는 사람들에게는 진실 그 자체로 보일 것이다. 루소는 그 진실을 어디에 위치시켰는가? 그곳은 살롱 사회로부터 가장 멀리 떨어진 곳이다: "이 책은 사회[le monde] 속에 유포시키려고 만든 것이 아니며 극소수의 독자들에게 적합하다. […] 이 책은 종교적 완고가, 자유사상가, 계몽사상가들에게는 불쾌할 것이다."[35] 이상적인 독자는 사회의 편견뿐만 아니라 문학의 인습까지도 벗어버릴 수 있어야 한다. 그런 후에야 그는 루소가 지시하는 방식대로 이야기에 들어갈 수 있다: "이 편지들을 읽기로 결심한 사람들은 언어의 부정확성, 문체의 과도한 성격, 과장된 글 속

**34** 같은 책, II, p. 5.
**35** 같은 책, II, p. 5.

에 표현된 사상의 평범함 등에 대해 인내심으로 무장해야만 한다. 그 편지를 쓴 사람들은 프랑스 사람도, 교양인도, 학자도, 계몽사상가도 아니고 오히려 촌뜨기, 외국인, 은둔자, 어린이나 다름없는 젊은이들로서 낭만적인 상상 속에서 자신들 마음의 순진한 열정을 철학이라고 생각하는 사람들이라는 것을 미리 명심해야만 한다."[36]

이런 구분에는 사회적·정치적 통렬함이 있다. 왜냐하면 루소는 문학을 구체제에 특유한 권력 체제의 한 요소라고 보았기 때문이다. 루소는 그것을, 그 모든 것을, 아름다운 사회beau monde(즉 상류 사회)는 물론 아름다운 글belles-lettres(즉 문학) 모두를 거부했다. 그렇게 함으로써 그는 계몽사상가들과도 결별했다. 그의 눈으로 볼 때 디드로와 달랑베르 및 다른 백과전서파들은 연극과 살롱이라는 사교계에 속했다. 철학 자체도 유행이 되어 궁극적으로는 파리의 교양이 되었으며, 파리를 넘어서 전파되면서는 가장 강건한 정치 집단마저도 위협했다. 『백과전서』에 달랑베르가 쓴 제네바 항목이 그런 과정을 요약하고 있다. 자신들의 도시에 극장을 건설하려는 볼테르의 계획에 반대했던 구식의 청교도들을 조롱함으로써 문화적 종양이 덕성의 마지막 보루인 칼뱅의 도시, 곧 루소의 도시를 공격하고 있음을 보여준 것이다. 그 항목은 "장-자크 루소, 제네바 시민"[37]의 폐부를

**36** 같은 책, II, p. 6.

**37** 루소는 특히 달랑베르와 크리스토프 드 보몽에게 보낸 공개 서한을 포함해 이 시기에 썼던 저작의 표지에 도전적으로 '제네바 시민'이라는 명칭을 붙였다. 보몽에게 보낸 편지는 단순한 스위스 공화주의자와 파리의 권세 있는 대주교를 도발적으로 대조시켰던 것이다: 장-자크 루소, 제네바 시민, 크리스토프 드 보몽, 파리 대주교, S. 클루드 공작, 프랑스 대신, 생-에프리 기사단장, 소르본 교장 등. 루소는 『신엘로이즈』의 표지에서는 '제네바 시민'을 뺐는데 소설과 관련해 조국의 이름을 '모독'하기를 원하지 않았기 때문이었다: Rousseau, *La Nouvelle Héloïse*, II, p. 27. 18세기에 소설은 보통 도덕적

찔렀는데 단순히 그가 조국과 일체감을 가졌기 때문이 아니라[38] 조국을 위협했던 질병이 그 또한 피폐하게 만들었기 때문이었다. 본래의 순진함에서 멀어져갔던 매 발자국마다 그는 더 깊은 타락에 빠져들지 않았던가? 그는 상류 사회로 들어가려고 시도하지 않았던가? 그리고 진입 수단으로 음악, 연극, 문학, 철학을 사용하지 않았던가? 그는 '문화=부패'라는 자신이 만든 공식에 따라 살았다. 그리하여 그는 반反문학적 문학이라는 또 하나의 문화적 유형을 만들어내어 비교양인에게 직접 호소함으로써 덕성이라는 명분을 수호할 수 있었다. 루소는 『신엘로이즈』에서 예언자 같은 자신의 목소리를 발견했다. 그러나 그는 들으려는 귀를 가졌던 사람들에게 말했던 것이고 사실상 그것은 읽으려는 눈을 가졌던 사람들을 뜻했다.

그러므로 『신엘로이즈』는 새로운 종류의 독서법을 요구했는데, 그것은 독자가 파리 상류 사회와 정신적인 거리가 멀면 멀수록 성공할 수 있는 방법이었다. "도덕적인 문제에 있어서 사교계 인사들 gens du monde에게 도움이 될 수 있는 독서는 없다고 생각한다. […] 사업, 대도시, 번잡한 사교 모임에서 멀어지면 멀어질수록 [도덕적으로 효과 있는 독서에의] 장애물은 더욱 감소한다. 책은 어떤 시점에 어떤 유용성을 갖는다. 홀로 살 때 사람들은 독서를 뽐내기 위해 서둘러 책을 읽지 않으며, 읽던 책을 더 진득하게 보고 더 많이 명상

으로 의심스럽다거나 저급한 형태의 문학이라고 간주되었기에 소설가들은 표지에 이름을 올리지 않는 것이 통례였다. 사실상 농민의 경우를 제외하면 일상생활에서 사람들은 성을 불렀지 이름은 거의 부르지 않았다. 자신을 '장-자크'라고 부름으로써 루소는 독자들을 보통을 넘어서는 친밀한 관계로 들어오도록 초대했다.

**38** (옮긴이) 가톨릭 국가인 프랑스의 달랑베르가 신교 국가인 스위스 출신의 루소를 공격했다는 의미가 담겼다.

한다. 그리고 책의 효과는 외부 영향을 덜 받는 만큼 내적으로 더 큰 영향력을 갖게 된다."[39] 루소와의 결별을 촉진시켰던 "사악한 사람만이 혼자 산다"는 디드로의 끔찍한 말에 대한 루소의 대답이 여기에 있었다.[40] 루소의 수사법은 두 명의 고독한 존재, 즉 작가와 독자 사이의 의사소통에 새로운 통로를 열어놓았고 그들의 역할을 새롭게 배열했다. 루소는 장-자크, 제네바 시민, 덕성의 예언자가 되기를 원했다. 독자는 시골 청년, 지방의 신사, 상류 사회의 세련된 규약에 질색하는 여성, 우아함과는 거리가 먼 장인 등이 될 것이었다. 그 혹은 그녀가 덕성을 사랑하고 가슴의 언어를 이해하는 한 누가 독자가 되었든 문제는 없었다.

이렇듯 루소는 독자가 스위스의 농민이 되어보도록 요구했던 것이 아니라 오히려 문학과 사회의 지배적인 가치를 거부하라고 요구했던 것이다. 읽을 가치가 충분한 그 연인들의 편지를 읽기 원하는 사람이라면 정신적으로 자신을 '알프스의 산기슭'에, 문학적 우아함이 의미를 잃는 그곳에 위치시켜야 했다. 그 편지들은 파리에서 '즐겁게 하기' 위해서가 아니라—plaire라는 말이 17세기에 이상화되었던 세련성을 가리켰다—감정의 속박을 풀기 위해 쓰인 것이었다.

> 즐겁게 하기plaire를 원하는 저자 또는 자신의 글에 자부심을 갖고 있는 저자의 작품으로서 읽는다면 그 편지들은 혐오스러울 것이다. 그러나 그것을 있는 그대로 받아들이고 같은 부류의 작품에

39 Rousseau, *La Nouvelle Héloïse*, II, pp. 18~19.

40 디드로와의 결별과 루소가 『신엘로이즈』를 썼던 상황에 대해서는 *Oeuvres complètes*, II, pp. xviii~lxx에 실린 베르나르 기용의 비판적 연구를 참고할 것.

견주어 판단하라. 단순하지만 세심한 두세 젊은이가 그들 가슴속의 관심사에 대해 서로 이야기한다. 그들은 상대방의 눈에 들기 위해 노력한다는 것을 생각조차 하지 못한다. 그들은 서로를 잘 알고 사랑해서 그들 사이에는 허영amour-propre(루소에게 중요한 또 하나의 단어)이 끼어들 틈이 없다. 그들은 어린아이들이다. 그들이 어른처럼 생각해야 하는가? 그들은 외국인들이다. 그들이 정확하게 글을 써야 하는가? 그들은 은둔자들이다. 그들이 상류 사회의 방식에 익숙해야 하는가? [⋯] 그들은 그런 것을 아무것도 모른다. 오직 그들은 사랑하는 법을 알 뿐이다. 그들은 모든 것을 감정에 따른다.[41]

쥘리와 생-프뢰의 편지는 순수하기 때문에 세련미가 없다. 그들은 진실하기 때문에 문학과 아무런 상관이 없다. 그들은 음악처럼 한 영혼에서 다른 영혼으로 순수한 감정을 전달한다. "그것은 더 이상 편지가 아니다. 그것은 찬가다."[42] 루소는 독자에게 이런 종류의 진리에 접근하는 법을 제공했지만 그것은 오로지 독자가 자신을 편지 교신자의 위치에 두고 정신적으로 촌뜨기·은둔자·외국인·어린아이가 되어야 가능한 것이었다. 그렇게 하기 위해서 독자는 "내가 너보다 더 어린애구나"라고 말했듯 아이가 되는 법을 알았던 아버지와 함께 장-자크가 읽었던 것처럼 어른의 세계의 문화적 짐을 내려놓고 다시 한번 읽는 법을 새롭게 배워야 한다. 이렇듯 루소식의 독서는 고전주의의 전성기에 부알로에 의해 확립되었던 관습을 타파하게 될 것이었다. 그것은 독자와 텍스트 사이의 관계를 혁신시켜

**41** Rousseau, *La Nouvelle Héloïse*, II, p. 16.
**42** 같은 책, II, p. 16.

낭만주의로의 길을 열게 될 것이었다. 동시에 그것은 16세기와 17세기에 만연했던 것으로 보이는 독서법, 즉 신의 말씀을 제삼자의 개입 없이 흡수하기 위한 독서법을 부활시키게 될 것이었다. 루소는 마치 자신이 신성한 진리의 예언자인 것처럼 읽히기를 요구했고 랑송은 그런 방식으로 그를 이해했다. 그렇게 보면 랑송의 주문서에서 종교 서적이 강조되었던 것은 루소에 대한 열정과 모순되는 것이 아니라 오히려 그것을 보완하는 것이었다. 칼뱅파이건 얀센파이건 경건파이건 이전 종교의 독서와 루소식의 독서를 구분시켰던 것은 가장 의심스러운 형태의 문학인 소설을 마치 성경을 읽듯이 읽으라는 요청이었다. 이런 역설을 이용해 루소는 사회를 재건할 것이었다.

그러나 이 새로운 독서 방식은 『신엘로이즈』의 서문에서 그 표현을 위해 고투했던 것처럼 또 다른 역설과 마주쳤다. 루소는 연인들의 편지를 그들이 직접 썼다고 주장했지만 실은 루소 자신만이 통달했던 수사법의 모든 장치를 이용해 스스로 쓴 것이었다. "이렇게 가슴과 가슴이 이야기했다"[43]라고 하면서 그는 텍스트가 제삼자의 개입이 없는 영혼과 영혼의 교감이라고 제시했지만 실지로 교감은 독자와 루소 본인 사이에서 일어났다. 이런 모호성은 작가와 독자 사이에 루소가 확립시키고자 했던 새로운 관계를 침해할 위험이 있었다. 한편으로 루소를 단순한 편집자로 보이도록 만들어서 루소의 역할을 왜곡시킬 수 있었다. 다른 한편으로 이것은 독자를 거의 관음증 환자처럼 옆에서 구경하게 만들었다. 그런 모호성과 중증의 관음증은 모든 서간체 소설에 존재했던 것이 확실하다. 그 장르는 프랑스에서 오래전에 확립되었고 리처드슨[44]의 인기에 힘입어 부흥하고

43 같은 책, II, p. 15.

있었다. 그러나 루소는 자신의 텍스트가 비문학의 '진실'로 받아들여지기를 원했기 때문에 그 장르의 관례 뒤로 숨을 수 없었다. 그는 편지의 저자임을 부인하자니 진실에 위배되었고, 편지에 공들인 세심한 작가 정신을 인정하자니 그 효과를 망칠 수밖에 없었다.

이 문제는 현대의 독자들의 눈에는 잘못된 딜레마처럼 보일지 모르나 그것은 루소의 동시대 사람들을 사로잡았다. 『신엘로이즈』의 많은 독자들이 그 편지가 진짜라고 믿었고 또 믿기를 원했다. 루소는 그들의 요구를 사전에 이해하고 있었다. 그리하여 세련된 학자인 질문자 'N'을 두번째 서문, 즉 대화로 된 서문에 등장시켜 "이 편지가 진짜입니까, 아니면 허구입니까?"[45]라는 질문을 되풀이해 묻게 만들었다. 'N'은 그 질문을 놓을 수 없으며, 그것이 자신을 '고문'한다고 설명한다.[46] 그에게 의혹을 내뱉도록 함으로써 루소는 독자와 대등하게 맞서서 서간체 소설이라는 장르에 내재하는 역설을 직시하려 했던 것 같다. 비록 그 역설을 해결할 수는 없었지만, 그는 한층 높은 진리에 도달하려는 시도로서 그것을 포함시키려 했던 것으로 보인다. 그는 마치 알프스 산기슭에 있던 순수한 마음의 발로였던 것처럼 편지들 속으로 들어가기 위해서는 불신을 유보하고 낡은 독서법을 던져 버리라고 독자들에게 요구했다. 이런 종류의 독서는 믿음의 비약을 요구했다. 말하자면 저자는 등장인물들의 감정을 겪으면서 어떤 식으로건 고통을 받았음이 확실한데 그것을 엮어서 문학을 초월하는 진리로 만들어냈으리라는 믿음이었다.

44 (옮긴이) 새뮤얼 리처드슨은 『파멜라』 『클라리사』 등을 쓴 18세기의 영국 작가다.

45 Rousseau, *La Nouvelle Héloïse*, II, p. 11.

46 같은 책, II, p. 29.

그렇다면 궁극적으로 루소의 소설이 지닌 힘은 인간으로서 그 자신의 힘으로부터 나온 것이었다. 그는 프로메테우스로서의 저자라는 새로운 개념을 도입했고 그것은 19세기까지 지속될 것이었다. 그리하여 『신엘로이즈』에서 그는 장면 뒤에 숨는 대신 무대 전면으로 걸어 나왔다. 그는 서문에서 모든 것을 자신에게, 그의 '나'에게 관련시켰다. 그리고 그가 그 편지들을 썼을 수도 있음을 부정하기를 거부한 뒤에 그는 'N'에게 자신이 그 편지들의 편집자라고 말했다.

> R[루소]: 결백한 사람이 대중에게 말할 때 자신을 숨깁니까? 자신이 감히 인정할 수 없는 것을 감히 출판할 수 있습니까? 나는 이 책의 편집자이고 편집자로서 여기에 내 이름을 실을 것입니다.
>
> N: 당신이 당신 자신의 이름을 싣는다고요? 당신이?
>
> R: 내가, 내 이름을요.
>
> N: 아니! 당신의 이름을 싣는다고요?
>
> R: 그렇소, 선생.
>
> N: 당신의 본명을? 장-자크 루소라는 이름을 전부 다요?
>
> R: 장-자크 루소라는 이름 전부를요.[47]

그런 다음 루소는 그가 쓴 것에 대해 책임을 질 의도가 있을 뿐 아니라 "나는 나 자신보다 나은 존재로 생각되기를 바라지 않는다"[48]라고 설명했다. 그는 후에 『고백록』에서도 같은 입장을 택했다. 자신의 도덕적 실패를 고백함으로써 그는 자신의 정직성을 강조했고

47 같은 책, II, pp. 26~27.
48 같은 책, II, p. 27.

동시에 텍스트에서 상정되었던 이상적인 독자에게 가슴으로부터 직접 말할 수 있었던 이상적인 장-자크를 창조했다. 문학적 의사소통의 장치에 대해 저자와 독자가 함께 승리를 거두었던 것이다. 『고백록』에서 극치의 표현을 얻게 될 이런 메타문학적인 충동은 루소로 하여금 그의 장-자크라는 이름을 『신엘로이즈』에 공개적으로 드러내도록 만들었고 그것은 소설에 저자 이름을 싣는 일이 드물었던 시대에 평범치 않은 행위였다. 그러나 루소는 소설에 연연해하지 않았다. 그는 문학을 통해 삶에, 그 자신과 독자들의 삶에 가닿기를 원했다.

그러므로 루소주의의 충격은 루소 자신에게 기인했던 바가 대단히 컸다. 그는 독자들의 가장 내밀한 경험들에 말을 건넸고 텍스트 배후에 있는 장-자크까지 꿰뚫어보도록 장려했다. 많은 독자들이 루소와 개인적으로 접촉하려고 시도했던 것은 별로 놀랄 일이 아니었다. 그런 독자들이 너무도 많아서, 루소는 생-피에르섬에 있는 은둔처까지 찾아오는 사람들을 피하기 위해 비밀의 문이 필요했을 정도였다. 루소는 작가와 독자를 분리시키는 장벽을 허물었다. 그는 『에밀』에서 추천했던 기술을 만들어냈다: 그것은 "옆에 없는 사람에게 말을 하고 듣는 기술, 멀리 떨어진 사람에게 아무런 매개 없이 우리의 감정, 의지, 욕망을 전달하는 기술"[49]이다. 그는 그와 같은 기술을 발전시켰지만 그의 독자들은 어떻게 반응했을까? 텍스트에서 상정한 독자 말고 실제 독자 말이다. 그 질문은 우리를 다시금 장 랑송에게로 되돌려 보낸다.

**49** Rousseau, *Emile*, IV, p. 357.

편지의 시작부터 랑송은 '친구 장-자크'가 루소의 글만큼이나 자신을 매료시켰음을 명백히 밝혔다. 오스터발트는 그런 관심을 충족시켜주기에 좋은 여건에 있었다. 이 스위스 출판업자는 때때로 사업차 파리로 여행을 했고 문학계의 소문을 수집한 뒤에는 라로셸의 젊은 친구에게 알려주었기 때문이다. 불행히도 오스터발트가 보낸 편지는 사라졌지만 아마도 루소와 만난 이야기가 포함되어 있었던 것 같다. 왜냐하면 랑송은 그의 '친구'에 대한 소식을 계속 요구했고 그것이 누락되어 있을 때는 불평을 했기 때문이다: "뭐라고요! 친구 장-자크를 봤으면서도 제게 말씀해주지 않았다니요? 다음 편지에 쓰려고 미뤄둔 것이길 바랍니다."[50] 랑송은 그에 못지않게 루소의 저작을 받고 싶어 했다. 그가 인쇄의 질에 대해 아무리 법석을 떨었다 할지라도 가장 신경을 썼던 것은 무엇보다도 텍스트의 신빙성이었다. 그는 오스터발트에게 다음과 같이 설명했다. "책을 더 구입하기를 주저하게 만드는 한 가지는 2~3년 전에 팔렸던 모든 판본에 대해서 이 위대한 불행한 사람이 자기가 썼다는 사실을 부인했기 때문입니다. 그는 그 자신이 출판을 도왔고 절판된 지 몇 해가 지난 첫번째 판본만을 인정할 것입니다."[51] 1777년 봄 오스터발트가 다시 파리로 여행을 떠나려 했을 때 랑송은 다음과 같이 편지했다: "당신은 친구 장-자크를 만날 것이 확실합니다. 혹시 우리가 그의 작품의 좋은 판본을 얻을 수 있을지 알아봐주십시오. 그리고 특히 돌아오시기 전에 그의 건강은 어떤지 몇 자 적어 보내주시기를 간청합니다."[52] 그

**50** 랑송이 STN에 보낸 편지, 1775년 8월 9일.
**51** 랑송이 STN에 보낸 편지, 1777년 1월 25일.
**52** 랑송이 STN에 보낸 편지, 1777년 3월 8일.

인물과 작품, 그것은 랑송의 편지에 언제나 함께 따라다녔다.

또한 랑송은 자신의 생활에 대해 말하면서도 루소에 대한 언급을 곁들였다. 1777년 6월 서른 살이 될 무렵 그는 다음과 같이 편지했다: "제가 독신 생활을 끝내려고 한다는 소식에 선생님께서 기뻐하시리라고 생각합니다. 저는 육촌인 라보토 양을 선택했고 승낙을 받았습니다. 그녀는 작년에 낭트의 로테르 씨와 결혼한 젊은 부인의 누이입니다. 부계로 나와 같은 촌수로 그녀 역시 자르나크의 친척이지요. 이 사랑스러운 사람의 쾌활한 성격에 예의범절에 대한 사려가 더해져서 저는 이 결합에서 최대의 ○○[편지에 구멍이 나 있음]를 희망하게 됩니다." 그런 뒤에 그는 곧바로 자신이 가장 좋아하던 주제로 옮겨 갔다. "제가 가장 깊은 관심을 지니고 있는 친구 장-자크에 대한 소식을 보내달라고 재삼 간청했는데도 선생님은 냉정하게 그에 대해 한 말씀도 하지 않으셨습니다. 파리에서 그를 만나 몇 마디 나눌 기회가 없으셨는지요? 제가 원한을 품기를 바라지 않으신다면 최대한 빨리 그에 대해 말씀해주시길 바랍니다."[53] 랑송이 자신의 결혼과 '친구'를 연결시켰던 것도 우연이 아니었다. 바로 다음에 보낸 편지에서 그는 다음과 같이 설명했다.

> 저의 새로운 소유물에 주신 축복의 말씀에 대해 따뜻한 감사의 말씀을 전합니다. 제 처도 본인을 위해 선생님께서 써주신 내용에 저와 마찬가지로 감동했습니다. 이 사랑스러운 배우자를 향한 저의 의무를 선생님께서 지시하고 저 스스로가 다짐한 방식으로 수행하는 것이 제게 어려운 일이 아니길 희망합니다. 비록 제가 여성들

53 랑송이 STN에 보낸 편지, 1777년 6월 10일.

에 대해 무관심했던 것은 아니지만 서른 살이 다 되도록 여자 없이 지낼 수 있었으니 제 여생에는 오직 한 여성만으로 충분할 것이라고 확신합니다. 남편과 아내, 어머니와 아버지의 의무에 대해 친구 장-자크가 썼던 모든 것은 제게 심대한 영향을 미쳤습니다. 그리고 저는 남편으로서건 아버지로서건 제 의무를 수행함에 있어 그의 가르침을 원칙으로 삼을 것임을 선생님께 고백합니다.[54]

루소에 대한 언급은 랑송이 몇 달 뒤에 쓴 다음 편지에도 함축되어 있다. 이번에는 랑송이 축복을 보내는 쪽이었다. "선생님과 베르트랑 부부[오스터발트의 딸과 사위]에게 따뜻한 축하 인사를 드립니다. 선생님의 손녀 탄생을 축하합니다. 산모는 다른 자녀들에게 했던 것처럼 모유로 키울 수 있을 것임을 의심하지 않습니다."[55] 그 해 말에 랑송은 자신도 아버지가 된다는 것을 알았다. 그는 독서를 통해 자신의 새로운 의무에 대비했다: "가능하다면 제네바의 발렉세르 씨가 출판한 아동의 체조 교육에 대한 훌륭한 논고를 구해주시기 바랍니다. 저는 곧 아버지가 될 것이고 어떻게 해야 최선을 다해 제 의무를 수행할 수 있을지 생각하고 있습니다."[56] 우리는 아이들을 가정의 구전 지식에 따라 양육하던 전통의 세계에서 인쇄된 글의 지시에 따라 키우는 스포크 박사[57]의 세계로 넘어온 것이다. 랑송은 제일 먼저 모유 수유와 모성애의 예언자였던 루소에게서 조언을 구했다. 1778년 5월 그는 기쁜 마음으로 편지를 썼다. "아내 덕분에 저는 딸

54 랑송이 STN에 보낸 편지, 1777년 7월 12일.
55 랑송이 STN에 보낸 편지, 1777년 9월 27일.
56 랑송이 STN에 보낸 편지, 1777년 11월 29일.
57 (옮긴이) 육아에 관한 대중적 책자를 쓴 의사.

을 가진 아버지가 되었습니다. 아기는 예쁘게 자라고 있고 어머니의 젖을 먹는 데 성공했습니다."[58]

그러나 얼마 지나지 않아 그는 자신의 정신적 지주가 사망했다는 것을 알게 되었다.

> 선생님, 우리는 장엄한 장-자크를 잃었습니다. 그를 한 번 보지도 듣지도 못했다는 것이 얼마나 고통스러운지 모르겠습니다. 저는 그의 책을 읽음으로써 그를 가장 특별하게 존경하게 되었습니다. 에름농빌 근처로 언젠가 여행을 하게 되면 잊지 않고 그의 묘소를 찾아가 눈물을 흘리겠지요. 이 저명한 사람에 대해 선생님께서 어떻게 생각하시는지 말씀해주시길 바랍니다. 볼테르는 가끔 제 화를 돋울 뿐이었지만 장-자크의 운명은 언제나 제게 가장 온화한 감정을 불러일으켰습니다. [⋯] 몇 년 전 그는 자기 작품의 새로운 판본들이 그 무엇도 정확하지 않다고 말했습니다만, 오히려 그가 신랄하게 불평했던 레 판본을 포함해 모든 것이 조작·삭제·날조로 가득 차 있다고 말했어야 했습니다. 저는 그런 잘못이 없는 판본을 가질 수 있도록 해줄 원고를 그가 남겨놓았기를 바랄 뿐입니다. 그것에 대해, 아니면 루소에 대한 어떤 것이라도 알게 되신다면 저에게도 알려주시기 바랍니다. 선생님은 제게 최대의 행복을 주시게 될 것입니다.

그 뒤 곧바로 가족의 소식이 나온다: "제 아내와 저는 선생님께서 우리 딸이 태어났을 때 해주셨던 친절한 말씀에 감격하고 있습니다.

**58** 랑송이 STN에 보낸 편지, 1778년 5월 16일.

에름농빌의 루소 묘소.

산모는 여전히 딸을 모유로 키우고 있는데 조금의 불편도 느끼지 않고 최고로 잘하고 있습니다."[59]

랑송은 여러 편지에서 연속으로 루소에 대해 이야기했다. 그는 '친구'의 삶과 죽음에 관해 모든 것을 알고 싶어 했다. 그는 손에 넣을 수 있었던 모든 일화를 탐독하면서 『유럽 신보』 『문학 연감』 『메르퀴르 드 프랑스』, 랭게의 『연보』, 그리고 다른 많은 정기 간행물들을 비교, 대조했다. 그는 서재 벽면에 에름농빌에 있는 루소 묘소의

59 랑송이 STN에 보낸 편지, 1778년 8월 1일.

판화를 걸어놓았다. 그는 추도문과 소책자는 물론 루소 사망 후에 유포되기 시작했던, 그가 썼다고 알려진 미출간 원고들도 구입했다. 랑송은 소문도 수집했는데 특히 그가 거래하던 서적상 파비의 서점을 통해 나온 것을 모았다. 어떤 사람들은 장-자크가 독살되었다고 말했다. 그러나 『유럽 신보』가 주장했듯 위장병으로 죽었을 가능성이 더 크지 않았을까? 혹은 『고백록』의 원고가 분실되자 상심한 결과로 사망했던 것이 아닐까? 대법관이 그 사본을 한 부 입수한 뒤 장-자크를 소환해 유포하지 않기로 약속했던 그 책이 어떻게 유통되고 있는지를 설명하라고 했다는 설도 있었다. 그 원고는 아내 테레즈 르바쇠르가 몰래 내다 팔았던 게 틀림없었다. 그들은 장-자크가 악보 필사를 그만둔 뒤에 처절할 정도로 돈에 쪼들렸다. 그런데 도대체 왜, 어느 누구도 나서서 그들을 고통에서 구해주지 않았을까? 장-자크는 1777년 2월의 공개 서한에서 그들을 구해주는 후원자 누구에게라도 원고를 넘기겠다고 공언하지 않았던가? 랑송은 루소의 가정생활 세부까지 모두 알고 있었던바, 테레즈가 마르크 미셸 레에게서 받던 연금은 그들이 먹고살기에 충분하지 않았다. 아마도 이제 남편이 죽었으니 테레즈는 원고의 출판을 위해 레에게 의존했을 것이다. 파비에 의하면 파리의 여러 서적상들은 이미 『고백록』의 필사본 원고를 15루이에 제공하고 있었다.

그 『고백록』은 대단한 보물일 것이다! 랑송은 『고백록』을 비롯해 루소가 남기고 간 모든 것을 읽으려는 욕망으로 불타올랐다. 랑송은 스승의 영혼의 모든 비밀, 그의 과거의 모든 세부 사항, 그의 펜 끝에서 나온 모든 산물을 알고 싶었기에 심지어 음악에 대한 그의 주석까지도 STN에 특별히 요청했다. 라로셸과 뇌샤텔 사이의 편지는 루소 저작의 출판 계획에 관한 언급으로 가득 차 있었는데, 그 이유는 지라르댕 후작과 알렉상드르 뒤 페루에게 남긴 루소의 원고를 입수하기 위해 STN과 제네바 인쇄협회 및 다른 일단의 출판업자들이 경쟁을 벌이고 있었기 때문이다. 루소 저작의 완전한 판본을 출판하기 위한 쟁탈전은 구체제의 출판의 역사에 있어서 마지막의 거대한 무한 경쟁이었다. 그러나 랑송 입장에서는 제네바 사람들이 이기건 뇌샤텔의 친구들이 이기건, 완전하고 정확한 판본이 가능한 한 빨리 나오기만 한다면 전혀 상관없었다. 무엇보다도 그는 완벽하게 루소를 소유해 자신의 내면 세계에 흡수시키고는 일상생활에서 표현하고 싶었던 것이다.

그리하여 루소에 대한 언급은 그의 가족에 대한 근황 편지에 일종의 주석처럼 계속해서 나타났다. 1778년 9월 그는 루소의 사망과 유작에 대해 길게 이야기하면서 새로 얻은 아기에 대한 성찰과 연결시켰다.

> 딸아이가 제 내면에 일으키는 온화함으로 보아, 자식의 행복이 아버지의 행복에 얼마나 큰 영향을 끼치는지 알 수 있습니다. 제 아이들을 더 잘 가르칠 수 있도록 제가 더욱 많이 알았더라면 하고 얼마나 바랐던가요. 왜냐하면 어떤 선생도 아버지만큼의 헌신을 갖고 가르치지는 못하기 때문입니다. 그러나 만일 제가 아이들에게 좋은 도덕적 교훈을 가르칠 수 있다면, 그리고 그 점에서 제 노력에 보답해준다면 제게 다른 것은 다 필요없습니다. 저는 제 아이들에 대해 말하고 있지만 아직 제게는 5개월 된 딸 하나만 있을 뿐입니다.[60]

60 랑송이 STN에 보낸 편지, 1778년 9월 12일.

이후 1780년 2월에 장남이, 1782년 12월에 차남이 태어났다. 랑송 부부는 외할아버지 성함을 따서 장남의 이름을 장 이사크라고 지었다. 차남의 이름은 에밀이었다. 그것은 가문의 전통과의 중대한 결별을 의미했다. 왜냐하면 랑송 가문도 라보토 가문도 거의 모두가 제한된 숫자의 가족 이름만을 사용해왔기 때문이다. 그것은 몇 명의 장, 피에르, 폴과 함께 신교도들이 좋아하는 구약성서 속 인물들의 이름인 아브라함, 이사크, 엘리, 뱅자맹, 사뮈엘, 조아킴이었다.[61] 어린 에밀은 루소의 교육 원리와 전반적인 인간 본성의 원리에 대한 부모의 신념의 살아 있는 증거가 될 것이었다.

아이들이 태어나자 랑송은 출산 소식과 함께 그들의 양육에 대한 언급과 루소에 대한 의견을 적어 보냈다. 그는 자신이 그런 이중의 강박관념을 갖고 있다는 것을 알고 있었다. "장-자크에 대해 이토록 자주, 길게 말하는 것을 용서하시기 바랍니다. 그렇지만 그가 제 내면에 불어넣는 열정은 전적으로 덕성을 추구하는 그의 열정에 기인하는 까닭에, 선생님께서 보시기에 참작 사유가 될 것이며 그런 만큼 선생님께서는 이 덕성의 친구에 대해 제게 때때로 편지를 써 주시리라고 혼자 중얼거리곤 합니다."[62] 그리고 후에는 딸과 관련해 말했다. "이 조그만 생명체가 자라는 것을 보는 게 얼마나 즐거운지 모릅니다! 이 아이가 계속 살아서 좋은 교육을 통해 그 아이의 착한 본성을 최대로 키울 수 있다면 제게는 더한 기쁨이 없겠습니다.

**61** 랑송 부부는 랑송의 어머니 이름을 따서 딸을 엘리자베트라고 이름 붙였다. 아이들의 출생과 가족의 이름에 대한 정보는 주로 1788년 11월 29일 랑송의 두번째 결혼 계약서에서 얻은 것이다. 그의 첫 부인 마들렌 라보토는 3년 전쯤에 사망했고 랑송은 그녀의 사촌 잔 프랑수아즈 라보토와 재혼했다.

**62** 랑송이 STN에 보낸 편지, 1778년 12월 27일.

선생님께서도 아버지시니까, 아버지가 아닌 사람에게는 아무 재미도 없을 소소한 이야기들을 하는 것을 용서해주시리라고 생각합니다."[63]

랑송의 부성애에 대한 접근 방식은 STN에 보낸 그의 주문서에서 교육과 아동 서적이 차지하던 비중을 설명해준다. 이런 책들은 아이들에 대한 새로운 태도, 자녀의 교육을 감독하려는 부모들의 새로운 욕구를 대변했다.[64] 한 세기 전에 샤를 페로는 살롱의 교양 있는 청중들을 즐겁게 하기 위해 마더 구스 이야기를 만들어낸 바 있었다. 랑송이 애호하던 작가 장리 부인과 르프랭스 드 보몽 부인은 아동을 위한 글을 썼지만 단지 아이들을 즐겁게 하려는 게 아니라 그들의 덕성을 계발하는 것이 목적이었다. 『도덕적 장난감, 혹은 유아용 이야기』나 『아이들을 위한 독서, 혹은 재미있는 동시에 아이들이 덕성을 사랑하게 만드는 데 적합한 짧은 이야기 모음』이라는 제목에서 보이듯, 새로운 아동 서적들은 도덕성을 두드러지게 강조했다. 또한 『도덕 교육, 혹은 아동을 행복하고 쓸모 있는 성인으로 성장시키기 위해 아동의 정신과 가슴을 어떻게 다스려야 하는가 하는 질문에 대한 대답』과 같은 부모들을 위한 입문서 역시 도덕성이 지배했다. 이 책들은 어린이들이 본성적으로 착하다는 루소식의 전제에서 출발해 루소주의로 가득 찬 교육론을 전개했다. 그에 더해 랑송은 『에밀』을 최소 두 권 이상 소유하고 있었다. 그러나 놀라운 일은 그가 아동에 관해 이런저런 책들을 읽었다는 것이 아니라 읽었다는 사실 그 자체다. 그는 독서를 통해 부모의 도리에 들어섰고 자식들을

**63** 랑송이 STN에 보낸 편지, 1779년 3월 16일.

**64** Philippe Ariès, *L'Enfant et la vie familiale sous l'Ancien Régime*(Paris, 1960) 참조.

에밀과 에밀리로 만들기 위해 책에 의존했다.

이런 행위는 인쇄된 글에 대한 새로운 태도를 표현했다. 랑송은 문학을 즐기기 위함이 아니라 정확히 루소가 의도했던 대로 생활에, 특히 가정생활에 대처하기 위해 읽었다. 편지를 통해 보건대 랑송 부부는 『신엘로이즈』에서 장-자크가 말했던 완전한 독자의 표상처럼 보인다. "이 선집을 함께 읽고 일상생활을 지속할 신선한 격려와 그것을 유용하게 만들 새로운 방법까지도 찾아나가는 두 부부를 상정하고자 한다"라고 루소는 두번째의 서문에 적었다. "그렇게 달콤한 모범을 따라 하려는 소망도 없이 어떻게 행복한 가정의 상을 생각할 수 있겠는가?"[65] 랑송은 루소가 원했던 방식으로 루소를 읽음으로써, 바로 그 방식을 자기 가정의 본보기로 삼았다. "아내가 선생님께 경의를 표합니다"라고 그는 1780년 9월 오스터발트에게 편지했다. "그녀는 감사하게도 건강 상태가 줄곧 양호하고 사랑스러운 아기도 마찬가지로 모유를 잘 먹고 건강합니다. 이제 30개월 된 큰딸인 그 아기의 누나는 최상의 성격을 갖고 있으며 그 영향을 보여주고 있습니다. 덕망 높은 장-자크여! 제가 고마워해야 할 사람은 당신입니다."[66]

서류철에 있는 다른 편지들도 똑같은 분위기였다. 즉 성실하고 친밀하고 감상적이고 도덕적인 그 어조는 독자들 각자가 놓인 상황이 아무리 다르더라도 모든 곳의 독자들을 위해 루소가 정해놓은 분위기였다. 어쩌면 이 편지들보다 더 평범한 것도 없을 테지만 랑송의 편지의 중요성은 바로 그 평범성에서 나온다. 편지들은 루소주의가

**65** Rousseau, *La Nouvelle Héloïse*, II, p. 23.

**66** 랑송이 STN에 보낸 편지, 1780년 9월 16일.

평범한 부르주아의 일상 세계 속으로 어떻게 침투했는지, 그리고 그의 실존 속에서 가장 중요했던 것을 이해하는 데 어떻게 도움을 주었는지 보여준다. 그 가장 중요했던 것은 사랑, 결혼, 부모의 도리와 같은 것으로서, 작은 삶 속의 큰 사건이자 프랑스의 모든 곳에서 만들어지는 삶의 요소였다.[67]

오늘날 랑송의 독서법은 생각조차 할 수 없다. 그리고 『신엘로이즈』는 읽을 수 없다. 모든 사람이 못 읽는 것은 아니라 해도 최소한 현대의 '평범한' 독자들 대다수는 폭력, 노골적인 섹스, 그리고 줄거리라고 할 만한 게 별로 없는 여섯 권의 감상적인 소설을 참아가며 읽어내지 못한다. 그러나 그런 감상은 18세기에 루소의 독자들, 장 랑송만이 아니라 수천 명의 독자들을 압도했다. 그들의 반응을 연구함으로써 우리는 그의 사례를 조망하여 구체제의 독자들과 오늘날의 독자들을 구분시키는 차이에 대해 한층 광범위한 전망을 얻을 수 있을 것이다.

구체제의 서적 판매에 대한 통계는 거의 구할 수 없지만 『신엘로이즈』가 당대 최대의 베스트셀러였으리라는 것은 명백하다. 공급보다 수요가 심하게 넘쳐흘러 서적상들은 하루 단위로, 혹은 시간 단위로까지 책을 대여하면서, L.-S. 메르시에에 따르면 한 권당 60분

67 랑송의 서류철에 있는 마지막 편지는 1785년 8월 30일 자로 되어 있다. 그 날짜 이후로도 랑송이 오스터발트에게 계속 편지를 썼던 것은 거의 확실하지만 1784/85년부터 오스터발트가 STN의 사무 관리를 그만두었기 때문에 STN의 서류에서는 랑송의 편지가 더 이상 발견되지 않는다. 따라서 첫번째 아내의 죽음, 재혼, 대혁명을 통과하는 랑송의 경력과 가정생활을 추적하기란 불가능하다. 앞서 언급했던 것처럼 그는 지역의 혁명 정치에서 미미하고 중도적인 역할을 했다. 그는 1823년 8월 5일 75세의 나이로 숨을 거두었는데 그의 두번째 아내보다도 오래 살았다.

에 12수를 받았다. 1800년 이전에 최소 70개의 판본이 출판되었고 그것은 그전까지 출판의 역사에서 어떤 다른 소설보다도 많은 것이었다. 사실 가장 세련된 문인들, 볼테르나 그림처럼 정확성에 예민한 사람들은 그 문체가 과장되고 주제는 혐오스럽다고 생각했다. 그러나 사회 각계각층의 평범한 독자들은 정신없이 빠져들었다. 그들은 울었고, 숨막혀하고, 격노했고, 자신들의 삶을 깊이 들여다보며 더 잘 살자고 결심했고, 흉금을 털어놓고 더 많은 눈물을 흘렸으며, 루소에게 편지를 보냈다. 루소는 그들이 보내는 감사의 편지를 대단히 많이 받았으며 그것은 후대의 검토를 기다리며 현존하고 있다.[68]

루소의 『신엘로이즈』 관련 편지를 읽노라면 도처에서 들리는 울음소리에 놀라게 된다: 젊은 출판업자 C.-J. 팡쿠크는 "눈물" "한숨" "고통"을, 제네바 사람 J.-L. 뷔송은 "감미로운 눈물"과 "황홀경"을, A.-J. 루아조 드 몰레옹은 "눈물"과 "감정의 감미로운 발로"를, 파리의 샤를로트 부레트는 생각만 해도 쏟아지는 "감미로운 눈물"을 이야기했으며, J.-J.-P. 프로마제는 "달콤한 눈물"을 너무도 흘려 "매 페이지마다 영혼이 녹아내렸다"라고 적었다. 원장 신부 카뉴는 친구들에게 같은 구절을 최소 열 번은 크게 읽어주었는데 매번 사방에서 눈물이 터져 나왔다: "누구는 숨이 막히고 누구는 책을 포기하고 누구는 울어야 했다. 또 누군가는 감정과 울음으로 숨을 쉴 수 없다고

68 『신엘로이즈』에 대한 반응의 전반적인 개관과 루소가 받은 편지에 대한 간략한 연구는 Daniel Mornet, *La Nouvelle Héloïse*(Paris, 1925), I, pp. 247~67 참조. 모르네의 연구는 한결 체계적이고 사회학적인 다음의 분석에 의해 확대되었다. Daniel Roche, "Les primitifs du Rousseauisme: une analyse sociologique et quantitative de la correspondance de J.-J. Rousseau," *Annales: Economies, sociétés, civilisations*(Jan.-Feb., 1971), xxvi, pp. 151~72. 루소가 받은 편지의 텍스트는 다음의 훌륭한 책으로 편집되었다. R. A. Leigh, *Correspondance complète de Jean Jacques Rousseau*(Geneva, 1969), vols. VIII~X.

당신에게 편지해야만 했다." 그 소설은 J.-F. 바스티드를 침대로 몰고가 그를 거의 미치게 만들었던 반면, 다니엘 로갱에게는 반대의 효과를 산출했는데 그는 너무도 격렬하게 울어 심한 감기가 떨어졌다고 한다. 라사라즈 남작은 그 책을 읽는 유일한 방법이란 하인의 방해를 받지 않고 마음 놓고 울 수 있도록 문을 잠근 채 읽는 것이라고 선언했다. J.-V. 카프로니에 드 고프쿠르는 건강이 너무 약해 감정을 견딜 수 없었으므로 한 번에 단 몇 쪽씩만 읽었다. 그러나 그의 친구인 원장 신부 자크 페르네티는 가슴 떨림에도 불구하고 여섯 권 모두를 쉬지 않고 읽었다며 자신의 강인함을 자랑했다. 폴리냐크 후작부인은 제6권 쥘리의 임종 장면까지 읽었지만 거기에서 무너졌다: "저는 그것이 제게 끼친 영향을 감히 말하지 못하겠습니다. 저는 우는 정도를 넘어섰습니다. 날카로운 통증이 경련을 일으켰습니다. 제 가슴이 무너졌습니다. 죽어가는 쥘리는 더 이상 모르는 사람이 아니었습니다. 저는 제가 그녀의 언니, 그녀의 친구, 그녀의 클레르라고 믿었습니다. 제 발작이 너무도 심해 그 책을 치우지 않는다면 저는 그 고결한 여성의 마지막 순간을 지켰던 사람들처럼 앓게 될 것이었습니다." 더 낮은 사회 계층에서 샤를로트 드 라 타이유는 쥘리의 사망에 가슴이 터지도록 울었고 여드레 동안 추스르지 못했다. 퇴역 육군 장교였던 루이 프랑수아는 앞의 책들은 울면서도 쉼 없이 읽어 나갔지만 여주인공의 종말을 감지하자 더 이상 계속 읽는 것이 불가능함을 깨달았다.

> 당신은 제가 그녀에게 푹 빠지도록 만들었습니다. 그녀의 죽음으로 인해 제가 얼마나 많은 눈물을 쏟았을지 상상해보세요. 믿을 수 있습니까? 저는 볼마르 씨가 생-프뢰에게 보낸 마지막 편지를 감

히 읽지 못한 채 사흘을 보냈습니다. 저는 그것이 속속들이 얼마나 흥미로울지 알고 있습니다. 그러나 쥘리가 죽었다거나 죽어간다는 생각을 견딜 수 없습니다. 어쨌든 저는 결국에는 그것을 극복해야겠지요. 이렇게 감미로운 눈물을 흘렸던 적이 없습니다. 그 독서는 엄청나게 강력한 영향을 미쳐서 저는 그 극치의 순간에 기꺼이 죽을 수 있으리라고 믿습니다.

모든 사회 계층의 독자들이, 유럽 대륙 곳곳의 독자들이 같은 식으로 반응했다. 평상시에는 절제하던 스위스의 평자가 말하듯 "이 책을 읽은 뒤 기쁨에 겨워 죽거나 […] 아니면 재차 읽고 또 읽기 위해 살아야 한다."[69]

『신엘로이즈』가 문학사에서 최초로 감정의 유행병을 퍼뜨린 것은 아니었다. 리처드슨은 영국에서 눈물의 파도를 일으킨 바 있고 독일

**69** 이 단락의 인용 및 다른 참고 사항은 루소의 *Correspondance complète*에서 발췌한 것이다. C.-J. 팡쿠크가 루소에게 보낸 편지, 1761년 2월, VIII, pp. 77~78; J.-L. 뷔송이 루소에게 보낸 편지, 1761년 2월 11일, VIII, p. 88; A.-J. 루아조 드 몰레옹이 루소에게 보낸 편지, 1761년 2월 18일, VIII, p. 130; 샤를로트 부레트가 루소에게 보낸 편지, 1761년 2월 21일, VIII, p. 148; J.-J.-P. 프로마제가 루소에게 보낸 편지, 1761년 6월 5일, IX, p. 3; 원장 신부 카뉴가 루소에게 보낸 편지, 1761년 2월 27일, VIII, pp. 187, 191; J.-F. 바스티드가 루소에게 보낸 편지, 1761년 2월 12일, VIII, pp. 91~92; 다니엘 로갱이 루소에게 보낸 편지, 1761년 2월 27일, VIII, p. 181; 라사라즈 남작, A.-P. 드 쟁쟁이 루소에게 보낸 편지, 1761년 3월(?), VIII, p. 263; 자크 페르네티와 장-뱅상 카페로니에 드 고프쿠르가 루소에게 보낸 편지, 1761년 2월 26일, VIII, p. 178; 폴리냐크 후작 부인, D.-M.-Z.-A. 마자리니-만치니가 베르들랭 후작 부인, M.-M. 드 브레몽 다르에게 보낸 편지, 1761년 2월 3일, VIII, p. 56; 샤를로트 드 라 타이유가 루소에게 보낸 편지, 1761년 3월 10일, VIII, pp. 239~40; 루이 프랑수아가 루소에게 보낸 편지, 1761년 3월 24일, VIII, pp. 278~79; 『주르날 엘베티크*Journal helvétique*』의 1761년 2월판은 VIII, p. 73에 인용되어 있음.

에서는 레싱이 같은 일을 했다. 루소가 이들과 달랐던 점은 독자들로 하여금 인쇄된 글 뒤에 있는 삶, 등장인물들의 삶과 루소 자신의 삶에 접촉하려는 압도적인 욕망을 불러일으켰다는 점이다. 예컨대 루소가 만들어낸 연인들 때문에 가슴 찢어지도록 울었다고 고백한 후에 폴리냐크 부인은 루소 본인을 만나고 싶은 저항할 수 없는 욕구를 느꼈다고 친구에게 설명했다.

> 그가 단지 철학자나 기지가 있는 사람으로만 보였더라면 그를 알려고 시도하지 않았으리라는 것을 너는 알겠지. 그러나 쥘리의 연인, 마땅히 사랑받아야 할 그녀를 사랑했던 사람, 아, 그것은 같은 일이 아니야. 나의 첫번째 충동은 어떤 대가를 치르건 몽모랭시로 가서 그를 만나볼 수 있도록 말에 고삐를 채우라고 명령하는 것이었어. 그리고 내 눈에는 그의 상냥함이 다른 누구보다 얼마나 높게 보였는지 말하고, 쥘리의 초상화를 보여달라고 청한 뒤 그것에 키스하고 그 앞에 꿇어앉아 정조를 잃었을 때조차 끊임없이 모든 덕성의 귀감이 되었던 그 성스러운 여성을 경배하는 것이었어.[70]

루소가 서문에서 정확하게 예견했던 것처럼 그의 독자들은 쥘리, 생-프뢰, 클레르 및 다른 사람들이 실존하는 사람들이라고 믿고 싶어 했다. 그들은 루소를 쥘리의 연인이라고 생각했고, 혹은 적어도 등장인물들을 그토록 설득력 있게 묘사하기 위해서는 그들의 모든

**70** 폴리냐크 후작 부인, D.-M.-Z.-A. 마자리니-만치니가 베르들랭 후작 부인, M.-M. 드 브레몽 다르에게 보낸 편지, 1761년 2월 3일, in *Correspondance complète*, VIII, pp. 56~57.

감정을 경험했음이 분명하다고 보았다. 그리하여 그들은 루소에게 편지를 써서 보내고 싶어 했고 아무리 모호할지언정 자신들의 삶 속에서 그런 감정을 느꼈다는 것과 그들의 감정이 그의 감정에 반응했다는 것을, 한마디로 그들이 이해했다는 것을 그에게 확신시키고 싶어 했다.

그리하여 루소의 편지는 그의 서간체 소설의 논리적 연장선상에 놓이게 되었다. 독자들은 그에게 편지할 때 그의 취지가 인쇄된 글을 넘어서 그의 영혼이 자신들의 영혼에 와닿았다는 확신을 전달했다. "당신의 정신으로 가득 차지 않고는 당신과 생각을 주고받을 수 없을 것 같다는 생각이 듭니다"라고 루이 프랑수아는 편지했다. "저는 결코 쥘리처럼 고결하게 살았다고 말할 수는 없지만 생-프뢰의 영혼은 온전하게 제 영혼으로 전달되었습니다. 그리고 쥘리가 묘지 속에 있다니! 그 뒤로 저는 두려운 공허만을 볼 수 있을 따름입니다. 그렇다면 지구상에 당신과 견줄 사람은 없다고 말하는 것이 잘못일까요? 위대한 루소 아니고서는 누가 그렇게 독자를 압도할 수 있을까요? 어느 누가 그리도 강력하게 펜을 휘둘러 자신의 영혼을 독자에게 전달할 수 있을까요?" 개신교의 목사였던 폴-클로드 물투처럼 비교적 냉철한 독자들도 같은 충동에 사로잡혔다.

> 아니요, 선생님. 저는 더 이상 침묵을 지킬 수 없습니다. 당신은 저의 영혼을 압도했습니다. 제 영혼은 터질 정도로 가득 차 이 고통을 당신과 나누어야 합니다. […] 오 쥘리! 오 생-프뢰! 오 클레르! 오 에두아르! 당신들의 영혼은 어느 혹성에 살고 있나요? 제 영혼을 어떻게 당신들의 영혼과 연결시킬 수 있을까요? 그들은 당신 가슴의 소산입니다. 당신의 정신만으로는 그들을 그들처럼 만들 수

> 없었을 것입니다. 제게 그 가슴을 열어주십시오. 그리하여 그 고결함으로 인해 제가 그리도 달콤한 눈물을 흘리게 만들었던 등장인물들의 살아 있는 모델을 제가 살펴볼 수 있도록 해주십시오.[71]

물론 그 당시 시대적 특성이었던 과민한 문체를 감안해야 하지만 많은 편지들이 진실하게 들렸다. 뒤 베르제 부인이라는 한 여성은 루소의 등장인물들이 실제인지 알고 싶은 극복할 길 없는 욕망 때문에 시골의 외딴 변경에서 편지를 보냈다.

> 당신의 책을 읽고 저와 의견을 나눈 많은 사람들이 그것은 당신이 그럴듯하게 만들어낸 것에 불과하다고 단언합니다. 저는 그렇다고는 믿을 수 없습니다. 만약 그게 사실이라면 잘못된 독서가 어떻게 제가 책을 읽었을 때 느꼈던 것과 같은 감흥을 만들어낼 수 있단 말입니까? 애원하노니 말씀해주십시오, 선생님. 쥘리는 실제 인물인가요? 생-프뢰는 여전히 살아 있나요? 도대체 어느 나라에 살고 있나요? 클레르, 상냥한 클레르, 그녀는 친구를 따라 무덤에 들어갔나요? 볼마르 씨, 에두아르 씨, 그 모든 인물은 어떤 사람들이 제게 확신시키려고 하듯이 단지 가상의 인물인가요? 그렇다면 우리가 살고 있는 이 세계, 덕성이 하나의 관념에 불과한 이 세계는 도대체 어떤 종류의 세계인가요? 행복한 사람, 아마도 당신만이 덕성을 알고 실천하는가 봅니다.

**71** 루이 프랑수아가 루소에게 보낸 편지, 1761년 3월 24일, in *Correspondance complète*, VIII, pp. 278~79; 폴-클로드 물투가 루소에게 보낸 편지, 1761년 3월 7일, VIII, pp. 225~26.

무엇보다도 그녀는 루소 자신과 접촉하기를 원했다. "당신의 저작을 통해 당신의 사고방식을 제가 이미 알지 못했더라면 저는 이렇듯 자유롭게 당신께 말하지 않았을 것입니다. 덧붙여서 단도직입적으로 말하자면 당신이 정복하기를 원하신다면 저를 정복하는 것이 남에게 부끄러운 일은 아닐 겁니다."[72]

유혹의 암시는 장-자크를 찬미하던 여성들의 많은 편지에서 나타난다. 쥘리의 연인, 혹은 최소한 쥘리의 창조자보다 사랑을 더 잘 이해할 사람이 누가 있겠는가? 여성들은 편지로 그리고 몽모랑시에 있는 그의 은둔처로 순례해 그에게 몸을 던졌다. 마리-안 알리상드 라 투르는 쥘리의 역할을 하고 그녀의 친구 마리-마들렌 베르나르도니는 클레르의 역할을 하면서 그들은 함께 아름답게 꾸민 편지를 루소에게 쇄도하도록 만들어 루소는 곧 생-프뢰의 역할을 하면서 몇 년에 걸쳐 그들과 편지를 교환했다.[73] 후에 루소는 그의 소설이 상류 사회의 거부를 표방하고 있음에도 상류 사회의 부인들을 압도했다는 사실에 대해 만족감을 갖고 『고백록』에 기록했다: "문인들 사이에서는 견해가 갈렸지만 사회에서는 모두가 동의했다. 특히 여성들이 이 책과 저자에 흠뻑 취해 아무리 지체가 높았다 할지라도 내가 정복하려고 시도만 했다면 갖지 못할 여자는 거의 없었다." 그는 한 귀부인의 이야기를 전한다. 그녀는 저녁 식사 후에 무도회를 위해 옷을 갈아입으면서 그 책을 읽기 시작했다. 자정까지 여전히

72 뒤 베르제 부인이 루소에게 보낸 편지, 1762년 1월 22일, in *Correspondance complète*, X, p. 47.

73 이 편지 교환의 시작에 대해서는 *Correspondance complète*, IX, pp. 132~55 참조.

읽던 그녀는 말에 마구를 채우라고 명령했다. 두 시에 마차가 기다리고 있다고 하인이 상기시켜주었으나 그녀는 계속해서 읽기만 했다. 네 시에 그녀는 여전히 신들린 듯 읽었다. 시계가 멈췄기에 그녀는 시간을 묻기 위해 종을 울렸다. 그런 뒤 그녀는 말들을 마구간으로 되돌려 보내고 옷을 벗은 뒤 나머지 밤을 생-프뢰, 쥘리, 장-자크와 환희에 찬 교감을 나누며 보내기로 결정했다.[74]

물론 『신엘로이즈』는 사랑 이야기지만 루소의 독자들이 루소가 그들 내부에 일으킨 감정을 설명하려고 하면서 고백했던 것은 덕성에 대한 사랑이었다. 하급 세리였던 장-조제프-피에르 프로마제는 다음과 같이 썼다: "저는 당신을 꽉 잡고 제 품에 끌어안고 싶습니다. […] 선생님, 당신이 제게 주신 모든 기쁨에 대해, 생-프뢰, 쥘리, 데탕주 부인이 저로 하여금 흘리게 한 모든 달콤한 눈물에 대해 감사를 표하지 않을 수 없습니다. 저는 기꺼이 당신이 창조해낸 모든 인물들이 되어보고 싶습니다. 매 페이지마다 제 영혼이 녹아내렸습니다. 오! 덕성은 아름답지 않은가요!"[75] 편지로 루소와 접촉을 시도하던 많은 독자들은 루소가 『고백록』에서 그의 영혼을 공개적으로 내보이기 이전에도 『신엘로이즈』의 편지를 통해 간접적으로 그들에게 고백하고 있다고 생각했던 것처럼 자신들도 루소에게 고백해야 한다는 욕구에 이끌렸다. 그들은 자신들이 루소의 인물들과 얼마나 동질감을 느꼈는지, 그들 역시 어떻게 사랑했고 죄를 범했고 고통을 받았으며 사악하고 이해심이 없는 세계 속에서 다시금 고결해지기로 결심했는지를 말하고 싶어 했다. 그들은 자신들의 삶 속에서 그

**74** Rousseau, *Confessions*, I, pp. 545~47.

**75** 프로마제가 루소에게 보낸 편지, 1761년 6월 5일, in *Correspondance complète*, IX, p. 3.

소설의 취지를 읽었기 때문에 그것이 진실임을 알았다.

해외에 있던 익명의 독자는 자신의 쥘리를 프랑스에 남겨두고 떠나야 했다고 설명했다. 『신엘로이즈』를 훌쩍이며 읽어 내려가면서 그는 자신의 삶이 눈앞에 펼쳐져 있는 것을 보았고 "당신을 끌어안고 당신이 내게서 짜낸 감미로운 눈물에 대해 천 번이라도 감사하고 싶은" 강력한 충동을 느꼈다. 한 젊은 여성은 자신이 읽은 다른 모든 소설과 달리 루소의 등장인물들과는 동일시할 수 있었다고 편지했다. 루소의 인물들은 특정 사회 신분을 점유하지 않았기에 누구든 자신의 삶에 적용시켜 더욱 고결하게 될 수 있는 일반적인 방식의 사고와 감정을 제시해주었다는 것이었다. 모든 소설을 못마땅해하던 한 엄격한 제네바 사람은 자신의 원칙에도 불구하고 그 소설에 도취되었음을 깨달았다. "읽는 동안 그 편지에 표현되었던 모든 감정들이 제 내부에 인격화되어 나타나는 느낌을 받았으며, 차례로 쥘리, 볼마르, 봉스통, 그리고 때로는 클레르가 되었지만 앞 부분을 제외하고 생-프뢰가 되었던 적은 별로 없었음을 고백합니다." 팡쿠크[76]는 책을 끝내자마자 할 이야기가 많지도 않았으면서 모든 것을 이야기해야 한다는 생각에 이끌려 펜을 잡았다(그는 이제 막 출판업에 투자하기 시작했고 볼테르의 작품을 독점한다는 것은 아직 꿈꿀 수조차 없었다).

> 선생님, 당신의 거룩한 작품은 모든 것을 태우는 불길입니다. 그것은 저의 영혼에 침투해 제 마음을 견고하게 만들고 제 정신을 밝

**76** (옮긴이) 샤를 조셉 팡쿠크는 프랑스의 작가이자 출판업자로서 『백과전서』의 속편이라 할 수 있는 『체계적 백과전서』를 출판했고 영향력 있는 문학잡지 『메르퀴르 드 프랑스』를 창간했다.

혔습니다. 오랫동안 충동적인 청춘의 기만적 환상에 굴복했던 저의 이성은 진리의 추구 속에 길을 잃었습니다. 저는 행복을 추구했지만 그것은 저를 피해 갔습니다. […] 몇몇 현대 작가들의 연구는 저의 생각을 확인시켜주었고 얼굴이 붉어질 만한 어떤 일도 하지 않았으나 이미 저는 마음속으로는 완전한 불한당입니다. 그런 벼랑에서 저를 끌어당겨 줄 신, 강력한 신이 필요한데, 선생님, 당신이 기적을 행한 신이십니다. 당신의 『신엘로이즈』를 읽은 것은 당신의 다른 작품들에서 시도했던 것을 완성시켰습니다. 얼마나 많은 눈물을 흘렸는지 모릅니다! 얼마나 많은 신음과 고통이 있었는지도요! 스스로 죄책감을 얼마나 자주 느꼈을까요? 당신의 축복받은 책을 읽은 이래로 저는 고결함에 대한 사랑으로 타오르고 소멸했다고 생각했던 제 심장은 그 어느 때보다도 강하게 뜁니다. 감정이 다시 지배합니다. 사랑, 동정심, 덕성, 감미로운 우정이 제 영혼을, 영원히.[77]

독자들은 동일한 주제로 계속해서 되돌아왔다. 장-자크는 그들로 하여금 자신들의 삶의 의미를 더욱 깊이 들여다보도록 만들었다. 그들은 쥘리와 생-프뢰처럼 잘못을 저질렀을지 모르지만 가슴속에서 언제나 덕성을 사랑해왔고 이제는 그에 헌신하려고 한다. 단지 추상적인 덕성이 아니라 자신들의 가정생활이라는 천으로 만들어낸 일상의 덕성이다. M. 루슬로, B.-L. 드 랑팡 드 라 파트리에르, A.-L.

77 익명의 독자가 루소에게 보낸 편지, 1761년 4월 6일, in *Correspondance complète*, VIII, p. 296; 익명의 젊은 여성이 루소에게 보낸 편지, 1761년(?) 3월, VIII, pp. 258~59; 피에르 드 라 로슈가 루소에게 보낸 편지, 1761년 10월 16일, IX, p. 168; C.-J. 팡쿠크가 루소에게 보낸 편지, 1761년 2월, VIII, pp. 77~78.

랄리브 드 쥘리는 읽고, 울고, 자신들의 생활을 자제하기로 결심했다. F.-C. 콩스탕 드 르베크는 남편을 생-프뢰로, 자신을 쥘리로 대입해봄으로써 남편을 사랑하는 법을 배웠다. 그리고 J.-L. 르 쿠앵트는 자신의 가정 전체를 새로운 눈으로 바라보았다: "젊은 아내에게 충심으로 헌신하고 있는 저는, 저희 부부가 같이 산다는 습관에 근거하고 있는 단순한 애착 관계라고 생각했지만 사실상 가장 애정이 깃든 사랑이라는 것을 당신에게서 배웠고 제 아내도 마찬가지입니다. 28세의 나이에 네 아이의 아버지가 된 저는 아이들을 어른으로 만들기 위해 당신의 교훈을 따르려 합니다. 주위 아무 데서나 볼 수 있는 종류의 어른이 아니라 당신에게서만 볼 수 있는 종류의 어른 말입니다."[78]

알지 못하는 숭배자로부터 편지를 받는다는 개념 자체가 의미 깊은 새로운 현상으로서 루소 자신이 일조한 작가에 대한 새로운 숭배이기는 했지만 이런 감정의 토로를 단순하게 팬레터로 치부하는 것은 잘못일 것이다. 오늘날 그 편지들이 순진하고 감상적으로 보일지 모르지만 그것은 200년 전 루소의 수사학이 효과적이었음을 증언한다. '팬들'은 루소가 요구했던 방식대로 읽었고, 서문에서 요청한 역할에 그들을 맡겼다. "사실상, 선생님, 저는 지구상에서 저보다 더 읽을 자격이 있는 독자를 찾을 수 없다고 생각합니다"라고 A.-J. 루아

78 M. 루슬로가 루소에게 보낸 편지, 1761년 3월 15일, in *Correspondance complète*, VIII, p. 252; 보름 남작, B.-L. 드 랑팡 드 라 파트리에르가 루소에게 보낸 편지, 1761년 3월 27일, VIII, pp. 280~81; A.-A. 랄리브 드 쥘리가 루소에게 보낸 편지, 1761년 1월 31일, VIII, p. 43; F.-C. 콩스탕 드 르베크가 F.-M.-S. 콩스탕 드 르베크에게 보낸 편지, 1761년(?) 2월 9일, VIII, p. 72; J.-L. 르 쿠앵트가 루소에게 보낸 편지, 1761년 4월 5일, VIII, pp. 292~93.

조 드 몰레옹은 썼다. "당신의 책에는 저의 불행한 운명과 일치하지 않는 묘사나 감정, 성찰, 원칙이 단 하나도 존재하지 않습니다." 독자들은 중대한 본능을 유보하거나 등장인물과 동일시하거나 감정의 물결이 자신들을 압도했던 방식을 기술할 때, 의식적이었건 무의식적이었건 루소가 서문에서 제공했던 지침을 말을 바꿔 설명하거나 인용했다. 한 숭배자는 자신이 쥘리의 사랑 이야기에 너무도 감명을 받아 그것은 사실일 수밖에 없으며 상류 사회의 비정한 교양인들에게나 '허구'일 것이라고 설명했다. 또 다른 사람은 서문의 도덕적 논지를 거의 똑같이 반복하면서 다음과 같이 결론지었다: "저는 당신의 소설을 읽은 뒤 더 좋은 사람이 되었다고 느끼며 그 소설이 허구가 아니기를 바랍니다." 세번째의 숭배자는 더욱 명확하게 암시했다: "당신의 책은 당신이 서문에서 예견했던 효과를 저에게서 이루었습니다."[79]

1761년 『신엘로이즈』에 의해 일어났던 눈물의 홍수를 전기 낭만주의 시대의 또 하나의 감상의 파도라고 간주해서는 안 된다. 그것은 새로운 수사학적 상황에 대한 반응이었다. 독자와 작가는 각기 텍스트에서 상정된 이상적인 모습을 취하면서 인쇄된 글을 넘어 소통했다. 장-자크는 그를 올바로 읽을 수 있는 사람들에게 영혼을 열어놓았고 독자들은 자신들의 영혼이 평범한 실존의 불완전성을 넘어 격상되었다고 느꼈다. '친구 장-자크'와 접촉한 이후 그들은 배우

79 A.-J. 루아조 드 몰레옹이 루소에게 보낸 편지, 1761년 2월 18일, in *Correspondance complète*, VIII, p. 131; 익명의 독자가 루소에게 보낸 편지, 1761년 4월 6일, VIII, p. 296; 익명의 독자가 루소에게 보낸 편지, 1761년 3월, VIII, pp. 256~57; 익명의 독자가 루소에게 보낸 편지, 1761년 3월, VIII, pp. 257~58. 루소가 받았던 다른 편지 속의 표현들과 함께 여기에 인용한 구절들은 서문의 글과 거의 일치한다.

자, 부모, 시민으로서 자신들의 삶을 다시 소유할 수 있다고 느꼈고, 그것은 몇 년 뒤 랑송이 루소를 읽기 시작했을 때 했던 것과 정확하게 일치하는 것이었다.

그러므로 랑송은 예외가 아니었다. [수직적으로] 1774년부터 1785년까지 오스터발트에게 보냈던 그의 편지는 1761년에 루소가 받았던 편지들에 펼쳐져 있던 것과 같은 종류의 반응을 보여준다. 이 두 차원은 서로를 보완하며 루소식의 독서가 혁명 이전의 프랑스에서 중요한 현상이었음을 시사한다. 얼마나 중요했던가? 정확하게 측정할 수는 없지만, 독서의 역사라는 새롭게 떠오르는 분야에서 중요한 지배적인 가설—사실상 유일하게 광범위한 일반화—에 비추어 볼 수는 있을 것이다. 그 가설이란 18세기 말엽 유럽에서 '독서 혁명 Leserevolution'이 일어났다는 것이다.

롤프 엥겔징을 비롯한 독일 학자들이 발전시킨 이 개념은 독서의 발전 과정을 두 단계로 구분한다.[80] 르네상스로부터 대략 1750년까지 유럽 사람들은 '집중적으로intensively' 읽었다. 그들은 성서, 신앙 서적, 그리고 때로는 싸구려 이야기책이나 연감 등 극소수의 책들에만 접근할 수 있었고, 그 책들을 구해 읽고 또 읽으면서 속으로 묵상하거나 가족이나 친목 모임Spinnstube; veillée의 다른 사람들과

80 Rolf Engelsing, *Der Bürger als Leser: Lesergeschichte in Deutschland 1500~1800*(Stuttgart, 1974). 엥겔징의 명제에 대한 반론은 다음을 참고할 것. Reinhart Siegert, *Aufklärung und Volkslektüre exemplarisch dargestellt an Rudolph Zacharias Becker und seinem "Noth- und Hülfsbüchlein" mit einer Bibliographie zum Gesamtthema*(Frankfurt am Main, 1978); Martin Welke, "Gemeinsame Lektüre und frühe Formen von Gruppenbildungen im 17. und 18. Jahrhundert: Zeitungslesen in Deutschland," in *Lesegesellschaften und bürgerliche Emanzipation: Ein europäischer Vergleich*, ed. Otto Dann(Munich, 1981).

함께 소리 내어 낭송했다. 18세기 후반에 교육받은 사람들은 '광범위하게extensively' 읽기 시작했다. 그들은 상당한 양의 인쇄물을 소화했는데 도심 곳곳에서 번성했던 독서회Lesegesellschaften; cabinets littéraires에서 애호하던 장르인 소설과 정기 간행물을 특히 많이 읽었다. 그들은 각 읽을거리를 재미를 위해 단 한 번만 읽고는 다른 책으로 넘어갔다.

집중적인 독서와 광범위한 독서 사이의 구별은 5세기 전의 독자와 오늘날의 독자의 행태를 대조하는 수단으로 이용될 수 있을지 모르지만, 18세기 말의 전환점을 설정하는 데 도움이 될 것인가? 랑송의 사례가 전형성을 띠고 있지 않다면 그렇지 못할 것이다. 사실 랑송은 대단히 많은 소설과 정기 간행물을 읽었고, 때로는 독일 독서회의 친교 모임과 유사한 방식으로 친구들과 함께 읽었다. 예컨대 1774년 오스터발트에게 보낸 편지에서 그는 다음과 같이 언급했다: "저와 함께 여러 정기 간행물을 읽는 노르댕이 제가 받는 것만으로도 둘이 보기에 충분하니 그에게는 이제 그만 보내달라고 부탁했습니다."[81] 그러나 이런 종류의 독서가 집중적인 성격을 배제하는 것은 아니며 7년 후에 보낸 편지에서 랑송은 더욱 집중적으로 읽기 위해 정기 간행물 구독을 줄여야겠다고 적었다. "저는 정기 간행물에 뒤덮여 있어서 견실한 독서에 바쳐야 할 시간을 빼앗기고 있다고 말해야만 하겠습니다. 그래서 저는 받는 숫자를 늘리기보다 줄이려고 온 힘을 다하고 있습니다."[82] 랑송이 동시대 소설에 관심을 보였다 할지라도 고전을 무시했다거나 프랑스 문학의 거장들을 신속하게 단 한

81 랑송이 STN에 보낸 편지, 1774년 12월 27일.

82 랑송이 STN에 보낸 편지, 1781년 5월 8일.

번만 읽은 것은 아니었다. 그는 메르시에와 그의 『파리 광경』을 좋아했지만 "읽을 때마다 새로운 매력을 발견하게 만드는 위대한 시인인 라신에 대해 한 발언은 용서할 수 없다"[83]라고 적었다. 랑송보다 더 집중적인 독자를 찾기는 어려울 것이며, 그는 독서를 많이 할수록 더욱 집중적으로 바뀌었다. 어느 편인가 하면 거꾸로 된 '독서 혁명'을 예시한다고 할 수 있었다.

랑송의 독서 방법이 그 당시의 주류를 거스른 것이 아니라는 사실은 독일판 비아르라고 할 수 있는 요한 아담 베르크의 독서법 입문서인 『독서술*Die Kunst Bücher zu Lesen*』(Jena, 1799)을 통해 판단할 수 있다. 만약 '독서 혁명'이 있었다고 한다면 이 책이 그것을 구현했을 것이다. 비아르식으로 발음의 문제에 생각을 쏟는 대신에 베르크는 완전한 '독서의 기술'을 제안했다. 그는 육체적으로 책에 어떻게 접근해야 하는가라는 문제에 대한 충고로 시작했다. 서서 읽거나 식사 후에 읽는 것은 절대 안 된다. 그 대신 찬물로 세수하고 자연의 품속에서 읽을 수 있도록 야외로 책을 가지고 나가 사상의 침투를 용이하게 만들기 위해 큰 소리로 읽어야 한다. 그러나 가장 중요한 것은 올바른 정신적 자세를 가져야 한다는 것이다. 텍스트에 수동적으로 반응하는 대신에 책 속에 자신을 던져 넣고 그 의미를 포착해 자신의 삶에 적용해야 한다. "우리는 읽는 모든 것을 우리의 '나'에게 연결시키고, 개인적인 관점에서 모든 것을 성찰해야 하며 공부는 우리를 한결 자유롭게 하고 독립적으로 만들며 우리의 가슴과 정신을 표현할 출구를 찾는 데 도움이 된다는 생각을 결코 잊어서는 안 된다."[84]

**83** 랑송이 STN에 보낸 편지, 1785년 6월 12일.

**84** Johann Adam Bergk, *Die Kunst Bücher zu Lesen*(Jena, 1799), p. 411.

베르크는 이런 독서 개념이 장-자크 루소에 기인한다고 말했다. 그는 루소에 하나의 중요한 장을 할애했고, 랑송과 같은 독자들에게 큰 의미를 지닌 『신엘로이즈』의 구절을 발췌해 자신의 표제지에 실었다: "적게 읽고 읽은 것에 대해 대단히 많이 명상하는 것, 혹은 우리끼리 그것에 대해 광범위하게 이야기하는 것, 그것이 읽은 것을 완전히 소화시키는 방법이다."[85] 이런 관념은 삶을 위한 도덕적 준비로서 독서를 강조했던 비아르와 상당 부분 양립 가능하다. 사실상 교과서에서 상세히 설명하고 루소가 요구하며 랑송이 경험했던 독서 방법은 근본적으로 동일한 것이었다. 그리고 그것은 엥겔징이 말하는 혁명의 '광범위한' 독서가 아니었다.

요컨대 그런 혁명은 존재하지 않았다는 것이 나의 생각이다. 그러나 18세기 말에 독자들이 텍스트에 반응하던 방식에 무슨 일인가가 일어났다. 독자는 몇 명이었는가? 텍스트는 얼마나 많았는가? 그런 계량적인 질문들은 답을 용납하지 않는다. 단지 구체제의 말기로 향해 가며 광범위하지만 헤아릴 수 없는 대중에게 독서의 질이 변화했다고 단언할 수 있을 뿐이다. 비록 많은 작가들이 이런 변화를 위한 길을 닦았지만 나는 일차적으로 루소주의의 부상에 기인한다고 본다. 루소는 자신의 독자들에게 문학이 삶에 흡수되도록 책을 완전히 '소화'시키라고 가르쳤다. 루소의 독자들은 인쇄물에 마음을 빼앗김으로써 사랑에 빠지고 결혼을 하고 아이들을 양육했다. 물론 그들이 책에 극적으로 반응했던 최초의 인물들은 아니었다. 루소의 독서법

85 예를 들면 같은 책, p. 302에서 베르크는 다음과 같이 강조했다. "찬란하고 창조적인 상상력과 꿰뚫어보는 이해력을 지닌 루소는 우리를 압도적으로 사로잡고 우리 가슴의 가장 깊은 구석까지 침투하는 즐거움을 선사한다. 그는 자연의 비밀을 가리는 장막을 찢어버리고 그의 묘사는 세찬 비처럼 우리를 휩쓸어 간다."

은 그 자신이 물려받은 칼뱅주의적 유산인 강렬하고 개인적인 신앙심의 영향을 보여주었다. 그전에는 종교적 독서법과 소설은 양립될 수 없다고 여겨졌지만 아마도 그를 읽던 대중들은 옛 방식의 종교적 독서법을 특히 소설이라는 새로운 물질에 적용시켰을 것이다. 니체나 카뮈, 심지어 오늘날 대중 심리학에 독자들이 반응하는 방식에는 그런 정신의 불꽃이 있을 것이다. 그러나 다른 시대에서 루소식의 독서와 비슷한 것을 찾는다는 것은 그 특수성을 흐리고 그 중요성을 무디게 만드는 것이다. 랑송과 그의 동시대인들은 18세기에 생겨나 마담 보바리의 시대에 소멸하기 시작한 특수한 종의 독자에 속했다. 혁명 이전의 프랑스에서 루소에 열광했던 독자들은 우리가 거의 상상조차 할 수 없는 감정을 갖고 텍스트 속으로 몸을 던졌으며, 그것은 바이킹들의 약탈 욕망이나 발리 사람들의 악마에 대한 공포만큼이나 우리에게 낯선 것이었다.

만일 이런 종류의 독서를 일반적인 유형 속에 위치시켜야 한다면 나는 17세기 말의 '즐겁게 해주려는plaire' 독서와 19세기 말의 '즐기는distraire' 독서의 중간 지점에 놓겠다. 그러나 그런 도식은 지나치게 단순하다. 그것은 천국에 도달하기 위해, 자연의 법칙을 이해하기 위해, 예의범절을 개선하기 위해, 혹은 라디오를 수선하기 위해 책을 읽는 사람들을 위한 여지를 남겨놓지 않는다. 독서는 단일한 발전 과정을 따르기에는 지나치게 많은 형태를 취해왔다. 그러나 루소식의 독서법은 독특한 역사적 현상으로서 인정되어야 하고 오늘날의 독서법과 혼동되어서는 안 된다. 구체제의 독자들은 오늘날 거의 생각조차 할 수 없는 정신 세계 속에 살았기 때문이다.

거의 생각할 수 없는 것을 생각하고 사람들이 세상을 해석하던 방식의 차이점을 파악하려는 필요성은 우리를 장 랑송에게 되돌려 보낸다. 나는 궁극적으로 랑송이 표준적이었음을 인정해야 한다. 그것은 그가 어떠한 통계적 유형에 부합하기 때문이 아니라 그가 정확하게 루소의 글 속에서 말하는 '타자'였기 때문이다. 그는 텍스트에서 상정한 이상적 독자와 책을 구입했던 실제 독자 모두를 구현했다. 그리고 그가 두 역할을 조화시켰던 방식은 루소식 수사법의 효율성을 입증했다. 자신의 세계관을 랑송의 일상생활에 각인시킴으로써 루소는 자신이 어떻게 도처의 삶들에 영향을 미쳤는지 보여주었다. 그리고 루소가 가르쳤던 대로 텍스트를 흡수함으로써 랑송은 독자와 인쇄물 사이의 새로운 관계를 증언했다. 작가와 독자는 함께 문학을 훨씬 넘어서는 의사소통 양식의 변화를 실현시켰고, 그것은 몇 세대의 혁명가와 낭만주의자들에게 그 흔적을 남길 것이었다.

**부록**

# 랑송의 서적 주문서, 1775~85년

다음의 목록은 1775년에서 1785년까지 랑송이 STN에서 주문했던 모든 책을 포함한다. 랑송은 책 제목을 간략하게 줄여서 언급했으므로 각 제목과 (한 권 이상으로 된 책의 경우는 책 크기를 포함해) 서지학적 정보는 18세기 문학의 다양한 참고 도서 목록에서 얻을 수 있는 정보를 활용해 제시했다. 랑송이 받은 책이 정확하게 어떤 판본인지 알기는 불가능하다. 따라서 여기에 적힌 연도는 랑송의 주문일과 최대한 일치하는 것으로 선택했다. 어떤 판본이 구입 가능했는지를 알기 위해 나는 일차적으로 라로셸에 정기적으로 발송했던 STN의 도서 목록에 의존했다. 1785년의 목록이 800종을 포함하고 있는 데서 알 수 있듯 STN은 출판업 이외에도 서적 도매를 대규모로 벌이고 있었고 재고가 없는 책은 다른 스위스 출판업자에게서 구했다. 따라서 랑송은 뇌샤텔의 공급자를 통해, 유통되는 거의 모든 도서를 구할 수 있었다. 그러나 그는 자기가 사는 지역의 서적상인 기욤 파비와 같은 다른 거래선을 통해서도 책을 구입했다는 사실을 기억해야 한다. 따라서 다음의 목록은 스위스 출판물 쪽으로 편향된

감이 없지 않으며, 랑송이 당시에 읽던 것의 대체적인 지표이지 그의 서재의 정확한 도서 목록표는 아니다.

표제지에 주어진 출판 장소와 함께 제목의 원래 철자를 그대로 실었다. 다만 세 권의 책은 확인할 수 없었다.*

### I. 종교 (12종)

성서, 신앙 서적

*La Sainte Bible, qui contient le vieux & le nouveau Testament, revue & corrigée sur le texte hébreu & grec, par les pasteurs & professeurs de l'église de Genève, avec les arguments & les réflexions sur les chapitres de l'Ecriture-sainte, & des notes, par J. F. Ostervald*(Neuchâtel, 1779), 2 vols., 2절판.

*Les psaumes de David, mis en vers françois, avec les cantiques pour les principales solemnités*(Vévey, 1778).

*Abrégé de l'histoire-sainte & du catéchisme d'Ostervald*(Neuchâtel, 1784).

*Recueil de prières, précédé d'un traité de la prière, avec l'explication et la paraphrase de l'Oraison dominicale*(Celle, 1762), by J.-E. Roques.

*La nourriture de l'ame, ou recueil de prières pour tous les jours de la semaine, pour les principales fêtes de l'année & sur différens sujets intéressans*(Neuchâtel, 1785), by J. F. Ostervald.

*Morale évangélique, ou discours sur le sermon de N. S. J. C. sur la montagne*(Neuchâtel, 1776), 7 vols., 8절판, by J.-E. Bertrand.

* (옮긴이) 본문에서 책 제목을 간략하게 제시했기 때문에 여기서는 번역 없이 원어의 제목을 그대로 옮겼음을 밝힌다.

설교집

*Année évangélique, ou sermons pour tous les dimanches & fêtes de l'année*(Lausanne, 1780), 7 vols., 8절판, by J.-F. Durand.

*Sermons sur les dogmes fondamentaux de la religion naturelle*(Neuchâtel, 1783), by H.-D. Chaillet.

*Sermons sur différens textes de l'Ecriture-sainte*(Neuchâtel, 1779), 2 vols., 8절판, by J.-E. Bertrand.

*Sermons de Jean Perdriau* [확인 불가].

*Sermons sur divers textes de l'Ecriture-sainte*(Genève, 1780), 2 vols., 8절판, by J. E. Romilly.

## II. 역사·여행·지리 (4종)

*Histoire philosophique et politique des établissemens et du commerce des Européens dans les deux Indes*(Genève, 1780), 4 vols., 4절판, by G.-T. Raynal.

*Voyage en Sicile et à Malte, traduit de l'anglois de M. Brydone, par M. Démeunier*(Londres, 1776), 2 vols., 8절판, by Patrick Brydone.

*Voyage historique & littéraire dans la Suisse occidentale*(Neuchâtel, 1781), 2 vols., 8절판, by J.-R. Sinner.

*Description des montagnes & des vallées qui font partie de la principauté de Neuchâtel & Valengin*(Neuchâtel, 1766), by F.-S. Ostervald.

[*Abrégé élémentaire de l'histoire universelle*과 *Cours de géographie élémentaire*는 아동 서적 항목을 볼 것.]

## III. 문학 (14종)

### 작품집

*Oeuvres de Molière*(Rouen, 1779), 8 vols., 12절판.

*Oeuvres de M. La Harpe*(Paris, 1778), 6 vols., 8절판.

*Oeuvres de Crébillon père*(Paris, 1774), 3 vols., 12절판.

*Oeuvres complètes d'Alexis Piron*(Neuchâtel, 1777), 7 vols., 8절판.

*Oeuvres de J.-J. Rousseau*(Neuchâtel, 1775), 11 vols., 8절판.

*Oeuvres de J.-J. Rousseau*(Genève, 1782), 31 vols., 12절판.

*Oeuvres posthumes de J.-J. Rousseau, ou recueil de pièces manuscrites pour servir de supplément aux éditions publiées pendant sa vie*(Neuchâtel et Genève, 1782~83), 12 vols., 8절판.

### 소설

*Histoire de François Wills ou le triomphe de la bienfaisance*(Neuchâtel, 1774), by S. J. Pratt.

*Le paysan perverti, ou les dangers de la ville, histoire récente mise au jour d'après les véritables lettres des personnages*(La Haye, 1776), 4 vols., 12절판, by N.-E. Restif de la Bretonne.

*Adèle et Théodore ou lettres sur l'éducation, contenant tous les principes relatifs aux trois différens plans d'éducation des princes, des jeunes personnes, & des hommes*(Paris, 1782), by S.-F. Ducrest de Saint-Aubin, marquise de Sillery, comtesse de Genlis.

*Histoire de l'admirable Don Quichotte de la Manche*(Lyon, 1781), 6 vols., 12절판, by Miguel de Cervantes y Saavedra.

기타

*Théâtre de société*(Neuchâtel, 1781), 2 vols., 8절판, by Mme de Genlis.

*L'an deux mille quatre cent quarante, rêve s'il en fut jamais*(Londres, 1775), by L.-S. Mercier.

*Mon bonnet de nuit*(Neuchâtel, 1784), 2 vols., 8절판, by L.-S. Mercier.

### IV. 의약 (2종)

*Soins faciles pour la propreté de la bouche & pour la conservation des dents, par M. Bourdet, dentiste, suivi de l'art de soigner les pieds*(Lausanne, 1782), by Bernard Bourdet.

*Avis, contenant la manière de préparer une remède contre la rage, publié à Berlin par ordre du Roi de Prusse* [확인 불가].

### V. 아동 서적, 교육 (18종)

흥미

*Théâtre d'éducation, à l'usage des jeunes personnes*(Paris, 1785), by Mme de Genlis.

*Nouveaux contes moraux*(Lyon, 1776), 2 vols., 12절판, by Marie Leprince de Beaumont.

*L'ami des enfants*(Lausanne, 1783), 5 vols., 12절판, by Arnaud Berquin.

*Fables de La Fontaine*(Paris, 1779), by Jean de La Fontaine.

*Les hochets moraux, ou contes pour la première enfance*(Paris, 1784), 2 vols., 12절판, by Monget.

*Les jeux d'enfans, poème tiré du hollandois*(Neuchâtel, 1781), by A.-A.-J. Feutry.

*Lectures pour les enfans, ou choix de petits contes également propres à les amuser & à leur faire aimer la vertu*(Genève, 1780), 익명.

*Magasin des enfans, par Mad. le Prince de Beaumont, suivi des conversations entre la jeune Emilie & sa mère*(Neuchâtel, 1780), 2 vols., 12절판, by Marie Leprince de Beaumont.

*Conversations d'Emilie, ou entretiens instructifs & amusans d'une mère avec sa fille*(Lausanne, 1784), 2 vols., 12절판, by L.-F.-P. Tardieu d'Esclavelles, marquise d'Epinay.

*Entretiens, drames, et contes moraux à l'usage des enfans*(La Haye, 1778), by M.-E. Bouée de Lafite.

교양

*Annales de la vertu, ou cours d'histoire l'usage des jeunes personnes*(Paris, 1781), 2 vols., 8절판, by Mme de Genlis.

*Cours de géographie élémentaire, par demandes & réponses*(Neuchâtel, 1783), by F.-S. Ostervald.

*Les vrais principes de la lecture, de l'orthographe et de la prononciation françoise, suivis d'un petit traité de la ponctuation, des premiers élémens de la grammaire et de la prosodie françoise et de différentes pièces de lecture propres à donner des notions simples & faciles sur toutes les parties de nos connoissances*(Paris, 1763), by N.-A. Viard.

*Abrégé élémentaire de l'histoire universelle destiné à l'usage de la jeunesse*(장소 미확인, 1771), by Mathurin Veyssière de Lacroze & J.-H.-S. Formey.

교육, 도덕 교육

*Legs d'un père à ses filles*(Lausanne, 1775), by John Gregory.

*Dissertation sur l'éducation physique des enfants*(Paris, 1762), by J. Ballexserd.

*Education morale, ou réponse à cette question, comment doit-on gouverner l'esprit et le coeur d'un enfant, pour le faire parvenir un jour à l'état d'homme heureux et utile*(1770), by J.-A. Comparet.

*Instructions d'un père à ses enfans sur le principe de la vertu & du bonheur*(Genève, 1783), by Abraham Trembley.

### VI. 기타 (9종)

*Encyclopédie, ou dictionnaire raisonné des sciences, des arts & des métiers*(Genève & Neuchâtel, 1778~79), 36권의 텍스트와 3권의 그림, 4절판.

*Le socrate rustique, ou description de la conduite économique et morale d'un paysan philosophe*(Lausanne, 1777), by Hans Caspar Hirzel.

*Le messager boiteux*(Berne, 1777).

*Mémoires secrets pour servir à l'histoire de la république des lettres en France depuis 1762 jusqu'à nos jours*(Londres, 1777~83), 21 vols., 12절판, 바쇼몽Louis Petit de Bachaumont 등의 저작으로 통용됨.

*Relation ou notice des derniers jours de M. J.-J. Rousseau, circonstances de sa mort et quels sont les ouvrages posthumes qu'on peut attendre de lui*(Londres, 1778), by A.-G. Le Bègue de Presles & J.-H. Magellan.

*Discours sur l'économie politique*(Geneva, 1785), by Jean-Jacques Rousseau.

*Lettres de feu M. de Haller contre M. de Voltaire*(Berne, 1778), by Albrecht von Haller.

*Tableau de Paris*(Neuchâtel, 1783), 8 vols., 8절판, by L.-S. Mercier.

*Portraits des rois de France*(Neuchâtel, 1784), 4 vols., 8절판, by L.-S. Mercier.

# 결론

18세기의 문화를 관통해 이렇듯 간략하게 시험해본 결과로 우리는 망탈리테의 역사에 대해 어떤 결론을 이끌어낼 수 있을까? 비록 프랑스 사람들은 서언이나 방법 서설로 망탈리테를 둘러싸려고 시도해왔지만 그 장르는 여전히 모호하다. 그들의 강령을 가장 잘 보여주는 것은 「통계적 역사를 위한 새로운 분야: 제3수준에서의 계량화」라는 피에르 쇼뉘의 논문이다. 쇼뉘는 최근의 프랑스 역사 서술의 거의 어디에서나 찾을 수 있는 일련의 가설들을 명확하게 보여준다. 그것은 마르크스주의자와 수정주의자를 연결시키고, 최고의 박사학위 논문의 구조를 결정하고 있으며, 프랑스에서 가장 영향력 있는 역사학 학술지 『아날: 경제, 사회, 문명』의 제목에 새겨져 있는 가설이다. 말하자면 그 세 가지 가설은 과거의 수준을 구분할 수 있으며, 제3수준(문화)은 제1, 제2 수준(경제와 인구 통계, 사회 구조)에서 어떻게든 파생되며, 제3수준의 현상은 더 깊은 수준과 같은 방식으로 (즉 통계 분석, 구조와 국면conjuncture의 작용, 사건이 아닌 장기적 변화에 대한 고려 등을 수단으로) 이해될 수 있다는 것이다. 보통

'아날학파'라고 느슨하게 규정되고 있는 이 역사 서술의 전통은 과거에 대한 우리의 이해에 엄청나게 기여했다. 아마도 20세기 이래 등장한 역사 서술의 어떤 경향보다도 크게 기여했으리라. 그러나 내게 그 세 개의 가설은 모두 의심스럽게 보이며 나는 특히 세번째 가설에 대해 문제를 제기하고 싶다.[1]

1 Pierre Chaunu, "Un Nouveau Champ pour l'histoire sérielle: Le Quantitatif au troisième niveau," in Pierre Chaunu, *Histoire quantitative, histoire sérielle*(Paris, 1978), pp. 216~30. 쇼뉘는 'sérielle'이라는 단어를 통해 '통계적' '계량적'이라는 말보다 한결 구체적인 것을 의미하고 있지만 그 단어는 'serial'이라는 영어 단어로는 잘 번역되지 않는다. 또한 쇼뉘는 앞의 두 수준의 현상이 세번째 수준의 현상에 영향을 미치는 방식에 대해 논의하지 않고 있다. 그 주제에 대한 명료한 설명은 Fernand Braudel & Ernest Labrousse, *Histoire économique et sociale de la France*(Paris, 1970), II, pp. 693~740; Albert Soboul, *La Civilisation et la Révolution française*(Paris, 1970), pp. 459~80 참조. 하나의 장르로서 망탈리테의 역사에 관해서는 다음을 참고할 것. Lucien Febvre, *Combats pour l'histoire*(Paris, 1965), pp. 207~39; Georges Duby, "Histoire des mentalités," in *L'Histoire et ses méthodes*(*Encyclopédie de la Pléiade*, Paris, 1961), pp. 937~66; Alphonse Dupront, "Problèmes et méthodes d'une histoire de la psychologie collective," *Annales: Economies, sociétés, civilisations*, XVI(1961), pp. 3~11; Louis Trénard, "Histoire des mentalités collectives: Les Livres, bilans et perspectives," *Revue d'histoire moderne et contemporaine*, XV(1968), pp. 691~703; Robert Mandrou, "Histoire sociale et histoire des mentalités," *La Nouvelle Critique*(1972), pp. 3~11; Jacques Le Goff, "Les mentalités: Une histoire ambiguë," in *Faire de l'histoire*, eds. Jacques Le Goff & Pierre Nora(Paris, 1974), III, pp. 76~94; Philippe Ariès, "L'Histoire des mentalités," in *La Nouvelle Histoire*, eds. Jacques Le Goff, Roger Chartier & Jacques Revel(Paris, 1978), pp. 402~22; Michel Vovelle, "Histoire des mentalités-Histoire des résistances de ou les prisons de la longue durée," *History of European Ideas*, II(1981), pp. 1~18. *La Nouvelle Histoire*는 '아날학파'와 동일시되는 역사 서술의 경향에 대한 개관을 제공하고 있다. 아날의 틀에 따라 만들어진 탁월한 박사학위 논문의 예시는 F. G. Dreyfus, *Sociétés et mentalités à Mayence dans la seconde moitié du dix-huitième siècle*(Paris, 1968): part I, "Economie," part II, "Structure sociale," part III, "Mentalités et culture"; Maurice Garden, *Lyon et les Lyonnais au XVIIIe siècle*(Paris, 1970): part I, "Démographie," part II, "Société," part III, "Structures mentales et comportements collectifs"; François Lebrun, *Les Hommes*

프랑스 사람들은 숫자를 셈으로써 태도를 측정하려고 시도한다. 그들은 사망자를 위한 미사, 연옥의 그림, 책의 제목, 아카데미의 연설, 재고 조사서에 기록된 가구의 숫자, 경찰 기록에 남은 범죄, 유언에서 성모 마리아에 바치는 기도, 교회에서 수호 성인을 위해 태운 양초의 무게 등의 숫자를 헤아리는 것이다. 그 숫자들은 미셸 보벨이나 다니엘 로슈 같은 거장의 손길로 처리했을 때 매력적일 수 있다. 그러나 숫자란 역사가들에 의해 만들어진 증상에 불과하며 판이하게 다른 방식으로 해석할 수도 있다. 연옥의 영혼들을 위해 행해진 미사의 막대그래프가 줄어든 것에서 보벨은 탈기독교화를 보는 반면 필리프 아리에스는 한층 내향적으로 강렬해지는 경향의 영성을 본다. 보벨, 로슈, 로제 샤르티에 같은 세속적인 좌익들에게서 통계 곡선은 대체적으로 세계관의 부르주아화를 지적해주는 것이었던 반면, 아리에스, 쇼뉘, 베르나르 플롱주롱 같은 종교적 우익에게는 가족의 애정과 자선의 새로운 유형을 보여주는 것이었다. 유일하게 일치하는 점은 에르네스트 라브루스의 "곡선에서 모든 것이 파생된다"라는 금언처럼 보인다. 쇼뉘에 따르면 라브루스의 저작은 현대 프랑스 역사 서술에서 최고의 '방법 서설'을 대표하지만 그것은 문화 현상을 잘못 제시하고 있다. 경제학의 가격 변동이나 인구의 핵심 통계나 (한층 문제가 많은) 사회사의 직업 범주와 달리, 문화적 대상은 역사가에 의해 만들어지는 것이 아니라 그가 연구하는 사람들에 의해 만들어진다. 그들은 의미를 내뿜는다. 그들을 셀 것이 아니라 읽어야 하는 것이다. 15년 전에 강렬하게 출발했음에도 불구하

*et la mort en Anjou aux 17e et 18e siècles*(Paris, 1971): part I, "Structures économiques et socio-géographiques," part II, "Structure démographique," part III, "Mentalités."

고 망탈리테의 역사는 프랑스에서 추진력이 고갈되고 있는 것처럼 보인다. 그렇다면 그 이유는 문화의 계량화를 지나치게 몰고 갔던 한편 사회적 교류에 있어서 상징적 요소를 과소 평가했던 사실에 있을 것이다.[2]

마르크스주의와 구조주의를 함축하고 있는 프랑스의 공식은 프랑스에서 '앵글로색슨'이라고 규정한 족속에게 큰 호응을 얻은 적이 없었다. 그러나 문화사는 앵글로색슨의 전통 속에서도 자체의 문제점을 갖고 있다. 주제에 대한 사회적 배경의 개략으로 시작해 문화를 채워 넣는 것으로 끝나는 역사책들이 얼마나 많은가? 이런 경향은 당대 가장 저명한 미국의 역사가인 윌리엄 랭어가 편집한 『현대

2 Ernest Labrousse, *La Crise de l'économie française à la fin de l'Ancien Régime et au début de la Révolution*(Paris, 1944), I, p. xxix; Pierre Chaunu, "Dynamique conjoncturelle et histoire sérielle: Point de vue d'historien," in Chaunu, *Histoire quantitative, histoire sérielle*, p. 17. 나는 『뉴욕 리뷰 오브 북스』에 실은 일련의 기고문에서 프랑스 문학을 개관하려고 시도했고 그중 일부는 다음의 논문으로 재편되었다. Robert Darnton, "The History of *Mentalités:* Recent Writings on Revolution, Criminality, and Death in France," in *Structure, Consciousness, and History*, eds. Richard H. Brown & Stanford M. Lyman(Cambridge, 1978), pp. 106~36. 『아날』과 관련된 여러 역사가들 중에서도 특히 자크 르 고프와 장-클로드 슈미트 등은 문화에 대한 계량적 분석에서 멀어져 인류학을 향하고 있다는 사실을 덧붙인다. Roger Chartier, "Intellectual or socio-cultural history? The French trajectories," in *Modern European Intellectual History: Reappraisals and New Perspectives*, eds. Dominick La Capra & Steven L. Kaplan(Ithaca, 1982), pp. 13~46; André Burguière, "The Fate of the History of *Mentalités* in the *Annales*," *Comparative Studies in Society and History*, XXIV(1982), pp. 424~37 참조. 그러나 그들의 인류학은 대체적으로 클로드 레비-스트로스의 구조주의적 체계나 에밀 뒤르켐에게서 도출된 기능주의에 한정되어 있다. 그것은 에드워드 B. 타일러와 프란츠 보아스의 영향 아래 발전했던 미국 인류학의 상징적 경향이나, 클리퍼드 기어츠의 저작에서 만개했던 베버식 경향의 영향을 받지 않았다. 미국인들은 관계의 체계를 간과하는 반면 프랑스인들은 의미의 체계를 무시하곤 한다.

유럽의 부상』 총서 전반에 걸쳐 흐르고 있으며 특히 랭어 자신이 그 총서를 위해 집필했던 책에서 확연하게 나타난다. 그것은 하나의 설명 양식으로 이해할 수 있으나 그렇게 이해할 수 있는 것은 우리가 사회적 배경을 올바로 안다면 문화적 내용은 어떻게든 따라올 것이라는 암묵적인 가정 때문일 뿐이다. 우리는 문화적 체계가 사회적 질서에서 파생되었음을 암시하는 방식으로 작업의 틀을 잡는다. 아마 그럴지도 모르지만 어떻게 그러한가? 이 질문은 반드시 대면해야 하지만 그 사실이 인정되었던 적은 별로 없었다. 만일 이 질문에 대면하는 데 실패한다면 우리는 순진한 기능주의로 빠지게 될 것이다. 키스 토머스는 자신의 걸작 『종교와 마술의 몰락』을 주술이 성행하던 16세기와 17세기의 거칠고 불확실한 삶의 조건에 대한 장으로 시작해 주술이 소멸하고 삶의 조건이 개선된 18세기의 장으로 끝맺는다. 그는 사회적 조건이 대중들의 믿음을 결정했다고 암시하는 듯하다. 그러나 과감하지만 황량한 명제에 직면할 때마다 그는 물러섰고 그것은 현명한 처사였다. 왜냐하면 물러서지 않을 경우 그는 단순하게 자극과 반응에 의해 태도가 형성된다는 관점에 빠지게 되는 것이고 그것은 시대의 변천상을 고려해도 납득할 수 없는 것이기 때문이다. 영국 촌락에서의 생활은 1650년부터 1750년 사이에 극적으로 개선되지 않았다. 사실상 사람들의 정신적 태도는 로런스 스톤이 영국 가정생활의 연구에서 발견했듯 비교적 안정을 구가하던 시기에 변화하는 경우가 자주 있었으며 격변의 시기에는 비교적 안정을 유지했다. 필리프 아리에스는 프랑스에서 동일한 추세를 발견했고, 미셸 보벨조차 자신의 방대한 저서 『바로크 신앙과 탈기독교화』의 말미에 종교적 태도와 사회적 변화를 상호 관련시키는 일이 자신의 능력으로는 불가능하다고 고백한 바 있다.[3]

내가 이 역사가들을 언급하는 것은 그들을 저격하려는 것이 아니라 그들이 이 분야에서 최고봉이기 때문이다. 그럼에도 그들은 사회사와 문화사를 결합하려고 시도할 때마다 동일한 종류의 문제에 봉착한다. 어쩌면 문화사를 새로운 방향, 즉 인류학 쪽으로 나아가게 함으로써 한결 성공적인 접합이 이루어질 수 있을 것이다. 물론 이런 제안이 새로운 것은 아니다. 키스 토머스는 오래전에 같은 제안을 한 바 있고 그보다 이전에는 E. E. 에번스-프리처드가 인류학으로 하여금 역사학으로 눈을 돌릴 것을 촉구한 바 있었다. 역사가가 쓴 인류학 서적들과 인류학자가 쓴 역사 서적들은 두 학문이 합쳐질 운명이라는 것을 예증해왔다.[4]

그러나 어떤 방식으로 그 일이 가능할까? 완전히 인류학적인 역사학으로의 길은 여전히 불명확하게 남아 있고, 나는 역사가들이 인접 학문에서 단편들을 가져다 쓰거나 혹은 본격적으로 방법론을 차용

3 William Langer, *Political and Social Upheaval, 1832~1852*(New York, 1969); Keith Thomas, *Religion and the Decline of Magic*(New York, 1971); Hildred Geertz & Keith Thomas, "An Anthropology of Religion and Magic," *Journal of Interdisciplinary History*, VI(1975), pp. 71~109; Lawrence Stone, *The Family, Sex and Marriage in England, 1500~1800*(New York, 1977); Philippe Ariès, *L'Homme devant la mort*(Paris, 1977); Michel Vovelle, *Piété baroque et déchristianisation en Provence au XVIIIe siècle: Les Attitudes devant la mort d'après les clauses des testaments*(Paris, 1973).

4 Keith Thomas, "History and Anthropology," *Past and Present*, no. 24(1963), pp. 3~24; E. E. Evans-Pritchard, "Anthropology and History," in E. E. Evans-Pritchard, *Essays in Social Anthropology*(London, 1962). 인류학과 역사학이 함께 어우러진 모든 인류학 및 역사학 저작을 열거하는 것은 헛된 일일 것이다. 이 주제에 관심이 있는 독자들은 클리퍼드 기어츠, 빅터 터너, 레나토 로살도, 셸리 에링턴, 루이 뒤몽, 마셜 살린스, B. S. 콘, 제임스 페르난데스, 자크 르 고프, 에마뉘엘 르루아 라뒤리, 장-클로드 슈미트, 내털리 데이비스, 윌리엄 스웰, 로런스 러빈, 그레그 데닝, 리스 아이작 등 대표적인 저자들의 저작을 참고할 수 있을 것이다.

한다거나 함으로써 그 길을 찾을 수 있으리라고 생각하지 않는다. 인류학자들은 공통적인 방법론이나 모든 것을 포괄하는 이론을 갖지 않는다. 만일 단순하게 문화의 정의가 무엇이냐고 묻는다면 그들은 씨족 사이의 전쟁으로 치닫게 될 공산이 크다. 그러나 그런 불일치에도 불구하고 그들은 대체적인 방향 설정에 있어서 공통점을 갖는다. 각기 다른 부족을 각기 다른 방식으로 연구하면서도 그들은 보통 원주민의 관점에서 사물을 보려 하고 원주민이 의미하는 대로 이해하려 하고 의미의 사회적 차원을 추적하려 한다. 그들은 우리가 숨 쉬는 공기처럼, 혹은 그들이 즐겨 사용하는 메타포를 이용한다면 우리가 사용하는 언어처럼 상징은 공유되고 있다는 가설에서 출발한다.

내게 정보를 제공한 원주민의 입에서 나온 말을 옮겨놓는 위험성을 무릅쓴다면, 나는 인류학자들의 언어에 대한 몰입은 어휘론과 구문론은 물론이거니와 표현성과 표현 방식에 대한 관심을 포함하고 있으며 그 관심은 개인에게뿐 아니라 사회에도 적용된다고 말해도 무방하리라고 생각한다. 우리 모두는 자기 방식대로 말을 하지만 동일한 문법을 공유하고 있다. 통상적으로 의식하지 못하고 있기 때문에 더욱 그러하다. 문법적인 실수나 관용적인 표현에서 벗어난 파격은—그 '실수'가 대중적인 통용어에 속하는 경우에는 '실수'가 아니다—문맹까지 포함해 모든 사람이 간파한다. 왜냐하면 일반적으로 어떤 말은 틀렸고 어떤 말은 말해질 수 없다고 여겨지기 때문이다. 우리는 한 언어에서 다른 언어로 옮겨 갈 수 있지만 그 과정에서 새로운 제약을 받아들이고 새로운 실수를 저지른다. 또한 우리는 어감Sprachgefühl이라는 뭐라고 꼬집어낼 수 없는 무엇je ne sais quoi을 즐기면서 다른 어조를 채택한다. 그런 용어들을 번역할 수 없다는 것은 문화의 기조나 양식이라는 개념을 즐긴다는 것이 터무니

없는 일이 아님을 시사한다. 그것은 '살벌한bloody-minded'이나 '불평가grogneur'와 같은 표현이나, '영국식 페어플레이le fair-play anglais'나 '프랑스식 피네스French finesse' 같은 언어 교차적 차용이나, '프랑스식 떠나기French leave'[5]나 '영국 외투capote anglais'[6]와 같은 문화 교차적 모욕을 비교해봄으로써 감지할 수 있는 개념이다. 인류학자들은 언어로서의 문화라는 개념을 혹사시켰을지 모르지만 이것은 역사가들에게 활력소를 제공한다. 왜냐하면 문화가 관용구와 같은 것이라면 다시 되찾을 수 있기 때문이다. 그리고 텍스트가 충분히 남아 있다면 문서보관소에서 문화를 발굴할 수 있다. 우리는 문서가 사회적 배경을 어떻게 '반영'하는지를 보기 위한 수고를 멈출 수 있다. 사회적인 동시에 문화적인 상징의 세계 속에 사회적 배경은 이미 전제되어 있는 것이기 때문이다.

그러나 몇 세기 전에 붕괴했던 상징의 세계를 어떻게 짜 맞출 수 있을까? 이 책은 바로 그 시도를 보여준다. 단지 독자만이 그 성공 여부를 판단할 수 있다. 그러나 나는 다른 사람들을 멋대로 비판했으니만큼 나 자신의 방법론적 약점도 일부나마 고백해야만 한다. 나는 특히 두 가지를 걱정한다. 증거의 문제와 대표성의 문제다. 이 책의 앞 부분, 특히 제1장은 ('증거'보다 내가 더 좋아하는 단어인) 사료의 배치에 있어서 곤혹스러울 정도로 부정확하다. 민속학은 정당한 학문이지만 그것은 이야기하는 사람의 말을 듣고 기록하고 녹화하고 면담할 수 있는 현재에 가장 잘 작동한다. 우리는 과거에 민담이 어떻게 이야기되었는지에 대해서는 대략적인 관념만을 가질 수 있

5 (옮긴이) 인사 없이 떠나는 것을 뜻한다.

6 (옮긴이) 콘돔을 말한다.

을 뿐이다. 우리는 그 민담들이 언제 어디서 이야기되었는지 그 텍스트는 무엇이었는지 정확하게 알 수 없다. 사료는 너무도 모호해서 어떤 사람들은 민속학을 완전히 포기하곤 했다. 그렇지만 나는 민속학의 사용을 거부하는 것은 불충분한 해석이나마 시도하는 것보다 더 큰 잘못이라고 생각한다. 민담의 불완전한 기록은 구체제의 구전 전통 중에 남아 있는 것의 거의 전부라고 말할 수 있고, 만일 과거 농민들의 정신세계와 접촉하기를 원한다면 우리가 이용할 수 있는 가장 풍요로운 자료다. 랑케식의 반발을 불러일으킬 위험을 무릅쓰고 나는 이런 종류의 문화사가 국제관계나 정치의 역사를 지배하는 것과 동일한 사료 기준을 맞출 수는 없다고 논하고 싶다. 세계관은 '증거'를 통해 고정할 수 있는 것이 아니다. 그것은 가장자리가 모호할 수밖에 없으며, 마치 그것이 국회 의사록의 일부인 것처럼 움켜잡으려고 한다면 손가락 사이로 빠져나갈 것이다.

잘못된 실증주의의 위험을 피하기 위해 인류학적 역사에서는 모든 것이 허용된다고 하는 정반대의 과오에 빠져서는 안 된다. 말을 하다 실수할 수 있듯이 우리는 문화를 잘못 포착할 수도 있다. 세계관에도 사료가 없는 게 아니며 따라서 우리는 공허한 의견들의 풍토로 직관적인 도약을 할 게 아니라 사료를 면밀히 검토함으로써 세계관에 도달하는 길을 헤쳐 나갈 수 있어야 한다. 역사적 민담의 경우에 우리는 한 전통 속에 있는 이야기의 모든 판본을 연구하고 그것을 다른 전통 속의 이야기와 체계적으로 비교할 수 있다. 우리는 문화 양식에 대한 일반적인 고려를 그다지 넘어설 수 없을지 모르며—나는 나의 일반화가 지나치게 인상적인 것으로 보이지 않을까 두렵지만—그래도 우리는 다른 문화의 타자성과 접촉해야만 한다.

접촉 방안에 대해 나는 텍스트 속에서 불투명한 것을 찾아볼 것을 제안한다. 생세브랭가의 고양이 학살을 설명하면서 예증하려고 했듯 연구를 하면서 결과가 가장 크게 예상되는 순간은 가장 당황스러운 순간일 수 있다. 우리로서는 생각도 할 수 없는 것에 부딪혔을 때야말로 낯선 정신세계 속으로 들어가는 유효한 입구에 다다른 것일지도 모른다. 그리고 일단 우리가 수수께끼를 풀어 헤치며 원주민의 관점에 도달하면 우리는 그의 상징의 세계 속에서 배회할 수 있을 것이다. 의식儀式적 행위로서 고양이를 살해한 것처럼 웃을 수 없는 일에 담긴 농담을 이해하는 것이 문화의 '포착'을 향한 첫발자국이다.

그러나 그 과정은 두번째 문제점을 발생시킨다. 그런 자료를 선택했다는 사실 자체가 뭔가 자의적이지 않은가, 그리고 거기에서 일반적인 결론을 끌어낸다는 것은 뭔가 자료를 남용하는 것이 아닌가? 내가 마주친 것이 특별히 잔인한 인쇄공의 광란이나 유난히 수다스러운 몽펠리에 사람의 집착과 같이 개인적인 이상 성격이 아니라 하나의 문화 전체를 관통하는 감수성이라는 것을 어떻게 알 수 있다는 말인가? 이런 반론이 나를 불편하게 만든다는 것을 인정할 수밖에 없다. 나의 첫번째 충동은 일단 부인함으로써 비판을 사전에 방지하는 것이다. 나는 감히 농부, 장인, 부르주아, 관리, 계몽사상가, 낭만주의자 등의 전형을 제시했다고 생각하지 않는다. 이 책의 장들은 서로 관련되기는 하지만 체계적인 논문의 부분들처럼 맞물려 있지는 않다. 그 장들은 에세이로서, 생각을 시험해보고 문화 해석의 다양한 방향을 탐색해보기 위해 쓰인 것이다. 나는 주제넘게 들릴 위험성과 내가 보통은 피하는 문체인 1인칭 단수를 남용하는 위험성까지도 무릅쓰면서 비형식적인 방법으로 쓰고 나의 이론적 가설을 드러내려고 시도했다.

이렇게 말하고 나니 나는 관용적 표현과 개인성을 구분하는 명확한 방법을 알지 못한다는 것을 고백한 셈이다. 나는 텍스트와 콘텍스트 사이를 왕래하면서 작업하는 것의 중요성을 증언할 수 있을 뿐이다. 대단한 방법론이라고 말할 수는 없지만 장점은 있다. 그것은 역사에서 특이하게 모가 난 요소를 두드려 평평하게 만들지 않으면서도 경험의 공통 근거를 고려하게 해준다. 먼저 관용적 표현을 확정한 뒤 개별적인 표현을 설명하는 식의 역방향의 진행은 실행 가능해 보이지 않는다. 우리는 순수한 관용적 표현을 결코 만날 수 없기 때문이다. 우리는 텍스트를 해석한다. 그러나 다른 문화의 일반적인 문법은 그들이 남겨놓은 문서 속에 내포되어 있을 게 확실하고 우리는 그것을 반드시 캐낼 수 있어야 한다. 아마도 내가 실패한 곳에서 다른 채굴자들이 성공할 수도 있을 것이다.

그러나 나는 우리 중 그 누구도 최종적인 해답을 만날 수 있으리라고 생각하지 않는다. 질문은 계속 변화하며 역사는 결코 멈추지 않는다. 우리에게는 '최종 결과'나 최후의 한마디가 주어지지 않는다. 그러나 만일 그런 것이 있다면 그것은 역사가가 과거로 탐험을 할 때 사라진 인류와의 접촉을 추구해야 한다는 것을 알았던 마르크 블로크에 귀속될 것이다. 역사가들의 직업적 인습이 무엇이건 역사가들은 자신의 코를 따르고 후각을 신뢰해야 한다: "좋은 역사가는 전설 속의 식인귀를 닮았다. 인간의 살 냄새를 맡을 수 있는 곳이라면 그는 그곳에서 먹잇감을 발견할 것임을 안다."[7]

7 Marc Bloch, *Apologie pour l'histoire ou métier d'historien*(Paris, 1974), p. 35. (원래의 텍스트는 1941년과 1942년에 쓰였다.)

# 감사의 말

이 책은 1972년 이래로 프린스턴 대학교에서 행했던 강의, '역사 406'에서 발전된 것이다. 이 강의는 원래 망탈리테의 역사에 대해 개설되었는데, 클리퍼드 기어츠의 영향에 힘입어 역사학과 인류학에 관한 세미나로 발전했다. 지난 6년간 그와 함께 강의를 하면서 내가 현재 인류학에 관해 알고 있는 모든 것을 배울 수 있었다. 그에게, 그리고 나의 학생들에게 감사를 표한다. 또한 나는 프린스턴 고등연구소Institute for Advanced Study로부터 큰 도움을 받았다. 거기에서 나는 앤드루 W. 멜론 재단의 재정 지원을 받아 자아 인식과 역사 변화에 대한 연구 계획의 일환으로 이 책을 쓰기 시작했다. 마지막으로 맥아더 재단에 감사드린다. 맥아더 재단에서 받은 상과 연구비 덕분에 정규적인 업무를 미루어두고 이 책에 전념할 수 있었고 그리하여 이 모험적인 작업을 마무리할 수 있었다.